Rainer Paskowsky und Dietrich Biewald

Truppenaufklärer

in der 8. MSD der NVA der DDR

Impressum

Rainer Paskowsky und Dietrich Biewald

Truppenaufklärer
in der 8. MSD der NVA der DDR

ISBN 978-3-95655-953-2 (Buch)
ISBN 978-3-95655-954-9 (E-Book)

Satz: MEDIENAGENTUR - Franta, www.medienagentur-franta.de

Druck: CUSTOM PRINTING, Wał Miedzeszyński 217, 04-987 Warszawa, Polen, www.cp-buchdruck.de

Imprint des Geschichtlichen Büchertisches
Ralf G. Jordan
Bischof-Wedekin-Str. 14
31162 Bad Salzdetfurth
Tel.: 05064-9609641
E-Mail: ralfjordan@geschichtlicher-buechertisch.de
Internet: www.geschichtlicher-buechertisch.de

EDITION digital

Zum Geleit

Bereits mehr als 27 Jahre sind seit dem Beitritt der Deutschen Demokratischen Republik zur BRD und damit der Auflösung der Nationalen Volksarmee vergangen und wir erinnern uns in der Mehrzahl als Rentner der guten und teilweise weniger guten Zeiten unseres Dienstes in den bewaffneten Organen der DDR.

Als junge Menschen gingen wir den Schritt in ein neues, anspruchvolles Leben des Soldatendienstes mit Vorstellungen, Zielen und Wünschen, die wir zu Beginn noch nicht exakt erfassen konnten, jedoch mit der Einstellung, einen Beitrag für den Erhalt der friedlichen Entwicklung unseres Landes und unserer Zukunft zu leisten.

Die Autoren des Buches Rainer Paskowski und Dieter Biewald haben in mühevoller, akribischer Arbeit die Entstehung und Entwicklung der Truppenaufklärung in der 8. MSD anschaulich dargestellt.

Als Stabschef (vier Jahre) und Kommandeur (vier Jahre) der Division konnte ich an dieser Entwicklung, insbesondere die des Aufklärungsbataillons 8 teilhaben.

Die Angehörigen des Bataillons und die Unterabteilung Aufklärung hatten eine besonders wichtige Aufgabe für die Entschlussfassung des Kommandeurs und auf dieser Grundlage für die erfolgreichen oder wenig erfolgreichen Handlungen der Truppenteile und Einheiten zu leisten. Sie sollten rechtzeitig vollständige und zuverlässige Angaben über den Gegner und das Gelände einbringen. In diesem Buch wird gezeigt und beschrieben mit welcher Professionalität und Einsatzbereitschaft sie diesem Anspruch gerecht wurden.

Die Episoden, Berichte und Bilddokumente zeigen das vielfältige Leben der Angehörigen des Aufklärungsbataillons und der Aufklärungskompanie des MSR-27, von den hohen Anforderungen bei der Ausbildung, bei Übungen, Überprüfungen und Inspektionen sowie die Entwicklung der Soldaten in verschiedenen Führungspositionen.

Dabei wurden die Höhepunkte hervorgehoben, jedoch auch Schwierigkeiten und Vorkommnisse nicht verschwiegen.

Auch das gemütliche Beisammensein bei unterschiedlichen Anlässen, die kulturellen und sportlichen Aktivitäten prägte das Zusammenleben und die Freundschaft in den Einheiten.

Beim Lesen dieses Buches werden verblasste Erinnerungen der Aufklärer der 8. Motorisierten Schützendivision wieder lebendig und jeder wird für sich ein Resümee über seinen Lebensweg als Soldat für den Frieden ziehen. Mögen die Aufklärer ihre Erinnerungen und Erfahrungen an die nachfolgenden Generationen weitergeben und sie über die Notwendigkeit des Kampfes für die Erhaltung des Friedens in der heutigen Zeit aufklären.

Manfred Jonischkies
Generalmajor a. D.

Vorwort

Ziel der nachfolgenden Erarbeitung ist,

- den vielen bei den Aufklärern gedienten ehemaligen Soldaten der Nationalen Volksarmee ein ehrendes Andenken zu widmen,
- durch die Erinnerungen mit persönlichen Fotos und Aussagen von denen, die alles selbst erlebt haben, für ein authentisches Bild dieses Teils der Geschichte unzähliger ehemaliger Aufklärer beizutragen,
- und der zur konzertierten Aktion von Politik und Medien gewordenen Häme und teilweiser Geschichtsfälschung gegenüber der DDR und ihrer Volksarmee entgegenzutreten.

Diese Bildersammlung mit Ausschnitten aus dem Dienst der Truppenaufklärer in der 8. Motorisierten Schützendivision ist zunächst einmal als ein fotografischer Nachweis über den Dienst in den Aufklärungseinheiten der Division gedacht. Er besteht fast nur aus Amateuraufnahmen, die dankenswerterweise von einer Vielzahl ehemaliger Angehöriger der 8. MSD bereitgestellt werden konnten. Insofern sei daher an dieser Stelle darauf verwiesen, dass es sich um keine umfassende Darstellung handeln kann. Insbesondere hinsichtlich einiger Truppenaufklärer, aber auch über bestimmte Zeiträume hinweg zeigen sich auf diese Weise manche „weißen Flecken". So entstanden zwangsläufig Lücken in der Chronologie, die indes durch die große Zahl der angebotenen Bilder das eine oder andere Mal etwas kompensiert werden können. Diese Hoffnung wird zumindest damit verknüpft. Viele der ehemaligen Truppenaufklärer verfügten nur über wenige Fotos aus der Dienstzeit, manche über gar keine. Für den einen oder anderen kann diese Bildersammlung vielleicht nachträglich ein bisher fehlendes Album über die Dienstzeit ersetzen.

Diese Zusammenfassung mit über 1500 Abbildungen kann darum in vielen Teilen nur sparsam mit Texten unterlegt werden. Wir wünschen uns, dass all jene, die sich diese Bilder betrachten, sich an eigene Erlebnisse aus ihrer Dienstzeit bzw. an die in den Aufklärungseinheiten gedienten Angehörigen, Freunde etc. erinnern, an Anstrengungen, an Leistungen, die sie bzw. ihre Einheiten vollbrachten, vielleicht an manchen Ärger, den dieser Dienst mit sich brachte, aber auch an Kameradschaft und an freudige Stunden. Alle, auch die nicht bei den Truppenaufklärern ihren Dienst versahen, bitten wir beim Betrachten der Fotos zu berücksichtigen, dass es sich vorwiegend um Fotos von Laien handelt, aufgenommen mit einfachen Kameras ab „Box" aufwärts. Auch sollte man nicht unerwähnt lassen, um welche Zeit es geht und dass all jene, die im Bild zu sehen sind, nicht die großen Befehlsgeber waren, sondern inmitten ihrer Truppenteile und Einheiten Aufgaben zu erfüllen hatten, welche stets unter der Prämisse der Sicherung des Friedens standen. Alle, die ihren Dienst auf dieser Grundlage absolvierten, schauen noch heute zu Recht mit Stolz darauf zurück. Sie haben nicht vergessen, dass auch mit ihrer Hilfe der Kalte Krieg nicht zu einem heißen werden konnte.

Dass diese Bildersammlung überhaupt entstehen konnte, verdanken wir insbesondere den Angehörigen der Aufklärergemeinschaft Schwerin, allen voran Rainer Paskowsky, der das eine oder andere in Bewegung setzte und manches an Bildern und Texten erst beschaffte sowie eigene Beiträge erarbeitete. So kam es, dass viele fleißig in ihren alten Fotoalben wühlten, die Bilder auswählten oder ihre Alben komplett zum Scannen zur Verfügung stellten. Dietrich Biewald bemühte sich, all die Bilder zu scannen und zu bearbeiten, eigene Inhalte und Bilder beizusteuern sowie das Ganze als Buch zu gestalten.

Jedoch auch ehemalige „Nichtaufklärer" steuerten einige ihrer alten Fotografien bei. Truppenaufklärer agierten ja nicht im luftleeren Raum. Ihre Hauptaufgabe bestand nun einmal in der Aufklärung als der wichtigsten Art der Gefechtssicherstellung von Handlungen der Truppenteile und Einheiten der Division. Viele der vorliegenden Aufnahmen zeigen daher das Agieren der Aufklärer im Interesse der anderen Waffengattungen, Spezialtruppen und Dienste. Darum wird dieser Bildband sicherlich auch für die „Ehemaligen" aus all diesen Bereichen interessant sein.

Die nachfolgenden Erinnerungen sollen etwas über die Aufklärungseinheiten in der 8. Motorisierten Schützendivision (8. MSD) der Nationalen Volksarmee zeigen, einer Division und einer Armee, die nicht mehr existiert, der im Laufe ihres Bestehens jedoch viele Soldaten angehörten.

Keine Aufklärereinheit dieser Division hatte je die Lasten eines Krieges zu tragen. Das kann man als Glücksfall werten, ist aber genauso in hohem Maße den Anstrengungen der Soldaten der Nationalen Volksarmee zu verdanken. Sie dienten ihrem Land im Frieden sowie im Bewusstsein, diesen jederzeit schützen zu wollen. Sie dienten dem Eid entsprechend, vollbrachten manche Leistungen und hatten viele nicht immer leichte Aufgaben zu bewältigen. Daran sollen die nachfolgenden Betrachtungen erinnern. Es soll dazu beitragen, diesen Abschnitt nicht der Vergessenheit zu überlassen.

Persönliche, den militärischen Alltag betreffende Aufzeichnungen aus der damaligen Dienstzeit waren infolge dienstlicher Verbote leider nicht möglich. Doch noch sind vielfältige Erinnerungen wach. Das zeigten immer wieder die Gespräche bei Zusammenkünften ehemaliger Truppenaufklärer. Oft genügte nur ein in die Runde geworfener Begriff und schon kam das Gewesene und scheinbar Vergessene fast bildhaft vor aller Augen. Das Bestreben ehemaliger Aufklärer der Nationalen Volksarmee, sich zu treffen, über diese Zeit Erinnerungen auszutauschen und damit die einst begründete Kameradschaft fortzusetzen, fördert das Bedürfnis, scheinbar verschüttetes Wissen freizulegen und es für andere zu erschließen.

Das ist auch der Anlass, die gegenwärtig noch vorhandenen Kenntnisse auf diese Weise aufzufrischen, zusammenzutragen und für bestimmte Ereignisse vielleicht auch das unfertige Puzzle zu vervollkommnen. Umfassende Darstellungen oder gar generelle Wertungen können dabei nicht das Ziel sein. In einer Welt aber, in der so viele sich anmaßen über andere und anderes zu urteilen ohne selbst genug darüber zu wissen, es oftmals gar nicht wissen zu wollen, sollten jene eine Aussage darüber treffen, die es persönlich erlebten.

Die Fotos aus dieser Zeit, insbesondere die aus den früheren Jahren sind vielfach leider schon etwas vergilbt und gaben beim Scannen nicht immer das, was erwünscht wäre. Dafür wird um Verständnis gebeten. Möglicherweise zeigt sich gerade deshalb in einigen Bildern trotz allem mehr Authentisches als bei manchen der für die Profis gestellten Hochglanzfotos.

Die Welt dreht sich nun einmal und es besteht die begründete Gefahr, dass mit dem Ablaufen der biologischen Uhr vieles von diesem authentischen Bildmaterial auf Nimmerwiedersehen verschwindet. Denn gerade beim Betrachten dieser Fotos kamen viele Erinnerungen erst wieder in das Bewusstsein zurück und erzeugten den Gedanken, etwas davon zu Papier zu bringen. Worte allein können schnell zu leeren Hüllen werden. Diese Fotos, meist als Schnappschüsse entstanden, sind ehrliche Abbilder aus ihrer Zeit und keine Fotomontagen.

Daher soll auch ausdrücklich darauf hingewiesen werden, dass mit dem Niederschreiben dieser Zeilen sicherlich nur das wiedergegeben werden kann, was an solchen, manche Teilbereiche leider nur unzureichend vertretenden Bildern aus dieser Zeit, vorliegt. Insofern reflektiert der Inhalt neben den Erinnerungen der Autoren nur das, was an Bildmaterial gesammelt und mit den Gedanken anderer ergänzt werden konnte. Dafür ist bereits an dieser Stelle an alle ein Dankeschön angebracht, die sich daran beteiligten.

Unter diesem Aspekt ist gegenwärtig folgendes recht bemerkenswert:

Es gibt dank dem Internet eine Vielzahl von Städten, ja selbst von Dörfern, welche die Entwicklung ihres Ortes in einer eigenen Homepage darstellen. Manch eine darunter hatte als Garnisonsstadt früher auch NVA-Truppenteile, darunter einige Aufklärereinheiten der Nationalen Volksarmee, in ihren Mauern. In diesen Internetseiten findet sich dann und wann ein Hinweis darauf, teils sogar mit Würdigung von Hilfeleistungen und selbstloser Einsätze der Soldaten.

Aber nur wenige bekennen sich auf diese Weise zu einem Teil ihrer Geschichte.

Leider haben manche Orte solche Abschnitte ihrer Stadtgeschichte schlichtweg „vergessen" und gehen nicht einmal mit einer Bemerkung darauf ein. Als korrekt oder ehrlich, geschweige denn historisch anspruchsvoll, kann man das wohl kaum bewerten. Das erscheint in der gegenwärtigen Zeit umso merkwürdiger, da ja diejenigen die darüber zu befinden haben, keine Gelegenheit auslassen zu betonen, dass nur sie heute die Öffentlichkeit objektiv und umfassend informieren.

Man sollte anderen Geschichtslosigkeit nur dann vorwerfen, wenn man sie nicht selbst praktiziert. Bekanntlich wird ja die Geschichte alle vier Jahre neu geschrieben, niedergeschrieben jeweils durch diejenigen, welche dafür die Möglichkeiten, man kann auch sagen die Macht besitzen.

Es scheint daher nicht unbegründet zu sein zu glauben, man könnte das Vergessen über diesen Teil der Geschichte durch eine „biologischen Lösung" herbeiführen. Es gilt nur, lange genug den Mantel des Schweigens darüber zu decken und flugs entsteht subjektiv eine neue „Objektivität" in der Geschichtsdarstellung!

Dazu ein konkretes Beispiel aus Hagenow:

Die Stadt Hagenow, einst eine Garnisonsstadt der Nationalen Volksarmee, in den Jahren 1981 bis 1990 u. a. das Aufklärungsbataillon 8 und die Aufklärungskompanie des MSR-29 beherbergend, entwickelte sich gerade in dieser Zeit enorm und profitierte auch von den Soldaten. Die heutige geschichtliche Übersicht im Internet für genau diese Zeit bot dazu jedoch nur gähnende Leere, stattdessen: „1980 Hagenow zählt ca. 15.000 Einwohner;

1991 1. Hagenower Altstadtfest
1992 offizielle Verabschiedung der russischen Besatzung im Rathaus"

Danach kam nicht eine Eintragung zur Nationalen Volksarmee.

Lediglich bei Wikipedia steht ein Satz: „Das Panzergrenadierbataillon 401 der Bundeswehr befindet sich seit dem 01. April 1991 in der „Ernst-Moritz-Arndt-Kaserne".

Nach der Wertigkeit dieser Eintragungen müsste das erste Altstadtfest 1991 also ein Ereignis von geschichtlicher Bedeutung gewesen sein!!!

Früher fand man in der Seite des Stadtmuseums noch den einzigen „prägenden" Satz:

„Eine inszenierte Soldatenstube sowie Bild- und Textdokumente zur Soldatenkultur bei der NVA vermitteln eine Facette des DDR-Alltags."

Wie gewaltig! Das jedoch kann höchstens einer der unzähligen Punkte einer Facette sein, niemals aber die Facette selbst und schon gar nicht der Stein, der sie trägt!

Übrigens konnte diese Eintragung im Jahr 2018 auch nicht mehr gefunden werden.

Einige Bemerkungen zum historischen Hintergrund der Entwicklung der Truppenaufklärer

*Seit vie*len Jahrhunderten konnte und sollte im Rahmen kriegerischer Auseinandersetzungen eine gute Aufklärung des möglichen Gefechtsfeldes, des Bestandes und der Kampfkraft sowie der Absichten des vermutlichen Gegners ggf. über Erfolg oder Misserfolg entscheiden. Als Faustregel für den angestrebten Erfolg rechnete man für Angriffs- oder Verteidigungshandlungen gewöhnlich mit einem Mindestkräfteverhältnis von 3:1/1:3. Gab es ein ungünstigeres Verhältnis, waren Aufklärungsergebnisse um so mehr nötig, denn sie konnten quasi für Überraschungseffekte sorgen, wenn es dadurch gelang, die eigenen Mittel besser einzusetzen. Ob im Angriff oder in der Verteidigung verteilt man seine Kräfte und Mittel nicht gleichmäßig auf die Frontlinie. Man massiert sie in der Hauptstoßrichtung bzw. in der Richtung der Hauptanstrengung und schafft obendrein Reserven. Das zu erkennen war und ist stets ein wichtiges Anliegen der Aufklärung: Die Überlegenheit auch bei zahlenmäßiger Unterlegenheit dort zu schaffen, wo der Erfolg zu erwarten ist. Wer zuerst Ziele aufklärt, kann sie auch zuerst bekämpfen und damit das Kräfteverhältnis ändern.

Zur Aufklärung setzte man alle Gefechtseinheiten ein. Eine gute Aufklärung erforderte aber immer mehr auch die Schaffung, Ausrüstung und Ausbildung spezieller Kräfte. Beweglichkeit und Feuerkraft aber auch spezielle Fertigkeiten standen dabei an der Spitze. Logisch, dass sich über lange Zeiträume das Pferd mit entsprechend bewaffneten Reitern dafür anbot. Die Entwicklung der Kampftechnik verschob dann dieses Verhältnis mehr und mehr. Geländegängige Fahrzeuge, zunächst ungepanzert, kamen zum Einsatz. Mit der Schaffung funkelektronischer Mittel konnte man die Aufklärungsreichweite und -spezifik um ein Mehrfaches erhöhen.

Erwähnenswert sei, dass Truppenaufklärung wie auch Agenturaufklärung (Spionage) im Krieg unter Umständen dem gleichen Ziel dienen. Sie können sich manchmal „vermischen", sind aber vom Charakter her sehr unterschiedlich. Die Truppenaufklärer handeln stets im Interesse, im Bestand sowie im Zusammenwirken der eigenen taktischen Truppenteile und Verbände. Der Einsatz von Truppenaufklärern zur Fernaufklärung in der taktischen Tiefe des Handlungsstreifens der Division gehörte dazu.

Insofern ist es die Regel, dass die Streitkräfte aller Seiten stets bestrebt sein werden, über einen ausreichenden Bestand handlungsfähiger Aufklärungstruppenteile und -einheiten zu verfügen. Neben dieser objektiven Notwendigkeit dafür üben dann subjektiv

a) die politischen Umstände und Entscheidungen ihren Einfluss aus und
b) die militärökonomischen Gegebenheiten zwingen es in reale Grenzen.

Auch auf die Aufklärungstruppenteile und -einheiten der 8. MSD und ihrer Vorläufer traf das natürlich zu.

Die Ergebnisse des II. Weltkrieges führten in Deutschland durch die unterschiedlichen Interessen der Siegermächte zur Bildung zweier deutscher Staaten. Aus den drei westlichen Besatzungszonen, der amerikanischen, englischen und der französischen entstand zuerst die BRD, vom Grund her mit der Übernahme der Staatsform ihrer Besatzungsmächte. Da die Einheit Deutschlands unter diesen Bedingungen nicht möglich wurde, bildete sich aus der sowjetisch besetzten Zone die DDR mit dem Ziel, eine sozialistische Staatsform aufzubauen.

Bekanntlich entwickelte sich so der Kalte Krieg, der in Deutschland zu einer besonders ausgeprägten Konfrontation führte.

1949, mit der einsetzenden Remilitarisierung in der BRD und der Entstehung des unter der Führung der USA gebildeten Nordatlantik-Paktes (NATO), verfolgte die BRD zielgerichtet den Aufbau nationaler Streitkräfte.

1955 integrierte man die neu aufgebaute Bundeswehr nach dem Beitritt der BRD zur NATO in dieses Militärbündnis und entwickelte sie mit ihren 12 Felddivisionen zu einer Hauptschlagkraft dieses Paktes auf dem Territorium der BRD. Daraus folgte in der Konsequenz auch für die DDR, zu ihrem Schutz eigene bewaffnete Kräfte aufzubauen. Von der Sowjetunion gefordert, begann Ende der vierziger Jahre die Formierung von kaserniert untergebrachten Polizeieinheiten der Hauptverwaltung Ausbildung (HVA) der Deutschen Volkspolizei, einschließlich der Volkspolizei See und der Grenzpolizei. Ein Luftsportverband „Aeroclub" kam 1951 hinzu. Der Unterschied in der Uniformierung blieb gering: Khaki- statt blaues Hemd und gleichfarbener Binder. Die blaue Uniform blieb gleich.

1948, nach dem Beschluss der Innenministerkonferenz der Länder der SBZ vom 21./22. April zur Schaffung von kaserniert unterzubringenden Volkspolizeieinheiten, kam es im Ergebnis zur Gründung der 1. VP-Bereitschaft Mecklenburg, mit Stab in der Werderkaserne in Schwerin und später als Abschluss zur Aufstellung dieser Truppe in Stern Buchholz.

1949 – 1950 stellte man in Stern Buchholz die 2. Ausbildungs-Bereitschaft auf.

1950, vom 22. November bis 11. Dezember, erfolgte eine Reorganisation der bestehenden Bereitschaften, so auch der in Stern Buchholz. Man formierte gemischte Bereitschaften, die dann bis 1952 bestanden. Im Kommando gab es die Aufklärungskompanie mit der internen Bezeichnung: S1-Kompanie.

1952, mit Wirkung des Befehls des Ministers des Innern vom 1. Juli, entstand aus den Einheiten der HVA die Kasernierte Volkspolizei: KVP-Land, KVP-Luft und KVP-See. Damit verband sich zugleich die Einführung neuer Uniformen und Dienstgradabzeichen. In der KVP und der KVP-Luft (Aeroclub) gab es khakifarbene Uniformen und in der KVP-See Uniformen mit der Grundfarbe blau und teilweise weiß. Es erfolgte auch eine Umbenennung der Einheiten und die Schaffung militärischer Strukturen.

In verschiedenen Standorten im Norden der DDR räumte die Sowjetarmee dafür Gebäude und Objekte. Auch neue Kasernen kamen hinzu.

1955: Eine weitere Folge des Beitritts der BRD zur NATO am 6. Mai war dann die Bildung der Organisation des Warschauer Vertrages.

Am 14. Mai 1955 wurde unter der Führung der Sowjetunion mit den osteuropäischen Ländern und der DDR dieser gegenseitige Beistandsvertrag beschlossen.

1956: Der 1. März brachte eine erneute Entwicklung. Es entstand aus den Einheiten der KVP und des Aeroclubs die Nationale Volksarmee (NVA). Sie war bis 1962 eine Freiwilligenarmee und erst ab diesem Zeitpunkt eine Armee mit wehrpflichtigen Soldaten.

Zur Entwicklung der Aufklärer in der Division

In Prora auf der Insel Rügen lagen zum Zeitpunkt der Entstehung der Nationale Volksarmee die meisten Truppenteile und Einheiten, aus denen sich später die 8. Motorisierte Schützendivision formierte. Für die Aufklärungseinheiten der 8. MSD sollte das vorrangig zu Beginn eine gewichtige Rolle spielen. Prora wurde sozusagen der Geburtsort des Aufklärungsbataillons 8 sowie der Aufklärungszüge/-kompanien des MSR-29 (vorher A-Kommando) und des PR-8 (vorher C-Kommando). Mit der Bildung des MSR-28 in Rostock kam es dort ebenfalls zur Bildung einer Aufklärungskompanie, genauso wie in Schwerin Stern Buchholz im MSR-27. Die Aufklärungskompanie in Stern Buchholz im MSR-27 soll später genauer betrachtet werden und für die vergleichsweise parallele Entwicklung der Aufklärungskompanien in den anderen Truppenteilen stehen.

Die im taktischen Rahmen der MSR/PR und der MSD eingeordneten Aufklärungszüge/-Kompanien bis zum Aufklärungsbataillon nannte man das Auge und Ohr des Kommandeurs.

Auf dieser Ebene sprach man daher von der **taktischen Aufklärung**. Sie wird in die Aufklärungsarten **Truppen-, Fern-, Funk- und funktechnische, Funkmess-, Luft-, Artillerie-, Pionier-, Kernstrahlungs-** und **chemische Aufklärung** unterteilt.

Zur besseren Unterscheidung zu den in weiteren Truppenteile und Einheiten bestehenden speziellen Aufklärungseinheiten benannten sich diese Aufklärer allgemein **„Truppenaufklärer"**, eingeschlossen mit ihren Einheiten und Aufgaben für die Fernaufklärung und die Funk- und funktechnische Aufklärung.

Neben ihnen gab es also noch Pionieraufklärer, KC-Aufklärer usw. Die Aufgaben der Luftzielaufklärung wie auch die Zielaufklärung der Raketentruppen und Artillerie (RTA) übernahmen ganz oder teilweise deren Spezialkräfte. Das alles schloss nicht aus, ggf. zeitweilig zusammenzuwirken, ähnliche Aufklärungsziele zu verfolgen (Gegner und Gelände, beispielsweise bei der Aufklärung von Kernminen im gegnerischen operativen Sperrsystem), Zielaufklärung etc. oder/und Aufklärungsergebnisse auszutauschen und sie beim Leiter Aufklärung der MSD/Oberoffizier Aufklärung des Truppenteils zu sammeln und auszuwerten.

So definierte man damals die militärische Aufklärung:

„Unter dem Begriff Aufklärung versteht man im Militärwesen alle Maßnahmen, die notwendig sind, um die Aufstellung und die möglichen Handlungen des Gegners sowie die Bedingungen des Geländes für die Gefechtshandlung rechtzeitig festzustellen. Die Aufklärung ist für die Erringung des Erfolgs im Gefecht von großer Bedeutung; denn sie bringt der Truppenführung die Angaben über den Gegner ein, die notwendig sind, um die wichtigsten Elemente seiner Gefechtsordnung wirksam bekämpfen und die eigenen Truppen zweckmäßig einsetzen zu können.

Die Aufklärung ist die wichtigste Art der Sicherstellung der Gefechtshandlungen der Truppen. Sie wird mit dem Ziel organisiert und durchgeführt, rechtzeitig vollständige und zuverlässige Angaben über den Gegner und das Gelände einzubringen.

Die Aufklärung ist durch alle Kommandeure zu organisieren und mit den jeweils vorhandenen Kräften und Mitteln durchzuführen.

Unter den Bedingungen des modernen Gefechts werden an alle zur Aufklärung eingesetzten Soldaten, Unteroffiziere, Offiziere und Einheiten hohe Forderungen gestellt.

Dies besteht

- *in der ununterbrochenen Aufklärung in allen Gefechtsarten, am Tage und in der Nacht, in jedem Gelände und unter allen Witterungsbedingungen;*
- *der Sicherstellung aktiver Handlungen aller zur Aufklärung eingesetzten Kräfte bei Abstimmung ihres Einsatzes nach der Zeit, nach Richtungen oder Objekten und unter Anwendung verschiedener Aufklärungsmethoden;*

- *der zielstrebigen Aufklärung in den wichtigsten Richtungen und der wichtigsten Objekte;*
- *dem rechtzeitigen Einbringen der Aufklärungsangaben, noch bevor der aufzuklärende Gegner entscheidende Gefechtshandlungen durchführen kann und*
- *der Übergabe zuverlässiger Aufklärungsangaben an den Kommandeur und den Stab.*

Das wird erreicht durch die rechtzeitige und wahrheitsgetreue Übermittlung aller Aufklärungsaufgaben.

Hauptaufgaben der Aufklärung

Die Aufklärung hat mit den in den Einheiten, Truppenteilen und Verbänden vorhandenen Kräften und Mitteln in der Lage zu sein, zu ermitteln:

- *die Lage, den Charakter der Handlungen, den Bestand, die Gruppierung, den Kampfwert und die Absichten der Truppen des Gegners;*
- *die Lage der Unterbringungsräume und Startstellungen von Kernwaffeneinsatzmitteln und von anderen Massenvernichtungsmitteln sowie die Plätze der Lager und Versorgungspunkte für Spezialmunition;*
- *den vermutlichen Zeitpunkt des Einsatzes von Massenvernichtungsmitteln;*
- *die genaue Lage von Kernminen und Kernminensperren;*
- *die Lage und den Charakter der Sperren und Pionieranlagen des Gegners sowie den Grad der Zerstörung von Anlagen;*
- *Maßnahmen des Gegners zum Schutz seiner Truppen vor Massenvernichtungsmitteln;*
- *die Stellungen der Feuermittel und der funkelektronischen Mittel sowie die Lage der Führungsstellen des Gegners;*
- *die genaue Lage aktivierter und durch chemische Kampfstoffe vergifteter Geländeabschnitte;*
- *neue Kampfmittel, -formen und -methoden des Gegners.*

Bei der Aufklärung des Geländes sind festzustellen:

- *die allgemeine Beschaffenheit des Geländes im Raum der Gefechtshandlungen;*
- *die Hindernisse, ihr Zustand sowie die Möglichkeiten, sie zu umgehen oder zu überwinden;*
- *der Zustand der Straßen und Wege und ihr möglicher Einfluss auf die Handlungen der Truppen;*
- *die vermutlichen Abschnitte für den Einsatz von Massenvernichtungsmitteln und die Möglichkeiten des Schutzes vor ihnen und*
- *der Einfluss der Witterungsbedingungen auf die Passierbarkeit des Geländes.*

***Die Truppenaufklärung wird von Aufklärungseinheiten** mit Schwimmpanzern und SPWs, von mot. Schützen- und Panzereinheiten mit SPWs, Panzern oder Kfz sowie von Fallschirmjägereinheiten im Interesse der Truppenführung durchgeführt.*

***Die Truppenaufklärung hat die Aufgabe**, durch Beobachtung, Stoßtruppunternehmen, Hinterhalt, Überfall und gewaltsame Aufklärung, durch das Einbringen von Gefangenen sowie das Erbeuten von Dokumenten, Waffen und anderen technischen Kampfmitteln im Handlungsstreifen der Einheit, des Truppenteils oder Verbands alle Angaben über den Gegner und das Gelände einzubringen, die für die erfolgreiche Gefechtsführung notwendig sind.*

Die Hauptaufgabe besteht in der Aufklärung der Kernwaffeneinsatzmittel und der Hauptkräfte des Gegners.

Die Fernaufklärung wird von Einheiten, die speziell für diese Ausgabe ausgebildet und ausgerüstet sind, in der Tiefe der Aufstellung der Truppen des Gegners durchgeführt.

Fernaufklärungsgruppen erreichen den Einsatzraum zu Fuß, mit Fahrzeugen oder mit Hubschraubern. Sie können auch von Flugzeugen abgesetzt werden, von Booten etc.

Die Hauptaufgabe der Fernaufklärungsgruppen besteht im Aufklären von Kernwaffeneinsatzmitteln des Gegners in den Unterbringungsräumen und auf dem Marsch sowie von anderen Massenvernichtungsmitteln, der Führungsstellen, der funkelektronischen Mittel und der rückwärtigen Einrichtungen des Gegners.

***Die Funk- und funktechnische Aufklärung wird von speziellen Einheiten durchgeführt**, die hierzu mit den entsprechenden Funk- und funktechnischen Aufklärungsmitteln ausgerüstet sind.*

Diese Einheiten entfalten ihre Gefechtsordnung hinter der eigenen vorderen Linie und sind dadurch in der Lage, ohne mit dem Gegner unmittelbar in Berührung zu kommen, Angaben über den Gegner einzubringen. Die Funktechnischen Aufklärungseinheiten erfüllen ihre Aufgaben durch Abhören der Funkbeziehungen, Peilen der Funk- und funktechnischen Mittel und durch das Bestimmen der Parameter der funktechnischen Mittel des Gegners.

Die Hauptaufgabe besteht im möglichst vollständigen Aufklären der Führungsverbindungen des Gegners und anderer wichtiger Funkbeziehungen." (Quelle: Aufklärerhandbuch)

Die „Truppenaufklärer" der 8. MSD werden in den folgenden Kapiteln betrachtet.

Auf der Ebene der 8. MSD gab es dafür die Unterabteilung Aufklärung und das Aufklärungsbataillon (zeitweilig eine Aufklärungskompanie), auf der Ebene der MSR/PR den Oberoffizier Aufklärung und die Aufklärungskompanie (zeitweilig ein Aufklärungszug). Sie unterstanden jeweils direkt dem Stabschef der MSD bzw. des Truppenteils.

In seinem Auftrag führten sie sowohl im stationären Dienst als auch im Gefecht die Aufklärungskräfte und organisierten die Aufklärung entsprechend ihrer Hauptaufgaben.

Im Rahmen der Entschlussfassung für das Gefecht hatten LAkl/OOAkl neben weiteren Aufgaben dem Kommandeur der Division/des Regiments einen detaillierten Auskunftsbericht über den potenziell zu erwartenden Gegner und den Einsatzvorschlag zur Führung der Aufklärung vorzutragen.

Die Unterabteilung Aufklärung der 8. MSD

Ihre Aufgaben verteilten sich wie folgt:

Leiter der Unterabteilung Aufklärer der 8. MSD (LUAAkl) meist als LAkl bezeichnet:

Vertretung aller Belange der Nachgeordneten im Divisionsstab und gegenüber der Truppe sowie dem vorgesetzten Stab (Militärbezirk, Armee, Armeekorps).

In der Feldführung: Teilnahme am Klarmachen der Aufgabe, der Beurteilung der Lage sowie Zuarbeit zum Entschluss des Kommandeurs und im Weiteren Teilnahme an der Organisation des Zusammenwirkens,

Führung der Aufklärung im Bestand des gepanzerten Führungspunktes in der Bewegung bzw. aus der B-Stelle des Kommandeurs der Division;

Oberoffizier Aufklärung (OOAkl):

Organisation und Planung der Truppen-, Fern- und -Gefechtsaufklärung sowie deren Kontrolle, ggf. Besetzung des VGS.

Oberoffizier Information (OOI):

Sammlung und Verwaltung aller Angaben über den Gegner,

Führung des Aufklärungsjournals und der Aufklärungsberichtskarte,

Meldungen an den Stab der Armee/des Armeekorps und Erhalt von Informationen, Erarbeitung von Informationen für die Truppenteile.

Im Planungsverlauf, d. h. nach erfolgter Grobplanung, praktisches Umsetzen in die Unterlagen des Divisionsstabes.

Oberoffizier Funk- und Funktechnische Aufklärung (OOFuFutAkl):

Die Pflichten im Frieden und in der Feldführung sind gemischt:

Klärung aller Belange der FuFuTAkl gegenüber dem AB-8 und im Stab der Division,

Bei Abwesenheit des LAkl hatte er die Leitung der Arbeit auf dem Gefechtsstand der Division. Mit dem OOI handelte er zum Teil im Schichtsystem.

Die gegenseitige Ersetzbarkeit war daher immer eine Grundvoraussetzung bei längeren Phasen in der Feldführung. Angesichts des geringen Bestandes von vier Offizieren sollte insbesondere bei Kontrollen jeder in der Lage sein, Aufgaben anderer Arbeitsbereiche zu beurteilen.

Die Leiter der Unterabteilung Aufklärung der 8. MSD:

1. Kein Bild: **Reinhold Schmidt**: Major, 1956-1958
2. **Manfred Zeh**, Dr. rer. Mil., Generalmajor a. D., 1958-1960
3. **Hans Kahsnitz**, Dipl.-Mil., Oberst a. D., 01.10.1960 - 30.09.1965
4. **Herrmann Bortig**, Dipl.-Mil., Oberstleutnant a. D., 1965-1972
5. **Werner Thomas**, Dipl.-Mil., Oberst a. D., 1972 -1975
6. **Dieter Wetzel**, Dipl.-Mil., Oberstleutnant a. D., 1975-1978
7. **Hans-Albert Hoffmann**, Dipl.-Mil., Oberst a. D., 01.09.1978 - 31.08.1982
8. **Hartmut Winterfeldt**, Dipl.-Mil., Oberstleutnant a. D., 01.11.1982 - 31. 10. 1987
9. **Günter Lenz**, Dipl.-Mil.; Oberstleutnant a. D., 01.09.1987 - 03.10.1990

Offiziere, die in der UA Aufklärung ihren Dienst versahen:

Oberoffizier Aufklärung:

Gerhard Zoller, Hptm, 58-60
Sepp Trupp, Oltn., 1961-65: OInstr. f. Akl.
Anton Schwarz, Major, 1961-71
Achim Kühnel, Major1972-78
Gerhard Motschko, Hptm 1978-80
Hartmut Winterfeldt; Major, 1980-82
Dietmar Lenz, Major, 1982-84
Werner Thomas, Major, 1971-72
Günter Lenz, Major, 1984-87
Lutz Döppner, Hauptmann, 1987-88

Oberoffizier Information:

Reinhold Schmidt, Oberleutnant, 1958-60
Sepp Trupp, Oberleutnant, 1960-65
Werner Thomas, Hauptmann, 1965-66
Achim Kühnel; Major, 1966-71
Kuno Freese, Major, 1988-89
Dieter Pukrop, Oberleutnant, 1971-80
Axel Gerlach, Major, 1980-90

Oberoffizier Funk- und Funktechnische Aufklärung (erst ab 1965)

Fritz Kühne, Hauptmann, 1965-72
Hubert Müller, Major,1971-79
Jochen Streichert, Major, 1980-84
Karl-Heinz Brüsch, Hauptmann, 1984-90

Bis 1961 gab es in der UA Aufklärung nur drei Planstellen: Manfred Zeh als LAkl, den OTAkl und den Dolmetscher für Englisch.

1961 wurde Gustav Messinger in die UA für den Berlin- Einsatz kommandiert. Vordem war er OOAkl/MSR-28

1. **Sepp Trupp**, Oberstleutnant a. D., 1961-1965: Offizier für Infanterie-Aufklärung
2. **Toni Schwarz**, Oberstleutnant a. D., Ing-Ök ,1961-1971: Offizier für Truppenaufklärung
3. **Achim Kühnel**, Oberstleutnant a. D., Ing. 1968-78: Oberoffizier i. d. UA Aufklärung
4. **Hubert Müller**, Oberstleutnant a. D., Oktober 71 - November 79: OOFuFut Aufklärung
5. **Gerhard Motschko**, Oberst a. D., Dipl.-Mil. 01.09.1978 - 30.09.1980: OO Aufklärung
6. **Axel Gerlach**, Oberstleutnant a. D., November 1980-1990: Oberoffizier Information
7. **Kuno Freese**, Oberstleutnant a. D., 1980-89: Oberoffizier Aufklärung
8. **Karl-Heinz Brüsch**, Hauptmann1984-1990: Oberoffizier Fu und Fu-Te Aufklärung

Im Regiment oblagen die o. a. Aufgaben sinngemäß, mit Ausnahme der Funk- und funktechnischen Aufklärung, dem Oberoffizier Aufklärung.

Im Weiteren soll aufgezeigt werden, wie sich die Aufklärer der 8. MSD entwickelten. Dabei wird vor allem das Aufklärungsbataillon 8 im Mittelpunkt stehen.

Stellvertretend für die Aufklärungszüge/-Kompanien der MSR/des PR sollen die Aufklärer des MSR-27 betrachtet werden.

Wie der eine oder andere Aufklärer zu den bewaffneten Kräften in der DDR kam, war sicherlich sehr unterschiedlich. Manchmal gab es die eine oder andere Übereinstimmung. Um das zu verdeutlichen, hier ein Beitrag von Oberstleutnant a. D., Ing. Achim Kühnel:

„Meine Familie gehörte zu den Ausgebombten von Berlin. Mit zehn Kindern, ich mit 14 Jahren der Älteste, wohnte nun unsere Mutter mit uns in einem Dorf bei Bernau. Als sich der Krieg dem Ende näherte und die Front sich um Berlin zu schließen begann, wollten auch wir aus Furcht vor den Russen fliehen. Man hatte uns ja die Angst davor wirkungsvoll eingeimpft.

Wir zogen nordwestwärts. Zeitweilig befanden wir uns direkt im Kriegsgeschehen um Oranienburg. In dieser Zeit erlebten wir unmittelbar auf der Strecke von Oranienburg bis Neuruppin den Elendszug der Häftlinge von Sachsenhausen. Diese hatten große schwere Wagen mit ihrer Muskelkraft zu ziehen. Mehr als einmal musste ich mit ansehen, wie die Häftlinge, deren Kraft versiegte, von der SS-Mann-

schaft erschossen oder einfach rechts und links in den Straßengraben geworfen wurden. Tote hatte ich bereits viele gesehen, in Berlin und Oranienburg, das aber überstieg in diesen Tagen alles.

Dass es das Ergebnis der Politik der Nazis war, begriffen wir zwar im Inneren, aber genau so groß war die Angst vor den gegenwärtigen und künftigen Ereignissen, der Kampf um das tägliche Überleben. Als der älteste von zehn Geschwistern hatte ich natürlich besondere Verantwortung ihnen und meiner Mutter gegenüber. Irgendwann holte uns die Front ein und überrollte uns. Meine Mutter entschloss sich umzukehren und wieder zurück in das Dorf bei Bernau zu ziehen.

Nach der Rückkehr bestand natürlich die Hauptaufgabe darin, in diesen Nachkriegsjahren zu überleben. Viel Auswahl gab es nicht. Ich fing als Landwirtschaftsgehilfe bei einem Bauern an. Kost und Logis gab es aber nur wenig Geld, so ungefähr 100 Mark war der Lohn.

Eines Tages befand ich mich auf einem Acker beim Schälen. Als Zugtiere hatte ich ein Pferd und einen Ochsen als nicht alltägliches Gespann. Am Feld führte eine Straße mit wenig Verkehr vorbei. Da in der Nähe ein Erholungsobjekt für irgendwelche Funktionäre lag, kam nur hin und wieder mal, besonders zu den Wochenenden, ein Auto vorbei.

Als ich nun 1947 auf diesem Acker meine Arbeit verrichtete, hielt eines dieser Autos an. Ein Mann stieg aus und das Auto fuhr ein ganzes Stück weiter, hielt irgendwo. Der Herr spazierte auf mich zu und verwickelte mich in ein Gespräch. So saßen wir eine Stunde am Feldrand. Zunächst wollte er wissen, wieso ich ein so ungewöhnliches Gespann habe. Dann fragte er mich, was ich verdiene usw. usf. Als er von dem Wenigen hörte, kam die Frage, ob ich in der Gewerkschaft sei. Diese könne mir helfen, den Tariflohn zu erhalten. Er sprach auch mit solchen Worten wie Kapitalismus, Imperialismus, Sozialismus usw. Ich sagte ihm, von Politik will ich nach den Enttäuschungen des Krieges nichts wissen. Ich wusste ja sowieso nicht, was diese Wörter bedeuteten. Auch die Frage nach der Mitgliedschaft in der Freien Deutschen Jugend verneinte ich in dieser Weise. Na, auf alle Fälle hatte er eine angenehme Art, mit mir zu sprechen. Er meinte auch, wenn wir Jungen uns nicht zusammenschließen, um etwas zu bewegen, etwas besser zu machen, wer soll es dann für uns tun? Außerdem: Jugend muss auch unter Jugend sein. Irgendwie ließen mich seine Worte nicht los. Zunächst wurde ich Mitglied der FDJ und betätigte mich in der Dorfgruppe. Mit ca. zehn Mitgliedern vollzog sich unser Jugendleben in Gemeinschaft, mit viel Spaß und gegenseitiger Hilfe, eigentlich ohne große Politik. Aber, ein Umdenken und ein neuer Entwicklungsweg hatte für mich begonnen. Ich trat auch in die Gewerkschaft ein. Man unterstützte mich dort, dass ich mehr Lohn bekam.

Ach ja, der Herr, der mit mir eine Stunde am Feldrand saß, hatte sich zu Beginn wohl nicht vorgestellt. Erst später nannte er mir seinen, für mich immer noch unbekannten Namen: Otto Grotewohl.

Als ich beispielsweise später an zwei großen Kundgebungen in Berlin teilnahm. wurde mir erst bewusst, wer sich mit mir jungem Burschen so lange und zwanglos unterhalten hatte: der Vorsitzende der SPD im Osten Deutschlands und spätere Ministerpräsident der DDR. Immer hatte ich eine große Achtung vor diesem Menschen, von dem ich anfänglich dachte, er sei ein Lehrer. Rückblickend war das Gespräch für mich ein Anstoß, ein Impuls für meinen weiteren Werdegang.

Nicht zuletzt hatte all das auch damit zu tun, nach Gründung der DDR im Jahr 1949 dem Ruf zu folgen, etwas auch persönlich zu tun, die Ordnung in diesem friedliebenden Staat zu schützen. Mein Wunsch war damals schon immer, mich weiterbilden zu können. In den drei Jahren im Dorf habe ich fleißig gearbeitet, war anerkannt, sah aber keine Perspektive für eine bessere Bildung. So sagte ich nach einiger Überlegung zu, als man mich fragte, Angehöriger der Volkspolizei zu werden. Dabei ging ich vor allem davon aus, als Polizist für Ruhe und Ordnung im Dorf oder in einer Stadt zu sorgen und meinen Wunsch zu verwirklichen, mich weiter zu bilden. Diese Forderung setzte ich bei meiner Verpflichtung vorn an. So kam es, dass ich mich in der VP-Schule Prenzlau einzufinden hatte, in einer Kaserne mit 1000 Mann, wie sich zeigte. Dort begann alles Weitere zunächst mit einer Enttäuschung. Die Ausbildung an Schützenwaffen war das eine, die ganze Organisation indes nicht zur Ausbildung zum Revierpolizisten sondern direkt im Rahmen als Bereitschaftspolizei, mit militärischer Disziplin und Organisation. Man bildete mich ein Jahr aus, um später andere auszubilden. Es folgte die Verset-

zung 1950 in die VP-Dienststelle Schwerin-Stern Buchholz. Mit 19 Jahren hatte ich als Vorgesetzter von teilweise mehrere Jahre älteren und oft schon als Polizist dienenden Männern zu fungieren.

So blieb ein ständiger und lange Zeit unerfüllter Wunsch nach weiterer und besserer Allgemeinbildung bestehen. Auch im Dienst hatte ich natürlich hinzuzulernen, was mir nicht schwer fiel. Eine Spezialausbildung als Zugführer gehörte dazu. Später bekleidete ich die Funktion als Gehilfe S1 des Stabschefs in einem Bataillon. So kam ich zu den Aufklärern. Die persönliche Entwicklung in verschiedenen Funktionen setzte sich fort mit immer höherer Verantwortung, mit militärischen Ehrungen und Beförderungen, aber immer verbunden mit dem noch unzureichend erfüllten Wunsch nach besserer Bildung. Dazu gehörte auch mein Bestreben, mich militärisch weiterzubilden. Den Wunsch, die Militärakademie „Friedrich Engels" in Dresden zu besuchen, verwehrte man mir leider, da mein Vater in die BRD übergesiedelt war.

Ich beantragte 1965 die Entlassung aus der NVA und begann ein Studium als Bauingenieur an der Ingenieurhochschule in Cottbus, zu der mich die NVA delegierte.

1968, nach der Ernennung zum Bauingenieur, ließ ich mich wieder in die NVA reaktivieren. Dort setzte ich meine Tätigkeit in der Unterabteilung Aufklärung der 8. MSD fort. So erfüllte sich mein Wunsch nach Weiterbildung zwar nicht im vollen Umfang, indes mit Hilfe der Nationalen Volksarmee aber doch ganz wesentlich.

Von 1949 bis zum Schluss habe ich, mit dem letzten Dienstgrad als Oberstleutnant, der Deutschen Demokratischen Republik gedient."

Entstehung und Entwicklung des Aufklärungsbataillons 8

GESCHICHTE

des Truppenteils „Otto Moritz"

Herbst 1956	Aufstellung des Truppenteils
1958	Einsatz zu Schwerpunktaufgaben in der Volkswirtschaft
1. März 1959	Verleihung der Truppenfahne
13. August 1961	Einsatz zur Sicherung der Staatsgrenze
Herbst 1961	Auflösung des Truppenteils
Oktober 1965	Neuaufstellung des Truppenteils
7. Oktober 1966	Verleihung der Truppenfahne
Herbst 1969	Teilnahme am Manöver „Oder - Neiße"
1979	Einsatz zur Beseitigung von Witterungsunbilden und zur Hilfe der Bevölkerung
1980	Teilnahme von Kräften am Manöver „Waffenbrüderschaft"
28. Februar 1985	Verleihung des Ehrennamens „Otto Moritz"

1952, am 28. Juli, begann in Prora auf Rügen durch Aufstellung einer Kradschützenabteilung mit dem Namen Sonderabteilung 1 die Geschichte des Aufklärungsbataillons 8.

Am 30. September 1952 war die Aufstellung der Einheit beendet.

Als Kommandeur fungierte Volkspolizei-Oberrat Karl-Heinrich Herr.

Der Personalbestand setzte sich zusammen aus: 46 Offizieren, 55 Unteroffizieren, 40 Kursanten und 173 Soldaten (nicht mehr Volkspolizisten genannt)

Am 05. September 1952 trafen die Handfeuerwaffen für die Abteilung ein (sowjetische Karabiner).

Vom 17. bis 28. November 1952 erfolgten die Vorbereitungslehrgänge für das neue Führungspersonal:

Kommandeur:	VP-Oberrat Herr/Oberleutnant Thomas
Stabschef:	VP-Oberkommissar Agsten/Hauptmann Kühl
Allgem. Stellvertr:	VP-Oberkommissar Thomas/VP-Oberkommissar Tolgin/Oberleutnant Willkowski/Oberleutnant Fippel/Oberleutnant Skrzepski
Stellvertreter PA:	VP-Oberkommissar Griebel/Oberleutnant Eisert/Hauptmann Neumann/Oberleutnant Ortmann
Stellv. TA:	VP-Kommissar Bammler/VP-Oberkommissar Bergmann/Leutnant Markwarth/Leutnant Bierwert /Leutnant Saefke
Stellv. Versorgung:	VP-Meister Callies/Leutnant Bednanek/Leutnant Schramm/ Unterleutnant Lange

Siegfried Schneidereit berichtet:

„Nach Absolvierung der VP-Schule (Offiziersschule) in Naumburg von Dezember 1950 bis September 1952, ernannte man mich am 1. 09. 1952 zum ersten Offiziersdienstgrad Unterleutnant. Mit anderen Absolventen wurden wir nach der Ernennung per Eisenbahn direkt von Naumburg nach Prora in die Einheiten versetzt. Ich kam zur Sonderabteilung 1. Mein Einsatz erfolgte als Zugführer der 3. Kompanie. Kompaniechef war der Oberkommissar Pirch. Zweiter Zugführer war Unterleutnant Morgenstern.

Unsere erste Einweisung in der Abteilung S 1 erfolgte durch den SC der Abteilung, Oberkommissar Agsten. Er stellte uns die Aufgabe, auf einer freien Waldfläche ein Zeltlager aus großen Zelten 5x5 m und Zelten aus Zeltbahnen, einschließlich für die eigene Übernachtung, aufzubauen.

Im Dezember 1952 erfolgte die Verlegung der Abteilung in einen der südlichen Querblöcke des Objektes „Prora Süd". Im Block gegenüber befand sich die Nachrichten-Abteilung. In diesem Monat begannen wir mit einer einigermaßen geordneten infanteristischen Ausbildung.

In der Abteilung hatte bis 1956 der Kommandeur, der Politstellvertreter und jeder Kompaniechef seinen persönlichen sowjetischer Militärspezialisten als Berater. Sie waren all die Jahre eine wertvolle Hilfe, zumal der überwiegende Teil des Offiziersbestandes an der Offiziersschule in der Regel nur das Maschinengewehr „Maxim" und die Gruppe im Angriff gelehrt bekommen hatte. In unserer 3. Kompanie war es der Hauptmann Schikoli.

Ein Teil der Ausbildung erfolgte im Umfeld von Prora, aber auch andere Bereiche der Insel Rügen wurden mit den Fahrrädern, besonders bei der Topografieausbildung, erkundet. Zu dieser Ausbildung mussten die Fahrräder bei der Werkstatt der Abteilung empfangen werden, da die Technik der Abtei-

lung, Fahrräder und Motorräder, sogar eine JAWA in Originalfarben, zentral geführt und verwaltet wurde.

Für die Orientierung im Gelände stand dem Zug nur ein Kompass zur Verfügung. Mit den Motorrädern stand die Fahrschulausbildung im Vordergrund.

Im Ausgang suchten wir die umliegenden Ortschaften bis einschließlich Puttbus, zu Fuß oder mit eigenen Fahrrädern, auf. Eine Begrenzung des Standortes gab es noch nicht. Urlaubsfahrten waren durch die schlechte Zugverbindung von der Insel in ihrem Zeitvolumen stark eingeschränkt."

1952 zum Jahresende lautete die endgültige Stellenbesetzung:

Kommandeur:	Hauptmann Thomas
Stabschef:	Hauptmann Kühl
Stellvertr. PA:	Hauptmann Busse
Allgem. Stellvertr.:	Oberleutnant Skrepski
Stellvertr.:	TA Oberleutnant Saefke
Stellvertr. Versorg.:	Leutnant Lange

Damals gab es viele sowjetische „Berater", bis zur Kompanieebene zeitweilig. Sie sollten den großteils unerfahrenen und anfangs auch nur unzureichend ausgebildeten Offizieren die nötige Unterstützung in der Führung und Ausbildung der neu geschaffenen Formationen geben.

Major Konrad Thomas, als Kommandeur des Aufklärungsbataillons 8, erinnerte sich:

„Besonders eng gestaltete sich das Verhältnis zwischen dem Berater und mir nach einer Inspektion im Jahr 1953. Von den sowjetischen Beratern habe ich sehr viel gelernt, vor allem aber drei Dinge: Du kannst nur als Vorbild leben. Sei hart, aber gerecht. Bei Appellen oder ähnlichen Anlässen stehst du im Mittelpunkt, alle Augenpaare sind auf dich gerichtet, kein Knopf darf fehlen, alles muss richtig sitzen. Wenn eine Offiziersausbildung erfolgt, bereite dich gründlich auf die Ausbildung vor. Gehe vorher alles an Ort und Stelle noch einmal durch. Dann bilde hart und gefechtsnah aus. Wenn du alle drei Punkte berücksichtigst, erwirbst du dir ständig Autorität unter den Genossen."

1953, vom 13. bis 20. Februar, bezog die S 1-Abteilung das erste Winterlager im Raum der Insel. Es galt, sich zunächst mit den Aufgaben der Aufklärung vertraut zu machen und Erfahrungen zu sammeln, z. B. bei der Aufklärung von Marschstraßen, eines Waldabschnittes und anderer Aufklärungsobjekte, beim Anlegen eines Hinterhaltes und andere Aufklärungsmethoden. Bei der Vorbereitung auf die erste Bewährungsprobe einer Inspektion waren die Berater eine große Stütze.

Die Abteilung bereitete sich zielstrebig auf diesen Höhepunkt vor. Zusätzlich wurde innerhalb von drei Tagen ein Schießplatz bei Mukran, nördlich von Prora, aus dem Boden gestampft, um den Kompanien ein zusätzliches Schießtraining zu ermöglichen. Die Schießnote war eine entscheidende. Da die Abteilung gut vorbereitet war, konnten alle Aufgaben der Inspektion mit gut erfüllt werden.

Da bestimmte Kreise in der BRD offen die Politik der „Befreiung" und des „Zurückrollens des Sozialismus", sowie den kalten Krieg gegen die DDR verstärkten, machte es sich umso notwendiger, unsere demokratischen Ordnung zu verteidigen.

Schon im März 1952 verkündete der damalige BRD-Außenminister von Brentano (CDU):

„Wir werden alles tun und das Letzte unternehmen, ich sage ausdrücklich, alles und das Letzte, um die sowjetische Besatzungszone wieder zurückzuholen."

(Bayrisches Volksecho, München, 8. März 1952)

1953, am 17. Juni, erhielt der Kommandeur der S 1-Abteilung, Hauptmann Thomas, um 17:45 Uhr den Befehl, mit der gesamten Abteilung um 18:00 Uhr alle Wachposten des Proraer Objektes zu übernehmen und eine straffe militärische Ordnung durchzusetzen. Diese Aufgabe erhielt die S 1-Abteilung, weil sie über einen hohen Ausbildungsstand und über einen guten politisch-moralischen Zustand verfügte. Den Auftrag erfüllte die Abteilung ohne Zwischenfälle.

Siegfried Schneidereit (rechts) berichtet dazu:

„Am 3. 8. 1953 verlegte ein Teil der Abteilung S 1 als Wachkommando zur Sicherung der Grenze zu Westberlin nach Berlin.

Diese Einheit führte ein Offizier der Abteilung, der Stellvertreter PA, Heini Buschewski und der Kompaniechef der 2. Kompanie, Hauptmann Tolzin. Die Unterbringung erfolgte in einem Zeltlager im Stadtbezirk Berlin-Treptow. Das Kommando hatte drei Wachaufzüge in ca. Zugstärke und eine Reserve zu bilden. Ihre Aufgabe lautete, im Grenzabschnitt Laubenkolonie durch Streifenposten (Doppelposten) die Ordnung aufrechtzuerhalten und das Eindringen von Provokateuren aus Berlin-West zu verhindern. Die Bewaffnung war jetzt die MPi-41. Bei diesem Einsatz gab es keinen Ausgang und Urlaub. Die Freizeit vertrieben wir uns mit dem Schreiben von Briefen, dem Lesen von Zeitungen, Gesprächen und Tischtennis spielen im Lager.

Nach der Fahnenflucht eines Angehörigen unserer Kommandos erstreckte sich die Suche nach ihm über die ganze Gartenkolonie, einschließlich der Gartenlauben bis teilweise auf westliche Seite, jedoch ohne Erfolg.

Am 15. 9. 1953 übergab man den Sicherheitsabschnitt unseres Kommandos an eine andere KVP-Einheit. Nach der Übergabe verlegte das Wachkommando der S 1 in den neuen Standort Schwerin in das Objekt Werderstraße.

Zur Niederlage der Konterrevolution des 17. Juni 1953 trug wesentlich der selbstlose Einsatz der Bewaffneten Organe der DDR und der mit ihnen gemeinsamen auf dem Territorium der DDR stationierten sowjetischen Truppen bei.

In der Zeit des Wachkommandos in Berlin zogen die anderen Teile der Abteilung S 1 aus dem Objekt Prora auf der Insel Rügen ebenfalls in das Objekt Werderstraße nach Schwerin um."

Aus dem Einsatz der Truppenteile und Einheiten der Kasernierten Volkspolizei bei der Wiederherstellung der Ordnung am 17. Juni und den folgenden Tagen und Wochen ergaben sich nach dessen Analyse auch Schlussfolgerungen für Strukturveränderungen der S 1-Abteilung.

Die neue Sollstärke der Abteilung betrug nun: 26 Offiziere, 23 Unteroffiziere, 137 Soldaten, Gesamtstärke=186 Mann. Den überzähligen Personalbestand versetzte man und die überzähligen Waffen erhielt die Bereitschaft.

1953, vom 15. Juli. bis 08. August, führte die Abteilung ihr erstes Sommerlager im Raum der Insel Rügen durch und vom 08. bis 13. August 1953 nahm der Stab der Abteilung in dieser Zeit an einem zweistufigen Kommandostabsspiel auf der Insel Rügen teil.

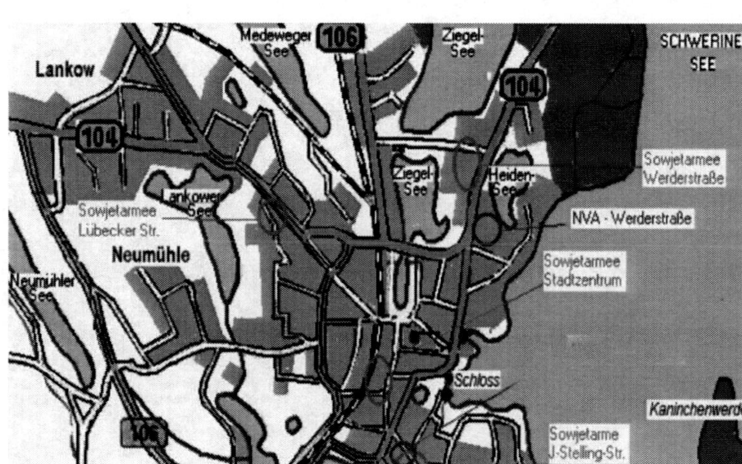

1953, am 10. Oktober, bezog die Sonderabteilung 1 (S1) nach erfolgter Verlegung, von Prora kommend, ihre neue Unterkunft in Schwerin in der Kaserne der Werderstraße (Dienststelle Schwerin I), als S 1-Abteilung der KVP-Bereitschaft Schwerin.

In diesem Objekt befand sich auch der Stab der KVP-Bereitschaft, ihre Nachrichtenabteilung und Stabskompanie. Schwerin wurde nun für lange Jahre zur Garnisonsstadt der Truppenaufklärer der 8. MSD.

Die Kaserne in der Werderstraße im Jahr 2004

Dem Kommandeur der KVP-Bereitschaft, Oberst Nacke, folgte Oberst Martin Bleck (01.03. 1971, Generalleutnant, letzte Dienststellung Chef der Verwaltung Inspektion im Ministerium für Nationale Verteidigung der DDR).

1953 am 7. Dezember, erhielt die Abteilung eine Zuführung neuer Technik: 10 SPW-152 und 36 Beiwagenkräder M-72.

Die Struktur der S 1-Abteilung Ende des Jahres 1953:

- Kommandeur,
- Stab mit Versorgungsgruppe, Nachrichtenzug
- 1. Kompanie: 5 SPW und 1 Krad
- 2. Kompanie: 5 SPW und 1 Krad
- 3. Kompanie: 32 B-Kräder

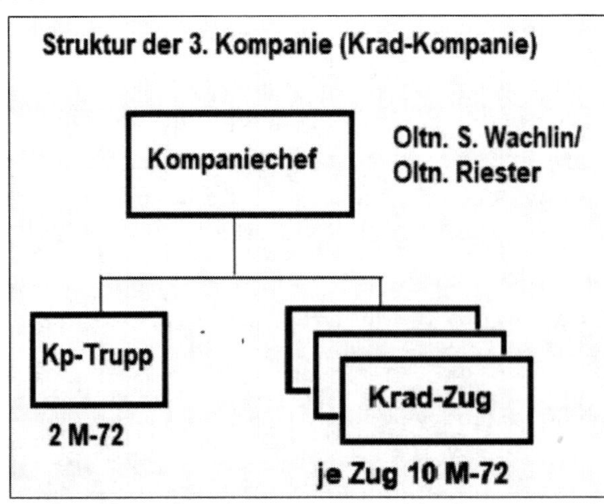

Die Abteilung teilte man auch im Objekt Werderstraße zur Wachgestellung an der Ausfahrt aus dem Objekt am Kontrolldurchlass (Kdl) zur Werderstraße ein (zwischen den beiden Hauptgebäuden).

1954 in der Winterausbildung im neuen Standort galt es nun, ein neues Ausbildungsgelände für die Abteilung zu erschließen. Für die Ausbildungszweige Taktik- und Topografieausbildung nutzte man östlich von Schwerin das Gelände zwischen dem Stadtrand und dem Paulsdamm im Waldgebiet Schelfwerder. Beim Hin- und Rückmarsch durch die Werder- und Güstrower Straße (B 104) gab es kräftigen Marschgesang. Das Schießtraining und das Schießen mit dem KK-Gewehr erfolgte im Objekt auf einem dafür ausgebautem Schießstand.

Siegfried Schneidereit berichtet:

„Beim KK-Schießen im Objekt ereignete sich ein Besonderes Vorkommnis mit traurigem Ausgang. Leutnant Müller, Zugführer des Nachrichtenzuges der Abteilung, verließ entgegen den Festlegungen vorzeitig beim laufenden Schießen die Anzeigedeckung, wobei er unglücklich durch einen Schuss am Kopf getroffen wurde und an den Folgen verstarb."

Zum Schießen mit den Handfeuerwaffen sowie mit den MG's ging es zum Schießplatz auf den Truppenübungsplatz Lübtheen. In den freien Stunden besuchten die Angehörigen der Abteilung gern das Gasthaus „Seelust" der Inhaberin Else Schmal (unten rechts) in Probst-Jesar.

Siegfried Schneidereit, Kompaniechefchef der Krad-Kompanie, von der Natur mit einem vollem Haarschopf bedacht, hatte gerade deshalb ein persönliches Erlebnis mit Oberst Bleck, auf den er innerhalb der Kaserne traf.

Er wird von diesem angesprochen: „Genosse Unterleutnant, Ihre Haare sind zu lang, Sie gehen zum Friseur!"

Der Angesprochene antwortet: „Da war ich ja gerade, Genosse Oberst".

Daraufhin der Oberst: „Dann holen Sie sich eine neue Mütze von der BA-Kammer".

Als Kompaniechefchef in der S 1-Abteilung führte Siegfried Schneidereit die Krad-Kompanie, hier mit seiner Truppe bei der Ausbildung der Kradstaffel im Winter 1957.

Siegfried Schneidereit, Dipl.-Mil., Oberstleutnant a. D., gehörte als ein „Urgestein" zum Aufklärungsbataillon 8:

Daten aus seinem Werdegang in dieser Zeit;

- September 1952 - Oktober 1954: Zugführer in der SPW-Kompanie der S-1-Abteilung in Prora;
- Oktober 1954 - November 1955: Zugführer des Lehrzuges der S-1-Abteilung in Schwerin;
- November 1955 - November 1956: Kompaniechef der Krad- Kompanie der S-1-Abteilung in Schwerin;
- Mai 1957 - Dezember 1957: Chef der Krad-Kompanie im Aufklärungsbataillon 8 in Schwerin-Stern Buchholz;
- Dezember 1957 - Dezember 1960: Erster Stellvertreter des Kommandeurs des Aufklärungsbataillons 8 in Schwerin-Stern Buchholz.

Zum Beiwagenkrad M-72 brachte die Armeerundschau 11/81 u. a. folgende Beschreibung:

Fotos von Aufklärungseinheiten aus den Anfangsjahren der NVA zeigen meist eine Aufklärungsgruppe mit einem Panzerauto BA-64 und mehreren Beiwagenkrädern M-72. Dieses schwere sowjetische Motorrad ist ebenfalls in Dresden im Armeemuseum ausgestellt. Zu der Zeit, als es noch keine oder nur wenige SPW gab, trugen mit einem leichten MG bewaffnete und für drei Mann sowie geringes Gepäck geeignete Beiwagen-Kräder enorm zur Beweglichkeit von Aufklärungs- und Schützeneinheiten bei. Zu ihren Vorteilen zählten: sie waren billiger und schneller herzustellen als andere Fahrzeuge, unter allen klimatischen und Wetterbedingungen zu verwenden, standsicher durch den Beiwagen, schnell wieder aus Hindernissen freizubekommen und hatten geringe Betriebskosten. Über lange Jahre hinweg diente das M-72 – oft im Zusammenwirken mit anderen ungepanzerten oder gepanzerten Fahrzeugen – für Aufklärungs-, Kurier- und Verbindungsaufgaben aller Art. Typisch für sein Äußeres waren: Boxermotor, überhöhter Rücksitz, bootsförmiger Ganzmetallbeiwagen mit aufmontiertem lMG DT sowie Reserverad auf der Gepäckraumluke des Beiwagens. Im Zeitraum von 1959 bis 1963 ersetzte die Solomaschine ES-250/A (vor allem von Regulierern verwendet) schrittweise das Beiwagenkrad M-72. Der Vollständigkeit halber sei erwähnt, daß eine kurze Zeit lang auch Beiwagenkräder ES – vor allem von den Grenztruppen – verwendet wurden.

1953/54 in der Winterausbildungsperiode vom 1. 12. bis zum 30. 4. war die Einzelausbildung der Mannschaften bis Mitte März vorgesehen. Danach folgte die Ausbildung der Besatzungen bzw. Gruppen im aufeinanderabgestimmten Handeln. Die Zug- und Kompanieausbildung schloss sich daran an. Schwerpunkt der Ausbildung war die Schieß- und Taktikausbildung.

Die neue Stellenbesetzung der Führung der Abteilung sah nun so aus:

Kommandeur	Hauptmann Thomas
Stabschef	Oberleutnant Krafczyk
Stellvertr. PA	Hauptmann Labuda
Stellvertr. TA	Oberleutnant Saefke/Leutnant E. Schmidt
Allgem. Stv.	Hauptmann Skrepski
Stellvertr. Vers.	Oberleutnant Lange

Erich Schmidt, Oberstleutnant a. D., Berufschullehrer, 1952-1953.

Werkstattleiter in der KVP S1-Abteilung in Prora; 1956-1958.

Stellvertreter des Kommandeurs Aufklärungsbataillon 8 für Technik und Ausrüstung (TA) in Schwerin-Stern Buchholz.

In der Sommerausbildung stand für die Bereitschaft und somit für die S 1-Abteilung als Schwerpunkt: „Handlungen der Aufklärung bei der Verteidigung eines Küstenabschnittes".

1954: Für die Ausbildung gab es anfangs nur wenige Ausbildungsmittel, einschließlich der noch fehlenden einheitlichen Dienstvorschriften.

Erste Mittel bildeten Lehrtafeln (nachfolgend), welche in der Ausbildung die Grundsätze des Handelns der Aufklärer im Gelände umsetzen sollten. Auch die Ausrüstung bestand anfangs nur aus einem Gemisch deutscher und sowjetischer Kriegsproduktion sowie nach und nach in der DDR hergestellten Produkten.

Manchmal musste man mangels Ausrüstung auch imitieren, denn in den 50-er Jahren war manche Ausrüstung in der Kasernierten Volkspolizei vielfach nur dem Namen nach bekannt. Bei der taktischen Geländeausbildung zeigte man zum Beispiel bestimmte Wirkungen von Waffen und dgl. nur durch Hochhalten von Flaggen mit dem entsprechenden taktischen Zeichen an.

Verwendung von Hilfsmitteln (Zweige, Gras) zur Tarnung — Tarnumhang (Zeltbahn) — Tarnnetz Nr. 1 (in das Netz sind Stoffbänder und Gras einzuflechten)

Taktikausbildung: Bei einer Brücke, die als zerstört zu gelten hatte, erfolgte die Aufstellung einer Tafel mit entsprechender Aufschrift. Eine Einheit, welche den Fluss überwinden sollte, jedoch über keinerlei Übersetzmittel verfügte, marschierte nun über die Brücke mit einem Transparent, worauf stand: „Wir paddeln rüber!"

Für das Verhalten der Aufklärer, der Besatzung eines B-Krades, eines LkW's bzw. SPW's konnten also bald in der Taktikausbildung die ersten, neu zugeführten Lehrtafeln genutzt werden.

Tarnung Sommer — Tarnkombination — Umwickeln des Schuhwerks zum geräuschlosen Gehen auf hartem Boden

3leibe mit dem Fahrzeug in Deckung, gehe zu einer für die Beobachtung günstige Stelle und beobachte das Gelände!

Das Schützenloch des Beobachters zwischen den Eisenbahnschwellen

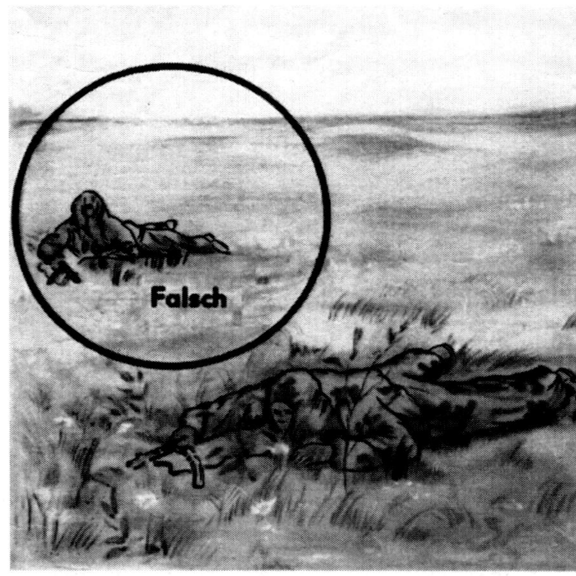

Drücke dich beim Gleiten im offenen Gelände fest an den Boden!

Leg dich neben den Hügel. Niemals auf den Kamm kriechen

Benutze für die Deckung Trichter, Gruben und Gräben! Bei der Beobachtung mit dem Gerät das Objektiv nicht zur Sonne drehen!

Beim Beobachten aus dem Halt müssen Aufklärer, die sich auf den Fahrzeugen befinden, zur Deckung und Ternung die Geländeabdeckungen (Wald, Gebüsch, Sträucher usw.) ausnutzen.

Beobachte hinter einem Zaum hervor vom Krad

1954, vom 11. bis 13. August, nahm der Stab der Abteilung an einer zweistufigen Kommandostabsübung mit dem Thema: „Die Verteidigung der Insel Rügen" teil.

Am 9. Oktober 1954 kommt Siegmund Wachlin nach Absolvierung der Offiziersschule in Naumburg als Unterleutnant in die 3. Kompanie (Krad-Kp) der Abteilung als Zugführer..

Er berichtet: *„Im November werden der Abteilung LMG's (LMG-D) für die Bestückung der B-Kräder zugeführt. Da sich keine Halterungen für die LMG's auf den Seitenwagen der Kräder befanden, musste in der Abteilung selbstständig eine Lösung gefunden werden. Leutnant Erich Schmidt, Stellv. TA des Kdr´s der Abteilung, entwickelte mit dem Personalbestand der Werkstatt und den Offizieren der 3. Kompanie eine Halterung für die LMG's, die man dann auch auf den Seitenwagen der Kräder installierte. Diese Halterung ermöglichte das Schießen während der Fahrt und eine schnelle Entnahme der MG's beim Absitzen der Besatzungen."*

Siegmund Wachlin, Dipl.-Mil., Oberstleutnant a. D.: 09.09.1954 - 31.10.1955: Zugführer in der Krad-Kompanie der S-1 Abteilung in Schwerin.

09. 09.1954 - 31.10.1955: Zugführer in der Krad-Kompanie der S-1 Abteilung Schwerin;

01.11.1955 - 31.10.1956: Lehrzugführer des AB-8 in Schwerin.

01.11.1956 - 31.12.1958: Kompaniechef der 3. Kompanie (Krad-) des AB-8 in Schwerin-Stern Buchholz.

01.07.1957 - 31.08.1960: Stellvertreter des Stabschefs des AB-8 in Schwerin-Stern Buchholz.

01. 09. 1960-1962: Oberoffizier in der Abteilung Aufklärung Kommando MB-V in Neubrandenburg;

1962-30. 04. 1963: Stellv. Leiter Aufklärung Standortkommandantur Berlin;

01. 05. 1963-1969: Leiter Aufklärung Standortkommandantur Berlin;

1971-1975: Oberoffizier in der Verwaltung Aufklärung des MfNV;

Gerne feierte man gemeinsam nach Dienst oder im Ausgang. Es gab noch keine Kofferradios usw. Wer Akkordeon oder Gitarre spielen konnte, den nahm man gerne in die Mitte und spendierte ihm ein Bier oder mehr. Eine Flasche einfaches Bier in der Flasche mit Kippverschluss kostete nur wenige Groschen, war aber auch für ein Offiziersgehalt von nur wenig über 600-700 Mark schon eine zu beachtende Ausgabe über den Monat verteilt.

1954/1955: Auch in diesem Ausbildungsjahr bildete die Thematik der Küstenverteidigung weiterhin den Schwerpunkt in der Ausbildung.

In den ersten Monaten des Jahres unternahm man große Anstrengungen, um mit dem Personalbestand in der Taktikausbildung, mit der Technik, den SPW und Krädern, die Handlungen als Spähtrupp und Aufklärungstrupp zu üben. Für die Ausbildung sowie für die Wartung der Technik erhielten die Kraft- und Kradfahrer eine Sonderbekleidung. Für die Kraftfahrer gab es jeweils eine khakifarbene und eine blaue Arbeitskombination, eine Sonnenbrille und einen Watteanzug. Die Krad-Besatzungen erhielten zusätzlich eine Schutzbrille, einen Sturzhelm, einen Krad-Regenmantel, einen Pullover mit Rollkragen, Kradhosen und ein Paar Stulpenhandschuhe.

Siegfried Schneidereit dazu:

„Die Abteilung wird durch einen Lehr-Zug zur Ausbildung von Unteroffizieren für Aufklärungseinheiten ergänzt. Die Zusammensetzung der Unteroffiziersschüler des Zuges erfolgte auf der Basis von Kommandierungen aus den Aufklärungseinheiten der Bereitschaft.

Die Aufstellung und Ausbildung dieses Lehrzuges war die Aufgabe von Leutnant Siegfried Schneidereit."

Die Struktur des Lehrzuges:

- Zugführer und Zughelfer
- erste Gruppe
- zweite und dritte Gruppe

Jede Gruppe hatte einen Gruppenführer und 8-10 Uffz.-Schüler.

Als Zugführer des Lehrzuges handelten von Oktober 1954 bis November 1955 Leutnant Siegfried Schneidereit und von November 1955 bis Oktober 1956 Leutnant Siegmund Wachlin.

Zu dieser Zeit existierten zwar bereits Offiziersschulen zur Ausbildung von Offizieren für die Waffengattungen, Spezialtruppen und Dienste. Die Unteroffiziere indes bildete die Truppe gewöhnlich selber aus. Das geschah in Lehrzügen, so auch im Aufklärungsbataillon 8, wo man die Unteroffiziere für die Aufklärer des AB-8 und der Aufklärungskompanien der MSR/PR heranbildete. Unteroffiziersschulen richtete man erst wesentlich später ein.

Werner Thomas dazu:

„Da die Aufklärungstruppen weder als Waffengattung noch als Dienst eingestuft waren, erfolgte die Auswahl des Personalbestandes für die Besatzungen aus dem Fond der für Mot.-Schützen gemusterten Freiwilligen/später Wehrpflichtigen, die nach relativ anspruchslosen Kriterien ausgewählt worden waren.

Die spätere Heranbildung von Unteroffizieren/Kommandanten für Aufklärungsfahrzeuge war dann an Unteroffiziersschulen der Landstreitkräfte organisiert, und die Truppführer der Funk- und funktechnischen Aufklärung erhielten ihre Qualifikation im Funkaufklärungsregiment des Hauptstabes.

Als Zugführer wurden anfangs Absolventen der Offiziersschulen Infanterie/Panzer eingesetzt, später übernahm die Sektion Mot.-Schützen der Offiziershochschule der LaSK in Löbau die Heranbildung von Offizieren für die Verwendung Truppen- und Fernaufklärung."

In der Funktion als Lehrzugführer hatte Leutnant Siegfried Schneidereit eine erste Begegnung mit Oberstleutnant Horst Stechbarth, 1955-1956 Stellvertreter des Kommandeurs der KVP-

Dienststelle Schwerin (Generaloberst seit 01.03.1976, von 1972-1989 Stellvertreter des Ministers für Nationale Verteidigung der DDR und Chef der Landstreitkräfte der NVA).

Leutnant Schneidereit führte auf dem Exerzierplatz im Objekt Ausbildung mit seinen MG-Schützen an den LMG's durch. Beim Kommando: „Schützenwechsel" musste der MG-Schütze 1, der links mit dem MG im Anschlag lag, nach rechts rutschen, um die Aufgabe des Schützen 2 (Gurtzuführung) zu übernehmen. Der Schütze 2 hatte den in liegender Haltung nach rechts rutschenden Schützen 1 zu überspringen und mit dem MG sofort in Anschlag zu gehen. Da kam zufällig Oberstleutnant Stechbarth vorbei. Leutnant Schneidereit meldete und durfte die Ausbildung sofort fortsetzen.

Nach einigen Minuten Zuschauen unterbricht Oberstleutnant Stechbart die Ausbildung, legt sich mit seinem sauberen Mantel hinter ein LMG auf die staubige Erde und zeigt den Ausbildern sowie den Soldaten, wie ein Schützenwechsel schnell und exakt durchgeführt wird. Danach fordert er, so wie gezeigt weiter zu üben und befielt dem Zugführer die Ausbildung fortzusetzen.

1955 war militärpolitisch eine völlig neue Situation in Europa entstanden. Unter dem Bruch des Potsdamer Abkommens hatte man auf der Tagung des NATO-Ministerrates in Paris vom 9. bis 11. Mai 1955 die BRD als 15. Mitgliedstaat in den Nordatlantikpakt aufgenommen.

Alle sozialistischen Staaten sahen das, so auch die DDR, als eine große Gefahr für den Aufbau des Sozialismus in ihren Ländern an. Als Gegengewicht schlossen die sozialistischen Staaten am 15. Mai 1955 den „Vertrag über Freundschaft, Zusammenarbeit und gegenseitigen Beistand" (Warschauer Vertrag) ab. Sie verpflichteten sich für den Fall einer imperialistischen Aggression zu gegenseitigem militärischem Beistand. Zu diesem Zweck beschlossen sie die Bildung eines Vereinten Oberkommandos.

Für die DDR bedeutete das den Aufbau von Nationalen Streitkräften. So machte es sich notwendig, den Offiziersbestand der KVP, besonders die leitenden Offiziere und Generale, vorzubereiten, den Prozess des Aufbaus einer Armee militärfachlich führen zu können. Man richtete nun viele Maßnahmen auf die Aufstellung einer regulären Armee aus.

Die Bereitschaften der TV-Nord bereiteten sich auch in dieser Phase auf eine möglich notwendige Verteidigung der Ostseeküste und besonders der Insel Rügen vor.

Im Sommerhalbjahr bestand also für die Bereitschaft Schwerin weiterhin der Schwerpunkt „Verteidigung eines Küstenabschnittes" und die sich daraus ergebenden Aufgaben für die Aufklärung.

Bei der Durchführung des Wettbewerbs im Rahmen der S 1-Einheiten der Kasernierten Volkspolizei erzielte ein Zug der 3. Kompanie der Abteilung den 1. Platz.

Vom 5. Juli bis 8. August 1955 zogen die S 1-Einheiten der Dienststelle Schwerin in das Sommerlager.

Vom 20. bis 24. September 1955 führte die Territorialverteidigung Nord (TV-Nord) im Zusammenwirken mit der KVP-See und den Fliegerkräften der Verwaltung des Aeroklubs (VdAK) eine große Übung im Nordosten der DDR durch. Thema der Übung: Die Verteidigung der Küsten der Insel Rügen im Zusammenwirken mit der VP-See und der VdAK.

Die vom 23. bis 25. September 1955 laufende Abteilungsübung war Bestandteil der großen Truppenübung der TV-Nord und gleichzeitig eine Lehrvorführung für alle Offiziere von Kradschützenabteilungen.

1956 am 18. Januar beschloss die Volkskammer der DDR das Gesetz über die Schaffung der Nationalen Volksarmee und seines Ministeriums. Zum Minister für Nationale Verteidigung wurde durch den Ministerpräsidenten Otto Grotewohl der 1. Stellvertreter seiner Regierung, Generaloberst Willi Stoph, berufen.

Viele Angehörige der Kasernierten Volkspolizei hatten sich bereit erklärt, in die zu bildenden Streitkräfte einzutreten. Sie trugen zunächst ihre khakifarbenen Uniformen weiter (links).

Da sich noch große Bestände an KVP-Uniformen und -Stoffen in den Lagern befanden, durften diese bis Ende der 50-er Jahre im täglichen Dienst mit den neuen Effekten genutzt werden.

Die Aufstellung der NVA erfolgte in 3 Etappen:

Erste Etappe: 1. Februar bis 31. März 1956

Zweite Etappe: 1. April bis 30. Juni 1956

Dritte Etappe: 1. Juli bis 1. Oktober 1956

Die Infanteriedivision Schwerin formierte man in der 2. Etappe. Ihre Personalstärke betrug 9 496 Mann. Standorte der Division waren Schwerin, Stern Buchholz, Rostock, Prora und Güstrow.

Die Ausbildung des Personalbestandes der S 1-Abteilung ging entsprechend dem Plan der Winterperiode zielstrebig voran.

Was Werner Thomas dazu später schreibt, galt auch bereits damals:

„An die Befähigung der Aufklärer zur Erfüllung der Aufgaben im Gefecht wurden hohe Anforderungen gestellt. Das betraf vorrangig:

- *umfangreiche Kenntnisse über Struktur, Bewaffnung, Ausrüstung und Einsatzgrundsätze des wahrscheinlichen Gegners sowie sicheres Erkennen der Arten und Typen der Hauptbewaffnung;*
- *gefestigte Fertigkeiten bei der Anwendung der Aufklärungsmethoden bei Tag und Nacht;*
- *sicheres Beherrschen der Gefechtsfahrzeuge, der Bewaffnung und Aufklärungsmittel;*
- *fehlerfreie topografische Orientierung und Bestimmen genauer Zielkoordinaten;*
- *Anwendung von List und Tarnung, gedecktes Überwinden von Geländeabschnitten und Wasserhindernissen;*
- *Überwältigung des Gegners im Nahkampf;*
- *Kennen der Möglichkeiten zur Nahrungsbeschaffung und Trinkwassergewinnung aus der Natur;*
- *hohe physische und psychische Belastbarkeit."*

1956, vom 12. bis 17. Februar, gab es ein bewegliches Winterlager der S1-Abteilung, bei Durchschnittstemperaturen von -22° C. Im Verlauf der Übung erlitten 25 Soldaten Erfrierungen. Hauptthema war: Das verstärkte Aufklärungsbataillon/die verstärkte Aufklärungskompanie auf dem Marsch in Erwartung eines Begegnungsgefechtes.

Vom 04. bis 06. April 1956 erfolgte die Teilnahme des Stabes der Abteilung am Stabsspiel der Bereitschaft Schwerin I. Thema: Die Verstärkte Infanteriedivision bei der Verteidigung eines Küstenstreifens.

Aber auch solche Sondereinsätze kamen auf das Aufklärungsbataillon 8 zu:

Anfang 1956 besuchte der Chinesische Verteidigungsminister, Marschall Tschu Teh, den Stab der Bereitschaft in Schwerin und die Truppenteile und Einheiten in Prora. Dort kam fast der gesamte Personalbestand im Bereich vor der Festhalle zum Empfang des Gastes zusammen.

Dazu Siegfried Schneidereit:

„Die 3. Kompanie (Krad-Kompanie) des Aufklärungsbataillons 8 erhielt die Aufgabe, die Kolonne dieser Delegation während der Fahrt vom Objekt Werderstraße Schwerin bis zum Objekt Prora auf Rügen zu regulieren.

Als Leiter der Regulierung hatte man Leutnant Siegfried Schneidereit eingesetzt. Zur Lösung dieser Aufgabe erhielt er von der Verkehrspolizei Schwerin Regulierungskellen und die volle Befugnis für die Verkehrsregulierung dieser Delegation. So führte Leutnant Schneidereit mit drei Krad-Besatzungen der 3. Kompanie vor und drei am Ende der Kolonne ohne Zwischenfälle die hochrangige Delegation bis in das Objekt Prora."

In der Nacht vom 09. zum 10. Mai 1956 gab es für die Abteilung Alarm. Es ging zu einem Hilfseinsatz bei der Bekämpfung des Großfeuers im „Schweriner Holzwerkbau". Für diesen Einsatz hat sich die Stadt bei der Abteilung besonders bedankt.

Im Juni 1956 erfolgten die letzten Vorbereitungen auf den Übertritt in die NVA und am 01. Juli 1956 war die Aufstellung des Aufklärungsbataillons 8 abgeschlossen.

Die Personalstärke betrug 30 Offiziere, 34 Unteroffiziere, 139 Soldaten, gesamt 203 Mann.

Bewaffnung: 39 Pistolen TT, 3 Karabiner, 94 MPi-41, 21 LMG-DP, 20 LMG-DTM, 7 sMG 12,7 mm, 10 KWK 85 mm der Panzer T-34.

Technik: 24 Beiwagenkräder, 8 SPW-152 (ohne Funkstation), 10 Kampfpanzer T-34, 11 Kfz.

Die Panzertechnik erhielt einen Abstellplatz in einem Park des Objektes Stern Buchholz.

1956, vom 01. bis 30. Juli ging das Aufklärungsbataillon 8 ins Sommerlager bei Sandhof im Bereich Goldberg. Ein Höhepunkt in dieser Zeit: die erste Vereidigung am 06. Juli und zum Abschluss des Sommerlagers der Manöverball in Parchim.

Im August 1956 erfolgte die Teilnahme des Aufklärungsbataillons 8 an einer Regimentsübung mit dem Thema: Das Infanterieregiment im Angriff.

Vom 20. bis 25. August 1956 inspizierte der Militärbezirk V das Aufklärungsbataillon 8. Überprüfungen, Kontrollen und Inspektionen unterschiedlichster Art. Zyklen und Höhe der eingesetzten Kontrollorgane unterliefen einer speziellen Entwicklung, vom eigenen TT, dem ersten übergeordneten Stab bis hin zum Ministerium für Nationale Verteidigung der DDR.

In den letzten Jahrzehnten der NVA gab es ein festes Schema für Überprüfungen durch Übergeordnete. Eine Inspektion führte ab dann nur die Verwaltung Inspektionen des Ministeriums für Nationale Verteidigung der DDR durch. Alle anderen kontrollierten bzw. überprüften.

Vom 05. bis 08. September 1956 nahm das Aufklärungsbataillon 8 an der ersten Divisionsübung der 8. ID in ihrem vollen Bestand unter der Leitung des 1. Stellvertreters des Ministers für Nationale Verteidigung der DDR, GM Friedrich Dickel, teil. Die Übung fand im Zusammenwirken mit Truppenteilen und Einheiten (TT/E) des Ministeriums für Nationale Verteidigung der DDR, der See- und Luftstreitkräfte beiderseits des Küstengebietes von Stralsund und auf der Insel Rügen statt. Es war die erste Truppenübung einer Infanteriedivision der Nationalen Volksarmee.

Mit der 8. ID handelten das PiR-1, das NaR-2, das Brückenbauregiment 1 und von den Seestreitkräften 43 Boote und Schiffe verschiedenen Typs sowie von den Luftstreitkräften 20 Flugzeuge Jak-11, zwei AN und zwei Funkmessstationen.

Das Thema der Übung: Die Organisation der Verteidigung eines Streifens der Meeresküste mit den anderen Teilstreitkräften, Abschlagen von See- und Luftlandekräften des Gegners bei der Anwendung der Atomwaffe.

Den Leitungen der Militärbezirke, Divisionskommandeuren, Leitern aller Offiziersschulen sowie den verantwortlichen Chefs und Leitern der Verwaltung im Ministerium für Nationale Verteidigung der DDR sollten durch die Teilnahme an der Übung praktische Erfahrungen in der Truppenführung vermittelt werden. Der Leitungsstab fungierte als Stab einer Armee, in deren Bestand die 8. ID handelte. Chef des Leitungsstabes war GM Bernhard Bechler. 236 Offiziere arbeiten bei den handelnden Truppen als Schiedsrichter bis zur Ebene Kompanie/Batterie.

Für die als Seite „Rot" handelnden Truppen übte GM H. Rentsch die Funktion des Oberschiedsrichters aus. Major Karl-Hermann Ouarch, Leiter der Abteilung Aufklärung des MB V, arbeitete als Oberschiedsrichter für die als Seite „Blau" handelnden Truppen.

Der damalige GL Vincenz Müller, Chef des Hauptstabes der NVA, löste den Alarm in der Division aus.

Die Verlegung der Truppen aus dem Standort Schwerin erfolgte entsprechend den Forderungen der gedeckten Truppenführung im Nachtmarsch aus dem Raum Schwerin in den vorgesehenen Küstenstreifen zur Insel Rügen. Teilnehmende Truppenteile und Einheiten der Division aus dem Raum Schwerin verlegten auf zwei Marschstraßen. Marschstraße Nr. 1: Schwerin-Wismar-Stralsund. Marschstraße Nr. 2: Schwerin-Crivitz-Bad Sülze-Stahlbrode.

Das Aufklärungsbataillon 8 (ohne PzKp) hatte die Aufgabe, die Marschstraße 1 aufzuklären, die Insel Rügen zu erreichen und bereit zu sein, Luftlandekräfte der Seite „Blau" abzuwehren. Nicht rechtzeitige Befehlsübermittlungen durch den Div.-Stab führten zu Zeitverlust für die Truppenteile und Einheiten. In der Ausgangslage hatte man in den frühen Morgenstunden einen Zeitpunkt für die Sperrung des Rügendamms für alle handelnden TT/E der Seite „Rot" festgelegt.

***Siegmund Wachlin** berichtet: „Dieser Zeitpunkt der Sperrung führte beim Kommandeur des Aufklärungsbataillon 8, Hauptmann Thomas, zu folgendem Entschluss (Hptm. K. Thomas war für sein kühnes Handeln bekannt): Das Bataillon führt die Aufklärung auf der Marschstraße 1 in einem Kolonnenmarsch unter Bildung eines selbstständigen Aufklärungstrupps (SAT) und der Bataillonskolonne mit zwei B-Krädern an der Spitze und zwei B-Krädern am Ende der Kolonne, unter höchst möglicher Geschwindigkeit durch und erreicht den Rügendamm vor der Sperrung. Führer des Spitzen-SAT: Leutnant Wachlin, Bestand des SAT: 2 SPW 152 und 3 B-Kräder M-72. Ein kleines Vorkommnis beeinträchtigte etwas das Marschtempo des SAT. In Kröpelin im Bereich des Bahnhofs stieß ein SPW beim Wenden gegen den Steinsockel eines Wegweisers. Das Bataillon passierte ohne weitere Zwischenfälle den Rügendamm vor dessen Sperrung. Der Husarenstreich war gelungen. Eigeninitiative entsprechend der Lage und der Aufgabe hatte dieses ermöglicht."*

Im Verlauf der Übung erfüllte das Bataillon die gestellten Aufgaben. Nach dem Ende der Handlungen im Bereich der Insel Rügen sollten die TT/E aus dem Standort Schwerin im Eisenbahntransport zurückverlegen. Jetzt fasste Hauptmann Thomas wieder einen kühnen Entschluss und verlegte das Bataillon im Landmarsch in das Objekt zurück. So konnte die Herstellung der Gefechtsbereitschaft am Standort schneller erfolgen.

1956, vom 21. bis 29. September, nahm die 1. und 2. Kompanie des Aufklärungsbataillons 8 an einer Bataillonsübung eines Infanterieregimentes teil. Das Thema der Übung: „Das verstärkte Infanteriebataillon im Angriff". Im gleichen Zeitraum nahm die 3. Kompanie an einer Truppenübung der 1. ID im Raum Potsdam teil.

Die Anordnung des Chefs des Hauptstabes Nr. 154/56 vom 10. November über die Änderung der Strukturen der Verbände und Truppenteile bestimmte: „Mit Wirkung vom 30. 11. 1956 sind die Infanterie- und die Mech.-Divisionen und deren Truppenteile in Mot.-Schützen-Divisionen (MSD) bzw. Mot.-Schützen Regimenter (MSR) usw. umzubenennen."

1956/1957 trafen die ersten Schwimmpanzer PT-76 im Aufklärungsbataillon 8 ein (vermutlich im April 1959. Die Angaben dazu sind nicht eindeutig.). Der PT-76 besaß eine Kanone 76 mm sowie ein MG 7,62 mm. Das ca. 14 t schwere amphibische Fahrzeug war bis 1990 bei der NVA in Einsatz. Der Aufklärungspanzer besaß ausgezeichnete amphibische Eigenschaften. Ein 240 PS starker Dieselmotor ermöglichte an Land eine Höchstgeschwindigkeit von 44 km/h. Im Wasser kamen zwei Wasserstrahltriebwerke zum Einsatz, mit denen 10 km/h erreicht werden konnten. Als nachteilig kann die geringe Panzerung von 20 mm angesehen werden.

Die Verlegung des Aufklärungsbataillons 8 am 01. Dezember 1956 aus der Werderstraße von Schwerin in den Standort Schwerin-Stern Buchholz.

Einige Angaben zur Garnison Stern Buchholz:

Bis 1945 befand sich auf dem Territorium der Kaserne Stern Buchholz eine Teilmunitionsfabrik unter der Bezeichnung „Heeresnebenzeugamt mit Heeresnebenmunitionsanstalt" sowie das KZ „Stalag Elf", ein Lager in dem sowjetische Kriegsgefangene untergebracht waren. Ein dazu gehöriges Teillager gab es auf dem „Großen Dreesch", im heutigen Grünen Tal. Nahezu 500 Tote wurden dort nach 1945 in Massengräbern gefunden. Ein Mahnmal erinnert heute daran. Im Bereich Stern Buchholz wurden nach der Befreiung vom Faschismus die ersten Grundlagen für die Stationierung von Polizeikräften geschaffen. Im Jahr 1947 hatten sich zur Dienstverpflichtung festgelegte Männer und Frauen in Schwerin im Arsenal zu melden, wo sie auch untergebracht wurden. Diese Dienstverpflichteten hatten täglich mit dem Zug von Schwerin zum Bahnhof Stern Buchholz zu fahren und legten das letzte Stück der Strecke (ca. 3 km) zu Fuß in das noch bestehende Munitionslager Stern Buchholz zurück. In den Betonbunkern lagerten viele Tonnen Munition, vor allem Granaten aller Kaliber der deutschen Wehrmacht. Die Aufgabe der Dienstverpflichteten bestand im Sortieren dieser Munition, die brauchbare der weiteren Verwendung zuzuführen, also mit Pflegemitteln zu behandeln und anschließend zu verpacken. Die nicht brauchbaren Munitionsstücke waren auszusondern, um sie der Vernichtung zuzuführen. Die Vernichtung erfolgte als Sprengung auf der gegenüberliegenden Seite der Ludwigsluster Chaussee, also der Seite nach Westen hin. Alle Arbeiten erfolgten unter sowjetischer Aufsicht. Am Abend fuhren die Dienstverpflichteten wieder nach Schwerin zurück.

Neben dem Motorisierten Schützenregiment 27 „Hans Kahle", dem Fla-Raketenregiment 8 „Willi Schröder" sowie dem Instandsetzungsbataillon 8 „Wilhelm Pieck" bot sich die Anlage während der Zeit als Kaserne der NVA weiteren Truppenteilen und Einheiten als Unterbringungsort an.

In Stern Buchholz befanden sich auch die Geschosswerferabteilung 8 „Matthias Thesen" und die Panzerjägerabteilung 8 „Heinrich Dollwetzel". Zwischenzeitlich lagen neben dem Aufklärungsbataillon 8 die Kompanie Chemische Abwehr 8 u. a. in der Kasernenanlage Stern Buchholz. Bis zu 5000 Angehörige der NVA und Zivilbeschäftigte hatte dieses Objekt zeitweilig in seinen Grenzen.

Erfolgte anfangs die Unterbringung in den vielen alten Flachbauten auf dem weitläufigen Terrain, so kamen später größere Gebäude hinzu.

Für die in der Kaserne untergebrachten Berufssoldaten bot das Ledigenheim alles andere an als Komfort. Die Masse derjenigen, die mit ihrer Familie eine Wohnung besaßen, wohnte relativ weit entfernt in Schwerin. In den wenigen Häusern vor dem Kaserneneingang gab es nur wenige Wohnungen.

Im Objekt befand sich ein schönes großes Klubgebäude u .a. mit einem Kino- und Veranstaltungssaal. Als einzige Kasernenanlage der 8. MSD erhielt es in späteren Jahren eine Schwimmhalle. Auch die kleine Gaststätte sowie die beengte Verkaufsstelle der Militärhandelsorganisation bekamen später modernere Einrichtungen.

In den 50-er und 60-er Jahren verbrachten die im Objekt (in der Kaserne) verbleibenden Solda-

ten und Unteroffiziere ihre Freizeit mit Sport, Brettspielen, besonders Schach, dem Basteln von Modellen, mit Lesen, dem Besuch von Film- und Kulturveranstaltungen im Regimentsklub u. a. m., aber auch mit dem Lauschen der Sendungen des Freiheitssenders 904 sowie des Deutschen Soldatensenders. Selbstverständlich stand der Freizeitsport bei einem großen Teil der Aufklärer ganz weit vorn auf der Interessensliste. Die Kasernenanlage bot auch in der Frühzeit als Garnison schon reichlich Möglichkeiten dazu.

Wer in Ausgang gehen wollte, fuhr in erster Linie in die Bezirksstadt Schwerin, besuchte kulturelle Einrichtungen wie Kinos, das Staatstheater und das Staatliche Museum. Spaziergänge durch die Stadt und den Schlossgarten sowie ein Besuch im Schweriner Zoo waren ebenfalls beliebte Freizeitbeschäftigungen.

Das Schweriner Schloss bildete einen Anziehungspunkt im doppelten Sinne. Neben den leblosen Sehenswürdigkeiten aus alter Zeit befanden sich darüber hinaus sehr lebendige darin. Es beherbergte einige Zeit auch eine Kindergärtnerinnenschule. Nicht wenige Ehen gingen daraus hervor.

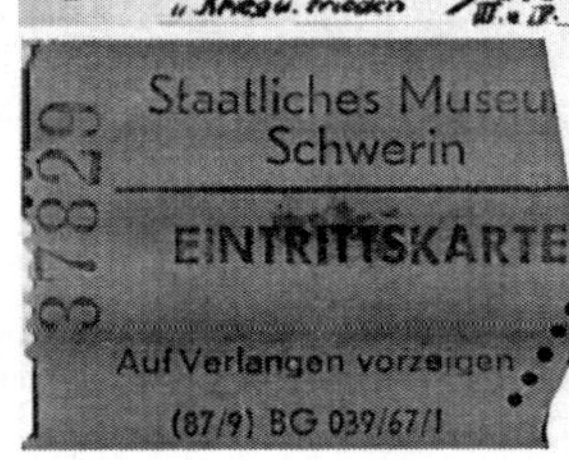

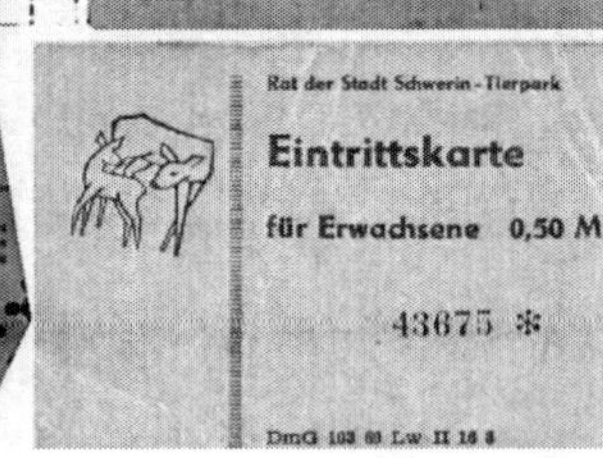

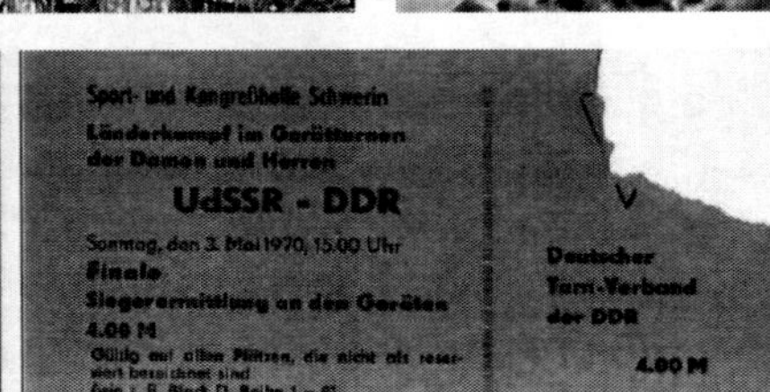

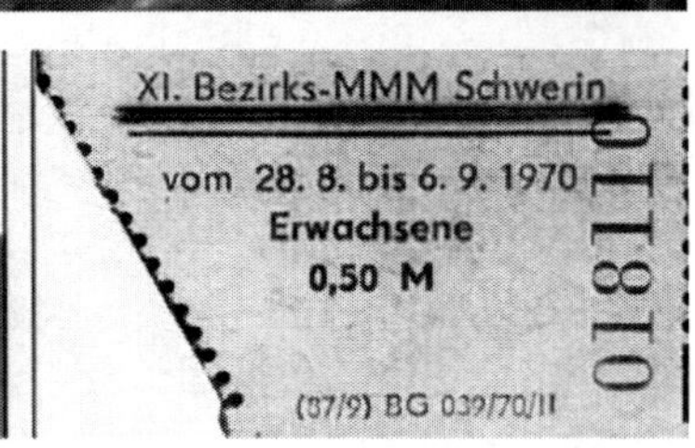

Schwerin entwickelte sich. Nach ihrer Errichtung lockten die Halle am Fernsehturm sowie die Sport- und Kongresshalle mit Sport- und Kulturveranstaltungen, Ausstellungen etc. Wer Lust hatte, Schwerin und sein Umland von oben zu sehen, hatte mit dem Besuch des Fernsehturmes nach seiner Fertigstellung die Gelegenheit dazu und konnte obendrein im Turmcafé neben der schönen Aussicht noch genüsslich Kaffee und Kuchen genießen.

Im Sommer boten sich auch die Strandbäder an den Schweriner Seen an und mit den Schiffen der Weißen Flotte konnte man angenehm über den Schweriner See „schippern". Wer die billigste Seefahrt über den Pfaffenteich nahm, benötigte mal gerade 10 Pfennig dafür.

Gaststätten und Tanzlokale gab es in großer Anzahl.

Wer gut zu Abend essen wollte, ging in die Schlosshalle, in den Stadtkrug neben dem Kino Capitol in der Wismarschen Straße, ins Hotel am Bahnhof oder in eine der anderen Gaststätten.

Zum Tanz luden die Tanzlokale Haus der Jugend, Haus der Freundschaft, Haus der Kultur, Café und Tanzbar „Am Markt" (viele kannten es nur als „Resi"), „Lese-Café" in der Arsenalstraße, Alhambra, Astoria, Casino oder der Schloss-Pavillon im Schlossgarten ein. Nicht alle dieser Gaststätten hatten einen guten Ruf. Er tendierte von vornehm (Resi) bis Kaschemme (besonders Astoria). Auch die Dörfer Plate und Banzkow suchte mancher auf, wenn dort an Wochenenden Veranstaltungen waren.

H
Tagesstempel der Fahrkartenausgabe

NATIONALE VOLKSARMEE
URLAUBSSCHEIN

R
Tagesstempel der Fahrkartenausgabe

Der Uffz. Paskowski, Rainer
Dienstgrad Name Vorname
Dienstausweis Nr. XXI 14898
ist beurlaubt vom sechzehnten Januar 1960 14⁰⁰ Uhr,
Tages- und Monatsdatum sind auszuschreiben
bis achtzehnten Januar 1960 02⁰⁰ Uhr,
nach Dietrichshagen, Kr. Grevesmühlen
Fahrstrecke von Schwerin nach Grevesmühlen
von Grevesmühlen nach Schwerin
Zivilerlaubnis erteilt nein
Bei Nichteintragung sperren
(Dienststempel)
Unterschrift – Dienstgrad Hptm.
Der Urlaubsschein hat nur Gültigkeit in Verbindung mit dem Dienstausweis

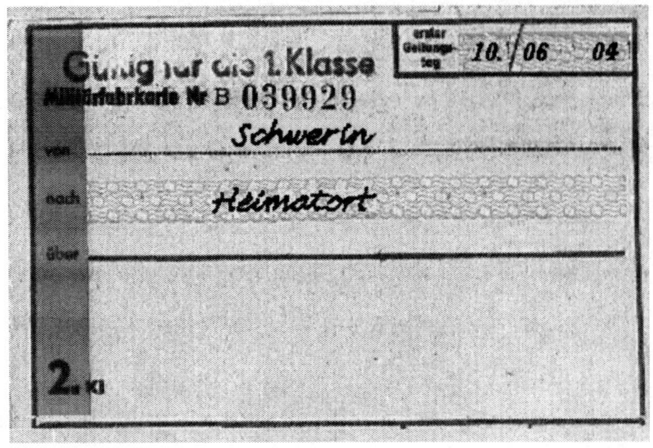

Gültig für die 1. Klasse
erster Geltungstag 10. 06 04
Militärfahrkarte Nr B 039929
von Schwerin
nach Heimatort
über
2. Kl

Wer in Urlaub fahren konnte, nutzte die öffentlichen Verkehrsmittel oder fuhr mit seinem Motorrad, das in einem Schuppen vor dem Objekt am KDL abgestellt werden konnte, zum Urlaubsziel. Einige fuhren auch per Anhalter von Stern Buchholz in Richtung Schwerin bzw. Ludwigslust. Mit der Eisenbahn erhielt man per Urlaubschein die auf 25 % verbilligte Militärfahrkarte.

Das Leben der Offiziere, Unteroffiziere und Soldaten bestand also nicht nur aus Dienst rund um die Uhr. Auch andere Möglichkeiten boten sich an. Wer nach Schwerin wollte, nutzte zu Beginn die Zugverbindung vom Bahnhof Stern Buchholz. Dieser lag allerdings nicht gerade vor dem Kaserneneingang, sondern mehrere Kilometer weit ab. Als dann eine Busverbindung entstand, war es schon einfacher. Die Haltestelle befand sich in der Nähe des Eingangs der Kaserne an der damaligen F-106.

1956 im November wird der Umzug des Aufklärungsbataillons 8 nach Stern Buchholz abgeschlossen.

Das neue Ausbildungsjahr kann im neuen Standort organisiert begonnen werden.

Am 10. Dezember 1956 tritt ein neuer Stellenplan und Ausrüstungsnachweis (STAN) in Kraft. Neben Planstellenänderungen beinhaltet der Befehl auch die Einführung neuer Kampftechnik für alle Waffengattungen.

Stellenbesetzung der Führung:

Kommandeur: Hauptmann Thomas, Konrad
1. Stellvertr.: Hauptmann Müller, Erich
Stellvertr. PA: Hauptmann Labuda
Stellvertr. TA: Leutnant Schmidt, Erich

Stabschef: Oberleutnant Krafczyk
Leiter Versorg.: Oberleutnant Lange
Stv. Stabschef: Oberleutnant Riediger

Das Bataillon hatte jetzt folgende Gliederung und Ausstattung erreicht:

Einheit	**Personal**	**Kfz**	**Waffen**
Stab	100 %	67 %	100 %
1. Kompanie (Pz.-Kompanie)	100 %	100 %	82 %
2. Kompanie (SPW-Kp.)	100 %	100 %	77 %
3. Kompanie (Krad-Schützenkompanie)	103 %	100 %	78 %
Lehrzug	100 %	100 %	100 %
Rückwärtige Dienste	100 %	91 %	100 %

Damit war das Aufklärungsbataillon 8 im Wesentlichen einsatzbereit.

Allgemeine Angaben zum SPW-40 (sowj. BRT-40):

Besatzung: 5 Mann bei den Aufklärern; Länge: 5 Meter; Breite: 1,9 Meter; Masse: 5,3 t; Panzerung: 6-8 mm; Hauptbewaffnung: ein 7,62 Maschinengewehr Gorjunow SG-43; Antrieb: GAS-40, 78 PS (58 kW); Federung:

4 x 4 Blattfedern; Höchstgeschwindigkeit: 80 km/h; Leistung/Gewicht: 14 PS/t.

Die im SPW eingebaute Funkstation 10-RT (Abbildung mit Panzerhaube, in der Kopfhörer und Kehlkopfmikrofon integriert waren), mit einem zusätzlichen Satz von Quarzen für Festverbindungen, ermöglichte eine Verbindung zu allen Gefechtsfahrzeugen der Kompanie.

Der SPW-40 hatte nun den SPW-152 in der Struktur der Aufklärungseinheiten abgelöst. Er war für die Aufklärung besser geeignet als der SPW-152. Er war in allen Außenmaßen kleiner, besonders auch in der Höhe, somit als Aufklärungsfahrzeug wendiger und schneller.

In der Bewaffnung und weiterer Ausstattung änderte sich wenig. Er besaß die gleiche Funkstation, auch mit dem Satz Quarzen für Festfrequenzen. Für Nachtfahrten hatte der SPW-40 für den Fahrer im Fahrzeug ein Infrarotnachtsichtgerät.

Mit Einführung des PT-76 trat dieser bei den Aufklärern an die Stelle des Panzers T-34/85. Dieser Panzer hatte den Aufklärern gute Dienste geleistet. Als Kampfpanzer konzipiert, hatte er seine Stärken insbesondere in der Bewaffnung mit einer 85 mm KWK und im Schutz durch die starke Panzerung. Er besaß jedoch für die Aufklärung gewisse Grenzen.

Der Schwimmpanzer PT-76 eignete sich trotz schwächerer Panzerung und des kleineren Kalibers der KWK von 76,2 mm zweckmäßiger als Aufklärungsfahrzeug. Mit ihm konnte man stehende und fließende Gewässer ohne Vorbereitung überwinden. Es war auch möglich, ein B-Krad hinter dem Turm bei Überwasserfahrten mitzuführen. Sowohl auf dem Land als auch im Wasser zeichnete sich der Schwimmpanzer durch eine vergleichsweise hohe Manövrierfähigkeit aus. Auch die Geschwindigkeit auf dem Wasser von 10 km/h bereitete ihm wenig Schwierigkeiten, selbst bei relativ schnell fließenden Gewässern. Da die Dichte der Flüsse und Kanäle in Zentraleuropa sehr hoch ist und Landflächen großflächig geflutet werden konnten, war die Schwimmfähigkeit des PT-76 von besonderer Bedeutung für die Aufklärung.

Mit der KWK ließen sich Ziele bis zu 1000 m sowie mit dem MG 7,62 mm bis zu 2200 m (Visierschussweite), bei günstigster Schussentfernung von 600-800 m, auch vom Wasser bekämpfen.

Folgegenerationen erhielten eine modernisierte KWK mit Stabilisator auf zwei Ebenen, mehr Elektronik und eine KW-Schutzanlage.

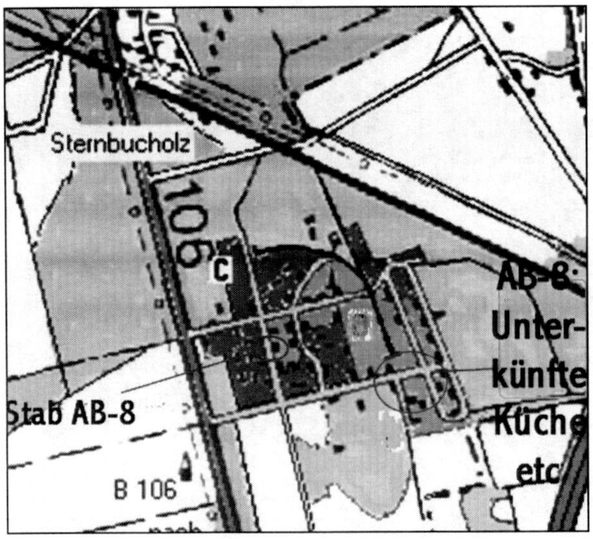

Die Unterbringung des AB-8 erfolgte geteilt.

Während der Stab des Aufklärungsbataillons 8 eine der Flachbauten im westlichen Drittel bezog (erste Bildreihe unten), lag der sonstige Bereich in der äußersten südöstlichen Ecke des Objektes. Dort befanden sich drei Flachbauten für die Kompanien (nächste Bilder), der Küchentrakt und wohl noch das Eine oder Andere. Teile der Technik hingegen kamen genau diagonal dazu auf dem Park im Nordwesten unter. So gab es viel unproduktive Lauferei von einem Ort zum anderen.

Aus dieser räumlichen Entfernung des Bataillonsstabes von seinen Einheiten und den zwei Technikparks: 1. Kompanie (Pz) am nördlichsten Ende des Parks des MSR-27 sowie der 2. sowie 3. Kompanie mit den Rückwärtigen Diensten am Ende der Betonstraße hinter den Unterkunftsblöcken des Bataillons ergaben sich damit Besonderheiten für die Führung durch den Bataillonsstab.

Bereits in dieser Zeit gab es im Aufklärungsbataillon 8 viele Angehörige, die sich später zu Offizieren, teils zu höheren, sowie auch zu Generalen der Nationalen Volksarmee entwickelten.

Wer so alles diente in dieser Zeit im Aufklärungsbataillon 8?

Nach wie vor gehörten die bereits vorher erwähnten Offiziere Leutnant Schmidt, Leutnant Wachlin, Oberleutnant Schneidereit u. a. dazu.

1. Thomas Konrad, Dipl.-Mil.; Oberst a. D.: (jeweils 2. v. l.), als Hauptmann Kommandeur des AB-8 bis 1959;
2.: li. Oberstleutnant a. D. Claus Riediger, als Oberleutnant StSC des AB-8;
3.: Oberleutnant Heini Buschewski; 4.: Leutnant Pfanke

Erich Müller, Dipl.-Mil., Oberstleutnant a. D.: 1956-1958: Kompaniechef der Aufklärungskompanie und 1958-1959 Oberoffizier Aufklärung des MSR-29 in Prora; 1959-1961 und 1965-1972: Kommandeur des Aufklärungsbataillons 8.

Wolfgang Fischer; Dipl.-Mil., Generalmajor a. D.;1960-1961: Stabschef des Aufklärungsbataillons 8 in Schwerin-Stern Buchholz.

Eduard Suchy; Oberst a. D.: 1957-60: StKRD AB-8 in Schwerin-Stern Buchholz.

Alfred Müller, Dipl.-Mil., Oberst a. D.: 1956-1957: Zugführer im Aufklärungsbataillon 8 in SN-Sternbuchholz; 1957-1958: Lehrzugführer im AB-8; 1958-1959: Operativer Offizier im AB-8; 1959-1961: Stellvertreter Stabchef im AB-8; 1961-1962: Kompaniechef der Aufklärungskompanie 8; 1966-1967: 1. Stellvertreter des Kommandeurs AB-8; 1967-1974: Kommandeur des AB-9 in Torgelow; 1974-1978: Oberoffizier Takt Akl. und Stellv. Chef Aufklärung im Kommando des Militärbezirkes V in Neubrandenburg;

Frank Hintzpeter; Diplom-Pädagoge, Ökonom-Pädagoge, Hauptmann a. D.; 1957-1961: Soldat, Gruppenführer, Zugführer im AB-8 in Schwerin-Stern Buchholz.

Soth, Günter, Dipl.-Ing Päd., Ing.; Oberstleutnant a D.: Offizier Pionierdienst AB-8 bis 1958.

Hubert Müller; Oberstleutnant a. D.: Sept. 1959 - Okt. 1961: Nachrichtenoffizier im AB-8, Okt. 71 - Nov. 79: Oberoffizier Funk- und Funktechnische Aufklärung in der UA Aufklärung im Stab der 8. MSD in Schwerin.

Ulrich Wroblewsky, Dipl.-Ing., Dipl-Staatswissenschaftler, Schweißingenieur; Hauptmann a. D.; 1959 bis April 1961: Offizier Chemische Dienste im AB-8.

Dietrich Biewald,; Dipl.-Mil.; Dipl.-Ing. (FH), Ing.-Ök., Oberstleutnant a. D.; 1960 bis 1961: Offizier Pionierdienst im AB-8.

Claus Riediger; Oberstleutnant a. D.; Oktober 1956-1957: Stellvertreter des Stabschefs Aufklärungsbataillon 8; 1957-September 1961: Kompaniechef der 2. Kompanie im Aufklärungsbataillon 8.

Egon Gleau; Dipl.-Mil., Generalmajor a. D.; 1. 9. 1958 - 1. 3. 1960: Zugführer im Aufklärungsbataillon 8 in Schwerin-Stern Buchholz.

Horst Däbritz; Ing., Oberstleutnant a. D.; 1958-1961: Stellvertreter des Kompaniechefs für Technik und Ausrüstung im AB-8 in Schwerin-Stern Buchholz; 1961-1965: Stellvertreter des Kompaniechefs für Technik und Ausrüstung in der Aufklärungskompanie 8; 1965-1966: Offizier für Panzertechnik im AB-8 in Schwerin-Stern Buchholz.

Josef Pantel; Dipl.-Ingenieur-Ökonom; Oberleutnant a. D.; 1957-1961: Zugführer in der 2. Kompanie des Aufklärungsbataillon 8.

Hans-Georg Thieler; Oberstleutnant a. D.; 1960-1961: Hauptfeldwebel in der 1. Kompanie des AB-8; 1961-1965: Hauptfeldwebel in der Aufklärungskompanie 8; 1965-1967: Offizier Org./Auffüllung im Aufklärungsbataillon.

Hans-Joachim Nuß; Dipl.-Ingenieur-Ökonom, Leutnant a. D.: Dezember 56-Mai 58: Zugführer des Führungszuges Kdr. 8. MSD in der 1. Kp (Pz-Kompanie) des AB-8:

Herbert Wrage; Ing., Oberstleutnant a. D.; 1. 11. 1959 - 31. 10. 1961: Stellvertreter des Kompaniechefs für Technik und Ausrüstung der 3. Kompanie im Aufklärungsbataillon.

Sepp Trupp; Oberstleutnant a. D.; bis 1961: Zugführer in der 2. Kompanie, AB-; 1961-1965: Offizier für Infanterie-Aufklärung in der Unterabteilung Aufklärung im Stab der 8. MSD in Schwerin; 1965-1969: StKSC im Aufklärungsbataillon 8 in Schwerin-Stern Buchholz;

Hugo Bürger; Oberstleutnant a. D; bis 1960 Stellvertreter PA des Kommandeurs AB-8.

Werner Brust; Major a. D.; Februar 1961 - September 1961: Unteroffiziersschüler im Lehrzug des Aufklärungsbataillons 8.

Heinz Kuhlmey; Oberstleutnant a. D.; Kompaniechef 1. Kompanie des AB-8.

Egon Gleau, als Unterleutnant mit seinem Zug 1958-59 im Aufklärungsbataillon 8, daneben: Uffz. Rasch, Fw. Fandrich

Oberstleutnant Gleau mit dem Minister für Nationale Verteidigung der DDR, Armeegeneral Heinz Hoffmann

1. Major Edgar Gerbert, 3. von rechts, 1. Stellvertreter des Kommandeurs AB-8 bis 1961; Chef der Aufklärungskompanie 8 von 1962-1965.
2. Die Zugführer Leutnant Grube, Leutnant Lenz und Feldwebel Frank Hintzpeter.
3. Oberleutnant Herbert Fischer, bis 1961 Sportoffizier des Aufklärungsbataillon 8.

Das AB-8 von 1952-1961. Ausrüstung, Ausbildung, Einsätze, weitere Entwicklung

Das Aufklärungsbataillon 8, als Hauptkraft der Gefechtsaufklärung in der Division und damit gleichzeitig der wichtigsten Art der Gefechtssicherstellung, realisierte dies anfangs vor allem mit gemischten Aufklärungsgruppen (AG in Zugstärke) bzw. mit Aufklärungsabteilungen (AA in Kompaniestärke) auf SPW-40 und Schwimmpanzern PT-76 und durch Fernaufklärungsgruppen (FAG) in der Tiefe der Gefechtsordnung des möglichen Gegners. Ziele bildeten die Aufdeckung des Charakters der Handlungen, des Bestandes, der Gruppierung, des Kampfwertes und der Absichten der gegnerischen Kräfte sowie die allgemeine Beschaffenheit des Geländes im Handlungsstreifen der Division. Das erforderte eine intensive Gefechtsausbildung. Daher ging es u. a. in die „Griese Gegend" auf den Truppenübungsplatz Lübtheen. Direkt am Rand des Übungsplatzes lag das Dorf Probst Jesar, welches durch die Übenden aus seiner Beschaulichkeit gerissen wurde. Für die Soldaten indes war das nicht so sehr interessant, aber die Kneipe von Else Schmal wurde für lange Zeit zu einer wichtigen Institution!

1958 Aus dem Sommerfeldlager des Aufklärungsbataillons 8 bei Diemitz berichtete die „Armeerundschau" 7-58 u. a. mit nachfolgenden Bildern:

a: Major Hugo Bürger bei der Absprache zu gemeinsamen kulturellen und sportlichen Maßnahmen zwischen dem Dorf und den Aufklärern.

b: Unteroffizier Dubanski spricht zu Angehörigen des Aufklärungsbataillons 8. In der Mitte Oberleutnant Kunkel.

Auch die Divisionszeitung brachte einen Bericht aus diesem Sommerfeldlager des Aufklärungsbataillons 8. Nachfolgend ein Ausschnitt davon:

(nächste Seite)

„Kampfsignal" 1. August 1958

Vom Sommerlager der Einheit Thomas:

Einsatz- und Gefechtsbereitschaft wurde erhöht

Kompanie Riediger und Zug Müller erzielten die besten Ausbildungsergebnisse

Nach Abschluß des Sommerlagers können wir feststellen, daß die gestellte Zielsetzung erfüllt wurde. Die Parteileitung versuchte durch ideen- und inhaltsreiche, sowie vielseitige politische Methoden die Angehörigen der Einheit zum sozialistischen Bewußtsein zu erziehen, was nicht zuletzt seinen Niederschlag in der Erfüllung der gestellten Kampfaufgaben fand. Dabei erreichte z. B. die Kompanie Riediger in den durchgeführten Kompanieübungen die besten Ergebnisse. Hier zeichneten sich die Genossen Unterleutnant Pfandke, Unterleutnant Klopfer, der Feldwebel Mehlkorn und Unteroffizier Klaus besonders aus.

Eine gute Arbeit bei der Erziehung ihrer Genossen, und bei der Organisation und Durchführurg der Ausbildung leisteten die Unteroffiziere Raffel, Wennrich und Hinzpeter sowie Feldwebel Hofschild. 50 Prozent der Ausbildung wurde bei Nacht durchgeführt, alle Übungen mit der Note „Befriedigend". erfüllt. Die innere Ordnung und Wachdurchführung im Zeltlager erhielt die Einschätzung „gut". Der Bau einer Waschrampe für Kraftfahrzeuge und einer weiteren Rampe für Panzer schuf die Voraussetzungen, das die Wartung aller Fahrzeuge immer gewährleistet war. Gute Arbeit leisteten auch die Genossen der Einheit Schulzik. In unermüdlichem Einsatz wurden 32 laufende Reparaturen durchgeführt, unterstützt von zukommandierten Genossen.

Vom 1. Juni bis 6. Juni 1958 wurde in gemeinsamer Zusammenarbeit mit der Dorfparteiorganisation Diemitz-Zeeth auf dem VEG 1034 freiwillige Arbeitsstunden geleistet.

Im Sommerlager legten 51 Genossen die Bedingungen für das Sportleistungsabzeichen ab, so daß jetzt 87 Prozent des Personalbestandes die Bedingungen erfüllten. Um die Erreichung der nächsthöheren Panzerfahrerqualifikation verpflichteten sich bisher 11 Genossen, zum Erwerb der Schützenschnur 30 Genossen.

Horst Dbritz berichtet:

„Im Herbst, nach der Ernennung zum Offizier der NVA, kamen drei junge Offiziere in das AB-8. In die 1. Kp. (Pz-Kp.), Kompaniechef Oberleutnant Kunkel, kommt Unterleutnant Horst Däbritz als Stellvertreter TA, ausgebildet als Pz.-Techniker an der Offz.-Schule Erfurt.

In die 2. Kp. (SPW-Kp.), KC Oberleutnant Claus Riediger, wird Unterleutnant Egon Gleau als Zugführer eingesetzt, ausgebildet als Infanterieoffizier an der Infanterie-Schule-I in Plauen im Vogtland. Die 3. Kp. (Krad-Kp.), Kompaniechef Oberleutnant Siegmund Wachlin, bekommt als Zugführer Unterleutnant Klopfer.

Die 1. Kompanie besaß folgende Struktur:

Kompaniechef Oberleutnant Kunkel:	*1 Panzer T- 34;*
STKPA:	*1 B-Krad M-72;*
Kompanietrupp: Feldwebel Georg Thieler,	*1 LKW K-30 mit Feldküche;*
Technische Gruppe:	*1 G 5 Ölwasservorwärmer*
1. Zug, Zugführer Leutnant Heinz Kulmey:	*3 Panzer T-34*
2. Zug, Zugführer Leutnant Roß:	*3 Panzer T-34*
3. Zug, Zugführer nn	*3 Panzer T-34*
4. Zug, Zugführer Unterleutnant Schwarz:	*3 Schwimmpanzer PT- 76*
5. Zug, Zugführer Oberleutnant Mischenko:	*4 Panzer T-34*

Die Panzer des 5. Zuges waren Führungsfahrzeuge der Divisionsführung, jedoch ohne besondere Ausrüstung. Jeder Zug hatte eine Lehrgefechtsmaschine (LG), die man auch für die Ausbildung nutzte. Die anderen Panzer waren Gefechtsfahrzeuge mit nur ca. 25 Motorstunden im Ausbildungsjahr, die lediglich für ein bis max. zwei Bataillons- oder Divisionsübungen verwendet werden konnten.

Alle Panzer der Kompanie besaßen einen guten Zustand und waren noch ohne Hauptinstandsetzung. Einen hohen Verschleiß gab es bei den Antriebsrädern. Nach ca. 1200 km Laufleistung erfolgte der Kettenwechsel. Ersatzteilprobleme gab es in der Zeit kaum.

Der Park für die Panzerkompanie befand sich am Ende des Parkes vom MSR-27 in einer Halle gegenüber der Panzerwerkstatt und durch einen Zaun vom MSR-27 abgetrennt. Ein Unteroffizier vom Parkdienst (UvP) bewachte den Park des Bataillons und kontrollierte das Betreten und Verlassen des Parkes.

Feldwebel Hans-Joachim Nuß aus der 1. Kompanie berichtet weiter dazu:

„Der 5. Zug war Teil des Führungszuges des Nachrichtenbataillons 8. Der Zugführer dieses Zuges, Unterleutnant Mischinko, war im Nachrichtenbataillon stationiert und kam nur zum Führen des Politunterrichtes nach Stern Buchholz ins Aufklärungsbataillon 8. Ich war von 1957 bis 1958 mit der Führung dieses 5. Zuges (Teilzug des Führungszuges) beauftragt."

1959 im Februar, erhält das Aufklärungsbataillon 8 die Aufgabe, eine „Aufklärungsgruppe zur Handlung im Hinterland des Gegners" in Stärke von 1/2/12, aufzustellen. Diesen Spezialaufklärungszug bildet im März 1959 der 2. Zug der 2. Aufklärungskompanie, Zugführer Unterleutnant Egon Gleau (7. 10. 1982 Generalmajor, letzte Dienststellung 1. Stellvertreter des Kommandeurs der Militärakademie Dresden). Zusätzliche Elemente der Ausbildung waren Fallschirmspringen, Tastfunk, Sprengausbildung und Bewegung im Hinterland des Gegners.

Angehörige des Zuges im April 1959 bei Nahkampfausbildung: Abwehr von Messerangriffen, Ausbildung im Überwinden von Drahtsperren und Vorbereitung der Fallschirmsprungausbildung bei Borkow sowie in der Sprengausbildung: Ladungsvorbereitung, Zündung! Beobachtungsergebnis: Holzbrücke zerstört!

Zzur Durchführung der Fernaufklärung erfolgte der Einsatz der strukturmäßigen Fernaufklärungsgruppen, die über einen geringen Personalbestand verfügten. Nur bei Aufgaben zur Vernichtung oder Ausschaltung bzw. Lähmung wichtiger Objekte/Systeme des Gegners erfolgte eine personelle Aufstockung. Die FAG erfüllten ihre Aufklärungsaufgaben vorrangig bei Anwendung der Methoden Beobachtung und Spähen.

Die Handlungen im rückwärtigen Gebiet des Gegners, in deren Verlauf die permanente Gefahr der Vernichtung bestand, erforderten neben dem sehr guten Ausbildungsstand zugleich ein hohes Maß an ideologischer Festigkeit und charakterlicher Reife.

Spähfahrzeug (Späher)

Spähfahrzeuge bzw. Späher werden von mot. Schützen- und Panzereinheiten, von Gefechtsaufklärungstrupps, Aufklärungstrupps und -gruppen, von Offiziersaufklärungstrupps und anderen Einheiten zur Aufklärung des Gegners und des Geländes eingesetzt.

Die Entfernung des Spähfahrzeuges oder der Späher von der Einheit bzw. vom Kern muss Sichtverbindungen und Feuerunterstützung gewährleisten.

Spähfahrzeuge und Späher erfüllen ihre Aufgaben vorrangig durch Beobachtung.

Späher werden in der Regel paarweise (Späherpaar) eingesetzt.

Egal welche Aufgaben die Aufklärer zu bewältigen hatten, die Rückwärtigen Dienste mussten stets die Versorgung mit Bekleidung, Kraft- und Schmierstoffen, Munition und nicht zu vergessen, mit Verpflegung sicherstellen. Die Aufklärer benötigten aber auch stets zuverlässige Aufklärungsfahrzeuge sowie andere Technik und Ausrüstung.

Die für die Wartung und Instandsetzung zuständigen Angehörigen des Bataillons besaßen daher eine große Verantwortung gegenüber den Aufklärern.

Eduard Suchy, Stellvertreter des Kommandeurs für Rückwärtige Dienste, bei der Verbindungssuche am Funkgerät, damals mit geringer Reichweite und Zuverlässigkeit!

Die Feldküche, umgangssprachlich „Gulasch-Kanone" genannt, ein Begriff, den wohl jeder kennt, war daher immer eine notwendige „Waffe"! Horst Däbritz meint: Aus der Feldküche schmeckt es am besten.

Hauptfeldwebel H-G. Thieler bei der Essenausgabe im Gelände.

1959, 9. - 21. März: Das Aufklärungsbataillon 8 zieht ins Winterfeldlager bei Gnoien, darin eingebettet eine Bataillonsübung: „Aufklärung im Angriff in der Vorausabteilung". Bei der Übung stürzt der SPW-40 des Leutnants Klopfer um. *Im Ergebnis: zwei Schwer- und drei Leichtverletzte.*

a: Unteroffizier Frank Hintzpeter im Winterfeldlager 1959.

c-e: Nicht ungewöhnlich im Winter: Es hat ordentlich geschneit, entsprechend erfolgt die Morgentoilette im Schnee.

f: 2. v. li. Leutnant Herbert Wrage, StKCTA der Kompanie.

Bei der Ausbildung im Winterfeldlager.

a: Im Winter als Spähtrupp unterwegs

1959 erfolgte vom 7. - 10. 4. die Teilnahme des Bataillonsstabes an der Stabsübung der 8. MSD. Das Thema lautete wieder einmal: „Marsch, Verteidigung eines Küstenabschnitts".

Unteroffizier Frank Hintzpeter, mit seiner Gruppe zur Grundausbildung im Gelände.

Frank Hinztpeter zum Ende der Ausbildung bei der Waffendurchsicht an der MPi-41. Ein Daumendruck und das Innere der Maschinenpistole liegt frei. Das einzige bewegliche Teil darin: der Masseverschluss. In die Trommel gingen bis zu 72 Schuss der gleichen Patronenmunition wie bei der Standardpistole TT 7,62 mm. Die MPi hatte eine sehr hohe Kadenz, also Schussgeschwindigkeit, und konnte in Sekundenschnelle leer geschossen werden. Es war im Prinzip nur eine Nahkampfwaffe, weshalb sie von der MPi Kalaschnikow abgelöst wurde. Zum Abschluss ein Erinnerungsfoto des Zuges.

1959 im Februar:

a: Der Zugführer des 2. Zuges der 2. Kompanie, Leutnant Pantel.

b-d: Die 1. Gruppe des 2. Zuges der 2. Kompanie; Gruppenführer Feldwebel Frank Hintzpeter bei der Exerzierausbildung.

g: Fahrlehrer Oberfeldwebel Wenzel, Hauptfeldwebel Hans-Georg Thieler, StSC Oberleutnant Alfred Müller und Kompanie-TA Leutnant Horst Däbritz bei der Planung einer Fahrübung.

1959, vom 9. bis 21. März zieht das Aufklärungsbataillon 8 wieder in das Winterlager, ca. 6 km südlich der Kleinstadt Gnoien. An diesem durch den Leiter Aufklärung der Division geführten Winterlager nahmen auch die Aufklärungskompanien der Regimenter teil.

Zur Durchführung der Ausbildung verließen die Kompanien für 2-3 Tage das Lager, bauten sich besatzungsweise zeitweilige Basen. Nachdem die Besatzungen ihre Übernachtungsbasis fertiggestellt hatten, führten sie von dort die Ausbildung in der Umgebung durch.

Den Abschluss des Winterlagers bildete die Bataillonsübung zum Thema: „Die Aufklärung im Angriff und Handlungen in der Vorausabteilung auf der Marschstraße vom Lagerplatz nach Teterow, über Güstrow, Sternberg, Brüel, Schwerin, Stern Buchholz." Die Gegnerdarstellung bildete die Aufklärungskompanie des MSR-27. Der Spitzen-AT der 2. Kompanie, geführt von Leutnant Klopfer, verursachte 6,5 Km westlich von Sternberg in der Ortschaft Weitendorf an der Brücke beim Überfahren der Warnow einen schweren Unfall. Der SPW-40 stürzte kopfüber in die Warnow. Die Folge: zwei Schwer- und drei Leichtverletzte.

1959 zu Beginn des Sommerhalbjahres beträgt die Personalstärke des Aufklärungsbataillons 8: 37 Offiziere, 43 Unteroffiziere, 112 Soldaten; Gesamt: 192.

Vom 20.-24. Mai 1959 nimmt der Bataillonsstab des Aufklärungsbataillons 8 an einer Aufklärungsübung des Ministeriums für Nationale Verteidigung der DDR teil. Diese Aufklärungsübung verläuft ohne Zwischenfälle und wird durch den Stab gut gelöst.

Vom 15. Juni bis 27. Juli 1959 geht es in das Sommerlager in den Raum Diemitz, für alle Aufklärungseinheiten der 8. MSD geplant und durchgeführt durch den Leiter Aufklärung der Division. Leiter Aufklärung ist Oberstleutnant Manfred Zeh. (Am 7. 10. 1979 zum Generalmajor befördert; letzte Dienststellung Kommandeur der Sektion LaSK an der Militärakademie „Friedrich Engels" in Dresden).

Am 14. Juli 1959 alarmiert der Divisionsstab das Bataillon. Die nachfolgende Aufgabe lautet: Durchführung eines Eisenbahntransportes nach Stendal, gemeinsam mit dem PiB-8 im Raum Billberge an der Elbe überzusetzen, die Aufklärung Richtung Rathenow zu führen, in der Klietzer Heide bereit zu sein, einen aktivierten Abschnitt zu überwinden, danach die Entaktivierung (Dekontamination) durchzuführen, die Aufklärung in Richtung Wittstock fortzusetzen sowie zwischen Dranse und Schweinrich am Dranser See einen Uferstreifen zu besetzen. Da diese Aufgabe nicht voll erfüllt werden konnte, erfolgte am 3. 7. 1959 eine erneute Alarmierung. Jetzt lautete die Aufgabe: Bataillonsübung mit Marsch, Aufklärung, Überwinden eines Gewässers und Angriff. Erstmalig ist aus der Übung heraus zum Gefechtschießen mit Panzern und SPW auf dem Truppenübungsplatz Wittstock anzutreten.

Im Rahmen der Stabsübung der 8. MSD vom 1. bis 3. September 1959 hatte das Aufklärungsbataillon 8 eine besondere Aufgabe zu lösen. Oberleutnant Siegmund Wachlin, Stellvertreter des Stabschefs (StSC) des Bataillons berichtet: „Das Bataillon hatte bei Schwerin im vollen Bestand auf freier Strecke zu verladen und mit dem Zug über Sternberg, Goldberg den Raum Krakow am See zu erreichen. Es war auf freier Strecke ohne Rampe mit Behelfsmitteln zu entladen. Für die Panzer bedeutete dies das sogenannte „Panzerspringen". Die T-34 drehten sich auf dem Waggon um 90 Grad und „sprangen" vom Waggon. Der StSC war für die Sicherung des Transportes verantwortlich."

Kampfsignal

ZEITUNG DER NATIONALEN VOLKSARMEE — 11. September 1959

AUS LESERBRIEFEN

Aufklärer bewiesen ihr Können

Kürzlich fand ein Wettkampf aller Aufklärer unserer Division statt, an dem 23 Aufklärungsgruppen mit 69 Genossen teilnahmen. Es wurde ein Marsch von etwa 20 km durchgeführt, der in 10 Etappen eingeteilt war. An den einzelnen Punkten wurden die Aufklärer besonders in der Spezialausbildung, aber auch im KK-Schießen, Handgranatenweit- und -zielwurf, Sturmbahn, Militärtopographie usw. überprüft.

Eine Gruppe unserer Einheit Schnabel belegte in der Gruppenwertung den ersten Platz. In der Einzelwertung befanden sich vier Genossen unserer Einheit unter den ersten 10. Trotzdem hätten manche Genossen bei mehr Kampfgeist bessere Leistungen erzielen können.

Es wurde angeregt, solche Wettkämpfe regelmäßig durchzuführen.

Gefreiter Klaus-Peter Kurch

In der Divisionszeitung vom 11. September erschien ein Beitrag vom Aufklärer Gefreiter Klaus-Peter Kurch.

1959 am 5. Dezember wird der 2. Zug der 3. Kompanie (Krad-Zug) als Fla-MG-Zug mit 14,5 mm MG Zwilling auf SPW-40 umgegliedert.

Das Winterlager, die Stabsübung und das Sommerlager werden entsprechend der Jahresplanung und ohne besondere Zwischenfälle durchgeführt.

1960:

b-c: Am 10. Oktober wird dem Aufklärungsbataillon 8 die neue Maschinenpistole MPi-K zugeführt.

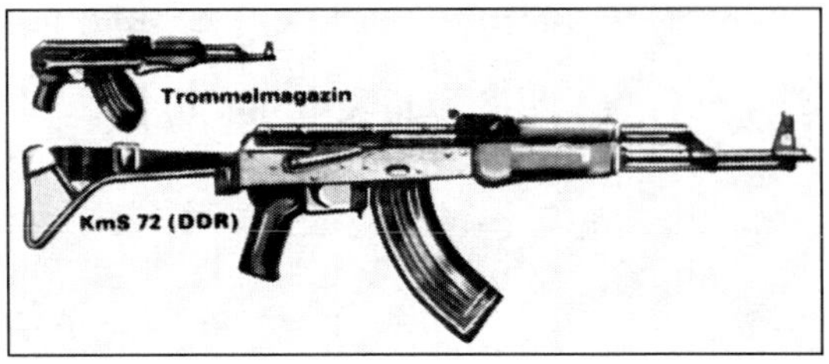

Am 1. 1. 1960 beträgt die Personalstärke des AB-8:

Soll: 36/51/105/192; Ist: 37/34/112/183

Der „Spezialaufklärungszug" wird 2. Zug der 2. Kompanie.

Am 25. Januar erfolgt die Zuführung von drei noch fehlenden SPW-40.

Vom 14. bis 21. Oktober 1960 hatte das Bataillon wieder eine besondere Aufgabe zu erfüllen. In der bisher größten Entfernung vom Objekt Stern Buchholz hatte es eine Lehrvorführung auf dem Truppenübungsplatz Nochten, südwestlich der Stadt Weißwasser, in der Muskauer Heide zu realisieren. Dazu verlegte das Bataillon im Eisenbahntransport nach Nochten. Die Vorführung sollte vor den Leitern der Aufklärung aller Divisionen der NVA stattfinden. Das Thema lautete: „Die Aufklärungsabteilung bei der Aufklärung im Angriff, als Vorausabteilung und in der Verfolgung, einschließlich Gefechtsschießen". Die Aufgabe löste das Bataillon mit guten Ergebnissen. Die Rückverlegung des Bataillons erfolgte wieder mit der Eisenbahn.

d: Im LKW H3A: Horst Däbritz, Stellvertreter des Kompaniechefs für Technik und Ausrüstung, sorgte sich stets um die gründliche Ausbildung der Kraftfahrer in der Kompanie. Die schnelle Auswertung erfolgte gleich im Fahrzeug.

e: Fotopause auf dem LKW: Sepp Trupp.

Die Kraftfahrer erhielten bei Dienstreisen Kraftstoffmarken, um in anderen Dienststellen tanken zu können.

a: Die abgebildete Marke ist allerdings eine andere und obendrein eine Rarität. Sie kam glücklicherweise nicht zur Anwendung!

1960 Vom 4. - 20. Februar zieht das Aufklärungsbataillon 8 wieder in das Winterfeldlager.

Es folgte bald die Stabsübung des Bataillons in der Zeit vom 2.-5. März 1960.

Vom 09. Juni bis 19. Juli 1960 geht es im zweiten Ausbildungshalbjahr ins Sommerfeldlager des Bataillons. Das erlebten die Aufklärer stets angenehmer als das Winterlager.

b-g: Ausbildung im Feldlager Vietlübbe: Ein Aufklärungstrupp auf SPW-40 bei seiner Arbeit im Konzentrierungsraum. Die Aufklärer: Wo sind wir? Und wo geht es hin? Die Fahrer: Pause!

1961 am 1. 1.: Die Personalstärke des AB-8 beträgt:

Soll: 36/50/107/193; Ist : 34/45/127/ 206

Vom 16. Januar bis 04. Februar 1961: Fast zu Jahresbeginn geht das Aufklärungsbataillon 8 ins Winterfeldlager in den Wald bei Kiekindemark/Groß Godems im Kreis Parchim. Unterkünfte hatte man mit den vorhandenen Mitteln selbst herzurichten. Allgemein war es eine Erdgrube, die Liegefläche in geringer Tiefe ausgehoben und davor ein Laufgang, an dessen einem Ende der Eingang und am anderen ein kleiner Zeltofen stand (das einzige „Extra" im Winter, auch für den Stab). Darüber kamen einige Derbstangen, alles abgedeckt mit der SPW-Plane.

a: Holzmachen für Küche und Lagerfeuer
b-d: Bau eines Unterstandes für die Feldlagerzeit

Der Leiter Aufklärung der 8. MSD, Oberstleutnant Hans Kahsnitz, hatte für das Winterfeldlager eine besondere Idee. Der Pionieroffizier des Aufklärungsbataillons 8, Oberleutnant Dietrich Biewald, sollte sie umsetzen. Seine Erinnerung daran:

„Als sich das Aufklärungsbataillon 8 und die anderen Aufklärungseinheiten der Regimenter der Division Anfang 1961 im Winterfeldlager befanden, erfolgte der Befehl, dass ihnen bei dieser Gelegenheit der Pionieroffizier des Aufklärungsbataillons Grundbegriffe im Sprengen, d. h. alle Handlungen bis zum Zünden einer Ladung mit Zündschnurzündung beibringt. Material war damals knapp. Also übte man zunächst mehrfach das Schneiden mit bereits abgebrannter Zündschnur, ebenso die Tätigkeiten zum Anwürgen an eine Sprengkapsel Nr. 8 Üb. Danach kam das Anzünden der Zündschnur an die Reihe, ebenfalls vorab mit bereits abgebrannter Zündschnur. Dabei trainierte man gleichzeitig die Kommandos und deren Inhalte.

Höhepunkt und Abschluss bildete das Vorbereiten und Zünden einer scharfen Ladung und zwar in Form des so genannten Mutsprengens. Damals durfte man das noch, jedenfalls verbot es die Sprengvorschrift nicht.

Ihr Inhalt bezog sich damals noch nicht so detailliert auf alles Mögliche wie in den später folgenden Ausgaben.

Am Waldrand bot sich für die Ausbildung ein kleiner Wassergraben mit einer Rasenböschung von ca. 1,5 m Höhe an. Mit einigen Metern Zwischenraum konnten jeweils mehrere Übende über der Böschungskante ihre Ladung fertigstellen, wo sie sich nach dem Kommando „Zünden" bis zum Kommando „Sprengen beendet" an die Böschung zu pressen hatten.

Es lief trotz miesem Wetter mit Eisregen an den drei Tagen wie am Schnürchen. Alle Soldaten zündeten eine 200 g-Ladung, für Offiziere und Unteroffiziere gab es eine Zugabe, sie erhielten einen 400 g-Sprengkörper.

Zur Sprengausbildung hatten nach dem Willen des Leiters Aufklärung der Division ausnahmslos alle anzutreten.

So „durfte" bei einem der letzten Durchgänge auch ein alt gedienter Unteroffizier, sonst Koch des Aufklärungsbataillons, an die Böschung.

Bis zum Kommando für das Zünden der scharfen Ladung lief auch bei ihm alles glatt. Als nun seine Zündschnur brannte, sprang er auf, machte kehrt und ab ging es in den Wald, in dem er längere Zeit (UE=unerlaubte Entfernung!) verschwunden blieb.

Die im Winterfeldlager durchgeführte Grundausbildung der Aufklärer im Sprengen begeisterte viele so sehr, dass sie nach mehr verlangten. Ein Lehrgang zum Erwerb der Sprengberechtigung für mehrere Ausbilder folgte einige Zeit später am Standort. Natürlich wollten sie alle noch einmal beim praktischen Sprengen ihren Mut unter Beweis stellen.

Im Ausbildungsgelände gab es jedoch keine komfortable Rasenböschung wie vordem im Winterfeldlager am Bach. Es fanden sich nur Schützengräben, welche irgendeine Einheit im Rahmen der Ausbildung einmal ausgehoben hatte, die aber keinerlei Grabenwandbefestigung besaßen. So war der Effekt auch ein anderer, zumal es sich um Sandboden handelte. Nach dem Sprengen durfte sich danach jeder der Teilnehmer erst einmal eine außergewöhnlich große Portion Sand von seinem Körper schütteln („Sandsäcke").

Eine „Milch-Mädchen-Rechnung" ergab sich zum Abschluss dieses Sprenglehrganges. Die Teilnehmer sollten als Höhepunkt der Ausbildung ein Imitationsfeld anlegen und natürlich auslösen. Dabei handelte es sich um eine große Anzahl einzelner Ladungen bis zu einer Größe von 400-1000 Gramm Sprengstoff, unverdämmt, also offen auf dem Boden liegend, welche zeitversetzt zur Detonation gebracht werden sollten um Artillerieeinschläge zu imitieren.

Als Örtlichkeit wählten wir ein übersichtliches Gelände hinter dem Ortsteil Schwerin-Görries, welches auch die Sowjetarmee bei der Ausbildung nutzte. Einige Einzelsprengungen zur Demonstration der Spezifik dieser Aufgabe gingen dem Anlegen des Feldes noch voraus. Als das Zündnetz des Imitationsfeldes stand, sah man mit Besorgnis in wenigen hundert Metern Entfernung auf der Koppel den Beginn des Melkens einer größeren Herde Milchkühe. Daher begab sich der Leitende der Sprengarbeiten zum Melker und bat ihn um eine entsprechende Unterbrechung der Arbeiten, mit dem Hinweis auf die bevorstehende Sprengung und ihren Umfang an Detonationen. Seine Reaktion war gelassen: „Ach, das sind die Kühe gewöhnt. Die Russen ballern hier jeden Tag herum und die Tiere stört es nicht."

Die Bitte wurde wiederholt mit der Begründung, dass an die 100 Ladungen in Intervallen zur Detonation kommen, die offen liegen und daher besonders lautstark zu hören sind, was sicherlich zu beachten sei. Der Melker blieb stur bei seiner Meinung vom zu erwartenden Verhalten seiner Kühe.

Aus dem Horn erklangen die Sprengsignale. Für das Imitationsfeld kam der Zündbefehl. Es fing an zu krachen! Einigen Kühen passte das nun wohl doch nicht so, wie vom Melker befohlen. Stur rannten sie umher und stießen einen großen Behälter mit Milch um. Nun kam der Melker angerannt und wollte seine „Milch-Mädchen-Rechnung" von uns bezahlt haben. Da stieß er dann auf unsere Sturheit!

Das Winterfeldlager hatte aber noch ein anderes Nachspiel: Als die Masse des Aufklärungsbataillons wieder in die Kaserne zog, verlegten die Panzerbesatzungen zum Schießen auf den Truppenübungsplatz Lübtheen. Vorher übergab der StKCTA, Horst Däbritz, dem in die Kaserne zurückkehrenden Waffenunteroffizier seine Pistole, zumal anschließend sein Urlaub begann. Erst geraume Zeit später stellte man das Fehlen dieser Waffe fest. Bei Rückkehr vom Urlaub forderte man von Horst, sie endlich abzugeben. Nun war guter Rat teuer und die reichlich verspätete Verlustmeldung unumgänglich!

Was also sollte man tun? Zunächst suchen! Womit? Der Pionier besaß ein Minensuchgerät vom Typ „Köpenick". Es handelte sich um ein Gerät auf Röhrenbasis, war schwer zu justieren und mit einer Sonde wie ein Dreschflegel. Das Geräteteil in einer Holzkiste, worin sich auch die riesige Trockenbatterie befand, war auf dem Rücken zu tragen. Falls es funktionierte, war dieses Gerät hoch empfindlich. Es funktionierte! Das große Suchen begann. An allen möglichen und unmöglichen Stellen spürte man der gesuchten Waffe nach. Alles schien vergeblich! Nur Massen an Schrott, vom kleinsten rostigen Nagel angefangen, fand man. Eine Pistole war nicht darunter. Reichlich ratlos versammelte sich die Suchergruppe danach in der Unterkunft des „Waffenbullen". Dort lies man alles noch einmal Revue passieren, was seit der Übergabe im Feldlager geschah. Das Erinnerungsvermögen des Waffenunteroffiziers endete damit, die Pistole damals samt Tasche in seinen Mantel gesteckt zu haben. Dieser hing vor aller Augen im offenen Schrank.

Irgendeiner der Anwesenden fasste so nebenbei in die Manteltasche und ... zog eine, schon ordentlich vom Rost verzierte Pistole hervor!

Eine der Folgen aus diesem Ereignis: Kompaniechef und Stellvertreter TA gewannen eine Reise (!!!), verbunden mit einer ganz seltenen Maßnahme: Offiziersarrest in der ungeliebten „Kartause von Prora" (der Standortarrestanstalt)."

1961 im März gab es Ärger. Diesmal für das ganze Bataillon. Eine Überprüfung der Kfz durch die 8. MSD brachte das Ergebnis: schwere Mängel. Der Ärger musste schnell verdaut werden. Wichtiger war, die bestehenden Mängel zu beseitigen und dafür zu sorgen, dass bei einer eventuellen Nachkontrolle alles in Butter ist. Leider gelang nicht alles so schnell.

Die Überprüfung des Aufklärungsbataillons 8 durch das Ministerium vom 10. bis 15. April 1961 erbrachte auch nicht das erwünschte Ergebnis. Man stellte Mängel in der Ausbildung und Disziplin fest.

Auch eine Alarmierung durch die 8. MSD am 22. April 1961 zeigte noch nicht die angestrebten Verbesserungen. Das Ergebnis: Mängel in der Führung und Organisation.

Da gab es wieder zusätzliche Arbeit für die Vorgesetzten, diesen Zustand schnellstmöglich in Ordnung zu bringen.

Ausbildung stellte sich oft als ein mühseliges Geschäft dar.

Das stundenlange Aufklären im Bestand eines AT, einer AA und dgl. sollte die Aufmerksamkeit der beteiligten Aufklärer eigentlich nicht beeinträchtigen. Es gehörte zu ihren Pflichten. Wenn es dann doch passierte war guter Rat teuer, aber man sollte schnell daraus lernen. Dazu die Erinnerungen von Dietrich Biewald, damals Pionieroffizier im Aufklärungsbataillon 8 und als Schiedsrichter bei einer Übung eingesetzt:

„Die Truppenaufklärer der Division handelten gewöhnlich im Zug- oder Kompaniebestand. Eine Kompanie des Aufklärungsbataillons 8 bildete dann die AA, eine Aufklärungsabteilung, so wie einmal 1961 im Rahmen einer Kompanieübung irgendwo südwestlich Schwerins. Die Aufklärungsabteilung befand sich in Bewegung, d. h. die Kolonne absolvierte bereits Kilometer um Kilometer. Jeder daran beteiligte Aufklärer besaß konkrete Pflichten hinsichtlich der Beobachtung, seiner persönlichen Gefechtsbereitschaft usw. Da lange Zeit nichts Besonderes wahrzunehmen war, ließ auch die Aufmerksamkeit vieler nach. Man wurde nachlässig.

Die Kolonne durchfuhr einen Hohlweg im Wald. Rechts befand sich ein Steilhang mit anliegendem dickem Baubestand. Links abfallend lag Sumpfgelände mit Büschen und Bäumen. Auf dem Weg befindliches Buschwerk und einzelne Stämme zwangen die Spitzenfahrzeuge zum Halt. Alles wartete gemütlich darauf, dass die Spitzenkräfte das „kleine" Hindernis schon beiseite räumen würden. Man sah es nicht als taktische Einlage an, handelte daher auch nicht entsprechend „taktischer Erfordernisse".

Als nun zwei, drei Soldaten die den Weitermarsch behindernden Materialien einfach beiseite werfen wollten, lösten sie Zugzünder mit verdeckt daran angebrachten Nebelkörpern aus. Gleichzeitig blockierten vorn ein T-34 und hinten ein Schwimmpanzer PT-76 die Kolonne. Links des Weges getarnt untergebrachte Nebeltonnen (von den Panzern) fingen an, alles in einen recht undurchdringlichen weißen Nebel zu hüllen. Zu allem Übel kam ein weiteres hinzu. Die Panzersoldaten sprühten an den Nebeltonnen obendrein Tränengas in den austretenden Nebel.

Das Chaos war perfekt. Diejenigen, welche ihre Schutzmaske irgendwo in eine Ecke des Fahrzeuges geworfen hatten statt sie befehlsgemäß am Mann zu behalten, suchten nun verzweifelt danach. Da sie nicht die einzigen „Schlamper" blieben, kam es zu manchem tränenreichen Gerangel, wenn einer die Maske fand, aber der andere sie als die seine ansah."

Mit der immer besseren Ausbildung von Vorgesetzten sowie der Zuführung modernerer Ausrüstung änderten sich selbstverständlich auch die Anforderungen an die Gefechtsausbildung der Aufklärer. Im Aufklärungsbataillon 8 vollzog sich daher ein ständiger Prozess, den Anforderungen in einem möglichen Krieg gerecht zu werden.

Werner Thomas dazu:

„Das Aufklärungsbataillon der MSD/PD war im Kriegszustand zur Durchführung der taktischen Aufklärung bestimmt. Ziel, Inhalt und Art der Erfüllung von Aufklärungsaufgaben waren in den vom Chef des Hauptstabes autorisierten Dienstvorschriften festgelegt.

Diese Einsatzgrundsätze stützten sich auf die Erkenntnisse der sowjetischen Militärwissenschaft zur Notwendigkeit der Sicherstellung des Gefechts mit Angaben über den Gegner und das Gelände. Die Festlegungen dieser Dienstvorschriften bildeten die Grundlage für die inhaltliche Gestaltung des Ausbildungsprozesses der Aufklärer.

Die Organisation und Führung der Aufklärung oblag dem Divisionskommandeur. Er befahl die Schwerpunkte nach seinem Bedarf an zuverlässigen Aufklärungsergebnissen für die Entschlussfassung zur Durchführung des Gefechts sowie für den effektiven Einsatz seiner Truppen und Bekämpfungsmittel bei Beginn und im Verlaufe der Kampfhandlungen.

Seine Aufgabenstellung bildete die Grundlage für die Anordnung Aufklärung des Stabschefs sowie für den vom Leiter Aufklärung in Zusammenarbeit mit den Chefs der Waffengattungen und Leitern der Spezialtruppen und Dienste erarbeiteten Plan der Aufklärung.

Dem Kommandeur des Aufklärungsbataillons (K-AB) wurden Auszüge aus diesen Dokumenten als

Befehlsgrundlage für den Einsatz seiner verfügbaren Aufklärungskräfte nach Raum, Richtungen und Zeit übergeben. Er stellte den Kompaniechefs bzw. den Kommandeuren der einzusetzenden Aufklärungsorgane die Aufgaben und verantwortete deren personelle und materielle Vorbereitung auf den Einsatz. Während des Gefechts führte er die Aufklärungsreserve und war an der Sammlung von Aufklärungsergebnissen beteiligt. Er gewährleistete die Präzisierung von Aufgaben über Funk sowie die Wiederaufnahme der von ihm geführten Aufklärungsorgane nach deren Aufgabenerfüllung in den Bestand des AB-8.

Die Aufklärungsaufgaben beinhalteten das rechtzeitige Beschaffen zuverlässiger Angaben über den Gegner im Handlungsstreifen der Division, vorrangig über

- *Unterbringungsräume und Start- bzw. Feuerstellungen der Kernwaffeneinsatzkräfte und anderer Massenvernichtungsmittel;*
- *Lage, Bestand und Charakter der Handlungen, besonders über Panzergruppierungen, Feuerstellungen der Artillerie, Panzerabwehr- und Kampfhubschraubereinheiten sowie Kräfte der Truppenluftabwehr;*
- *Lage der Führungsstellen und Elemente von Waffenleitsystemen sowie Mittel des funkelektronischen Kampfes;*
- *Lage und Bestand der Reserven."*

1961

Alle Angehörigen des Aufklärungsbataillons 8 unternahmen große Anstrengungen, um bei der Teilnahme an der Divisionsübung vom 25.-28. Mai im Raum Stendal ihre Aufgaben gut zu lösen.

Vom 5. Juli bis 4. August 1961 bestand für das Bataillon eine besondere Aufgabe darin, das mobile Sommerlager mit abschließendem Gefechtsschießen auf dem Truppenübungsplatz Lübtheen gut zu bestehen. Erinnerungen dazu von D. Biewald:

„Eine der ersten Stationen des Sommerlagers lag im Wald in der Nähe von Barnin, nordostwärts von Crivitz. Die Unterkünfte (!) stellte man schnell her. Eine kleine Kiefer aus der Schonung ergab nach dem Abschlagen der Äste eine Derbstange. In Mannshöhe an zwei dicke Kiefern waagerecht angebunden, die SPW-Abdeckplane darüber und schon war die „Villa" für den Stab oder die Einheit fertig. Noch etwas Reisig hinein ergaben die Matratzen. Es war eine Zeit, in der es dort massenhaft Pfifferlinge gab. Sie schossen nur so in die Höhe. Das war mehr als verlockend und es fand sich auch Zeit sie zu sammeln. Nur wie sollte man sie verarbeiten und essen? Die Feldküche durfte es aus hygienischen Gründen nicht. Doch eine Riesenbratpfanne konnte man sich ausleihen und einen Würfel Margarine samt Pfeffer und Salz gab es dazu. Ein Lagerfeuer garte alles und der Festschmaus konnte beginnen.

Das Feldlager endete in der Nähe von Hagenow. In den Dörfern Kirch Jesar, Moraas, Kuhstorf und Strohkirchen kamen alle im „Ortsbiwak" bei der Bevölkerung, vor allem bei Bauern, für ein paar Tage in Vollversorgung unter.

Am letzten Abend gab das Bataillon in einer Gaststätte den abschließenden Manöverball, ein Ereignis auch für die Dörfer und ihre Bewohner, die zu dieser Zeit nur über unbefestigte Feld- und Waldwege erreichbar waren.

Am nächsten Tag herrschte hellste Aufregung. Was war geschehen. Ein Offizier, StKCTA einer Kompanie, fehlte im Bestand. Nun suchte man nach Spuren. Der VO (Verbindungsoffizier der Militärabwehr, meist V-Null genannt,) erbot sich, alle Meldungen zusammenzufassen und zum Stab nach Schwerin weiterzugeben. Das Bataillon sollte sich auf die Suche konzentrieren.

Einige Bauern hatten in den Vortagen in der Umgebung verdächtige Personen gesehen und dies dem Stab des AB-8 mitgeteilt. Dort nahm man diese Informationen nicht ernst.

Also, folgendes stellte sich nach stundenlangem Suchen etc. heraus: Fernaufklärer des Kommando des Militärbezirkes V hatte man drei oder vier Tage vorher in einiger Entfernung per Hubschrauber abgesetzt mit der Aufgabe, in diesem Umkreis militärische Einheiten aufzuklären.

Das hatten sie erfolgreich getan und nun sollten sie auch noch einen „Gefangenen" einbringen. Konkret ging es darum, beim Manöverball den Kommandeur des AB-8 oder einen seiner Stellvertreter zu entführen. Aber jedes Mal, wenn eine der gewünschten Personen an der frischen Luft erschien, waren zu viele Soldaten dabei. So kam „Plan B" zur Anwendung. Als man nun einen „Gefangenen" hatte, mussten ca. 30 km zur Basis der Fernaufklärer marschiert werden. Der „Gefangene" sollte nun das Funkgerät und die „Teile-1" (Tornister, mehr besaßen die Fernaufklärer nicht) tragen. Er weigerte sich. Daraufhin band man ihm Hände und Füße zusammen, steckte eine Stange durch, hob ihn auf, um ihn jetzt selber zu tragen. Nach wie vielen Schritten er sich bereiterklärte, nun „freiwillig" mitzugehen, ist nicht überliefert. Viele Schritte kamen nicht zustande. Nun zurück zur Meldetätigkeit. Der „V0-er" verfügte als einziger über die Kenntnis der ganzen Angelegenheit und hatte die Aufgabe, alles entsprechend hinauszuzögern.

Im Ernstfall hätte diese Geschichte sicherlich mehr „Gefangene" eingebracht. Die viel beschworene Wachsamkeit zeigte auch bei den Aufklärern Schwächen."

1952-1961: Das Aufklärungsbataillon 8 in der Öffentlichkeit

Das AB-8 präsentierte sich bei vielerlei Gelegenheiten der Öffentlichkeit.

1957: Auch am 1. März, dem ersten Jahrestag der NVA, zeigte sich das Bataillon in Schwerin am Ziegelsee mit einer Technikschau der Bevölkerung: Panzer T-34, SPW-152, Waffen u. a. m. konnten besichtigt werden.

a: Der Kommandeur des Aufklärungsbataillons 8, Hauptmann Konrad Thomas, mit Töchterlein; daneben Leutnant Siegmund Wachlin.

Kinder und Jugendliche bildeten das Gros der Besucher am Ziegelsee. Auf einen richtigen Panzer zu klettern war schon etwas Seltenes oder gar in ihn einzusteigen, bedeutete fast ein Abenteuer.

Wie die Waffen aussehen und funktionieren, das interessierte natürlich auch den einen oder anderen der Besucher.

Sich auf den Sitz hinter das Lenkrad eines SPW zu setzen, lockte auch so manchen an.

a: Einheiten des AB-8 auf dem Marsch zu einer Feierlichkeit

Formationen aus dem AB-8 beteiligten sich zu unterschiedlichsten Anlässen an öffentlichen Veranstaltungen, auch in den Ortschaften außerhalb von Schwerin, wo sie die Bevölkerung stets herzlich begrüßte. Eine Abordnung des Aufklärungsbataillons 8 nahm auch stets an der Maiparade auf dem Alten Garten in Schwerin teil.

b-h: Der Marsch durch die Innenstadt gehörte dazu

1957, 1. Mai in Schwerin:

a: Einmarsch aus der Schlossstraße auf den Alten Garten

b: Interessant dabei: Der Volkspolizist damals mit Tschako!

Die Abordnung des Aufklärungsbataillons 8 marschiert bei der Maiparade mit der MPi-41. Die mitfahrenden Fahrzeuge gehörten teils auch zu den anderen Truppenteilen und Einheiten aus dem Standort Schwerin wie: LKW ROBUR Granit-27, LKW SIS-151, SPW-152 (noch ohne Reifendruckregelanlage, aber mit dem schweren Maschinengewehr 12,7 mm).

d: Offiziere vor der Unterkunft in Stern Buchholz: V. r.: Oltn. Claus Riediger, KC 2. Kp; Oltn. Siegmund Wachlin, KC 3. Kp; Ltn. Sepp Trupp, 1. Zugf./2. Kp; Oltn. Adolf Anwand (zivil); Ltn. Klopfer, TA 2. Kp; Ltn. Pfanke, 2. Zugf./2. Kp; Ltn. Pantel, 3. Zugf./2. Kp.

1957: *e: Ehrenwache auf dem „Alten Garten"; links: Oberleutnant Siegmund Wachlin*

f: Ehrenwache des Aufklärungsbataillons 8 am Denkmal von Theodor Körner in Wöbbelin

1958 am 1. März: Das Aufklärungsbataillon 8 am 2. Jahrestag der NVA. Vorbereitung zum feierlichen Appell und zu einer Ausfahrt.

b: Hauptmann Siegfried Schneidereit, 1. Stellvertreter des Kommandeurs des AB-8, stärkt sich noch schnell an der Gulaschkanone!

1958, 7. Oktober, Tag der Republik: Das AB-8 nimmt an der Demonstration und der Kundgebung zum Tag der Republik in der Patenstadt Parchim teil und präsentiert sich der Öffentlichkeit mit einer Technikschau. Auf dem SPW-40: Claus Riediger. Neben SPW-40 und Krädern M-72 ist auch ein mittlerer Panzer T-34 des AB-8 bei der Fahrt durch Parchim dabei.

d: Die 3. Krad-Kompanie in Parchim. Im ersten Krad: Zugführer Leutnant Geschke

e: Hauptmann Siegfried Schneidereit, StKA AB-8; Hauptmann Konrad Thomas; Kommandeur AB-8; Major Hugo Bürger StKPA AB-8; g-h: Ansprache von K. Thomas

Auszeichnung

Die Truppenfahne wurde der Einheit Müller während eines Meetings in den Morgenstunden des 3. Jahrestages der Nationalen Volksarmee auf Grund der guten und ausgezeichneten Leistungen der Einheit in den vergangenen Ausbildungsperioden übergeben. Hauptmann Müller versicherte nach der Übergabe der Fahne im Namen aller Soldaten, Unteroffiziere und Offiziere, daß sie sich der großen Bedeutung dieses Tages bewußt sind. Getreu dem geleisteten Schwur wollen sie noch besser alle Aufgaben in der Polit- und Kampfausbildung erfüllen, um somit die Voraussetzung für ihre Verpflichtung zu schaffen, beste Einheit ihres Spezialgebietes zu werden.

Nach der feierlichen Übergabe der Truppenfahne begann der

1959

e-f: am 1. März. Ein feierliches Zeremoniell im Bestehen eines Truppenteils der Nationalen Volksarmee: in Schwerin-Stern Buchholz erfolgte die Verleihung der Truppenfahne an das Aufklärungsbataillon 8

g: Ehrungen für ausgezeichnete Leistungen: Fotografieren vor der Truppenfahne. Der Zug von Leutnant Schapijewski aus der Kompanie von Claus Riediger

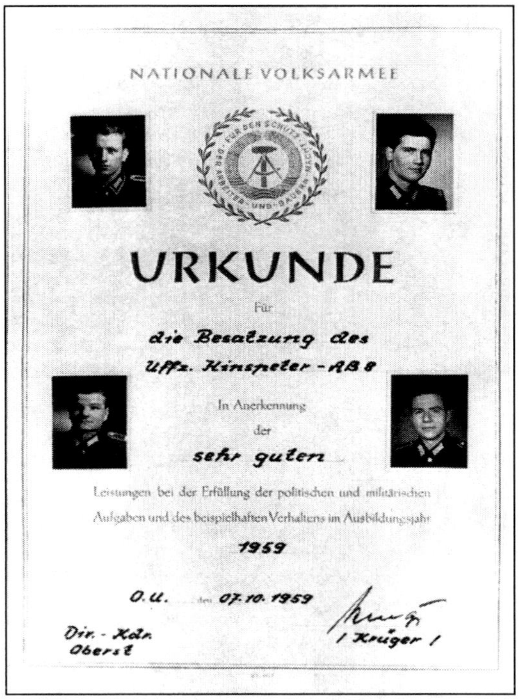
NATIONALE VOLKSARMEE

URKUNDE

Für

die Besatzung des
Uffz. Hinspeter - AB 8

In Anerkennung
der
sehr guten

Leistungen bei der Erfüllung der politischen und militärischen Aufgaben und des beispielhaften Verhaltens im Ausbildungsjahr

1959

O.U. den 07.10.1959

Div.-Kdr.
Oberst

/ Krüger /

a-d: *Die Besatzung von Unteroffizier Frank Hintzpeter erhielt durch den Kdr. der 8. MSD, Oberst Krüger, eine besondere Auszeichnung für sehr guten Leistungen im Ausbildungsjahr 1959*

e-f: *Nach erfolgreicher Teilnahme an der Divisionsübung: Das Aufklärungsbataillon 8 von Wismar kommend im Vorbeimarsch am Bahnhof Schwerin, mit einem SPW als Tribüne und weiter über den Platz der Jugend in Richtung Stern Buchholz*

g-h: 1961 am 1. Mai: Maidemonstration auf dem Alten Garten in Schwerin unter Teilnahme einer Abordnung des Aufklärungsbataillons 8, schon ausgerüstet mit der MPi Kalaschnikow. Flügelmann: Feldwebel Frank Hintzpeter a-b: Die Abordnung der Motorsportgruppe des AB-8. Im Beiwagen: Hptm. Gerbert, StKA; Fahrer Gefr. Ulbright; 1. Solo-Krad: Major Kuhlmay, StKTA; auf der AWO Hptm. Engelstätter

c: Der Zug von Leutnant Siegmund Wachlin bei der Erntehilfe auf dem Land

Nicht selten halfen Gruppen von NVA-Soldaten, Schwerpunktaufgaben zu unterstützen oder Schwierigkeiten in der Planerfüllung ihrer Patenbetriebe zu bewältigen. So beteiligten sich die Angehörigen des Aufklärungsbataillons in der Vergangenheit aktiv beim sozialistischen Aufbau im Bezirk Schwerin. Dazu gehörten z. B. der Bau von Silos in Techentin bei Lübz und in Lübesse, die Errichtung von Elbdeichen oder der Bau von Rinderoffenstellen. Auch Hunderte Aufbaustunden zur Errichtung der Schweriner Freilichtbühne und der Albert-Richter-Kampfbahn leisteten die Aufklärer.

Horst Däbritz berichtet zu solch einem Einsatz:

„Ein erfolgreicher Ernteeinsatz führte auch mit dazu bei, die gegenseitigen Beziehungen mit der Landbevölkerung weiter zu vertiefen. So halfen wir auch in den darauf folgenden Jahren den Bauern bei der Einbringung der Ernte oder beim Bau von Silos. Noch heute stehen in Mestlin Silos mit der Aufschrift „Erbaut vom Aufklärungsbataillon". Zu einer schönen Tradition der beiderseitigen Beziehungen entwickelten sich später die „Ortsbiwaks". Nach jedem Sommerfeldlager des Aufklärungsbataillons 8 gab es im Anschluss ein Ortsbiwak. In Vereinbarung mit der jeweiligen LPG rückte unsere Einheit ins Dorf ein. Jeder Soldat, jeder Unteroffizier und jeder Offizier wurde privat untergebracht und versorgt. Unsere Einheit revanchierte sich dafür mit einem ein- bis zweitägigen Ernteeinsatz."

1952-1961: Sport und Freizeit im Aufklärungsbataillon 8

b-d: Teilnahme an einem Wettkampf rund um den Pfaffenteich in Schwerin, mit zusätzlicher Rückenlast. Dazu werden die Rucksäcke vorher mit Sand gefüllt.

e-g: Frank Hintzpeter auf Dienstreise zum Sportfest nach Rostock. Beim Lauf holte er das Letzte aus sich heraus und gewann!

Freizeitvergnügen in der Motorgeländesportmannschaft des Aufklärungsbataillons 8.

Horst Däbritz, aktiv im Motorgeländesport. Kleine Sprungübungen mit der MZ 250 gehören dazu. Es ging auch zu Wettkämpfen. Die Maschinen sind verladen zur Fahrt an den Wettkampfort. Das Fahrerlager befand sich mitten in der Stadt.

Die Motorgeländesportmannschaft des AB-8 am Wettkampfort.

a: Die Mutter sorgt für Erfrischung und

b: die Begegnung mit einer „Essigziege", so vermerkte es Horst Däbritz (re.) und Wolfgang Wehnert (li.). Warum???

c-h: Ruhezonen in der Kaserne Stern Buchholz

a: Bataillonsfest in der Tanzgaststätte „Astoria" genannt „AST". Er war berüchtigt und stand in einem besonderen Ruf. Es wurde allerorten berichtet, dass es dort keinen öffentlichen Tanzabend gegeben haben soll, der ohne Keilerei endete!

b: Leutnant Siegmund Wachlin, noch in der Uniform der KVP (Kasernierte Volkspolizei)

c-d: Leutnant Siegmund Wachlin beim Gruppenausgang mit seinem Zug im Schlosspark

Kofferradio, Walkmann etc. kannte man noch nicht. Das Akkordeon und sein Spieler standen daher in besonderer Gunst aller, die gerne Musik dabei haben wollten. Übrigens: Die Mäntel waren damals sehr lang und schwer. Jahre später gab es sie dann in kürzerer Form.

e-f: Exkursion zum Kyffhäuser-Denkmal. Busfahren war schon damals beliebt, selbst wenn es nur langsam und wenig komfortabel zuging a: Im Ausgang und auf Tour mit dem neuen PkW P 70. Den hatten damals nur sehr wenige. Mit dabei Erich Schmidt (2. v. li.)

b: Die Uniformen zeigten sich derzeit recht gemischt: Neue NVA- und alte KVP-Uniformen. Beneidet: Die offene Uniform (ganz rechts) gab es zu der Zeit nur bei den LSK.

e: Im Ausgang, Siegfried Schneidereit beim Tanzvergnügen

f: Leutnant Wachlin mit seinem Zug

a-b: Oberleutnant Schulz mit Unteroffizieren und Soldaten seines Zuges, den Neueinstellungen erster Wehrpflichtiger

c: Frank Hintzpeter mit Angehörigen seiner Gruppe beim Gruppenausgang auf dem Grunthalplatz vor dem Hauptbahnhof von Schwerin

Gruppenausgänge gab es beispielsweise zum Besuch von Veranstaltungen.

Bei neu eingestellten Soldaten gab es das auch, denn in der Zeit ihrer militärischen Grundausbildung erhielten sie in diesen ersten Wochen gewöhnlich noch keinen individuellen Ausgang.

1959:

a-d: Exkursion am 15. August nach Rostock mit Besuch in der Warnow-Werft zum Stapellauf des „MS Schwerin"

e-f: Die neu aufgebaute „Lange Straße" und der „Thälmannplatz" vor dem Rathaus

c-d: Ausgänger an der Straße von Stern Buchholz nach Schwerin. Der Weg war lang. Glücklich, wer bereits ein Fahrrad besaß.

1957:

e-g: Frank Hintzpeter und Hans-Joachim Nuss. Delegiert von der FDJ, fahren beide zur Leipziger Messe.

b: Eine lange Treppe am Völkerschlachtdenkmal

c: Exkursion in den Harz

Damals konnte man noch auf den „Brocken“, egal ob mit der Bahn, per Motorrad etc. oder per pedes.

d-e: „Hilfskanoniere“ an den alten Geschützrohren auf dem Terrain des Schlosses in Wernigerode

c-d: Horst Däbritz 1961 beim Freizeitvergnügen

1961 Die letzte Etappe im Bestehen des Aufklärungsbataillons 8

Solche nachfolgend angeführte Informationen erhielten wir damals. Wir waren besorgt, aber entschlossen, alles Nötige für die Abwendung der damit verbundenen Gefahren für unser Land zu ertragen. Wir fühlten uns nicht nur von der Rechtslage her verpflichtet, sondern auch moralisch dazu voll und ganz berechtigt:

1958-1961: In den Jahren häuften sich die Manöver der Bundeswehr und anderen NATO- Streitkräften auf verschiedenen Ebenen.

1958 im Januar erklärte BRD-Außenminister von Brentano im Bundestag, dass die militärischen Anstrengungen der NATO auf nuklearem Gebiet dem Ziel der Wiedervereinigung der Einheit Deutschlands dienten.

Die Forderungen nach einem Deutschland in den Grenzen von 1937 wurden immer lauter. Kanzler Adenauer und Verteidigungsminister Strauß wollten die Verfügungsgewalt über Kernwaffen und die Bundesrepublik über die NATO zur vierten Atommacht entwickeln.

1960 im Juli/August legt die Bundeswehrgeneralität die Denkschrift „Voraussetzungen einer wirksamen Verteidigung" vor. Darin forderten sie einen größeren Einfluss, eine umfassende Militarisierung und gleichfalls die Verfügungsgewalt über Kernwaffen.

(Vgl. Bulletin des Presse -und Informationsamtes der Bundesregierung, Bonn, Nr. 155. 20. August 1960, S. 1527 f.)

1961 am 10. August, befasste man sich in der 8. MSD mit der Vorbereitung einer Taktischen Übung des MSR-27. Am Vormittag erfolgte die Schiedsrichtereinweisung im Stab der Division, die sich am Nachmittag mit der Rekognoszierung im Gelände fortsetzte. Ob nun ein Befehl zum Abbruch während der Geländeaufklärung erfolgte oder die Rückkehr gegen 17,00/18,00 Uhr planmäßig erfolgte, ist nicht mehr in Erinnerung. Der Pionieroffizier des Aufklärungsbataillons 8, Oberleutnant Biewald, sollte als Schiedsrichter beim Offizier Pionierdienst des MSR-27, Hauptmann Günter Soth, handeln. Beim Eintreffen im Objekt Werderstraße stand die Fahrz

eugkolonne des Divisionsstabes abmarschbereit in der Kaserne. Die Frage an einen alten Bekannten des Stabes, wo es hingehe, beantwortete er: zum TÜP Lychen. Da kam eine merkwürdige Ahnung hoch, die sich aber bald legte.

Am 10. August 1961 in den frühen Abendstunden hatte man die 8. MSD (ohne MSR-27, AR-8 und FR-8) alarmiert und zur Überprüfung des Standes der Gefechtsausbildung und des Zustandes der Technik und Bewaffnung zu einer Feldinspektion in den Raum Groß Schönebeck, Lychen in Konzentrierungsräume verlegt.

Der StKCTA der 1. Kompanie (Pz-Kp.), Oberleutnant Horst Däbritz, erinnert sich mit folgendem Bericht an diese Zeit:

„Beim Herstellen der Gefechtsbereitschaft wurde am 11. August 1961 das Aufklärungsbataillon 8 alarmiert und im Eisenbahntransport in den Raum Templin verlegt. Oberleutnant Horst Däbritz musste die Lokomotive besetzen und per Fernsprechleitung die Verbindung zum Transportleiter halten. Ziel und die Aufgabe der plötzlichen Verlegung waren uns unbekannt. Die Anweisungen erhielten wir von Bahnhof zu Bahnhof.

Im KR bei Templin erfolgte die allseitige Überprüfung der Gefechtsbereitschaft. Danach hatten die Kompaniechefs Dienstpläne zu erarbeiten. Die Hauptfeldwebel fuhren nach Stern Buchholz in das Objekt, um Uniformen, fehlende Ausrüstungsteile und Zubehör nachzuholen."

Beim Eintreffen des Pioniers in Stern Buchholz begann bereits der Abmarsch des AB-8. Es erging der Befehl an ihn zurückzubleiben, auf die Rückkehr der Urlauber zu warten und sie unter Führung des StKRD, Hauptmann Grundmann, mit einem LKW G-5 nachzuführen. Das erfolgte im Laufe des 12. August 1961. Es war eine gemächliche Fahrt, bei der noch Zeit blieb, einen Besuch im KZ Ravensbrück einzuschieben. Bei der Ankunft auf dem Truppenübungsplatz gab es gerade beim AB-8 eine Kontrolle der Vollzähligkeit der persönlichen Ausrüstung. Der Pionier erhielt sofort den Auftrag, mit einem SPW-40 eine nahe Ausbildungsstrecke aufzuklären. Mit seiner Rückkehr überschlugen sich die Ereignisse.

Bereits mit der Ankunft der TT/E auf dem Truppenübungsplatz überprüfte man am 11. und 12. August die Truppenteile und Einheiten in der Ausbildung und mit Appellen auf den Zustand und die Vollzähligkeit der Bewaffnung, Bekleidung, der persönlichen Ausrüstung und aller Fahrzeuge wie LKW, SPW und Pz. Die mitgeführte Munition blieb unter Verschluss.

1961 am 12. August ab 15:00 Uhr befahl man nach dieser Inspektion durch das Ministerium für Nationale Verteidigung der DDR Ruhe für die Truppen. An den Divisionskommandeur und seinen Stellvertreter PA und Leiter der Polit-Abteilung sowie die Regiments-Kommandeure mit ihren Stellvertretern für Politische Arbeit erging der Befehl, sich bis 18:00 Uhr zu einer Filmveranstaltung im Gästehaus des Ministerium für Nationale Verteidigung der DDR in Wilkendorf zu melden. Hier wurden sie durch den Minister in Gegenwart weiterer Generale und Offiziere eingewiesen. Die Truppenteile und Einheiten der 1. und 8. MSD hatten bereit zu sein, nach Auslösung des Alarms und der ihnen vorgegebenen x-Zeiten, die ihnen in Berlin zugewiesenen Einsatzräume einzunehmen. Gefechtsstand der 8. MSD sollte das Objekt Magerviehhof in Berlin-Friedrichsfelde sein. Die Anwendung der Schusswaffe war kategorisch verboten!

Nach Bekanntgabe des Einsatzbefehls und der Ausgabe der Einsatzdokumente hatten der Leiter der Polit-Abteilung der Division und die StKPA der Regimenter in den Stab und in ihre Truppenteile zurückzufahren, um 24:00 Uhr Gefechtsalarm auszulösen, sofort die Marschbereitschaft herzustellen und den Marsch zu beginnen. Die Kommandeure hatten die zugewiesenen Räume zu rekognoszieren und dort ihre Truppen in Empfang zu nehmen.

Horst Däbritz weiter: „Am 12. August 1961 wurde das Aufklärungsbataillon 8 erneut alarmiert und stellte die Marschbereitschaft her. Jetzt folgte ein Befehl zur Beladung eines Eisenbahntransportes nach Berlin-Friedrichsfelde zum „Magerviehhof", gegenüber dem S-Bhf. Friedrichsfelde-Ost."

Am 13. August 1961 00:00 Uhr löste man für die Truppen in den Konzentrierungsräumen und in der gesamten NVA die Stufe „Erhöhte Gefechtsbereitschaft" aus.

Nach Herstellung der persönlichen Gefechtsbereitschaft verlas man dem angetretenen Personalbestand einen Brief von Walter Ulbricht zum Beschluss des Ministerrates über Aufgaben zur Sicherung der Grenze im Raum Berlin. Danach begann der Einsatz.

Das Aufklärungsbataillon 8 verlegte nach Mitternacht mit Radfahrzeugen per Landmarsch und für die Kettentechnik im Eisenbahntransport nach Berlin. Am Rande: Eine M-72 kam als Zusatzlast auf einen PT-76. Früh am Morgen kam die Fahrzeugkolonne von der Autobahn kommend in Berlin an und bezog ihren Platz im „Magerviehhof". Der Stab erhielt Räume in einer Baracke, gleich neben dem Divisionsstab.

Horst Däbritz dazu: „Nach Ankunft die Information an den Personalbestand: Unsere Republik ist in Gefahr, bei Überfällen müssen wir bereit sein, die Grenze der DDR zu schützen."

Karl-Heinz Schlunck (StCAkl MB-V) dazu: *„Aus dem Bestand des Bataillons sind Trupps entlang der Staatsgrenze einzusetzen mit der Aufgabe, Beobachtungsstellen entlang der Grenze zu beziehen, zu beobachten und Provokationen zu verhindern. Es hatte das Bataillon im Abschnitt Nord vier B-Stellen, im Abschnitt Mitte vier B-Stellen und im Abschnitt Süd zwei B-Stellen zu besetzen. Alle B-Stellen hatten vorgegebene Beobachtungssektoren. Die SPW-Kp. hatte kurzzeitig als Ersatz für eine nicht rechtzeitig im Abschnitt Brandenburger Tor eingetroffene Einheit deren Abschnitt zu besetzen. Gegen 11:00 Uhr des 13. 8. 1961 wurde die Kompanie aus dem Abschnitt abgelöst."*

Die meiste Zeit hatte man im Magerviehhofgelände zu verbleiben. Abwechslung gab es auf diese Weise: Ein Aufklärungstrupp (ein SPW-40 mit aufgesetztem MG, aber verschlossener Munitionskiste) fuhr täglich in Berlin die Stützpunkte der anderen Truppenteile und Einheiten sowie auf eigenen Entschluss Punkte an der Grenze an und sammelte Informationen zur Auswertung.

Für die Beteiligten bildete dies vor allem eine Abwechslung im meist sonstigen Tageseinerlei im „Magerviehhof", zumal man dabei manch kuriose Sachen zu hören oder zusehen bekam.

Es gab auch eine Streife mit einem Krad M-72, besetzt mit dem Fahrer und seiner MPi-41 mit vollem Magazin sowie einem Offizier, bewaffnet mit einer Pistole. Ihre Aufgaben deckten sich mit der des AT. Oberleutnant Biewald, einmal als Streifenführer eingesetzt, berichtet:

„Am Ausländerübergang Friedrichstraße gingen der Streifenführer und sein Kradfahrer ungehindert bis an die weiße Trennlinie vor und betrachteten längere Zeit den regen Durchgangsverkehr. Bewegten wir uns mal nach rechts oder links, bewegte sich auch prompt die Panzerkanone des nur wenige Meter entfernten US-Panzers. Mal abgesehen davon, dass unsere Panzer nicht direkt an der Grenzlinie standen, konnte man schlussfolgern: der Panzer ist ständig besetzt. Ob seine Munition auch wie bei uns unter Verschluss war, darf man bezweifeln.

Ein Bataillonsstützpunkt der PR-8 in Berlin

Im Bereich des Potsdamer Platzes erzählten Polizisten, dass gerade ein Mann aus einer Öffnung im U-Bahnschacht gekommen ist und um politisches Asyl bat. An einer anderen Stelle sagte ein Polizeioffizier: „Ihr hättet einige Minuten früher kommen sollen. Eine Gruppe GI's ist in Schützenkette auf die Grenzlinie zugekommen und mit ihren Waffen auf der gerade einen Meter hohen Mauer aus Großblocksteinen in Stellung gegangen. Die Polizei rief einen Wasserwerfer herbei, der mal kurz an die unfertige Mauer spritzte.

Die Amis ergriffen panisch die Flucht und ließen ihre Waffen liegen. Übrigens. Das war eine Woche nach dem 13. August. Merkwürdigerweise sahen wir an diesen Stellen nur wenige Polizisten.

In den „Magerviehhof" kamen allerlei Gäste, vom Minister bis zum Filmregisseur, der einen neuen Film zeigte. Auch die Stützpunkte in der Stadt konnten sich vor Besuchern manchmal kaum retten. Manche Prominente kamen gern und stellten sich dar. Nach der Wende wollte sich der

eine oder andere nur ungern daran erinnern, immer nach der Methode: „Wes' Brot ich ess', des' Lied ich sing'!"

Es gab Zusatzverpflegungsbeutel, darin u. a. Schokolade umhüllte Energieriegel. Nach kurzer Zeit kam der Befehl zum Umzug. Außerhalb Berlins zwischen Erkner und Neu Zittau hatte das PiB-8 ein großes Zeltlager errichtet. Das Aufklärungsbataillon 8 zog dorthin. Es gab ein strenges Regime. Das Lager durfte man nicht verlassen. Wer es dennoch unerlaubterweise tat, riskierte eine drastische Strafe, Offiziere eingeschlossen. Es gab weiterhin Zusatzverpflegungsbeutel mit Energieriegeln, doch nun ohne Schokoladeumhüllung.

Oberleutnant Horst Däbritz erinnert sich mit folgenden Zeilen an diese Zeit:

„Nach 10 Tagen verlegte das Bataillon in ein Zeltlager in der Nähe Berlins, stellte die Gefechtsbereitschaft her, plante und organisierte Ausbildungsmaßnahmen. Im Zeltlager erreichte das Bataillon irgendwann die Nachricht über seine bevorstehende Auflösung auf Grund von Strukturveränderungen."

Auch Volkskammerpräsident Johannes Dieckmann (CDU) besuchte das im Aufbau befindliche Feldlager und die dazu, vor allem vom PiB-8, eingesetzten Kräfte

Volkskammerpräsident Johannes Dieckmann kam in Begleitung des Chefs des Militärbezirkes V, GM Bleck, sowie des Kommandeurs der 8. MSD, Oberst Amm,

Bis zum 20. September 1961 verblieben die eingesetzten Kräfte der 8. MSD in Berlin, wo sie die unterschiedlichsten Sicherungsaufgaben lösten. Jeder vermerkte für sich, bloß gut, dass es zu keinem Krieg gekommen ist.

Zur Freude aller ging es bald zurück in den heimatlichen Standort.

1961 am 20. 9. verlegte auch das Aufklärungsbataillon 8 wieder nach Stern Buchholz.

Im Anschluss wurde die Panzertechnik des Bataillons an das MSR-27 übergeben.

1961 – Die Auflösung des AB-8 und die Formierung der Aufklärungskompanie 8

1961 am 1. Oktober löste man mit Befehl 58/61 des MfNV das Aufklärungsbataillon 8 auf.

Es kam zur Bildung der selbstständigen **Aufklärungskompanie 8** im Standort Schwerin-Stern Buchholz. Die AK-8 der 8. MSD existierte von 1961-1965.

Erster Kompaniechef wurde Oberleutnant Alfred Müller.

Dienststellung	**1961**	**1962**	**1963 etc.**	**1965**
Kompaniechef	Oberleutnant Alfred Müller	Oberleutnant Alfred Müller	Hauptmann Edgar Gerbert	Major EdgarGerbert
STKCPA	Hauptmann Hauske	Hauptmann Gerhard Krüger	Hauptmann Manfred Kläwe	Hauptmann Manfred Kläwe
STKCTA	Oberleutnant Horst Däbritz	Oberleutnant Horst Däbritz	Oberleutnant Horst Däbritz	Oberleutnant Horst Däbritz
Hauptfeldwebel	Feldwebel Georg Thieler	Feldwebel Georg Thieler	Feldwebel Georg Thieler	Feldwebel Georg Thieler
Zugführer 1. Zug	Leutnant Erwin Scheidemann	Leutnant Erwin Scheidemann	Ltn. Klaus Kellermann ab 1. 12. 64	Leutnant Klaus Kellermann
Zugführer 2. Zug	Unterleutnant Werner Thomas	Leutnant Werner Thomas	Leutnant Werner Thomas	Oberleutnant Werner Thomas
Zugführer 3. Zug	Leutnant Ewald Schapiewski	Oberfeldwebel Frank Hinzpeter	Ultn. Rainer Schumann ab 13.10.63	Leutnant Rainer Schumann

Die Struktur der Aufklärungskompanie 8: gesamt: 9 SPW 40-P (2 Züge), +5 PT-76 (1 Zug),

- Kompanietrupp: 1 SPW 40 für den Kompaniechef, 3 LO 1800 (Hfw, TS, Mat), 1 Krad ES 250, 1FK-100;
- 1. Zug: 5 Schwimmpanzer PT-76;
- 2. Zug: 5 SPW 40-P mit einem SMG, je Besatzung ein Scharfschützengewehr-DG und eine RPG-7 (ab 1964), artilleristischer Vollkreis;
- 3. Zug: wie 2. Zug, aber nur 4 SPW 40-P.

Der KC hatte neben dem SPW-40 noch 1 PT-76 (Plawajuschzi Tank=schwimmender Panzer PT-76 mit Kanone 76 mm) im Bedarfsfall, weil der SPW-40 nicht schwimmfähig war.

1965 besaß die Kompanie zunächst drei LKW K-30, die gegen drei LKW G-5 abgegeben wurden. Nach ca. einem Jahr wurden diese dann gegen drei LKW LO-1800 ausgetauscht.

Alle Kompanieangehörigen profitierten von der umsichtigen Arbeit des Hauptfeldwebels Thieler, der bereits davor schon im Aufklärungsbataillon 8 als Hauptfeldwebel in einer Kompanie diente. Ein Waffenmeister sorgte sich um die vielfältigen Waffen.

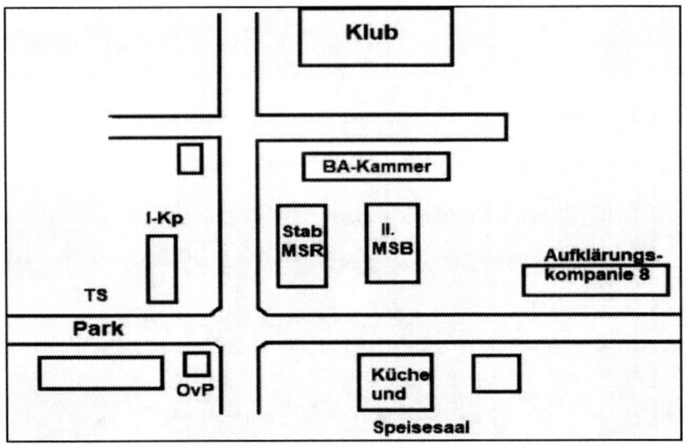

Das Unterkunftsgebäude der Aufklärungskompanie 8 und seine Lage in der Kaserne

a: Der Kompaniechef der Aufklärungskompanie 8, Oberleutnant Alfred Müller (links)

Vor der Auflösung des Aufklärungsbataillons 8 bekleidete er die Dienststellung als Stellvertreter des Stabschefs im AB-8.

b: Wir geben für die Beschreibung der Aufklärungskompanie 8 nun mehrfach Oberst a. D. Werner Thomas (rechts) das Wort.

Er diente in der gesamten Zeit ihres Bestehens in dieser Kompanie.

Als Zugführer in der Aufklärungskompanie 8:

Als zweiundzwanzigjähriger Jüngling hatte ich 1959 die Plauener Infanterieschule der Nationalen Volksarmee mit Zuerkennung des Dienstgrades Unterleutnant beendet und damit auch meine Jugendzeit hinter mir gelassen. Zunächst verpasste mir der Minister für Nationale Verteidigung ein Zwangsjahr in der sozialistischen Produktion, das ich im Sprengstoffwerk Schönebeck absolvierte. Dort erwarb ich nebenbei die Qualifikation eines Sprengmeisters und vermochte zusätzlich die psychologischen Fesseln meines bisherigen Junggesellendaseins zu sprengen. Nach diesem Sondereinsatz diente ich zunächst wenige Monate in der MSK des PR-8 in Prora und seit Frühling 1961 in der Aufklärungskompanie des gleichen Truppenteils. Dank eines bewilligten Versetzungsgesuches gelangte ich im Herbst des gleichen Jahres in die neu formierte Aufklärungskompanie 8. Fortan erfüllte ich die Dienstpflichten eines Aufklärungszugführers in Stern Buchholz bei Schwerin. Die AK-8 hatte darin ein flaches Unterkunftsgebäude mit ausreichend Platz für den gesamten Personalbestand bezogen. In der Nähe befand sich ein finsteres Wohnheim, genannt Bullenkloster, in welchem ich als verheirateter Offizier zwei Jahre lang hausen musste, weil im Standort ein dauerhafter Mangel an Wohnraum bestand.

Die Versetzung zur AK-8 kam mir sehr entgegen, nicht nur wegen der rapiden Verkürzung des Reiseweges zur in Schönebeck wohnenden Ehefrau, sondern auch deshalb, weil ich weiterhin in einer Einheit der Truppenaufklärung dienen durfte. Schon damals hatten sich die Aufklärer zur Unterscheidung von den Infanteristen, den „Muckern", die leicht angeberische Bezeichnung „Edelmucker" zugelegt. Die Mannschaften trugen am linken Unterärmel ein ovales Dienstlaufbahnabzeichen aus Stoff, auf dem ein Aufklärungsfahrzeug und ein Stoßpfeil abgebildet waren. Das Personal für die Aufklärungszüge wurde aus dem Fond der für die Mot.- Schützen- und Panzereinheiten gemusterten Armeeangehörigen gewonnen. Eine spezielle Ausbildung von Unterführern und Offizieren im Profil Truppenaufklärung existierte damals noch nicht.

In der Aufklärungskompanie 8 traf ich auf den strengen Kompaniechef Oberleutnant Alfred Müller, dessen Planstelle später Hauptmann Gerber übernahm. Der jeweilige Kompaniechef wurde durch seinen Stellvertreter für Technik und Ausrüstung, Oberleutnant Däbritz, unterstützt.

Nach und nach erhielt ich das Verständnis für Struktur und Bestimmung der AK-8. Mir fiel die Führung des kampfstärkeren SPW-Zuges zu. Um der militärischen Bestimmung der Einheit gerecht zu werden, war der Ausbildungsprozess darauf ausgerichtet, die Angehörigen der Kompanie zu befähigen, in einem möglichen Krieg den Gegner im taktischen Bereich aufzuklären, um dem Divisionskommandeur die für den zweckmäßigsten Einsatz seiner Truppenteile und Bekämpfungsmittel benötigten Angaben und Koordinaten zu melden. Insofern entsprach die Aufgabenerfüllung der Sicherstellung des Gefechts. Die SPW-Kommandanten meines Zuges erwiesen sich als zuverlässige Unterstellte und befähigte Ausbilder. Die meisten von ihnen hatten sich nach dem Abitur für eine dreijährige Dienstzeit verpflichtet in der Gewissheit, dass der Staat ihnen als Gegenleistung einen Studienplatz an zivilen Hochschulen garantiert. Auch die Soldaten verfügten über einen guten Bildungsstand, was besonders nach der Einführung der Wehrpflicht im Jahre 1962 spürbar wurde.

Von der Kompanie sollten verschiedene Aufklärungsorgane gebildet werden, die je nach ihrer spezifischen Aufgabe und Kampfstärke mit Beobachtungsposten, Stoßtrupp, Spähtrupp, Aufklärungstrupp oder Selbstständiger Aufklärungstrupp (SAT) bezeichnet wurden.

Für die gepanzerten Organe waren Einsatztiefen von 30 bis 50 km vorgesehen. Nach dem Eindringen in die Gruppierung des Gegners bestand ihre Hauptaufgabe darin, feindliche Kernwaffeneinheiten, Artilleriestellungen, Panzerabwehrriegel, Führungspunkte, Kolonnen und rückwärtige Einrichtungen aufzuspüren und deren Koordinaten an den eigenen Stab zu melden. Bei günstigen Lagebedingungen sollten bestimmte Objekte sogar bekämpft werden.

Eine erfolgreiche Anwendung risikoreicher Aufklärungsmethoden wie Überfall und Hinterhalt zum Einbringen von Gefangenen und Erbeuten von Gefechtsdokumenten erforderte eine besonders hohe physische und psychische Belastbarkeit der Aufklärer. Sie mussten ihre Bewaffnung, Aufklärungsmittel und Funkgeräte perfekt beherrschen, Meister im Tarnen und Täuschen sein, einen hohen Grad der Nahkampfbefähigung erwerben und im Hinterland des Gegners die Selbstversorgung mit Nahrungsmitteln aus der Natur sicherstellen können. Einen beachtlichen Zeitaufwand erforderte das Vertrautmachen mit den Strukturen und Einsatzgrundsätzen des wahrscheinlichen Gegners, insbesondere mit den Erkennungsmerkmalen der Hauptarten seiner Bewaffnung. Zu den Voraussetzungen für eine erfolgreiche Durchführung von Gefechtsaufgaben im Feindesland gehörte selbstredend auch ein außergewöhnlich hoher politisch-moralischer Zustand der Aufklärungseinheiten.

1965:

a: Die Aufklärungskompanie 8 auf dem TÜP Klietz, am Trittsee

Der Schwimmpanzer PT-76 stärkte die Beweglichkeit und Feuerkraft der Aufklärer.

Der schwimmfähige SPW-40 P hatte im Februar 1962 den SPW-40 abgelöst. Der SPW-40 P bot nicht nur besseren Schutz für die Besatzung als der oben offene SPW-40, er konnte auch ohne Vorbereitung stehende und fließende Wasserhindernisse überwinden und gleichzeitig mit dem MG Ziele bekämpfen. Das erforderte nun im Rahmen der Gefechtsausbildung auch eine Wasserfahrtausbildung, sowohl für das Überwinden von stehenden wie fließenden Gewässern. Das galt bisher nur für den PT-76. Die Panzerung schützte gegen 7.62 mm NATO Munition. Der SPW hatte vier zusätzliche absenkbare Räder, mit denen er Gräben von 1,2 m überwinden konnte und besaß eine Kletterfähigkeit von 40 cm. Die Motorgeräusche waren auch bei der Wasserfahrt sehr gering. Seine Reichweite betrug 500 km.

Oberst a. D. Werner Thomas berichtet weiter:

„Gleich im ersten Jahr meiner Stern Buchholzer Zugführerzeit erlebte ich ein Winterfeldlager, mit Gefechtsausbildung unter Frost- und Schneebedingungen. Dabei ließen sich einige Taktikthemen entschieden leichter als im Sommer durchführen, weil beim Manövrieren mit den gepanzerten Fahrzeugen auf den knochenhart gefrorenen Äckern und Weideflächen kaum Flurschaden zu erwarten war. Nach der Ausbildung übernachteten wir meistens in den Gefechtsfahrzeugen, aber auch in selbst gebauten Erdbunkern, deren Größe die Unterbringung eines Zuges gewährleistete. Sie waren mit Stangenholz und Rasenbatzen abgedeckt und auf der Schlaffläche wurden Kiefernzweige und Zeltbahnen ausgebreitet. Zu der Zeit war es bitterkalt, die eigentlich zu erwartende Romantik des Partisanenlebens wollte sich nicht so recht einstellen. Bei Nacht im unbeheizten Bunker bedeckten wir den bibbernden Körper mit allen verfügbaren Decken, sogar mit der zur Schutzausrüstung gehörenden Plane aus Kunststofffolie. Auch Tags mussten wir beachtliche Kältegrade erdulden. Während der Ausbildungsfahrten durch die verschneiten Mecklenburger Lande setzten die Kommandanten der Fahrzeuge manchmal freiwillig die sonst so verhasste Schutzmaske auf, denn die Pflicht zur Beobach-

tung in der Bewegung und zur Zeichengebung per Flaggensatz zwang sie dazu, den Kopf dauerhaft aus ihrer Fahrzeugluke zu halten. Insofern schützte der aufgesetzte Schnuppersack vor dem lausig kalten Fahrtwind und somit auch vor der Bildung von Eiszapfen unter der Nase.

Zum Abschluss dieses Winterlagers fand eine Kompanieübung statt, die bedauerlicherweise mit einem Unglück beendet wurde. Unsere AK-8 durchfuhr bei Tageslicht auf dem Rückmarsch eine kleine Ortschaft bei Hagenow. Als Kommandant des Spitzenfahrzeuges hatte ich rechtzeitig das Marschtempo gedrosselt, weil die genutzte Dorfstraße stark vereist war. Hinter mir rollte die Kolonne der anderen SPW, den Abschluss bildete der Panzerzug. Die Dorfbewohner zollten uns, den Krachmachern, sofort entsprechende Aufmerksamkeit. Im Vorbeifahren erkannte ich zwei ältere Leute, ein verhutzeltes Männchen und eine Frau, die vor der Dorfkneipe standen und ihre Sympathie mit den Soldaten durch eifriges Winken bekundeten. Als ich eine Kurve zu durchfahren hatte und meine Aufmerksamkeit auf meine topografische Karte richtete, um den zu wählenden Ortsausgang nicht zu verpassen, ertönte in unserem Funknetz die Meldung „Verkehrsunfall! Mann überfahren!" Augenblicklich befahl der Kompaniechef „Alles halt!". Ich selbst hatte keine Sicht auf den Unfallort, an dem die erste Hilfe geleistet wurde. Kurze Zeit später erfuhr ich von dem Hergang des Unglücks. Der freundliche Kneipenliebhaber hatte offensichtlich seine Winkerei entlang der gesamten Kolonne fortgesetzt und war, als ein Schwimmpanzer an ihm vorbeirasselte, auf dem vereisten Boden ausgerutscht, wobei er in die rollende Kette des Fahrzeuges geraten war. Er hatte ein Bein eingebüßt und das Bewusstsein verloren, weshalb er schnellstens mit einem unserer Fahrzeuge in das nächstliegende Krankenhaus transportiert wurde. Die an der Bergung beteiligten Panzermänner erzählten, dass die zum Schwerverletzten gehörende Frau gar nicht geweint oder lamentiert hätte, im Gegenteil, der Verunglückte wäre sogar beschimpft worden: „Dat haste nu davon, du oller Suffkopp!"

a-b: Die Aufklärungsgruppe von Burkhard Heise bei einer Rast zum Panzerschießen auf dem Truppenübungsplatz Lübtheen: Besener, König, Wetzel, Konau

1964:

c-d: Die Besatzung der „Langen" vor ihrem PT-76 (genannt „Pitti")! links: Klaus Kellermann

Oberst a. D. Werner Thomas berichtet:

„Alle Aufklärungsfahrzeuge waren zum eigenständigen Überwinden von Wasserhindernissen geeignet. Der Schwimmpanzerzug garantierte den meist im gemischten Bestand handelnden Aufklärungsorganen eine beachtliche Feuerkraft, denn wir Aufklärer sollten keinesfalls ausschließlich durch die Gegend schleichen, sondern bei günstiger Gelegenheit auch wichtige Objekte des Gegners in seinem taktischen Hinterland zerstören. Unsere SPW verfügten über weitreichende Maschinengewehre, die Aufklärer wurden mit der zuverlässigen Maschinenpistole Kalaschnikow ausgerüstet, einzelne auch mit einem Scharfschützengewehr und einer reaktiven Panzerbüchse. Ungeachtet dieser Vorteile blieb eine der wichtigsten Komponenten der Effektivität der Truppenaufklärung unterbelichtet – die Aufklärungsmittel gewährleisteten nicht die Erfüllung der gestellten Aufgaben bei Nacht und genügten auch keinesfalls den Anforderungen an die Genauigkeit der einzubringenden Koordinaten. Wohl oder übel mussten wir damit zufrieden sein, den Gegner mit unseren Ferngläsern zu erspähen, wonach je nach Notwendigkeit die Koordinaten festgestellter Objekte durch einen „Karte-Gelände-Vergleich" ermittelt wurden. Als Bereicherung von Art und Zahl der Aufklärungsmittel galten lediglich die Infrarotscheinwerfer für die Fahrer der Gefechtsfahrzeuge, ein handliches Mini-Gerät zum Entdecken feindlicher Infrarot-Quellen und ein kleines Horchgerät zum Belauschen von Gesprächen des Gegners in seinen Feldkabelnetzen."

Der Zug von Frank Hinzpeter bei der Ausbildung, damals im Fleckentarnanzug.

Vor Einführung des gefleckten Kampfanzuges in der NVA nutzten die Aufklärer bereits einen ähnlichen Anzug für ihre Aufgaben.Einsätze als

Aufklärungstrupp zogen sich oftmals über längere Zeiträume hin. Ruhe- und Versorgungspausen dienten der nötigen Kräftesammlung. Neben ausreichend Munition und Kraftstoff durften die Aufklärer auch nicht vergessen, das Nötige an Nahrungsmitteln mitzuführen. Eine zentralisierte Essensversorgung ließ sich nur in wenigen Fällen sicherstellen. Kaltverpflegung, Konserven und Getränke sollten daher an Bord sein. Manches wärmte man im Kochgeschirr per Trockenspiritus oder an einem kleinen Feuer auf.

Oberst a. D. Werner Thomas berichtet:

„In meiner Stern Buchholzer Dienstzeit wurde ich mit den Anfängen der Fernaufklärung vertraut gemacht. Aus den Kommandanten und Aufklärern meines Zuges mussten drei „nichtstrukturmäßige Aufklärungsgruppen für Handlungen im Hinterland des Gegners" gebildet werden. Sie erhielten in späteren Jahren die Bezeichnung Fernaufklärungsgruppen (FAG), weil sie in der Ferne wirksam werden sollten, in Tiefen von 50-80 km. Ihre Bestimmung bestand darin, zu Fuß in die Tiefe der Gruppierung des Gegners einzusickern oder per Hubschrauber den befohlenen Einsatzraum zu erreichen, dort vermutete oder neu auftauchende wichtige Objekte des Gegners aufzuspüren und deren Koordinaten mittels eines Kurzwellensenders zu melden.

Auch die Erfüllung von Diversionsaufgaben war vorgesehen. Da diese Gruppen über nur fünf Mann verfügten und keine wirksame Feuerkraft besaßen, kam es in der Gefechtsausbildung zu einigen Veränderungen: der Anteil der Nachtausbildungen erhöhte sich, die lautlosen und getarnten Handlungen gewannen an Gewicht, die Nahkampfbefähigung der Aufklärer wurde intensiviert, die Anforderungen an die psychische und physische Belastbarkeit stiegen erheblich an. Wir ahnten, dass unsere höheren Vorgesetzten sich bei der Erarbeitung der zusätzlichen Ausbildungsprogramme an den strukturmäßigen Rangereinheiten der westlichen Armeen orientiert hatten und somit von den Fernaufklärungsgruppen eine ähnliche Kampfbefähigung erwarteten. Um unsere „Hinterländler" auf die Erfüllung ihrer risikoreichen Gefechtsaufgaben vorzubereiten, übten wir relativ gefährliche Ausbildungselemente. Als Mutprobe überquerten wir oft Schluchten und Flüsse durch Hangeln an gespannten Seilen. Beim Überrollenlassen durch einen Panzer zu ebener Erde spürte man das Beben des Bodens und erduldete das gefährlich nahe Rasseln und Quietschen der Ketten nur mit Widerwillen, und es kostete jedem Aufklärer, also auch mich, eine gehörige Portion Überwindung, mit einer Hechtrolle über eine Stacheldrahtsperre zu springen.

In begrenztem Maße lehrten wir den Fernaufklärern auch das Verlegen von Minen auf Marschwegen des Gegners, das Anbringen von Sprengladungen an Eisenbahnlinien und Brücken sowie die Anwendung bestimmter Diversionsmethoden zur Zerstörung von Kampftechnik und Nachrichtenmitteln des Gegners.

Da der Einsatz dieser Gruppen im Hinterland des Gegners für bis zu fünf Tage vorgesehen war, gestaltete sich deren Ernährung zu einem Problem, das wir zu entschärfen hofften, indem wir die Aufklärer in der Nutzung von Gaben der Natur ausbildeten. Das betraf die Wassergewinnung, die Verwendung verschiedener Pflanzen als Nahrung und Tee-Ersatz, das Suchen von Vogeleiern, das Erbeuten von Wild mittels Fallen und Schlingen, auch das Sammeln essbarer Pilze und das Angeln von Fischen.

Zur Überlebensstrategie im Hinterland des Gegners gehörte auch das Anlegen eines gedeckten Lagers. Diese „Basis" war zum Verstecken von Kampfmitteln und Ausrüstung gedacht und sollte die Pflege von Verwundeten und das Ausruhen der Aufklärer gewährleisten. Es war der Leiter Aufklärung der Division persönlich, der mir und meinen Aufklärern eine praktische Unterweisung zuteil werden ließ, in deren Verlauf eine unterirdische Basis in Form eines Holzbunkers entstand. Als wir die Frage aufwarfen, woher wir denn im Hinterland des Gegners eigentlich Schrotsägen, Äxte und Rödeldraht herbekommen, wurde uns erklärt, dass dieser Basistyp nur dann gebaut wird, wenn ein Einbruch des Gegners in die Tiefe des eigenen Territoriums erwartet wird. Die Aufklärer befinden sich gemäß der Planung des Leiters Aufklärung im getarnten Bunker, lassen sich absichtlich von den feindlichen Kampftruppen überrollen und beginnen erst danach mit der Erfüllung der ihnen gestellten Aufklärungs- und Diversionsaufgaben. Im Raben Steinfelder Wald fällten wir – sicherlich ohne Genehmigung des Forstamtes – einige stramme Kiefern, deren Stämme uns als Stempel und Balken dienten. Dann wurde eine ausgehobene Grube abgedeckt und mit den zuvor abgeschälten Soden des Waldbodens getarnt. Über dem Bunkerzugang lag eine ebenfalls mit Grasbatzen unkenntlich gemachte Klappe. Nachdem unser kollektiver Waldfrevel vollendet war, äußerte der Stabsoffizier seine tiefste Zufriedenheit: „Jungens, das Ding ist gut geworden, die Abdeckung hält was aus, da kann sogar ein Panzer rüberrollen!"

a-b: Wasserfahrausbildung von SPW-40P und Schwimmpanzer PT-76

Handelte im Rahmen einer gemischten Aufklärungsgruppe vorher der schwimmfähige Panzer PT-76 gemeinsam mit dem nichtschwimmfähigen SPW-40, so schränkte das ihr gemeinsames Handeln ein. Die Einführung des SPW-40P löste dieses Problem. Somit erweiterten sich auch die Einsatzgrundsätze und -möglichkeiten für die Truppenaufklärung.

Oberst a. D. Werner Thomas berichtet weiter:

„Weitaus gemütlicher als in der Winterzeit ließ sich die Gefechtsausbildung im Sommer durchführen. Einen besonderen Höhepunkt schufen unsere Vorgesetzten aus dem Divisionsstab, indem sie in einem Waldgebiet bei Crivitz ein Feldlager der Aufklärungseinheiten organisierten, in dessen Verlauf sehr abwechslungsreiche Ausbildungen erfolgen konnten. Ausgiebig nutzten wir das relativ unbekannte Gelände zur Durchführung von Taktikthemen und langen Topografiemärschen. Dabei passierten schon mal einige krumme Sachen. Während einer Nachtausbildung mit Gefechtstechnik, die bei Sternberg stattfand, hatte ich mich am Stadtrand dermaßen verbiestert, dass plötzlich alle fünf Schützenpanzerwagen meines SAT zwischen riesigen Holzstapeln eines Sägewerks standen. Auf dem Lagerplatz ging es nicht mehr weiter, eine Ausfahrt war nicht auszumachen. Um das unbeabsichtigt eroberte Fabrikgelände wieder zu verlassen, machten sich umständliche Wendemanöver erforderlich. Dabei konnte ich nur von Glück reden, dass wir unter den Bedingungen der Finsternis keine Schäden angerichtet hatten, sonst hätte es möglicherweise noch Regressansprüche gehagelt.

Bei einer weiteren Nachtausbildung passierte mir etwas weitaus Schlimmeres. Ich befand mich mit meinem langsam und leise schleichenden SPW 40-P als Einzelfahrzeug auf einer Kontrollfahrt in der Nähe des Flusses Warnow. Der Landweg war schmal, der Fahrer hatte trotz der eingeschalteten Scheinwerfer große Schwierigkeiten, die Richtung beizubehalten. Beim Erreichen einer Niederung im Wiesengelände überraschte uns zusätzlich eine milchige Nebelwand, was uns zum Fahren mit geringster Geschwindigkeit zwang. Und trotz aller Vorsicht passierte es: Der Fahrer kam vom Weg ab, unser Fahrzeug krängte und rutschte ganz sachte in einen flachen, fast wasserfreien Graben. Uns beiden Insassen war nichts passiert, aber der SPW lag schräg und bewegungslos auf der Seite. Die Haupträder drehten durch, die Zusatzräder ließen sich nicht in ihre Funktionsstellung bringen und das Herausziehen der lahmen Ente mittels der fahrzeugeigenen Spillanlage erwies sich wegen des Fehlens eines Baumes als nicht durchführbar. Ich überlegte gerade, wie lange es dauern würde, wenn ich zu Fuß zum 10 km entfernen Feldlager ginge, um Bergekräfte zu mobilisieren, da hörte ich in der nächtlichen Stille die typischen Motorengeräusche von Schwimmpanzern. Es gab keinen Zweifel, das konnte nur unser Panzerzug sein, der ebenfalls eine Nachtausbildung durchführte. So schwang ich mich an das Funkgerät meines SPW, durchforstete die einschaltbaren Frequenzen, traf auf die mir vertrauten Stimmen unserer Panzerleute und stieg, um meine Notlage zu schildern, in ihr Netz ein. Nach einer knappen halben Stunde hatte ein Schwimmpanzer unsere verfahrene Kiste rückwärts aus dem Sumpfgraben herausgezogen.

Unser Sommerlager war in unmittelbarer Nähe des Barniner Sees eingerichtet, der zur damaligen Zeit noch zur Wasserfahrschule genutzt werden durfte, was uns wenig später aus ökologischen Gründen untersagt wurde. In der Regel mussten nicht nur die Fahrer, sondern auch deren Vorgesetzte an dieser Ausbildung teilnehmen. Und wenn Oberleutnant Däbritz gute Laune hatte, gestattete er mir sogar eine Wasserfahrt mit einem Schwimmpanzer, obwohl mir das nicht zustand, weil ich nur ein SPW-Kommandant war. So nebenbei hatte die Ausbildung am Barniner See noch den besonderen Vorteil, gemeinsam mit meinem Militärkollegen Ewald Schapiewski (Bild) so manchen Fisch fangen zu dürfen. Die Angelei durfte ich von Zeit zu Zeit auch noch an einem weiteren Ausbildungsplatz ausüben."

Schapiewski, Ewald; Diplom-Militärwissenschaftler; HS-Militärpädagoge/-psychologe; Oberstleutnant a. D.; September 1960 - Oktober 1961: Zugführer im Aufklärungsbataillon 8; Oktober 1961 - Oktober 1962: Zugführer eines SPW-Zuges in der Aufklärungskompanie 8 in Schwerin-Stern Buchholz.

Oberst a. D. Werner Thomas berichtet weiter:

„Alljährlich bezog unsere Aufklärungskompanie ein besonderes Feldlager, das wir Wasserlager nannten, weil es zur Ausbildung unserer Besatzungen im Fahren auf fließenden Gewässern diente. Dazu war zeitweilig ein bestimmter Elbabschnitt bei der Ortschaft Billberge unweit des Klietzer Truppenübungsplatzes freigegeben. Auf den Uferwiesen entfalteten wir unser Lager mit Gefechtspark, Ruhezelten und Kücheneinrichtung. Es störte uns wenig, dass die schöne Gegend eigentümlich nach Treibstoff und Schmiermitteln roch, verursacht durch die dauerhafte Nutzung dieses Elbabschnittes für die Ausbildung der Pionier- und Panzertruppenteile der Landstreitkräfte. In der ausbildungsfreien Zeit konnte ich aus der Elbe einige stramme Hechte herausangeln, doch zum Verzehr waren sie kaum geeignet, sie rochen schon in der Bratpfanne nach Chemikalien."

Aus der Chronik des Kommandos des Militärbezirkes V

Lehrvorführung unter der Leitung des Chefs Aufklärung des MB-V

1964, am 15. Januar, wurde eine Lehrvorführung unter Leitung des Chefs Aufklärung des Kommandos des Militärbezirkes V zu folgendem Thema durchgeführt:

„Die Vorbereitung, der Einsatz und die Handlungen der Aufklärungsgruppe im rückwärtigen Gebiet des Gegners bei der Aufklärung und Vernichtung von Raketen-Kernwaffen des Gegners."

Teilnehmer: Alle Aufklärungsoffiziere des MB-V, außer zwei Zugführern je Aufklärungskompanie der Division, Offiziere der Verwaltung Aufklärung des Ministerium für Nationale Verteidigung der DDR, Offiziere des Wachregiments Berlin;

Eine Aufklärungsgruppe der Aufklärungskompanie 8

Die Lehrvorführung hat das gestellte Ziel erreicht. Die Handlungen wurden mit „Gut" eingeschätzt.

a: Die Vielseitigkeit der Ausbildung: Rainer Schumann bei den Scharfschützen in einer Ausbildungspause.

Oberst a. D. Werner Thomas berichtet weiter:

„Einer der wichtigsten Ausbildungszweige war die Schießausbildung. An das Beherrschen der in unserer Kompanie vorhandenen Bewaffnung wurden hohe Anforderungen gestellt. Zur Erfüllung der diesbezüglichen Schulübungen musste ich als Zugführer ebenso befähigt sein wie meine Schützen. Außerdem stand in jedem Ausbildungshalbjahr das Schießen im Bestand der Besatzung und manchmal auch ein Zuggefechtsschießen im Plan. Der Kampf um gute Noten beim Wertungsschießen war uns oft erschwert, weil die Anzahl der Schützen je Waffenkategorie sehr gering ausfiel und die Bewerfungskriterien so hart ausgelegt waren, dass eine Benotung überhaupt erst dann erfolgen konnte, wenn mindestens 70 % der Schützen die Übung erfüllt hatten. Schoss einer von drei der zum Schießen zugelassenen Aufklärer daneben, war es schon passiert – nicht erfüllt! Auch bei der Bewertung der Kompanie ging es bei jeder Schulübung immer um höchstmögliche Ergebnisse. Oft war ein einziger

Schütze das Zünglein an der Waage, manchmal auch in positiver Hinsicht, wie aus folgender Episode ersichtlich wird: Die Aufklärungskompanie 8 hatte auf dem in Kasernennähe befindlichen Schießplatz ein Inspektionsschießen mit der Maschinenpistole mühelos absolviert. Der erfahrene Kontrolloffizier beendete das Ausrechnen des Ergebnisses und teilte dem Kompaniechef mit, dass seine Einheit eine gute Leistung vollbracht hätte, es wäre beinahe ein „Sehr gut" geworden, doch leider müsste dazu noch mindestens ein Schütze antreten und die Note 1 erreichen. Hauptmann Gerber schlug sofort vor: „Wenn Sie gestatten, hole ich noch den Kompaniekoch heran, der stand nicht auf der Liste, weil er in der zentralen Regimentsküche Dienst verrichtet." Der Kontrolloffizier runzelte die Stirn, er glaubte nicht so recht daran, dass ein Koch gut schießen kann, gab aber trotzdem sein Einverständnis. Schnell war der Weißkittel mit einem Jeep herangeholt. Er erhielt eine MPi mit gefülltem Magazin ausgehändigt, watschelte in Küchenbekleidung und Gummistiefeln in die Feuerlinie und putzte ruckzuck die Scheiben weg – Note 1! Der Kompaniechef freute sich satanisch über diesen Handstreich – wieder einmal hatte sich sein Koch als Meisterschütze erwiesen, und insofern war unser Schießen manchmal zum Schießen."

Aus der Chronik des Kommandos des Militärbezirkes V

1964, Schießen der PT-76 vom 23. 3. - 25. 3.:

Das Schießen der 13. Vorbereitungs- und der 6. Schießübung mit Schwimmpanzer wurde vom Stab des MB-V geplant und in der Zeit vorn 23. 3.-25. 3.1964 auf dem Wasserschießplatz Klietz durchgeführt.

Es haben geschossen:

- Kompaniechef und StKCPA der Aufklärungskompanien der Divisionen
- Zugführer des PT-76-Zuges der Divisionen
- Schwimmpanzerkommandanten des 1., 3. Halbjahres und ab 5. Halbjahr in der Dienststellung
- Ladeschützen der PT-76 ab 3. Halbjahr in der Dienstzeit
- Insgesamt schossen 54 Mann.

Leitung des Schießens:	Leiter Aufklärung der jeweils schießenden Division	
Ergebnisse des Schießens der 13. VÜ:	alle 3 Div.:	Note 1
Ergebnisse des Schießens der 6. SchÜ:	1. MSD:	Note 2
	8. MSD:	Note 1
	9. PD:	Note 1

Schwierigkeiten gab es anfangs beim Schießen mit Granaten aus der CSSR, da diese eine geringere Anfangsgeschwindigkeit haben. Es gab keine Erfahrungswerte zur Einstellung der Optik. Der Chef des Stabes des MB-V, Oberst Kunze, ermittelte diese Werte und gab damit die Voraussetzungen zur Erfüllung der Schießübung.

Oberst a. D. Werner Thomas berichtet weiter:

„Die anspruchsvollen Themen der Taktikausbildung, die das Üben des Einsatzes gepanzerter Aufklärungsorgane in der Gefechtsordnung des Gegners erforderten, wurden hauptsächlich auf dem Truppenübungsplatz Lübtheen durchgeführt. Wenn uns die Nutzung des Schießplatzes für mehrere Tage zugebilligt worden war, schlugen wir in der Nähe eines kleinen Sees bei Probst Jesar unser so genanntes Schießlager auf. Wir absolvierten hier die Taktischen Übungen mit Gefechtsschießen, die von höheren Stäben liebend gern in Inspektionsprogramme aufgenommen wurden. Nach der Annäherung an den „Gegner", dargestellt durch ein Scheibenfeld mit Tiefen von bis zu zwei Kilometern, erfolgte das Aufmunitionieren der gepanzerten Fahrzeuge, die dann auf Befehl in die Feuerlinie rollten. Die Schwimmpanzer und SPW entfalteten sich zur Linie, stürmten los und bekämpften die Scheiben mit ihrer Bordbewaffnung in der Bewegung oder aus dem kurzen Halt. Allgemeines Getöse und Motorengeräusche, Ballerei und Pulverdampf sowie ein gesteigertes Kreischen von Befehlen und

Meldungen im Funknetz des schießenden Aufklärungsorgans waren die beherrschenden Eindrücke dieser Übungsetappe, die derjenige, der sie miterlebt hat, so schnell nicht vergessen kann. Für den handelnden Zugführer, den Kommandeur des schießenden SAT, war neben der Bekämpfung des „Gegners" auch die Beobachtung und Korrektur der eigenen Gefechtsordnung von Bedeutung, da ein Vorauspreschen oder Zurückbleiben einzelner Gefechtsfahrzeuge eine erhebliche Gefährdung von Mensch und Technik durch zufälligen Beschuss darstellten.

Aus der Chronik des Kommandos des Militärbezirkes V

Kontrolle der Gefechtsausbildung in der 8. MSD

1964 Zeit: 28. 5. - 6. 6.; Ort: 8. MSD; Leiter der Kontrollgruppe: Generalmajor Bleck; Teilnehmer: 75 Offiziere des Stabes des MB-V

Überprüft wurden u. a. folgende Einheiten: Stab 8. MSD, MSR-28, PR-8, FA-8, PiB-8, NB 8, KChA-8, **Aufkl.-Kp.-8**, sAA-8

Ziel der Kontrolle

Überprüfung des Standes der Organisation und. Vorbereitung der Gefechtsausbildung für das 2. Ausbildungshalbjahr 1963/64, der Gefechtsbereitschaft und des organisierten Beginns des Ausbildungshalbjahres.

Schwerpunkte der Kontrolle:

- Planung der politisch-ideologischen Arbeit
- Einflussnahme der Parteiorganisationen auf die Durchführung der Gefechtsausbildung
- Mobilisierung der Partei- und FDJ-Organisationen und der Armeeangehörigen zur Verwirklichung der Wettbewerbsprogramme zu Ehren des 15. Jahrestages der DDR
- Planung der Gefechtsausbildung
- Einflussnahme der Kommandeure und Stäbe auf die Gefechtsausbildung
- Zustand der Kampftechnik
- Organisation, Vorbereitung und Durchführung des Systems der Weiterbildung der Offiziere

Ergebnis der Kontrolle:

Die Organisation und. Durchführung der politischen und Gefechtsausbildung, der Zustand. der Technik und der Stand der Gefechtsbereitschaft wurden entsprechend dem Zeitpunkt (Beginn des 2. Halbjahres) mit „befriedigend" eingeschätzt.

Oberst a. D. Werner Thomas berichtet weiter:

„Wir Truppenaufklärer mussten in jener Zeit spezielle Schießübungen erfüllen, bei denen unsere Waffen von Bord des schwimmenden Fahrzeugs zum Einsatz kamen. Dazu verlegten wir einmal im Ausbildungshalbjahr im Eisenbahntransport an den Rand des Truppenübungsplatzes Klietz. An dem für den Wasser-Schießbetrieb freigegebenen Trittsee in der Nähe der Ortschaft Steckelsdorf errichteten wir inmitten eines Waldstückes und dicht am Seeufer ein zünftiges Feldlager, um im Verlaufe einer Woche den Schießbetrieb durchzuführen und nebenbei verschiedene Ausbildungsthemen abzuarbeiten.

Die Scheibenfelder befanden sich am gegenüberliegenden Ufer, einige davon im 200 m entfernten Uferbereich, einige Ziele, bestimmt für die Bekämpfung mit MG und Panzerkanone, waren in größerer Entfernung auf einer leicht ansteigenden, baumfreien Geländefläche aufgebaut oder zum Auftauchen vorbereitet. In der Schussrichtung gab es eine Besonderheit: quer durch das Scheibenfeld führte eine öffentliche Ortsverbindungsstraße. Durch das Schließen vorhandener Schlagbäume sollte dieser Abschnitt während des Schießens eigentlich für die übliche verkehrsmäßige Nutzung gesperrt sein. Einmal kam es jedoch zu einer empfindlichen Panne, in deren Folge ich beinahe zu einem Mittäter beim Vernichten lebender Ziele geworden wäre. An einem Schießtag handelte ich als Aufsichtshabender beim Schützen. Bei einem der Rennen näherte sich unser SPW schwimmend der festgelegten

Feuerlinie, die Scheiben tauchten auf und der Schütze bekämpfte sie mit kurzen Feuerstößen. Dabei überstrichen deutlich erkennbare Leuchtspurgeschosse mit rasanter Flugbahn den heiklen Straßenabschnitt in einer Entfernung von knapp 150 Metern. Plötzlich erreichte ungewöhnlich lautes Geschrei mein Ohr, und als ich mich kurz umdrehte, sah ich einige in Turmnähe stehende Aufklärer heftig gestikulieren und auf das gegenüberliegende Ufer zeigen. Ich folgte der Richtungsanzeige und war erschrocken: Ein handelsüblicher PkW stand auf der Straße, direkt vor unserer Nase. Aus ihm hopsten gerade einige Männer heraus und verschwanden im Straßengraben. Sofort verbot ich dem Schützen das Schießen und fast zeitgleich ertönte über die Lautsprecheranlage des Leitturmes mehrmals das Kommando „Feuer halt!". Selbstverständlich war ich äußerst beunruhigt, denn die Wahrscheinlichkeit, dass die PkW- Insassen durch Beschuss verletzt oder gar getötet worden seien, war unermesslich groß. Wie sich später herausstellte, hatten die Zivilisten bei Erreichen des Trittsees die Gefahr erkannt, ihr Fahrzeug gestoppt und schleunigst eine Deckung aufgesucht. Alle waren unverletzt, sogar ihr Gefährt blieb verschont, so dass eine protokollarische Trefferaufnahme nicht erforderlich wurde."

Aus der Chronik des MB-V: Schießen der 6. Übung mit dem PT-76 vom Wasser

1964 Zeit: 14.-16. 9.; Ort: Klietz (Trittsee)

Einschätzung: Die Organisation und der Ablauf des Schießens entsprachen den Vorschriften und wurden durch den Chef Aufklärung des MB-V mit „Gut" eingeschätzt.

Die Schießergebnisse lauten:

1. MSD: Note „3"; **8. MSD: Note „2"**; 9: PD: Note „2"; MB-V insgesamt Note „2"

Die Technik des Schießens wird nicht voll beherrscht. Die Ruhe und Überlegenheit ist zu wenig ausgeprägt. Teilweise fehlt die Geschlossenheit der Besatzungen.

Schießausbildung der Aufklärungseinheiten

Das Schießen der Aufklärungseinheiten war ungenügend.

Im 2. Halbjahr erfüllten die Einheiten die Schießübungen 2 a nur mit 73 % und die Schießübung 3 b nur mit 60 %.

Den größten Anteil an dieser Nichterfüllung haben die Aufklärungseinheiten der 8. MSD.

Oberst a. D. Werner Thomas berichtet weiter:

„Bei Divisionsübungen wurden aus dem Bestand unserer Kompanie in Übereinstimmung mit den Einsatzgrundsätzen bestimmte Aufklärungsorgane gebildet, die vom Leiter Aufklärung der Division direkt geführt wurden. Mein Zug handelte dabei am häufigsten als SAT, der die gestellten Aufklärungsaufgaben auf den weiträumigen Truppenübungsplätzen Wittstock, Klietz und Letzlinger Heide zu erfüllen hatte. In der Regel musste dabei auch der Strom Elbe aufgeklärt und überwunden werden.

Diese Übungshandlungen mit einer Dauer von einigen Tagen erforderten den vollen Einsatz von Personal und Technik. Es galt, den erreichten Ausbildungsstand unter Beweis zu stellen. Das Besondere bestand darin, dass wir auf den Truppenübungsplätzen nicht mehr nur gegen einzelne Fahrzeuge einer selbst organisierten Gegnerdarstellung handelten, sondern komplette Regimenter als Übungsgegner vor der Nase hatten. Bei allzu frecher Annäherung hätte man uns eventuell gefangen genommen oder mit dem Segen eines beim „Gegner" eingesetzten Schiedsrichters als „vernichtet" gemeldet. Manchmal ergaben sich echte Gefahrensituationen, an die man nicht gern erinnert werden mag. Als einmal mein SAT bereits in die Gefechtsordnung eines zur Verteidigung übergegangenen Übungsgegners eingedrungen war und über einen kahlen Geländeabschnitt preschte, bemerkte ich rechts und links vom genutzten Sandweg bunte Trassierbänder und auffällig große Teppiche seltsamer Päckchen, die miteinander durch dünne Drähte verkabelt waren. Als „Ziviler Sprengmeister" erkannte ich sofort: Wir befinden uns inmitten eines zur Zündung vorbereiteten Imitationsfeldes für Artillerieeinschläge! Die Gefahr bestand darin, dass just der Zeitpunkt für die Imitation einer geplan-

ten Artillerievorbereitung herangereift war und alle hier verlegten Sprengladungen durch ein neutrales Imitationskommando zur Darstellung von Sperrfeuer oder Feuerwalzen ferngezündet werden konnten. Außerdem befürchtete ich das Überrollen der Ladungen durch einen unserer SPW, wobei durch Quetschung der Zündkapsel eine Detonation erfolgt wäre. Deshalb wies ich sofort meine Kommandanten über Funk an, unbedingt auf dem Sandweg zu verbleiben, bei einem kurzen Halt das Fahrwerk auf eventuell mitgeschleifte Zünddrähte und Sprengladungen zu kontrollieren und danach mit gebotener Vorsicht zu wenden. Glücklicherweise war niemand von uns gefährdet worden, und als wir erkannten, dass aus der Ferne ein Jeep auf uns zugerast kam, traten wir schleunigst den Rückzug aus der gewählten Aufklärungsrichtung an.

Bei Einbeziehung unserer AK-8 in die Durchführung von Divisionsübungen konnten die Zugführer und Besatzungen ihren guten Ausbildungsstand nachweisen. Relativ einfach gelang uns das bei Beobachtungshandlungen. Dabei mussten wir die Lage des Übungsgegners an der angenommenen Staatsgrenze oder am bezogenen vorderen Rand der Verteidigung aufklären und in einem Schema dokumentieren. Entschieden schwieriger ließ sich der Nachweis der taktischen Reife erbringen, wenn die Anwendung der dynamischen Aufklärungsmethoden abverlangt wurde. Bei einem Manöver, das auf dem Truppenübungsplatz Letzlinger Heide begann, sollte unsere Division einen sich verteidigenden Gegner angreifen. In der Vorbereitungsphase setzte der Leiter Aufklärung, Oberstleutnant Kahsnitz, einige seiner verfügbaren Kräfte zur Beobachtung am vorderen Rand ein. Mein SAT allerdings erhielt die Aufgabe, noch vor Angriffsbeginn in die Tiefe der Verteidigungsstellungen des Gegners einzudringen und dessen Gefechtsordnung aufzuklären. Wie ich dorthin gelangen könnte, war meinem Chef ziemlich egal, aber es war bei Tageslicht völlig ausgeschlossen, die eigenen Truppen am vorderen Rand in Kolonne zu verlassen und durch die gegenüberliegenden feindlichen Kompaniestützpunkte durchzuschlüpfen. Deshalb entschloss ich mich zum leichten Mogeln und fuhr mit meinen fünf SPW-40P außerhalb des Übungsplatzgeländes seitlich an den Gegner heran. Die Waldschneisen, die zum eigentlichen Übungsgelände führten, waren allerdings durch Schlagbäume gesperrt, die wir gewaltsam öffneten und nach dem Passieren wieder schlossen. Als das geschafft war, zuckelten wir auf einem Waldweg entlang, der an die Flanke der Verteidigungsgruppierung des aufzuklärenden Regiments führte. Da meldete der Kommandant des Spitzenfahrzeuges ein sich näherndes Objekt, ein Motorrad. Ich erkannte es ebenfalls: in einer Entfernung von etwa 300 m kommt ein Kradmelder langsam und allein auf uns zu. Sofort gab ich in unserem Funknetz das Tarnwort für das Anlegen eines Sofort-Hinterhalts durch, worauf alle Fahrzeuge augenblicklich den Waldweg verließen und rückwärts in Deckung fuhren. Als der arglose Melder den Platz unseres Hinterhalts erreicht hatte, klemmten ihn zwei aus dem Gebüsch herausrollende SPW ein. Er wusste wohl gar nicht, wie ihm geschah, als er von meinen abgesessenen Aufklärern gepackt und vom Weg gezerrt wurde. Nach der Räumung des Überfallplatzes begann ich mit dem Gefangenenverhör. Der fremde Feldwebel bockte rum und sagte uns nicht einmal seinen Namen, geschweige denn seine Zugehörigkeit zu einem Stab oder Truppenteil. Er verschwieg uns auch seinen Auftrag. Wir behandelten ihn anständig, verzichteten sogar auf das übliche Fesseln, setzten ihn aber unter Bewachung an einen Baum. Beim Durchsuchen seiner Kartentasche fand ich ein Schema der Verteidigung eines Regiments, das ein „gefundenes Fressen" darstellte, denn es enthielt all das, was wir eigentlich aufklären und melden sollten: Minenfelder, Kompaniestützpunkte, Artilleriestellungen, Panzerabwehrreserve, Gefechtsstände und sogar den geplanten Entfaltungsabschnitt für die zum Gegenangriff vorgesehenen Kräfte. Ich frohlockte.

Doch so vorteilhaft das Pergament auch sein mochte, sein Maßstab stimmte nicht mit dem der von mir genutzten Führungskarte überein. Außerdem hätte die Vielzahl der Angaben das Abfassen eines getarnten Funkspruches erschwert. Daher übermittelte ich meinem Vorgesetzten eine Meldung, die nur aus drei Buchstabengruppen der gültigen Tarntafel bestand: „Eigener Standpunkt (Koordinaten)/Gefangenen eingebracht/Dokument erbeutet". Der Chef antwortete ungetarnt und sinngemäß, ich solle sofort alles zu ihm bringen, er befände sich immer noch an dem Ort, an dem er mir zuvor die Aufgabe gestellt hatte. Jetzt tat sich ein neues Problem auf: Was mache ich eigentlich mit dem Gefangenen und seinem Motorrad? Ihn freizulassen, kam nicht in Frage, er wäre höchstwahrscheinlich viel schneller bei seiner Truppe eingetroffen als wir bei unserem Vorgesetzten, er könnte unter Umständen sogar eine Hatz auf uns auslösen. Ihn an einen Baum binden und einfach abhauen? Das wäre unverantwortlich gewesen, denn im gefesselten Zustand kann niemand freche Wildschweine abwehren und auch nicht auf humane Weise seine Notdurft verrichten. Daher forderte ich den sturen Feldwebel auf, im Bestand unserer Kolonne mitzufahren. Das lehnte er ab. Vielleicht freute er sich im Stillen über unsere Ratlosigkeit: Sollen diese Hornochsen doch sehen, was sie sich mit mir eingehandelt haben. Ein guter Einfall rettete schließlich die Situation. Uns fiel auf, dass der Kradfahrer ohne Maschinenpistole dahergekommen war, also müsste er eigentlich eine Pistole besitzen. Wir fanden die Waffe in einer Innentasche seines Kampfanzuges und damit war sein Widerstand gebrochen. Er erklärte jetzt glaubhaft sein Einverständnis zum Mitfahren, weil seine Pistole Makarow als Pfand in meiner Hand war, und bei den in der NVA herrschenden strengen Sitten bezüglich des Waffenverlustes wäre der Bockbeinige bei seinen Vorgesetzten in beträchtliche Erklärungsnot geraten. Die Rückkehr meines SAT erfolgte ohne Komplikationen auf dem uns bereits bekannten Waldweg. Der Leiter Aufklärung erhielt unser außerordentlich wertvolles Beutedokument ausgehändigt, und der Feldwebel nebst Pistole und Krad wurde einem Vertreter des Leitungsstabes übereignet.

Bei einer anderen Übung handelte mein SAT bereits in der Tiefe des Truppenübungsplatzes. Die Aufgabe bestand im Aufklären der Lage gegnerischer Reserven. Wir hatten schon mehrmals stärkeren Kräften ausweichen müssen, weshalb ich mich entschloss, zeitweilig einen gut geeigneten Verkehrsweg am Rande des Übungsraumes zu nutzen. Bei vorteilhafter Fernsicht preschten wir jetzt auf einer Landstraße dahin, die von Bäumen und Gräben gesäumt war. Plötzlich kamen Fahrzeuge auf uns zu, doch konnte ich zweifelsfrei erkennen, dass es sich lediglich um zwei Jeeps handelte, die natürlich gegen unsere fünf SPW nichts ausrichten könnten. Kurz entschlossen gab ich über Funk das Tarnwort für das Anlegen eines Hinterhalts aus der Bewegung durch. In solch einem Fall bedurfte es keiner weiteren Aufgabenstellung, alle Kommandanten wussten über die Abfolge der Handlungen bestens Bescheid: die feindlichen Fahrzeuge auf unserer Höhe blockieren, Gefangene einbringen, Dokumente erbeuten, Ort des Hinterhalts schnellstens verlassen. So erhoffte ich es. Unser Spitzenfahrzeug ließ die zwei Fahrzeuge, die zu unserem Vorteil ohne großen Abstand zueinander fuhren, unangetastet passieren, stoppte, stieß zurück und stellte sich quer über die Landstraße. Mein letztes Fahrzeug fuhr dem Gegner direkt vor die Schnauze und drohte mit dem Maschinengewehr. Dadurch waren die zwei Jeeps manövrierunfähig geworden, denn ein seitliches Entkommen wurde durch den Straßengraben und meine übrigen SPW verhindert. Aus ihnen sprangen gerade die Aufklärer heraus, um die Insassen gefangen zu nehmen. Doch jetzt sah ich mich leider gezwungen, über Funk und auch durch laute Rufe „Aufsitzen!" die ganze Aktion abzublasen. Ich hatte nämlich schon vor dem Bremsen erkannt, dass sich an dem Jeep und auch an dem an zweiter Stelle fahrenden Funktrupp die Kennzeichnung als „Leitungsstab" befand, und die derart Gekennzeichneten waren für alle Übungsteilnehmer unantastbar. Neben dem Fahrer des ersten Fahrzeuges hockte sogar ein Generalmajor. Ich fühlte mich jedoch nicht dazu verpflichtet, abzusitzen und mich bei ihm wegen der Bedrohung zu entschuldigen, im Gegenteil, wir verließen mit Volldampf den Platz der Belästigung. Bei diesem unvollendeten Hinterhalt hatte möglicherweise der höchste Mann des Leitungsstabes, der zum Ministerium gehörende Chef der Hauptverwaltung Ausbildung kurzzeitig in die Mündungen der Waffen von Truppenaufklärern schauen müssen. Und ich bedauerte noch eine ganze Weile dessen Tabu-Status, denn ein gefangener General wäre für Oberstleutnant Kahsnitz abermals ein gefundenes Fressen gewesen, gewissermaßen eine Delikatesse.

Aus der Vielfalt der Anforderungen, die bei Übungen an unsere Handlungsfähigkeit gestellt wurden, ist mir ein Übersetzen über die Elbe gut in Erinnerung geblieben. Die Aufgabe meines SAT, der bisher in der Aufklärungsreserve gehandelt hatte, bestand darin, gemeinsam mit den Kampftruppen der Division über eine bereits durch Vorauskräfte errichtete Pontonbrücke auf das andere Ufer der Elbe zu gelangen, um danach den Gegner in seiner taktischen Tiefe aufzuklären.

Das Einfädeln in die stehenden Kolonnen war gelungen, es begann das Warten im Vorgelände der Übersetzstelle. Und das zog sich hin, es war kein Vorwärtskommen. In dieser Situation packte mich der Ehrgeiz, und ich entschloss mich zum Überwinden des Wasserhindernisses aus eigener Kraft, schließlich waren unsere Fahrzeuge schwimmfähig und alle SPW-Fahrer schon ausreichend gut im Überwinden fließender Gewässer ausgebildet. Dazu führte ich den SAT aus dem Stau heraus und fuhr abseits der befohlenen Marschstraße an einen von mir ausgewählten Abschnitt der Elbe. Dort machten wir uns mit den Bedingungen des Übersetzens vertraut, die allerdings nicht die besten waren, weil die Elbe ungewöhnlich wenig Wasser führte. Erfahrungsgemäß stellte das eine erhebliche Gefahr für das Gelingen meines Vorhabens dar: die Fahrzeuge könnten sich schon beim Hineinfahren in die Elbe in vorhandenen Schlammfeldern festfahren. Das Befahren der hohen, steinigen Buhnen war wegen der Gefahr des Umstürzens unserer Fahrzeuge nicht ratsam. Als ich mich mit meinen Kommandanten über die Entscheidung beriet, ob wir nicht doch lieber zur Pontonbrücke zurückfahren sollten, bot sich der Aufklärer Drosdatis an, er wolle die Bedingungen für die Ein- und Ausfahrten watend erkunden. Der Fischersohn war ein Riese von Wuchs und dazu auch noch ein guter Schwimmer, er genoss mein Vertrauen und erhielt die Erlaubnis, in die Elbe zu steigen. Danach schauten alle wie gebannt auf unseren mutigen, nur mit einer Turnhose bekleideten Recken, der zunächst an unserem Ufer den Grund untersuchte und auf eine als fest genug eingeschätzte Stelle wies, wonach er zur Mitte der Elbe watete, wo ihm das Wasser nur bis an die Achseln reichte. Erst kurz vor dem anderen Elbufer begann er zu schwimmen, stakste dann in einem Buhnenfeld umher und zeigte auf eine für die Ausfahrt geeignete Stelle. Während unsere Fahrzeuge nacheinander übersetzten, blieb er dort als Wegweiser stehen. Es erwies sich als richtig, dass der nachfolgende SPW-40P immer erst dann in das Wasser durfte, wenn der Vorgänger am anderen Ufer herausgefahren war, denn das vorletzte Fahrzeug saß plötzlich im Buhnenfeld fest und blockierte die Ausfahrt. Unser Pfadfinder Drosdatis stieg erneut in das Wasser und gab mir, dem Kommandanten des letzten Fahrzeuges, das entsprechende Zeichen für eine zweite Ausfahrtstelle. Als ich dort das andere Ufer sicher erreichte, war der festgefahrene SPW bereits geborgen. Ich war sehr froh darüber, dass wir das eigenständige Überwinden des Wasserhindernisses im Interesse des Zeitgewinns bewältigt hatten. Später habe ich niemals mit dieser gelungenen Aktion geprahlt, weil ich das Übersetzen ohne bereitgestellte Bergungskräfte und ohne Erlaubnis des Vorgesetzten realisiert hatte.

1965: Die Aufklärungskompanie 8 bei der Divisionsübung.

a: Einsatzpause vor dem Schwimmpanzer in der damaligen „Lederol"-Kombination der Panzerbesatzungen. Ziemlich wasserdicht nach innen und nach außen. Schwitzen oder frieren erfolgte daher recht schnell. Sawallisch, Konau, Jordan, Hintz, Ritter, Schnelle, Sauer, Thiele, Besener, Wetzel, Pretzel, Schulz, König.

Geschafft! Beim Essen eingeschlafen! Noch das Brot in der Hand.

Oberst a. D. Werner Thomas berichtet weiter:

Während meines Dienstes in Stern Buchholz erlebte ich eine Vielzahl von Maßnahmen der Waffenbrüderschaft. Unsere Partnereinheit war das Aufklärungsbataillon der in Schwerin stationierten 94. Garde-MSD der Sowjetarmee. Periodisch kam es anlässlich staatlicher Feiertage zu gegenseitigen Besuchen von Delegationen im kleinen Bestand, bei denen ich dank meiner an der Oberschule erworbenen Russischkenntnisse meistens als Dolmetscher fungieren musste. Mit den Jahren erweiterten wir den Inhalt der freundschaftlichen Beziehungen durch Kulturveranstaltungen und sportliche Wettkämpfe, wodurch die Kontakte nicht nur für Offiziere und Funktionäre, sondern auch für alle anderen Angehörigen unserer Kompanie erlebbar gestaltet wurden.

Zugleich ging die Aufklärungskompanie 8 zu jener Zeit eine Patenbeziehung zu einem Landwirtschaftsbetrieb im nahen Dorf Banzkow ein. Bei Bedarf unterstützten wir die Ernährer der DDR durch das zeitweilige Abkommandieren von Soldaten und Unteroffizieren, die dank ihrer Berufe bestens mit Traktoren und anderen Großgeräten umzugehen verstanden. Gemeinsam begingen wir Staatsfeiertage und organisierten Feste, in deren Ergebnis auch private Bande geknüpft wurden, Herzensbande sogar."

1965,

d: Werner Thomas in Banzkow beim Dorffest im Gespräch mit sowjetischen Offizieren

„Ehrenvoll gedient bis zum letzten Tag"!

Abschiedsbilder, die man für die Soldaten und Unteroffiziere gestaltete, deren Dienstzeit endete.

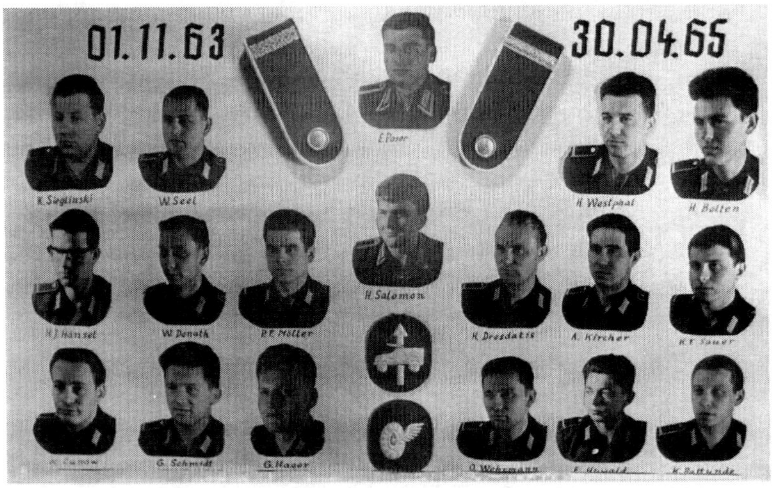

c: Aufklärungskompanie 8: Der Zug von Werner Thomas
d: Silvester 1964, Werner Thomas feiert mit seinem Zug

Oberst a. D. Werner Thomas berichtet weiter:

„1965 im Herbst ging mein wildes Truppenleben in Stern Buchholz dem Ende entgegen. Insgesamt hatte ich fünf Jahre lang als Zugführer gedient, vier davon in der Aufklärungskompanie 8, was sich übrigens genau mit der Dauer ihres Bestehens deckte. Dieser Zeitabschnitt stellt sich heute als ein schwieriger und lehrreicher Kriegspfad dar, auf dem ich eine Menge militärischer Erfahrungen gesammelt hatte und vom infanteristischen Mucker zum elitären Edelmucker mutiert war, zu einem recht gewitzten Truppenaufklärer. Mir erschien es als vorteilhaft, dass ich in einer selbstständigen Divisionseinheit unter günstigen personellen Bedingungen gedient hatte. Die Fachvorgesetzten aus der Unterabteilung Aufklärung des Divisionsstabes erwarben sich meine Achtung, weil sie bei uns nicht ausschließlich zur Durchführung von Kontrollen erschienen, sonder auch zur Hilfeleistung bei der methodischen Vorbereitung von Themen der Aufklärungsausbildung sowie zur Vermittlung von Fachwissen.

Die Kompaniechefs der AK-8 und ihre Stellvertreter hatten mich dazu erzogen, die Verantwortung für Personal, Kampftechnik und Aufklärungsmittel meines Zuges stets im Auge zu behalten. Meine Zugführerkollegen und der Hauptfeldwebel erwiesen sich als zuverlässige Freunde, die mir bei der Aufgabenerfüllung zur Seite standen und mit mir freundschaftliche Beziehungen eingingen, die teilweise bis in die Gegenwart andauern.

Mögen die fünf Zugführerjahre auch die Schinderjahre in meiner Dienstlaufbahn gewesen sein, ich achte sie trotzdem und empfinde kein Selbstmitleid. Zweifelsohne erlebte oder erduldete ich viele Gefahrenzustände und beklemmende Situationen, in denen ich mich als junger Offizier überfordert oder erniedrigt gefühlt habe. Andererseits kam ich oft in den Genuss erhabener Gefühle, denn die bei Übungen erduldeten Strapazen und die Erschwernisse der Gefechtsausbildung schweißten die Aufklärungskollektive fest zusammen. Deshalb waren die Truppenaufklärer ein recht stolzes Häufchen, immer bereit zur Erfüllung schwieriger Aufgaben, aber auch zum feucht-fröhlichen Feiern von Erfolgen."

Das AB-8 von 1965-1969 - Die Neubildung des Aufklärungsbataillons 8 im Jahr 1965

1965/1966: Laut Verfügung des Ministers für Nationale Verteidigung der DDR erfolgten in der NVA Umstrukturierungen, die auch die Truppenaufklärung betrafen. Die strukturellen Veränderungen wurden auf der Grundlage der neuen Stellenpläne mit Wirkung vom 1. 12. 1965 eingeführt. Die Aufklärungskompanien der Divisionen waren wieder in Aufklärungsbataillone umzugliedern.

Das Aufklärungsbataillon 8 wird aus dem Bestand der Aufklärungskompanie 8 aufgestellt. Sie bringt eine Personalstärke von 6/15/55/76 und an Gefechtsfahrzeugen fünf PT-76 sowie neun SPW 40-P ein. Daraus formiert sich als Erstes die 1. Aufklärungskompanie. Kompaniechef wird Oberleutnant Klaus Kellermann.

- 1. Zug, Zugführer Unterleutnant Helmut Kowalkowski; fünf PT-76;
- 2. Zug, Zugführer Unterleutnant Burkhard Heise; vier SPW 40 P2.

Die 2. Aufklärungskompanie ist später aufzustellen.

Bis Mitte 1966 ist die 3., bis Ende 1966 die 4. Kompanie aufzustellen.

Die 3. Aufklärungskompanie, Kompaniechef Leutnant Klaus Loof.

- Struktur: fünf Fernaufklärungsgruppen, geführt von Offizieren, je ein SPW 40-P. Für ihre MPi gab es Schalldämpfer.
- Gruppenführer der FAG: Leutnant Ness, Leutnant Grieb, Leutnant Pukrop, Unterleutnant Schiriot, ...

Die 4. Aufklärungskompanie, Kompaniechef Oberleutnant Werner. 1 PkW Kübel P-3,

- 1 Funktrupp mit Funkstation R-125 auf GAS-69.
- 1 LKW Ural und ein LKW LO-1800 für den Hauptfeldwebel

1. Zug (Horch- und Peilzug), Leutnant Wilhelm Baganz,

- 1 Funktrupp mit Funkstation-125 auf GAS-69,
- ein Horchtrupp mit zwei Stationen R 323 UKW auf LO-1800 Koffer,
- ein Peiltrupp mit Funkpeiler 306 auf Einachshänger mit Zugmittel LO-1800 (später LKW URAL) ,

2. Zug, (Ausrüstung wie erster Zug) Zugführer Unterleutnant Mark-Richard Ostwald

- Ausrüstung wie 1. Zug.

3. Zug noch nicht vorhanden

4. Zug (Funktechnischer Aufklärungszug), Zugführer Leutnant Bernd Hofmann,

- zwei Aufklärungstrupps mit je einer Funkmessaufklärungsstation PSNR-1, jeweils auf PkW P-3 Kübel
- Auswertegruppe, Leiter Leutnant Manfred Wieser. Ein LO-1800 Koffer, 1 Funktrupp mit Funkstation R-125 auf GAS-69.

Rückwärtige Dienste des Bataillons:

Dazu gehörte eine Transportgruppe, eine Instandsetzungsgruppe, eine Versorgungsgruppe und das BA-Lager.

Die laufenden Instandsetzungen der Technik sowie die Versorgung des Personalbestandes stellte das MSR-27 sicher.

1965: Die Stellenbesetzung der Führung des Bataillons am 1. Dezember:

Kommandeur	Major Müller, Erich
StKSC	Hptm. Trupp, Sepp
1. Stellvertreter	Hptm. Bunzel, Siegfried (Bild). Bis 1965 OO Akl MSR-29, (1. Stv. AB-8 von 1965-1967)
Stellvertreter PA	Hptm. Hauschild, Franz
Stellvertreter TA	Major Matz
Stellvertreter RD	Major Ansberger

Fachbereiche des Stabes:

Offz. Org/Auff.	Stfw. Thieler, Georg	Offz. Finanz-Ök	Oltn. Ortlieb, Peter
Offz. Bewaffng.	Oltn. Schulze, Adolf	Offz. MKE	fehlte noch zu der Zeit
Offz.Pz-Techn.	Oltn. Däbritz, Horst	Pi-Schirrmeister	StFw. Hoffmann, Walter
Offz.Kfz-Techn	fehlte noch zu der Zeit	TS-	StFw. Speer, Alfred
Offz. Nachricht.	Oltn. Albrecht, Heinz	Feldscher	Oltn. Kohnert, Horst
Offz. Ch Dienst	fehlte noch zu der Zeit		

Das AB-8 1965-1969, Unterbringung, herausragende Feierlichkeiten, Führungskräfte

Der Unterkunftsblock einer der Kompanien des (neuen) Aufklärungsbataillons 8 sowie der ehe-

malige Technische Bereich des Bataillons.

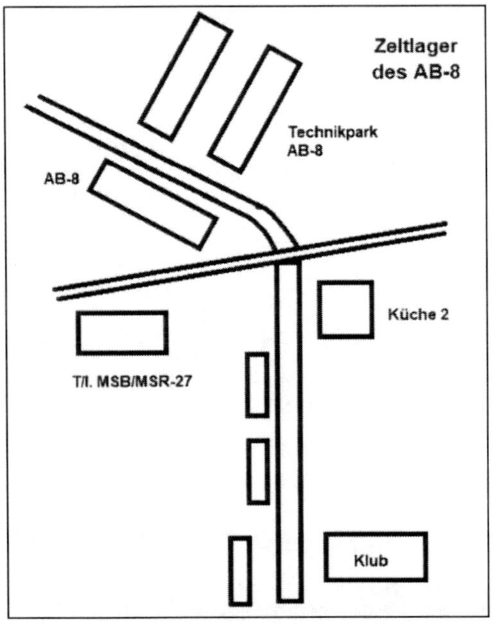

Lageplan mit der Unterkunft und dem technischen Bereiches des Aufklärungsbataillons 8

Die Neuaufstellung des Aufklärungsbataillons 8 im Oktober 1965 im Standort Schwerin-Stern Buchholz war verbunden mit der erneuten Verleihung der Truppenfahne.

1967, am 27. Februar, überreichte Oberst Leistner, Chef des Stabes des Kommandos des Militärbezirkes V, die Truppenfahne an den Kommandeur Aufklärungsbataillon 8, Oberstleutnant Erich Müller.

Damit war der letzte Schritt zur Wiederaufstellung des Bataillons getan.

1965-1969 In Stern Buchholz absolvierten u. a. nachfolgende Angehörige ihren Dienst in der Aufklärungskompanie 8 und dem neuen Aufklärungsbataillon 8:

Heinz Albrecht; Ing., Major a. D.: Dezember 1965 - April 1973: Nachrichtenoffizier im Aufklärungsbataillon 8;

Jürgen Bühring; Dipl.-Ing., Oberstleutnant a. D.: 1. 11. 1966 - 31. 10. 1970: Offizier Kfz-Dienst im Aufklärungsbataillon 8;

Burkhard Heise; Oberstufenlehrer, Major a. D.: 15. 9. 1965 - 31. 3. 1968: Zugführer SPW-Zug in der 1. Kompanie des Aufklärungsbataillons 8; 1. 4. 1968 - 31. 10. 1971: Kompaniechef der 2. Kompanie des Aufklärungsbataillons 8;

Manfred Jonischkies; Dipl. Mil., Generalmajor a. D: 1965, Zugführer im Aufklärungsbataillon 8;

Dieter Kabbert; KFZ-Meister, Major a. D.: 1. 9. 1966 - 30. 11. 1969: Hauptfeldwebel in der 2. Aufklärungskompanie des AB-8; 1. 12. 1969 - 30. 5. 1971 in Stern Buchholz; Fahrlehrer im AB-8 in Schwerin; 1. 10. 1971 - 31. 7. 1975: Stellvertreter des Kompaniechefs für Technik und Ausrüstung der 2. Kompanie des AB-8.

Klaus Kellermann; Dipl.-Mil., Oberst a. D.: 1. 12. 1964 - 30. 11. 1965: Zugführer eines Schwimmpanzerzuges in der Aufklärungskompanie 8; 1. 12. 1965 - 31. 10. 1967: Kompaniechef im AB-8 in

Stern Buchholz; 1. 11. 1967 - 31. 8. 1970: Stellvertreter des Kommandeurs für Ausbildung AB-8; September 1973 - 30. 11. 1976: Kommandeur des AB-8.

Klaus Loof; Oberstleutnant a. D.: Mai 1966 - September 1966: Kompaniechef der 3. Kp (Fernaufklärungskompanie) des AB-8 in Schwerin-Stern Buchholz;

Kurt Mendel, Diplomphilosoph; Oberstleutnant a. D.: 1967 - 1973: Parteisekretär des Aufklärungsbataillons 8 in Schwerin-Stern Buchholz;

Gerhard Motschko, Dipl.-Mil., Oberst a. D.: 1969 - 1972: Gruppenführer einer Fernaufklärungsgruppe im AB-8; 1. 12. 1972 - 31. 10. 1973: FDJ-Sekretär im AB-8 in Schwerin; 1. 11. 1973 - 31. 8. 1974: Stellvertreter des Stabschefs im AB-8; 1. 9. 1978 - 30. 9. 1980: Oberoffizier Aufklärung in der Unterabteilung Aufklärung der 8. MSD in Schwerin;

Horst Nörenberg, Dipl.-Mil., Oberst a. D.: 15. 10. 1968 - 4. 2. 1971: Zugführer in der 2. Aufklärungskompanie des Aufklärungsbataillons 8 in Stern Buchholz; 5. 2. 1971 - 14. 12. 1974: Kompaniechef der 2. Aufklärungskompanie des Aufklärungsbataillons 8; 15. 12. 1974 - 14. 3. 1978: Oberoffizier Aufklärung des MSR-27 in Stern Buchholz;

Peter Ortlieb; Major a. D.: 1. 1. 1966 - 31. 12. 1973: Offizier für Finanzen des Aufklärungsbataillons 8 in Stern Buchholz/Schwerin;

Horst Rosenblatt; Major a. D.: Januar 1967 - Dezember 1970: Kompaniechef der 4. Kompanie des AB-8 in Stern Buchholz/Schwerin;

Rainer Schumann; Oberstleutnant a. D.: 13. 10. 1963 - 30. 11. 1965: Zugführer eines SPW-Zuges in der Aufklärungskompanie 8 in Schwerin-Stern Buchholz; 1. 12. 1965 - 27. 10. 1972: FDJ-Sekretär des Aufklärungsbataillons 8 in Schwerin-Stern Buchholz; 15. 9. 1974 - 30. 9. 1978: Stellv. des Kommandeurs für politische Arbeit des Aufklärungsbataillons 8 in Schwerin;

Manfred Szeppek; Ing., Major a. D.: 1968 - 1977: Stellvertreter des Kompaniechefs für Technik und Ausrüstung in der 1. Kompanie des Aufklärungsbataillons 8 in Schwerin-Stern Buchholz/Schwerin;

Hartmut Winterfeldt; Dipl.-Mil., Oberstleutnant a. D.: 1. 9. 1967 - 31. 8. 1973: Leiter Auswertegruppe und Zugführer des AWZ im Aufklärungsbataillon 8 in Stern Buchholz/Schwerin; 1. 9. 1973- 31. 10. 1975: Kompaniechef der 4. Kompanie (FuFuTAkl) im Aufklärungsbataillon 8 in Schwerin; 1. 11. 1975 - 31. 8. 1977: Oberinstrukteur in der Abt. Aufklärung im Kommando des Militärbezirkes V in Neubrandenburg; 1. 9. 1980 - 31. 8. 1982: OOAkl in der Unterabteilung Aufklärung im Stab der 8. MSD in Schwerin; 1. 11. 1982 - 31. 10. 1987: Leiter der Unterabteilung Aufklärung im Stab der 8. MSD;

So begann für manche der Weg in die NVA, wie bei Horst Nörenberg. Peter Bischof wurde übrigens Pionieroffizier und begann seinen Offiziersdienst in der Pionierkompanie des MSR-27 in Stern Buchholz.

Ob es der Schlosserlehrling Peter Bischoff von der Abteilung Dassow des Kreisbetriebes für Landtechnik ist, der Schüler Manfred Bever aus der Erweiterten Oberschule Grevesmühlen oder der Schlosserlehrling Horst Nörenberg vom Kreisbetrieb für Landtechnik in Grevesmühlen (von links nach rechts), sie gehören zu den Jugendlichen in unserem Kreis, die sich freiwillig für die Laufbahn eines Berufssoldaten entschieden haben. Sie sind sich darüber im klaren, daß die erste Friedensarmee in der deutschen Geschichte viele Soldaten, Unteroffiziere und Offiziere mit einem hohen Niveau benötigt, um die moderne Waffentechnik wirklich vollkommen zu beherrschen. Das kann man jedoch nicht während der gesetzlichen 18monatigen Dienstpflicht erreichen. Die drei Jugendfreunde haben sich deshalb entschlossen, ab Herbst dieses Jahres für drei Jahre eine Offiziersschule der NVA zu besuchen, um danach bei einer von ihnen gewünschten Waffengattung als Offizier tätig zu sein. Fotos: Winkler

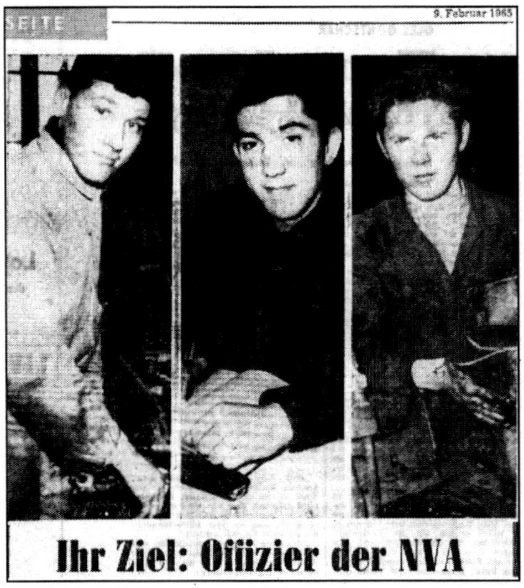

1969 während der Inspektion:

rechts: Major Franz Wellisch, Stellvertreter des Kommandeurs für Rückwärtige Dienste (StKRD) des Aufklärungsbataillons 8 in den Jahren von 1967-69.

Er war lange Zeit im Führungsorgan der 8. Mot.-Schützendivision Dolmetscher der sowjetischen Militärspezialisten, offiziell Vertreter des Oberkommandos der Warschauer Vertragsstaaten, umgangssprachlich nur Berater genannt.

Franz Wellisch zeichnete seine Kameradschaftlichkeit und Hilfsbereitschaft aus. Er zeigte Mut, wobei er sich auch einmal sehr übernahm. Als Dolmetscher für die Lehrgangsteilnehmer der 8. MSD im sowjetischen Shelesnogorsk setzte er sich einmal selbst auf den Fahrersitz eines BMP und gab kräftig Gas. Der Schützenpanzer schaukelte sich auf und Franz brach sich im wahrsten Sinn des Wortes alle Knochen. Nach Wochen in einem sowjetischen Krankenhaus konnte er dann ausgeflogen werden und landete zur weiteren Behandlung im NVA Lazarett Bad Saarow.

Unterleutnant Jochen Jungmayer, Offizier Chemischer Dienst des Aufklärungsbataillon 8

Junge Offiziere des (neuen) Aufklärungsbataillon 8: die Leutnante Wollfgang Ness, Burkhard Heise, Manfred Grieb, Dieter Pukrop und Helmut Kowalkowski.

Das AB-8 1965-1969 - Ausbildung, zeitweilige Strukturen, Einsätze usw.

1966:

Bei der Gefechtsausbildung zwischen Raben Steinfelder Forst und Peckatel.

Vom 8.-12. März nahm das Aufklärungsbataillon 8 an der Divisionsübung teil.

In der Zeit vom 14.-16. April fuhr die 1. Aufklärungskompanie zum ersten Schießen mit den Schwimmpanzern PT-76.

Die Leitung hatte der Chef Aufklärung des Kommandos des Militärbezirkes V, Oberstleutnant Reinhold Schmidt.

Das Schießergebnis der 6. Schießübung mit PT 76. : Note Gut.

Im Monat Mai begann der Bau von Ausbildungseinrichtungen für das Bataillon. Dazu gehörten Lehrklassen und die Aufklärersturmbahn.

Bei der ersten Inspektion durch das Ministerium für Nationale Verteidigung der DDR erhält das Bataillon die Gesamtnote „Befriedigend". Die Ausbildung der Funk- und Funktechnischen Aufklärung sowie die Kenntnisse über den wahrscheinlichen Gegner und sein Territorium entsprachen nicht den Erfordernissen.

Von April bis September wird die 3. Kompanie als Fernaufklärungskompanie im 1. Ausbildungshalbjahr aufgestellt.

Als Kompaniechef übernimmt Leutnant Klaus Loof: P-3 (ein Kübelwagen);
5 Fernaufklärungsgruppen mit je einem SPW-40 P: (vorerst nur 3 FAG);
1. Fernaufklärungsgruppe GF Leutnant Ness, Wolfgang;
2. Fernaufklärungsgruppe GF Leutnant Grieb, Manfred;
3. Fernaufklärungsgruppe GF Leutnant Pukrop, Dieter.

1966 erhielt die 4. Kompanie Peiler R-359 und weitere Horchgeräte.

- Auswertegruppe, Unterleutnant Wieser,
- 1. Zug, Zugführer Leutnant Bachanz
- 2. Horch- und Peilzug (HPZ) Unterleutnant Ostwald,
- 3. Horch- und Peilzug noch nicht vorhanden,
- 4. FuTAZ, Zugführer Feldwebel Kronfoth (Unterleutnant Hofmann wird Offizier Nachrichtentechnik der Kompanie, Hauptfeldwebel H-G. Thieler.

Gefechtsausbildung der 3. Kompanie, die Fernaufklärungskompanie im Fleckentarnanzug: Leutnant Loof, Unterleutnant Grieb, Unteroffizier Förster.
Beobachtung und Überfall. Siehe auch nachfolgende Erläuterungen.

1966 übernahm am Ende des Ausbildungsjahres Leutnant Wolfgang Ness die 3. Aufklärungskompanie. Leutnant Klaus Loof wurde auf eigenen Wunsch in das MSR-27 versetzt und übernimmt dort die 8. MSK.

Das Bataillon nahm an der Divisionsübung teil und bestand die Inspektion.

An dieser Stelle dazu noch etwas Grundsätzliches aus den Vorschriften etc.:

Methoden und Organe der Aufklärung

Zur Durchführung der Aufklärung werden aus den Aufklärungs-, mot. Schützen- und Panzereinheiten Aufklärungsorgane gebildet, die für die Zeit des Einsatzes eine taktische Bezeichnung erhalten und ihre Angaben durch die Anwendung verschiedener Aufklärungsmethoden erfüllen.

Aufklärungsmethoden

Die Gefechtshandlung der Truppen *sind stets auch zum Einbringen zuverlässiger Angaben über die Gruppierung, die technische Ausrüstung und die Gefechtshandlung des Gegners, über die Stellungen seiner Feuermittel, die Geländebeschaffenheit und den pioniertechnischen Ausbau des Geländes unmittelbar vor der vorderen Linie der jeweiligen Einheit und in geringer Tiefe auszunutzen.*

Die Beobachtung *ist die wichtigste Methode der Aufklärung. Sie ist unter allen Gefechtsbedingungen, auf dem Marsch und bei der Unterbringung der Truppen, am Tag und in der Nacht sowie unter allen Witterungsbedingungen von allen Kommandeuren zu organisieren und von den Einheiten sowie von den Aufklärungsorganen ununterbrochen zu führen.*

Unter Bedingungen begrenzter Sicht wird die Beobachtung durch den Hochdienst ergänzt.

Der Hinterhalt *ist eine Aufklärungsmethode, die vor allem dann angewendet wird, wenn die benötigten Angaben über den Gegner nur durch das Einbringen von Gefangenen bzw. Dokumenten, Waffen und technischen Kampfmitteln zu erhalten sind. Hinterhalte werden angelegt, um einen sich bewegenden Gegner zu überfallen und Gefangene, Dokumente oder technische Kampfmittel einzubringen. Hinterhalte werden von den Aufklärungsorganen, von mot. Schützen- und Panzereinheiten sowie von speziell dafür vorbereiteten Einheiten angelegt.*

Der Überfall *ist ein kurzfristig vorbereiteter überraschender Angriff auf den Gegner aus dem kurzen Halt oder aus der Bewegung.*

Er wird von Aufklärungsorganen, von mot. Schützen- und von Panzereinheiten mit dem Ziel durchge führt, Gefangene einzubringen, Dokumente und technische Kampfmittel des Gegners zu erbeuten oder aufgeklärte Kernwaffeneinsatzmittel, Führungsstellen, funktechnische Mittel, Fahrzeuge und Gruppen des Gegners außer Gefecht zu setzen.

Der Überfall kann ohne oder mit Anwendung von Schusswaffen durchgeführt werden.

***Das Verhör von Gefangenen und Überläufern** dient der Ermittlung wichtiger Angaben über den Gegner. Alle Angaben der Gefangenen und Überläufer sind durch andere Aufklärungsmethoden zu überprüfen, da die Aussagen immer anzuzweifeln sind.*

Das erste Verhör wird vom Kommandeur des Aufklärungsorgans bzw. der Einheit oder von dem Aufklärer durchgeführt, der den Gefangenen eingebracht hat.

Nach dem ersten Verhör sind Gefangene und Überläufer dem vorgesetzten Stab zu übergeben.

***Das Studium erbeuteter Dokumente, Waffen und technischer Kampfmittel** ist geeignet, geplante Handlungen des Gegners bzw. die Kampfeigenschaften seiner technischen Kampfmittel einzuschätzen und daraus Schlussfolgerungen für die Handlungen der eigenen Truppen abzuleiten.*

Erbeutete Dokumente sind durch die Aufklärungsorgane bzw. Einheiten, die sie erbeutet haben, einer ersten Auswertung zu unterziehen und dann dem vorgesetzten Stab zu geben. Erbeutete Waffen und technische Kampfmittel werden kurz untersucht. Sie werden gewöhnlich nur dann dem vorgesetzten Stab übergeben, wenn es sich um bisher unbekannte Waffen und technische Kampfmittel handelt oder wenn sie über neue Einrichtungen verfügen.

***Befragung der örtlichen Bevölkerung**: Die örtliche Bevölkerung wird vor allem dann befragt, wenn Angaben über das Gelände zu präzisieren sind. Im begrenzten Umfang können durch Befragen der Bevölkerung aber auch Angaben über den Gegner eingebracht werden.*

Alle Angaben der örtlichen Bevölkerung müssen durch andere Aufklärungsmethoden überprüft werden.

***Stoßtruppunternehmen** werden von mot. Schützeneinheiten und in Ausnahmefällen auch von Aufklärungseinheiten bei unmittelbarer Berührung mit dem Gegner (in der Verteidigung oder bei der Vorbereitung zum Angriff) mit dem Ziel durchgeführt, Gefangene einzubringen oder Dokumente und bisher unbekannte technische Kampfmittel zu erbeuten.*

Stoßtruppunternehmen sind gegen Beobachter, Beobachtungsposten, B-Stellen, Posten, Feuernester und Gruppen bis zu 3 Mann in der vorderen Linie oder in einer Tiefe bis 2 km nachts oder bei begrenzter Sicht durchzuführen.

Der Stoßtrupp setzt sich in der Regel aus einem Überfalltrupp, ein bis zwei Sicherungstrupps und einem Sperrenräumtrupp zusammen.

***Zur gewaltsamen Aufklärung** werden verstärkte mot. Schützen- und Panzerkompanien oder -bataillone eingesetzt.*

Zur Unterstützung können Artillerie, Granatwerfer, Panzerabwehrlenkraketen und Fliegerkräfte eingesetzt werden. Die gewaltsame Aufklärung ist ein Angriff mit begrenztem Ziel und wird durchgeführt, um vorhandene Angaben über den Gegner zu überprüfen oder zu präzisieren bzw. um Angaben zu erhalten, die durch andere Aufklärungsmethoden nicht beschafft werden können.

Aufklärungsorgane

***Der Beobachtungsposten (Beobachter)** ist ein aus 2 bis 3 Beobachtern bestehendes Aufklärungsorgan. Der Beobachter ist ein Armeeangehöriger, der seine Aufgabe entweder im Bestand eines Beobachtungspostens oder selbständig erfüllt.*

Die Stellung des Beobachtungspostens (der Platz des Beobachters) muss gute Beobachtungsmöglichkeiten bieten, sorgfältig getarnt sein und über gedeckte Annährungswege zum Beziehen und Verlassen verfügen.

Spähfahrzeuge bzw. Späher *werden von mot. Schützen- und Panzereinheiten, von Gefechtsaufklärungstrupps, Aufklärungstrupps und -gruppen, von Offiziersaufklärungstrupps und anderen Einheiten zur Aufklärung des Gegners und des Geländes eingesetzt.*

Die Entfernung des Spähfahrzeuges oder der Späher von der Einheit bzw. vom Kern muss Sichtverbindungen und Feuerunterstützung gewährleisten.

Spähfahrzeuge und Späher erfüllen ihre Aufgaben vorrangig durch Beobachtung.

Späher werden in der Regel paarweise (Späherpaar) eingesetzt.

Gefechtsaufklärungstrupps (GAT) *werden in allen Gefechtsarten von mot. Schützen- und Panzerbataillonen und unter besonderen Bedingungen von mot. Schützen- oder Panzerkompanien gebildet. Ihre Stärke beträgt bis zu einem mot. Schützen- oder Panzerzug.*

Gefechtsaufklärungstrupps können bis 10 km vor den eigenen Einheiten handeln. Sie erfüllen ihre Aufgaben durch Beobachtung, Hinterhalt, Überfall und durch Kampf.

Aufklärungsgruppen (AG) *werden in allen Gefechtsarten, auf dem Marsch, beim Gefecht in der Einkreisung und beim Rückzug von den Divisions- und Regimentskommandeuren eingesetzt. Bataillonskommandeure setzen Aufklärungsgruppen nur auf Befehl des Regimentskommandeurs ein.*

Aufklärungsgruppen werden vorrangig aus dem Bestand von Aufklärungseinheiten gebildet, wenn notwendig aber auch aus dem Bestand von mot. Schützen-, Panzer- und Fallschirmjägereinheiten. Sie haben in der Regel die Stärken eines Zuges bis zu einer Kompanie.

Die Aufklärungsgruppe in Kompaniestärke schickt aus ihrem Bestand Aufklärungstrupps und Spähfahrzeuge (Späher) aus. Aufklärungsgruppen in Zugstärke setzten nur Spähfahrzeuge (Späher) ein.

Die Aufklärungstrupps (AT) können bis 10 km von der Aufklärungsgruppe entfernt handeln. Die Aufklärungsgruppe erfüllt die Aufgabe durch die Beobachtung, Hinterhalt und Überfall, wenn notwendig durch Kampf.

Der Offiziersaufklärungstrupp (OAT) *wird von der Division oder vom Regiment zur Präzisierung von Angaben über den Gegner, die Lage der eigenen Truppen und der Nachbarn sowie zur Präzisierung von Angaben über das Gelände im Raum der Handlung, besonders beim Einsatz von Kernwaffen und anderen Massenvernichtungsmitteln, eingesetzt.*

Zum Bestand des Offiziersaufklärungstrupps gehören neben den eingesetzten Offizieren bis zu 5 Soldaten aus Aufklärungs- oder mot. Schützeneinheiten, die vorrangig Beobachtungs- und Sicherungsaufgaben erfüllen.

Fernaufklärungsgruppen (FAG) *werden aus dem Bestand von speziell zu diesem Zweck ausgebildeten Einheiten zur Aufklärung wichtiger Objekte in der taktischen Tiefe der Gefechtsordnung des Gegners eingesetzt.*

Fernaufklärungsgruppen können

- *mit Hubschraubern im rückwärtigen Gebiet des Gegners abgesetzt werden;*
- *den Einsatzraum zu Fuß erreichen;*
- *auf SPWs transportiert werden;*
- *beim Angriff des Gegners in gedeckten Räumen zurückbleiben;*
- *bei Handlungen entlang der Küste von Booten oder Schiffen abgesetzt werden.*

Die Fernaufklärungsgruppe richtet im Einsatzraum eine Haupt- und Wechselbasis ein. In der Basis, die ausreichend gesichert sein muss, bereitet sich die Fernaufklärungsgruppe auf ihre Handlung vor. Nach Erfüllung der Aufgaben kann die Fernaufklärungsgruppe

- *mit dem Hubschrauber aus dem rückwärtigen Gebiet des Gegners ausgeflogen werden.*
- *zu Fuß oder mit SPWs zurückkehren oder*
- *in einem gedeckten Raum im rückwärtigen Gebiet des Gegners verbleiben, bis dieser von den eigenen angreifenden Truppen erreicht wird.*

Die Fernaufklärungsgruppe erfüllt ihre Aufgaben vor allem durch Beobachtung, Hinterhalt und Überfall.

a-b: Der Führungspunkt der Fernaufklärungsgruppe des Aufklärungsbataillons 8 an der Elbe, mit Funkstation R-118 (LKW GAZ-66 mit Kofferaufbau) und Spezialempfänger.

Zwischendurch ist körperliche Hygiene angesagt. Waschen aus dem Gummieimer des Fahrzeuges.

Auch die Funkstelle R-125 auf dem geländegängigen PkW stellt die Betriebsbereitschaft her und fährt den Mast aus, um die Verbindung auch über entsprechend große Entfernung zu sichern.

7 *Kommandeurspult*
8 *3 Halterungen für 4-m-Stabantenne*
9 *Halterung für Teleskopmast*

Weiterhin gehören zur Funkstelle

2 *Transverter*
1 *Ladetafel*
3 *Funkertaschen (in einem Behälter an der Fahrzeugrückwand)*
4 *Akkumulatoren 5NKN-45*
10 *Akkumulatoren 2NKN-24*
1 *Generator G-8 (unter der Motorhaube)*
1 *Satz Verbindungskabel*
1 *Kiste mit Antennenzubehör*
4 *4-m-Stabantennen*
1 *Kulikow-Antenne mit Gegengewichten*
1 *Teleskopmast*
1 *Feldfernsprecher*
2 *Grafiken zur Frequenzbestimmung*
1 *Ersatzteilkasten*
1 *Langdrahtantenne mit fortschreitender Welle*
1 *Langdrahtantenne mit geneigtem Schenkel*
1 *Dipolantenne*

Die Funkstelle R-125

Unterbringung der Geräte im Fahrzeug UAS-60 (Verdeck abgenommen)

a-b: Der Nachrichtenoffizier des Aufklärungsbataillons 8, Oberleutnant Egon Schenke.

Am Bug des SPW-40 P sichtbar die zeitweilige, originäre taktische Kennung aller Fahrzeuge des AB-8, die später durch das einheitliche Zeichen im MB-V mit spezifischer Kennung für die KFZ abgelöst wurde. Die abgeschrägte Ecke innen oben rechts weist auf die 8. MSD hin und die 20 steht für das Aufklärungsbataillon 8.

An die Panzertechnik kam eine vierstellige Zahl, die beginnend mit der „7" die Zugehörigkeit zum Aufklärungsbataillon 8 anzeigte.

1966: Ruhepause bei der Lehrvorführung des AB-8 im Überwinden von Wasserhindernissen vor dem Vereinten Oberkommando. „Gefechtspause" bei Storkow.

Unterleutnant Burkhard Heise, Unteroffizier Kruse. Leutnant Klaus Kellermann, Unteroffizier Thiele.

1966 erhielt das Bataillon den Auftrag, ein neues System der Nachweisführung und Berichterstattung sowie eine neue Planungsform der Gefechtsausbildung zu erproben. Grundlage bildete die:

<u>Anordnung 26/66 des Ministers für Nat. Verteidigung der DDR vom 14. 10. 1966 über</u> das einheitliche Melde- und Informationssystem der Aufklärungsorgane der NVA und die Verbesserung der Aufklärungstätigkeit.

Die Anordnung wurde erlassen, um die notwendige Zentralisierung aller Aufklärungsergebnisse sowie eine rechtzeitige Einschätzung des Charakters der Handlungen der NATO-Streitkräfte in Westdeutschland zu erreichen. Dazu wurde u. a. angeordnet:

1. Zur Gewährleistung einer zentralisierten Führung der Aufklärung durch alle Aufklärungsorgane der NVA ist der Chef der Verwaltung Aufklärung weisungsberechtigt zu speziellen Fragen auf dem Aufklärungsgebiet.

1967:

Start zum Langstreckenlauf; vorn der Kommandeur AB-8, Oberstleutnant Erich Müller
Offizier KFZ-Dienst, Hptm. Jürgen Bühring, mit der Instandsetzungsgruppe beim Parktag

Im August 1967 kamen zwei junge Offiziere direkt von der Offiziersschule ins Aufklärungsbataillon 8: Unterleutnant Hartmut Winterfeldt und Unterleutnant Jochen Jungmayer.

Hartmut Winterfeldt berichtet dazu:

„Der Kommandeur Oberstleutnant Erich Müller stellte zwei Fragen, die den weiteren Einsatz bestimmten. Wer hat Englischkenntnisse? Das war ich. Wer ist sportlich stärker? Das war dann Jochen Jungmayer, er wurde Fernaufklärer, ich kam in die 4. Kompanie.

Oberleutnant (Jo) Achim Eberlein empfing mich, er war amtierender Kompaniechef, eigentlich Stellvertreter FuAT (Funkaufklärungstechnik). Dazu Leutnant Manfred Wieser, Leiter der Auswertegruppe. Ich wurde nicht einmal Zugführer, der Posten hieß Offizier für Information in der AWGr.

Im gleichen Herbst kam Hauptmann Rosenblatt, er brachte System und Ordnung in die Kompanie, von allen wirklich akzeptiert. Er hatte vorher schon eine Nachrichtenkompanie in Prora geführt. Die anderen Offiziere waren Leutnant Mark-Richard Ostwald, Leutnant Wilhelm Bachanz und Unterleutnant Bernd Hofmann.

Oswald und Bachanz führten jeder einen Horch- und Peilzug, Hofmann den Funktechnischen Aufklärungszug, den „Kistenzug". Ob der Kistenzug damals schon Technik hatte, weiß ich nicht, es waren aber wohl zwei P-3 Kübelwagen für den Transport da. Die Leute wurden wohl als Horchfunker ausgebildet. Später wurden zwei PNSR-1 zugeführt, Funkmessaufklärungsgeräte, die taktisch in die Beobachtung aus der Vorderen Linie der Verteidigung (VLV) heraus gehörten. Das wurde von der zentralen Führung zunächst nicht begriffen. Funkmess – das konnte nur FuFuTAK sein. Es wurde erst spät korrigiert, nicht früher als 1971, da kamen die Geräte dann zur 2. Aufklärungskompanie.

Die Kompanie hatte vier Funktrupps R-125, wie sie verteilt waren, weiß ich nicht mehr, einer war immer beim AWZ, die Flanken hatten jeweils einen für die Peilkommandierung, einer war für den Kompaniechef für die Verbindung zum Divisionsgefechtsstand und zur Aufklärungsreserve. Zeitweilig waren sie in der Kompanie als Funkzug zusammengefasst, in der gleichen Zeit gab es auch einen Horchzug und einen Peilzug, das entsprach aber nicht dem STAN. Ich erinnere mich noch an Kurt-Otto Mollenhauer, damals Unterfeldwebel und ganz neu als „Spieß". Alte Unteroffiziere waren die Peiltruppführer Zabka und Mählmann und Horchtruppführer Eisensee. Funktruppführer Zimmermann, Unterfeldwebel Friedrich und Unteroffizier Sarunski gehören in diese Zeit.

Die erste Übung, an der ich teilnahm, war die Divisionsübung vom 29. 9. bis 4. 10. 1967 mit der Bezeichnung „Roter Oktober II". Die Taktische Übung umfasste die Räume Schwerin, Kyritz, Goldberg, Wittstock und Lübtheen.

Wir gingen nach Klietz ins Feldlager, sammelten Unmengen von Pilzen. Egon Schenke, der Zugführer des Na-Zuges, war bei uns mit im Zelt. Von Oberfeldwebel Horst Philipp kam Margarine und der Topf zum Pilze braten. Und jeden Abend ein stand Kasten Bier bereit. Am Tage übten wir Entfalten der Kompanie. Das waren damals zwei Horchtrupps auf LO-1800 mit je zwei oder drei Empfängern R-323, der eine hatte zusätzlich einen R-309 für KW, der andere einen Empfänger für Flugfunk. Dazu kamen zwei Peiler R-306, Einachshänger, gezogen von LKW Ural.

Dann begann die Divisionsübung. Hauptmann Fritz Kühne war OO FUFuTAkl und leitete uns an. Als „Gegner" handelte eine sowjetische Panzerbrigade. Achim Eberlein war ganz scharf auf das Abhören des russischen Funkverkehrs und irgendwie gelang es, die Bereitschaft der Brigade zum Angriff abzufangen.

Weitere Personen ab Ende 67 bis Ende 69 waren Klaus Hepper, Frank Grünert, Jürgen Rohde und die späteren Feldwebel Riedel und Hollburg."

1967:

a: im September. Unterleutnant Mark Ostwald am Arbeitsplatz des Funkpeilers R-306. Rechts die Drehvorrichtung der auf dem Dach aufgebauten Peilantenne. Davor der Feldfernsprecher zur Entgegennahme der Peilkommandos und Meldung der Ergebnisse. Nicht im Bild, weil durch die Dreheinrichtung verdeckt, der Empfänger R-314.

b: Unteroffizier Ludwig Zabka im LO-1800, dem ersten Zugmittel des Funkpeilers R-306, das später durch den LKW URAL ersetzt wurde.

Das Feldlager im September auf dem Truppenübungsplatz Klietz nutzte das Bataillon für das intensive Üben der bevorstehenden Aufgaben der am Ende des Monats folgenden Divisionsübung. Am 29. September 1967 erfolgte die Alarmierung des Aufklärungsbataillons 8. Bei der sich anschließenden Divisionsübung der 8. MSD konnte das Bataillon die ihm gestellten Aufgaben lösen.

Am 1. November 1967 nahmen zwei neue Stellvertreter des Kommandeurs AB-8 die Arbeit auf: Als 1. Stellvertreter Oberleutnant Klaus Kellermann und als Stellvertreter Technik und Ausrüstung, Walter Strasser.

Schutzausbildung: Anziehen des Schutzanzuges sowie Ausbildung mit der Entgiftungsanlage des SPW 40-P2.

Rechts dahinter sieht man die Unterkunft für zwei Jahre, Zelte für die Angehörigen des AB-8 bis 1969. Die Kompaniechefs, die Zugführer und die Hauptfeldwebel hatten je ein Zelt. Der Stab erhielt Räume im Stabsgebäude des MSR-27. Zwei Baracken an den Bahnschienen dienten vorrangig als Lehrbasis. Zeitweilig bekam man noch eine Baracke des III. MSB/MSR-27.

In der Schwimmhalle in Rastow führte das Bataillon seine Schwimmausbildung durch.

1967:

Im März nahm die Fernaufklärungskompanie an einer Divisionsübung der 1. MSD teil. Anfang April handelten zwei Fernaufklärungsgruppen bei den Regimentsübungen des MSR-27 und des PR-8 zur Aufklärung von deren Handlungen. Dabei erprobte man den Einsatz von Hubschraubern für den Transport der Fernaufklärungsgruppen.

Am 17. April hatten Teile des Aufklärungsbataillons 8 (Teile 1. Kompanie und eine Fernaufklärungsgruppe) mit einer Pioniergruppe des MSR-27 auf dem Truppenübungsplatz Klietz und im Raum Hohen-Göhren, Abschnitt Billberge, Stendaler Stadtforst, eine Lehrvorführung unter Leitung des Chefs Aufklärung im Kommando des Militärbezirkes V, Oberstleutnant R. Schmidt, durchzuführen.

Thema: Das Aufklären und Überwinden eines größeren Wasserhindernisses durch eine Aufklärungsgruppe im gemischten Bestand und das Aufklären einer Kernmine.

Teilnehmer:

- Leiter Aufklärung der 1. MSD, 8. MSD, 9. PD und ihre Oberoffiziere Aufklärung
- Oberoffiziere Aufklärung der MSR/PR
- Kommandeure und 1. Stellvertreter der Aufklärungsbataillone
- Kompaniechefs und Zugführer der 1. Aufklärungskompanien sowie der MSR und PR.

Die Lehrvorführung ging von der Tatsache aus, dass in den Aufklärungseinheiten noch immer große Schwierigkeiten bei der Überwindung schnell fließender Wasserhindernisse und wenig Kenntnisse über das Aufklären und Beseitigen von Kernminen bestehen.

In der ersten Lehrfrage wurde deshalb demonstriert, wie ein Wasserhindernis aufzuklären ist, in Abhängigkeit von den Handlungen des Gegners und des Gewässerzustandes. Nach genauer Aufklärung der Stärke des Gegners erfolgte die praktische Überwindung der Elbe unter Bedingungen der Überschwemmung beider Ufer. Die von den Aufklärern gezeigten Leistungen waren ein Beispiel für eine gut ausgebildete und entschlussfreudig handelnde Aufklärertruppe

Die zweite Phase der Lehrvorführung behandelte das Aufklären und Beseitigen einer Kernmine unter Kampfbedingungen. Es war eine der vielen möglichen Varianten, erfüllte jedoch die Aufgabe, erstmals praktisch zu zeigen, wie die Verlegung einer Kernmine erfolgt, wie ihre Ausmaße sind und wie gehandelt werden muss von Aufklärungsorganen, um sie unschädlich zu machen.

Die gesamte Lehrvorführung war gut vorbereitet worden. Sie zeigte, was man in der Ausbildung verlangen kann und muss und gab allen Aufklärungsoffizieren zweckdienliche Hinweise für eine inhaltsreiche Ausbildung ihrer eigenen Einheiten.

Der Chef des Stabes des Kommandos MB-V konnte den verantwortlichen Offizieren beim Chef Aufklärung und der übenden Truppe Dank und Anerkennung aussprechen.

a: Hfw D. Kabbert und K. Mollenhauer, StFw Walter Hoffmann
b: H. Kowalkowsky, H-G. Thieler, D. Kabbert

1968:

Bei den Überprüfungen im Monat Februar und April durch die Division konnten nur befriedigende Ergebnisse erreicht werden.

Im März wurde Leutnant Hartmut Winterfeldt als Leiter der Auswertegruppe (AWG) der 4. Kompanie eingesetzt.

Die 4. Kompanie bezog ihr Feldlager bei Klietz und hatte im Rahmen der Kommandostabsübung der Division „Roter Oktober I" eine Entfaltungsübung „Roter Oktober II".

Kompaniechef Hauptmann Rosenblatt, Stellvertreter Oberleutnant Eberlein, 1. Zug Leutnant Hofmann, 2. Zug Leutnant Ostwald, AWZ Unterleutnant Winterfeldt; Hauptfeldwebel Mollenhauer.

Die Struktur des Aufklärungsbataillons 8 ab 1. Mai:

1. Kompanie = Pz-Kompanie mit sieben PT 76
2. Kompanie = SPW-Kompanie mit neun SPW-40 P
3. Kompanie = Fernaufklärungskompanie
4. Kompanie = Funk- und Funktechnische Aufklärungskompanie

Im Mai trat der Offiziersschüler des 3. Lehrjahres, Horst Nörenberg, das Praktikum in der 2. Kompanie des Aufklärungsbataillons 8 an.

Horst Nörenberg berichtet:

„Am 27. Mai wurde die Gruppe der Offiziersschüler, die ihr Praktikum in der 8. MSD zu absolvieren hatten, vom Kommandeur der Division, Oberst Nikolaus Klenner, begrüßt. Die Offiziersschüler für den Standort Stern Buchholz bezogen eine Wohnbaracke als zeitweilige Unterkunft. Die Baracke lag gleich rechts vom KDL. Der Weg zum Aufklärungsbataillon 8 führte vom KDL einmal quer durch das ganze Objekt, ca. 1,2 km. Das Bataillon lag in Stern Buchholz in einem Zeltlager hinter einem Gleisanschluss am Ostrand des Objektes, vom Wald umgeben.

Der Stab des Bataillons hatte seinen Platz im Stabsgebäude des MSR-27, und dort wurde ich vom Kommandeur des Aufklärungsbataillon 8, Oberstleutnant Erich Müller, begrüßt. Oberleutnant Klaus Kellermann, 1. Stellvertreter des Kommandeurs, führte mich dann in den Bereich des Bataillons zur 2. Aufklärungskompanie, wo man mich der Führung der Kompanie vorstellte: Kompaniechef Oberleutnant Heise (07. 10. 1970 zum Hauptmann befördert), Hauptfeldwebel der Kompanie Stabsfeldwebel Kabbert (07. 10. 1982 zum Major befördert) und Leutnant Schiriot, Zugführer des 1. Zuges sowie Unterfeldwebel Koch, Zugführer des 2. Zuges. Sie waren alle erst seit dem 1. April 1968 im Amt.

Die 2. Aufklärungskompanie war im Mai durch Trennung der 1. Aufklärungskompanie in eine Panzer- und SPW-Kompanie sowie dem Neueinstellungslehrgang aufgestellt worden. Der Personalbestand reichte aber nur für zwei Züge.

Die Bedingungen im Zeltlager waren wie in einem Sommerlager an der Offz.-Schule. Ich wurde mit der Lage und den Bedingungen vertraut gemacht und übernahm am 29. Mai 1968 den 2. Zug in voller Verantwortung.

Am 1. Juni begann dann das 2. Ausbildungshalbjahr 1967/68. Es war genau die Zeit, wo sich das Bataillon auf die Einführung des SPW-40 P2 vorbereitete, mit dem die 2. Aufklärungskompanie ausgerüstet werden sollte. Dem Bataillon stand aber nur ein SPW dieses Typs zur Verfügung. Nun kam meine Sternstunde, Anfang Juni sollten 12 neue SPW-40 P2 aus der UdSSR eintreffen und wie so oft im Leben war der Termin ein Wochenende.

Am Samstag, dem 08. Juni 1968 trafen auf dem Entladebahnhof Holthusen die neuen SPW ein. Das Überführungskommando war gut vorbereitet. Fast lautlos rollte einer nach dem anderen von den Waggons, die Motoren liefen im Stand wie Nähmaschinen.

Die Überführung ins Objekt klappte ohne Probleme und am Sonntag erfolgte die Zuordnung und Einteilung im Park nach Zügen und nach Lehrgefechts- und Gefechtstechnik (LG/G).

Besonders die Fahrer wurden vom TA der Kompanie, Oberleutnant Goldschmidt, sofort in die Pflicht genommen. Nun hatte die Kompanie 13 neue Gefechtsfahrzeuge, aber für den 3. Zug fehlte das Personal.

Alle SPW wurden mit Turmnummern und dem Truppenkennzeichen versehen. Bei der Justierung der Bewaffnung waren auch meine Kenntnisse von der Offz.-Schule gefragt.

Der 22. Juni 1968, wieder ein Samstag (Jahrestag des Überfalls auf die Sowjetunion), wurde für die Ausbilder und einen Teil des Personalbestandes ein wichtiger Tag, sie sollten beim Anschießen die Wirkung der Waffen in der Praxis erleben. Durch die Verbindung zum sowjetischen Garde-Aufklärungsbataillon (GAB) der 94. GMSD in Schwerin konnten wir den alten Wehrmachtschießplatz der Freunde am Standort nutzen und brauchten nicht zum Schießplatz Zingst fahren. Der Schießplatz hatte drei alte Schießbahnen mit Schutzwällen und Geschossfangwänden aus Ziegeln. Am Ende des Tages hatten alle Waffen ihre Feuerprobe bestanden und die Teilnehmer waren von ihrer Wirkung beeindruckt.

Das Schießen auf der Halbinsel Zingst war später immer ein besonderer Höhepunkt im Ausbildungshalbjahr.

Am folgenden Montag stand die Aufmunitionierung der SPW auf dem Programm. Die genaue Aufteilung der Munitionsarten auf die Gurte war vorgegeben. Für beide Waffen gab es Gurtfüllmaschinen. Die Organisation des Ablaufs und der Sicherheit war sehr anspruchsvoll. Jeder Gurt bekam ein Gemisch aus Panzerbrand-, Panzerbrand-Spezial- und Panzerbrand-Leuchtspur. Alle Gurtkästen wurden verplombt, die Munition der LG-Technik auf den Kompanie-URAL verladen.

Am 13. Juli 1968 gab es dann das erste Alarmtraining.

Ob die Gefechtsbereitschaft tatsächlich vorhanden war, sollte eine Überprüfung des Bataillons im vollen Bestand der Division am 31. Juli 1968 nachweisen.

Das Bataillon wurde um 18:00 Uhr alarmiert. Der Kompaniechef stand vor dem Problem, dass wir für einen Zug keine Besatzungen hatten. Da auf Nachfrage die Forderung bestand, die ganze Technik in den Sammelraum zu führen, wurde jeder mit einer Fahrerlaubnis aus den anderen Zügen als Fahrer eingesetzt.

Die Herstellung der Marschbereitschaft entsprechend der Kontrollzeiten sowie das Verlassen des Objektes konnte nur verspätet erfolgen. Das Bataillon erreichte so die Forderung des Ministers, 85-90 % an Personalbestand, Technik und Bewaffnung im neuen Raum zu konzentrieren, nicht."

Hartmut Winterfeldt, seinerzeit Leutnant, berichtet weiter von Anfängen in der 4. Kompanie: „Nach dem ersten März 1968 wurde Manfred Wieser, der „Lord", abversetzt. Er hatte dummes Zeug geredet und im Zugführerzelt mit dem Ehrendolch Speck geschnitten. So wurde er wieder Mot.-Schütze. Und ich übernahm, noch feucht hinter den Ohren, die Auswertegruppe.

Im Juni 1968 hatte die 4. Kompanie den ersten Einsatz. Die 6. PGD der Bundeswehr führte die KSÜ Nordwind II durch. Der „Raum Schönberg" war für uns eine Wiese bei Roduchelstorf/Retelsdorf. Die Höhe war mies, nur etwa 30 m über NN, die Flanke bei Kalkhorst lag deutlich höher, ca. 60 m. Bei der Auswahl der Standorte hatte man die taktischen Normative so zugrunde gelegt, dass eine Peilbasis entstand. Die spätere Praxis zeigte, dass wir meistens nur Richtungspeilungen schafften.

Die Auswerter besaßen für ihre Tätigkeit einen Ural-Pritschenwagen und darauf die Karten mit UTM-Koordinatensystem, im Maßstab von 1:50 000 von ganz Schleswig-Holstein. Die Bundeswehr hatte wohl mit uns noch nicht gerechnet, im Funk wurde noch viel offen geredet. Wir lagen buchstäblich auf der Wiese und suchten die Ortschaften, ich mit den Soldaten Kreißl und Schreiber und dem Unteroffiziersschüler Rohde. Das UTM-Gitternetz hatten wir selbst aufgetragen.

Nach einer Überprüfung durch den Chef des Stabes des Kommandos des Militärbezirkes V erhielt das

Aufklärungsbataillon 8, obwohl es seit Februar in Zelten untergebracht war, die Einschätzung gefechtsbereit."

1968

Die Ereignisse in der CSSR bewegten die Gemüter der Menschen, natürlich auch die der Soldaten. Hartmut Winterfeldt erinnert sich:

Am 21. August 1968 wurde das Bataillon alarmiert. Achim Eberlein und ich rannten vom „Bullenkloster", dem Wohnheim für Berufssoldaten, die keine Wohnung am Standort hatten, zum Bataillon. Beim OvD sagte Achim: „Kein Offizier mit Hose lang vom Divisionsstab. Das muss was Ernstes sein."

Das Bataillon stellte die „Volle Gefechtsbereitschaft" her und ging dann anschließend lt. Befehl auf „Erhöhte Gefechtsbereitschaft" herunter.

Wir fassten Munition und harrten auf dem Park der Dinge, die noch kommen sollten. So wurde die Ausbildung bis zum 14. September unter besonderen Bedingungen organisiert. Dann, am zweiten Tag, die Aufgabe zum Gefechtseinsatz. Im Westen lief der „Schwarze Löwe", aber mehr im Süden, zur CSSR hin.

Wir aber fuhren nach Bennin zur Höhe 102,8. Die Hauptleute Kühne und Rosenblatt führten nach Karte. Der rekognoszierte Weg führte durchs Sperrgebiet, der Waldweg in der Karte war ziemlich überwachsen und Äste beschädigten die Antennen des neuen Peilers R-363 auf SIL-157. Wir fanden den Platz im Wald, eine Schonung, und entfalteten. Als mein Ural stand, ging ich zum Kompaniechef: „Genosse Hauptmann, ich brauche die UTM-Karten". Die waren GVS. Rosenblatt fand sie nicht! Der Kompaniechef stellte fest, dass er die benötigte GVS-UTM-Karte im Aktenschrank im KC-Zelt liegen gelassen hatte. „Genosse Winterfeldt, Sie nehmen das Krad und holen die Karten, der OvD soll es möglichst nicht bemerken." Befohlen, getan. Die Mot. Schützen am KDL kontrollierten nur meinen Ausweis. Vor den Bahnschienen an der Küche III ließ ich das Krad mit dem Fahrer zurück, schlich mich in das schlafende Zeltlager des Bataillons, Zelt und Schrank öffnen, mit der KC-Petschaft wieder versiegeln, die Karten unter die Ein-Strich-kein-Strich, zurück zum Krad, dann auf die Straße nach Wittenburg, weiter Richtung Boizenburg. In Lehsen wurde die Luft im Hinterrad bedenklich knapp. Pumpen! Wo ist die Pumpe? Am Krad war keine. Also ran an die örtliche Bevölkerung, Nachts um zwei, Klopfen an Türen. Hunde bellten, aber jemand öffnete im Obergeschoss. „Wir haben kein Motorrad, aber fragen Sie bei der Gastwirtschaft." Wir schoben weiter, klopften an einem seitlichen Fenster. Ein Opa mit Zipfelmütze am Fenster, dahinter eine Oma mit Rüschenhaube. „Ja, das Motorrad steht auf dem Hof, die Luftpumpe ist dran, aber nicht mitnehmen!" Wir pumpten, der Reifen hielt die Luft, aber in Bennin hatten wir wieder einen „Platten". Es wurde langsam hell. Ich ließ das Krad zurück und marschierte durch den Wald zur Kompanie. Eine Karte hatte ich ja. Bennin war nördlich der Elbe der beste Raum, wo sonst findet man in dieser Gegend schon eine Höhe 102,8?

Wir empfingen hier Funkverkehr von den großen Übungsplätzen in der Lüneburger Heide.

Das wussten auch die sowjetischen „Freunde".

Spätestens im Herbst 68, im Westen lief „FALLEX-68", nutzten wir die Höhe gemeinsam. Das war ganz oben abgestimmt und wir wurden uns vor Ort einig. Beim ersten Mal, es war bei FALLEX-68, waren wir einen Tag früher da. Von den Freunden kam das Vorkommando. Ein Offizier kam zu uns. Sie brauchten Strom. Wir hatten nur die kleinen Aggregate. „Es ist nur bis morgen", sagte der Offizier. „Morgen kommt unser Spezialist und wir haben Strom für alle." Am nächsten Tag kam der Rest der Kompanie mit dem Kompaniechef Oberleutnant Viktor Stramkowski. Der „Spezialist" war dabei. Er stieg auf den Mast einer Leitung, die nach Granzin führte und klemmte an. Nun hatten wir alle Strom und die Aggregate schwiegen.

Mit den „Freunden" gab es noch die eine oder andere Episode, die ich hier ohne zeitliche Zuordnung erwähnen will. Sie hatten einen Erdbunker gebaut, schön warm und besser als Zelte. Das machten wir nach, unserer war vielleicht besser konstruiert, aber wir hatten mit frischem Holz gebaut und die Deckschicht etwas zu stark gemacht. Es wurden Stempel gesetzt. So ganz legal war das alles nicht, der Förster war aber informiert und Mollenhauer beschaffte Isolierfolie von einem LPG-Silo.

Die „Freunde" hatten einen Peiler bei Horst, im Sperrgebiet ganz nahe an der Grenze. Stramkowski lud uns zum Besuch der Flanke ein, aber wir Deutsche durften ja nicht ins Sperrgebiet. Rosenblatt sagte. „Fahren Sie mit!" Also zog ich eine russische schwarze Kombijacke an, setzte eine Offiziersfuraschka auf, stieg in den Beiwagen der M-72 und fuhr mit Stramkowski ab. An der Flanke war nicht viel los, aber wir fuhren durch Boizenburg, irgendwie war es komisch, unten NVA-Stiefelhosen, oben ein gut deutsch sprechender sowjetischer Offizier.

Die „Freunde" waren auch nicht zimperlich mit Fischen und Jagen. Manchmal aßen wir mit ihnen Fisch oder Wild. Einmal erlegte ich ein Reh, mit dem P-3. Unsere Flanke lag etwa 30 km nördlich, ich glaube, dass es bei Karft war. Wir bekamen den Befehl, am nächsten Tag den Einsatz zu beenden, aber im Funk war es noch interessant. Der Kompaniechef schickte mich als Kurier zu M.-R. Ostwald.

Die Soldaten sollten noch nichts vom bevorstehenden Ende wissen. Zwischen Lehsen und Wulfskuhl sprang mir ein Reh gegen das Reserverad des P-3. Am Auto kein Schaden, das Reh lag zappelnd im Straßengraben. Wir schnitten die Kehle durch und nahmen es mit. Ich übermittelte Mark-Richard den Befehl und rief den Kompaniechef an. „Genosse Hauptmann, bitte lassen Sie die Feldküche anheizen." Rosenblatt hatte mich wohl verstanden. Als ich um Mitternacht zurückkam, standen Koch und Küche bereit. Noch in der Nacht aßen wir Innereien, die Freunde kamen mit undefinierbarem Alkohol in Brauseflaschen. Mittags aß die ganze Kompanie Gulasch, dann verlegten wir zurück nach Schwerin.

Ein wenig noch zu Technik und Taktik in dieser Zeit. Der R-323 war damals ein moderner Empfänger, wir hörten auf UKW sowohl NATO-Streitkräfte als auch Polizei, BGS und Zollgrenzdienst. Koordinierte Peilungen gelangen selten, meist konnte nur die Richtung bestimmt werden. Das half dann beim Ausrichten der Langdrahtantennen. So bekamen wir ganz gut heraus, welche Linien die Einheiten der anderen Seite zu welcher Zeit erreichten. Die vorgesetzten Stäbe konnten Schlussfolgerungen über den Charakter der Handlungen ziehen. Manchmal, wenn die Einheiten anderer Verbände eingesetzt waren, wurde man auch in das Kommando MB V zur Auswertung kommandiert. Das war immer lehrreich.

Wir betrieben auch KW-Aufklärung. Das war eigentlich nicht unser Job, aber wenn in unserem Streifen keine taktischen Verbände handelten, war auch das nützlich. Dazu setzten wir auch Tastfunker ein, so mit der R-104. Ansonsten hatten wir den einen R-309 für ESB-Sprechfunk und von den Freunden wurde ein ausgedienter R-310 beschafft, der auch noch einiges brachte. KW-Aufklärung spielte eine Rolle bei den FALLEX- und WINTEX-Übungen. Zunächst hatten wir riesige vorsintflutliche Tonbandgeräte, später gab es handelsübliche Kassettenrekorder.

Ich richtete mir den Ural als Auswertefahrzeug ein. Im MSR-27 wurde gebaut, die Soldaten Kreißl und Schreiber fanden hier und da nützliche Bretter, Leisten, Schalttafeln und anderes. Der Ural erhielt unter dem Spriegelgestell einen Koffer, aus einem ausgesonderten Peiler wurde der Ofen genutzt, wir bauten, ich glaube sogar als Neuerer, einen Antennenmast, vielleicht war auch die ganze Aktion als Neuererarbeit getarnt. Weitere „Täter" waren Unterfeldwebel Klaus Mertens, und, wenn etwas besorgt werden musste, war bestimmt Kurt-Otto Mollenhauer dabei.

Vom 5.-13. September 1968 waren beim Einsatz der 4. Kompanie als Funkaufklärungsgruppe an der Staatsgrenze „West" folgende Aufgaben zu lösen: Aufklärung der Brigadeübungen der 5. PD (III. AK WD) und der gemeinsamen Kommandostabsübung der 3. PD und der 6. PGD. Die Aufgaben konnten mit guten Ergebnissen abgeschlossen werden.

In der Zeit vom 14. bis 25. Oktober 1968 wurde der Funk-Aufklärungseinsatz der 4. Kompanie zur Aufdeckung der NATO-Kommandostabsübung „FALLEX-68" durchgeführt.

Der Einsatz der FuFuTAK brachte folgendes Ergebnis:

- *Aufdeckung der Alarmierung der NATO-Stäbe der AG-Nord zur Teilübung GOLDEN RAD;*
- *Aufklärung der Polizeiübung NORD."*

1968 vom 5.-13. September: Das war der erste Einsatz der 4. AklKp an der Staatsgrenze West zur Aufklärung der Handlungen von Truppen der NATO-Streitkräfte auf dem Territorium der BRD. Er fand bei der Ortschaft Bennin, ca. 14 km nordöstlich von Boizenburg, unter Ausnutzung der Höhe 101,8 Grauziner Heidberge statt. Dieser Platz wurde teilweise gemeinsam mit einer Funkaufklärungseinheit der Sowjetarmee genutzt. Die Unterbringung des Personalbestandes erfolgte anfangs in Zelten, dann in selbstgebauten Erdbunkern. Die Zusammenarbeit mit der sowjetischen Einheit beinhaltete nicht nur den Erfahrungsaustausch, sondern auch die teilweise Nutzung von deren Funktechnik und den Austausch von Aufklärungsergebnissen.

Die Aufgabe bestand in der Aufklärung der Brigadeübungen der 5. PD (III. AK WD) und der gemeinsamen Kommandostabsübung der 3. PD und der 6. PGD. Diese Aufgaben konnten mit guten Ergebnissen abgeschlossen werden.

In den folgenden Jahren erfolgten diese Einsätze der Funkaufklärung in den Monaten vom Frühjahr bis zum Herbst in den Zeiträumen der hauptsächlichsten Übungstätigkeit der Nato-Streitkräfte in der BRD. Diese Aufgaben im Nordabschnitt der DDR erfolgten im Wechsel mit dem AB-9 und dem AB-1.

Ab dem Zeitpunkt des Einsatzes der 4. Aufklärungskompanie zur Funkaufklärung an der Staatsgrenze zur BRD wurde diese nicht mehr zur Teilnahme an Übungen herangezogen.

Vom 21. August-11. September 1968 befand sich das Bataillon im Zusammenhang mit den Ereignissen in der CSSR in der „Gefechtsbereitschaft bei Kriegsgefahr“ im Objekt. Das aufgestellte Marschband stand mit aufmunitionierter Technik bereit. Die Einsatzdokumente befanden sich in ungeöffnetem Zustand am Mann.

Die 1. Kompanie (Kowalkowski) hatte nun sieben PT-76.

Die 2. Kompanie (Burkhart Heise) besaß schon 7 SPW-40P/13 SPW-40P2. (Stv TA Goldschmidt, Hauptfeldwebel Dieter Kabbert, Zugführer: Frido Schiriot, Horst Nörenberg, Wolfgang Tauer).

Auch solche Dinge konnten passieren:

Bei einer Ausbildung der 1. Aufklärungskompanie mit den Schwimmpanzern auf der Elbe fiel der Motor des PT-76 vom Kompaniechef Oberleutnant Kowalkowski aus. Er funkte: "Holt mich hier raus, sonst lande ich noch in Hamburg."

Er wurde dann natürlich von einem dafür vorgesehenen und bereit stehenden Schwimmpanzer abgefangen und geborgen.

Im 2. AHJ 1968 erreichte das Aufklärungsbataillon 8 den 2. Platz unter den selbstständigen Bataillonen der 8. MSD.

Beginnend im zweiten Halbjahr löste also der SPW-40 P2 den SPW-40-P im Aufklärungsbataillon 8 ab. (russisch BRDM-2, Бронированная Разведывательно-Дозорная Машина, Bronirowannaja Raswedywatjelno-Dosornaja Maschina - gepanzertes Aufklärungspatrouillenfahrzeug). Besondere Kennzeichen:

Der SPW-40 P2 hatte eine stärkere Bewaffnung. Zusätzlich zum MG 7,62 mm kam ein MG 14,5 mm. Der Richtschütze konnte beide MG's geschützt im Turm sitzend einsetzen. Für den Fahrer und den Kommandant gab es eine Nachtsichtausrüstung (300 m). Zur Ausrüstung gehörten auch eine ABC-Schutzanlage und ein Navigationsgerät. Er konnte eine Geschwindigkeit von 110 km/h erreichen. Seine Reichweite betrug 700 km. Ein Nachteil bestand darin, dass der Ausstieg hoch oben aus den Luken rechts und links vor dem Turm erfolgen musste.

Die 3. Aufklärungskompanie wurde durch den Militärbezirk V, die 1. Aufklärungskompanie durch den Kommandeur der 8. MSD als „Beste Kompanie" ausgezeichnet.

g-h: Horst Nörenbergs 2. Zug 1968/69 bei der Vorbereitung der Kompanie auf die Inspektion durch das Ministerium für Nationale Verteidigung.

Für das Jahr **1969** war dem Aufklärungsbataillon 8 als eine wesentliche Aufgabe befohlen, die Zeit von der Alarmierung bis zum Ausrücken aus der Kaserne zu verringern.

a: 1969 auf dem Schießplatz. Links Kompaniechef Burkhard Heise; rechts Hauptfeldwebel Dieter Kabbert.

Die Schießausbildung als ein Hauptausbildungszweig hatte stets eine bestimmende Bedeutung für das Endergebnis bei Abschlussüberprüfungen und Inspektionen. Daher stellte sich die Vorbereitung auf die bevorstehende Inspektion durch das Ministerium für Nationale Verteidigung der DDR entsprechend wichtig dar. Das zahlte sich aus.

Gute Aufklärungsergebnisse

Der Schneesturm kam genau von vorn. Er schlug ihnen wie das Feuer des Gegners entgegen. „Eilmarsch zum Ausgangsraum, Beobachten Hinterhalt“. Keine leichte Sache. Doch sie überboten sich selbst.
Die Besatzungen des **Unteroffiziers Dei, Soldat Kiefer und Soldat Lüders,** erreichten exakte Beobachtungsergebnisse in kurzer Zeit. 120 m durch Schneeverwehungen gleitend, überbringen sie Meldungen mit großer Aussagekraft.
Unter gleichen Bedingungen wie die Kompanie Kowalkowski, kämpfen die Aufklärer der Kompanie Heise, Truppenteil Müller. Hier wird die Leistungsskala angeführt durch den FDJ-Sekretär, **Gefreiter Januschewski.** Hervorragende Ergebnisse erreichten auch die **Soldaten Scholz, Reinhard und Witt.** Die Gruppen der **Unteroffiziere Ducker und Stövesand** zeichnen sich durch hohe Entschlossenheit aus.
Die Gesichter von den Anstrengungen gezeichnet, freuen sich die Aufklärer über die Einfälle der Rückwärtigen Dienste. Tee und heiße Milch rinnen durch die Kehlen.
Der schönste Lohn jedoch war die Einschätzung der Inspektion: Die blanke „1“.

Hauptmann Stegge

Die 2. Kompanie des Aufklärungsbataillons 8 bei der Vorbereitung der Kompanie auf die Inspektion 1969 durch das Ministerium für Nationale Verteidigung und nach der Schießausbildung in Stern Buchholz.

c-d: Hauptmann Burkhart Heise; Oberleutnant Gerhard Goldschmidt; Leutnant Frido Schiriot; Leutnant Horst Nörenberg; Leutnant Wolfgang Tauer; Oberfeldwebel Dieter Kabbert, 1966 versetzt in das Aufklärungsbataillon 8 als Hauptfeldwebel, gleichsam als „Mutter der Kompanie!“ bis 1969.

1969 hatte die 3. Kompanie den SPW 40-P erhalten und wurde auf fünf Fernaufklärungsgruppen erweitert.

a: Der Kompaniechef der Fernaufklärungskompanie, Oberleutnant Wolfgang Ness, während der Inspektion bei Suckow.

Ein Kompaniechef besaß nun mal keinen Kartentisch. Für die Arbeitskarte hatte da schon einmal der Waldboden herzuhalten.

Über die 4. Kompanie in dieser Zeit berichtet Hartmut Winterfeld:

*„**1969**, Ende Februar, fuhr die 4. Kompanie zum Grenzeinsatz in den Raum Schönberg. Der Winter hatte im Norden noch einmal richtig zugeschlagen, ca. ein Meter Neuschnee. Wir ließen vom Ural die Luft bis auf 0,5 ab, dann fuhr er Spuren für die LO und Gas-69, damit diese in die Stellungen fahren konnten.*

Anlässlich des ersten März kam der Kommandeur, Oberstleutnant Müller, ins Zentrum der Kompanie. Mit sich führte er den Belobigungsbefehl und eine Flasche Schnaps zum Anstoßen. Wir brachten den Einsatz gut zu Ende und kamen ohne besondere Ereignisse ins Objekt zurück.

Der Inspektionsbefehl war da und wir waren dabei: 3000 m Lauf, Sturmbahn, Schießen und erstmalig Überprüfung der Englischausbildung, natürlich auch Hören und Geben. Die Bedingungen für die Ausbildung waren ein wenig provisorisch. Aber erst die Inspektion. Das Ausbildungsfach Betriebsdienst und Nutzung, kurz BN, umfasste das Abhören von Funksprüchen in englischer Sprache und deren korrekten Nachweis auf Spruchformularen und Tagesmeldungen. Ein Teil des Materials gab es in VS-Lehrheften, insbesondere die Beispiele von Originalsprüchen. Da wir die BN-Überprüfung selbst vorzubreiten hatten, saß ich mehrfach abends in der Kompanie und besprach Tonbänder.

Die Tasche hätte ich danach zum OvD bringen müssen, aber der Weg war lang, es war spät. Ich ließ sie also beim UvD und ging ins Wohnheim, vielleicht zwei- oder dreimal. Das wurde ruchbar, Ernst Katzor hatte wohl an den Stabschef Josef Trupp gemeldet. Ich wurde zu ihm zitiert und fasste sofort einen Tadel oder Verweis.

Die Inspektion durch das Ministerium vom 11.-21.3. war für das Bataillon eine wichtige Bewährungsprobe. Die Kompanie schaffte alles, mein BN mit Note 1.

Die erste, zweite und dritte Kompanie erfüllten die Aufgaben der Inspektion auch mit guten und sehr guten Ergebnissen, so dass das Aufklärungsbataillon 8 die Note „Gut" erreichte."

Damit war auch Schluss in Stern Buchholz.

Am Abend des letzten Tages kam Fritz Kühne und lockte mich und Manfred Sempt mit in die Stadt, um den Sieg zu feiern, in Uniform mit Stiefelhosen ins „Alhambra" in Schwerin.

Kühne schlief als erster ein, er wurde auf dem Stuhl sitzend aus dem Saal geschoben, Manfred Sempt brachte ihn wohl nach Hause, ich geriet an der Garderobe in eine Keilerei und fuhr ohne Mütze, es war noch die Wintermütze, nach Stern Buchholz. Morgens in die Kompanie mit blauem Auge und Schirmmütze, Rosenblatt schickte mich zurück ins Wohnheim. Bestraft wurde ich diesmal nicht, soweit ich mich erinnere, der Oberoffizier war ja dabei gewesen und unmittelbar nach der Inspektion ... Trotzdem sah ich im darauffolgenden Sommer meine Chancen, im Herbst Leutnant zu werden, recht skeptisch. Aber am 7. Oktober erhielt ich den ersehnten Pickel, mein Chef die längst verdiente Verdienstmedaille. Der Kommandeur feierte mit den Beförderten und Ausgezeichneten im Planungszimmer des Bataillons. Ich glaube mich zu erinnern. dass ich mit meinem Chef Thunfisch aus einer Büchse aß und er selbst zu erkennen gab, dass ihm der Major lieber gewesen wäre als das Rotkehlchen."

Mit der Zuführung der neuen SPW 40-P2 verschwanden auch so nach und nach die SPW 40-P. Nach der bereits früher erfolgten Ablösung der nichtschwimmfähigen SPW-40 bildeten sie einen wichtigen Qualitätssprung für die Technik der Aufklärer. Was man so alles mit ihnen anstellen konnte, zeigt die Erinnerung von D. Biewald an folgenden Einsatz:

„Mitte der 60-er Jahre, das Mot.-Schützenregiment 29 befand sich damals noch in der Garnison Prora, da erhielt der Pionieroffizier des Regimentes, Hauptmann Dietrich Biewald, gemeinsam mit dem Oberoffizier Aufklärung, Hauptmann Siegfried Bunzel, einen speziellen Aufklärungsauftrag.

Vor seiner Verlegung nach Hagenow hatte innerhalb der 8. Mot.-Schützendivision schwerpunktmäßig das Mot.-Schützenregiment 29 mit der Problematik der Küstenverteidigung zu tun. Erst mit dem neuen Standort Hagenow verlagerte sich diese Aufgabe zum MSR-28 in Rostock.

Um ggf. den Strelasund mit den SPW des Regimentes überwinden zu können, sollte der Pionier einen Abschnitt im Bereich der Halbinsel Zudar auf Rügen und Stahlbrode auf der Festlandseite für diesen Zweck erkunden. Dem Pionieroffizier stand dafür nur sein Führungsfahrzeug, ein SPW 40-P, zur Verfügung. Die Volksmarine unterstützte das Vorhaben mit einem kleinen Landungsboot, welches an der inselseitigen Anlegestelle bei der Fährstelle Glewitz schon mit offener Landeklappe bereitlag, als der Aufklärungstrupp eintraf. An Bord konnte man trockenen Fußes gehen. Also war für die eine Seite das Problem der Übersetzstelle bereits gelöst (a).

Der SPW fuhr an Bord und die Matrosen schipperten über den Sund in Richtung Stahlbrode. In Ufernähe sollte der SPW 40-P abgesetzt werden, um die weitere Aufklärung bis an Land vorzunehmen (c2). Einige hundert Meter vor dem Festland rumpelte etwas am Schiff. Maschine Stopp! Die Untersuchung ergab, dass die Schiffsschraube mit Steinen Kontakt hatte und davon einen Schaden abbekam. Der SPW und seine Besatzung sollten die weitere Aufklärung nun allein vornehmen. Die Matrosen öffneten ihnen die Landeklappe. Der SPW verließ das Landungsboot und schwamm der Küste zu (b). Etwa 200 Meter ging alles gut, doch dann lag plötzlich das Fahrzeug im Schlamm fest und konnte sich nicht mehr selbst befreien (c). Wildes Gestikulieren machte die Matrosen an Bord des noch immer festliegenden Schiffes auf die Lage aufmerksam. Hilfe setzte sich nach einiger Zeit in Bewegung. Zwei Matrosen mit einem Schlauchboot ruderten mühsam herbei, denn sie zogen eine Trosse im Schlepp hinter sich her. Schließlich damit am Haken, schwamm der SPW bald wieder. Die Trosse holte das Landungsboot ein.

Der Aufklärungstrupp entschloss sich, eine etwas weiter nordwestlich liegende Stelle anzufahren und den erteilten Auftrag zu Ende zu führen (d). Es klappte diesmal problemlos. Die Rückkehr nach Prora stand an. Das Landungsboot hatte zwischenzeitlich seinen Liegeplatz verlassen und dampfte ab in Richtung Heimathafen. Zurück damit überzusetzen schied also aus.

Zwei Möglichkeiten boten sich nun an: Zum Einen über den Rügendamm eine weite Strecke zurückzufahren oder aber den „Seeweg" zu nehmen Das bedeutete immerhin, weit über zwei Kilometer diagonal über den Strelasund (d-e) zu schwimmen.

Der Wasserweg schien schneller zu sein. Als etwa die Hälfte davon hinter dem Heck lag, frischte der Wind stärker und stärker auf und der SPW tanzte von Wellenberg zu Wellental und umgekehrt. Die überkommenden Fontänen nahmen immer bedrohlichere Größen an. Man nutzte die einzig mögliche Hilfe. Die Motorhaube erhielt eine Abdeckung mit einer Plane und alle Luken schloss man fest zu. Schwimmwesten hatte jeder bereits vorher angelegt.

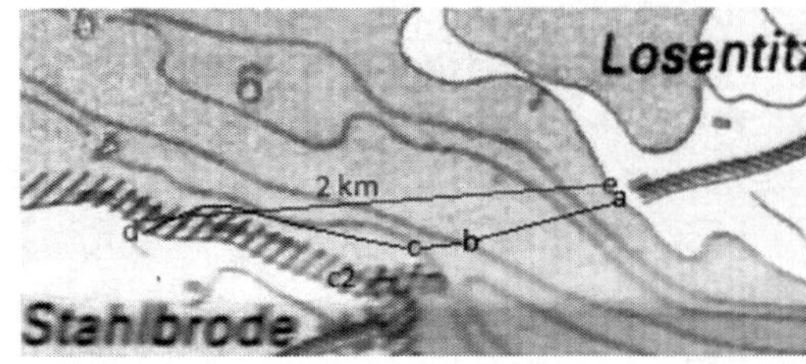

Als der SPW endlich festen Boden auf der Insel Rügen erreichte, waren alle heilfroh, nun bestimmt nicht mehr absaufen zu müssen."

1969, im Monat September, stand ein besonderer Höhepunkt für die 8. MSD, somit auch für das Aufklärungsbataillon 8, an, die Teilnahme am Manöver „Oder-Neiße 69" in der VR Polen in der Zeit vom 11. September-1. Oktober 1969.

Für alle Teilnehmer des Bataillons war das die erste Übung auf dem Territorium von Polen. Horst Nörenberg berichtet:

„Bei dieser Übung erlebten wir, dass der SPW 40-P2 auch fliegen kann. Die Aufklärungsgruppe der 2. Aufklärungskompanie hatte die Aufgabe, das Gefechtsfeld in maximaler Geschwindigkeit zu überqueren. Da von der Beobachtertribüne bis zu unseren Handlungen die Entfernung relativ groß war, erschien die Geschwindigkeit auch relativ gering. Der Kommandeur verlangte beim Training ständig „schneller, schneller, schneller"!

Mit allen Hilfsmitteln, auch mit dem Feldspaten, wurde der Handlungsweg planiert und zur Rollbahn ausgebaut. Auch nach dem folgenden Durchgang waren die SPW zu langsam. Das Problem: eine Panzermarschstraße kreuzte unseren Weg und die ausgefahrene Mulde konnten wir einfach nicht vollständig ausgleichen, die SPW wurden vor der Mulde langsamer und erreichten nicht das gewünschte Tempo.

Nach kurzer Abstimmung mit Oberleutnant Heise setzte ich mich selbst hinter das Lenkrad. Mein Fahrer, Soldat Oldach, war neben mir, Richt- und Ladeschützen waren abgesessen.

Wir fuhren zur Ablaufstelle und ich beschleunigte den SPW auf maximale Geschwindigkeit. Mit größter Anspannung näherten wir uns dem Querweg, ich nahm nur kurz das Gas weg, der SPW rollte durch die Mulde, hob vom Boden ab und landete nach einem Flug durch die Luft wieder auf der Erde. Der sagenhafte Sprung erbrachte eine Weite von 7 Metern.

Alles ging gut, nur am Handlungstag wurde die Geschwindigkeit am Querweg doch wieder gemindert."

Manöver „Oder-Neiße": Abfahrt zum Truppenübungsplatz Bidrusko in Polen.

Das Aufklärungsbataillon 8 beim Einzug in sein Feldlager 1969 in Polen.

Klaus Kellermann mit seinem VS-Koffer

Kl. Kellermann, R. Schumann mit einer Augenklappe wie "Kutusow", E. Schenke, G. Goldschmidt

Trainingspause – Einzelne Manöverhandlungen konnten vorab trainiert werden, um beim Zusammenwirken mit den anderen Manövertruppen im Zeitrahmen zu bleiben. Manche Darstellung vor den „Feldherrnhügeln" der Manöverbeobachter zeigte sich dann oftmals, wie wir spöttisch vermerkten, stärker als „Optik" statt als „Taktik". Trotzdem diente es der Festigung des militärischen Könnens.

Die Unterbringungszone im Feldlager.
Das Aufklärerzeichen aus Kienäpfeln gestaltet

Lagerleben - Immer wichtig: Die Küchenzone im Feldlager.

a-d: Waffenreinigen und Instruktion im Grünen.

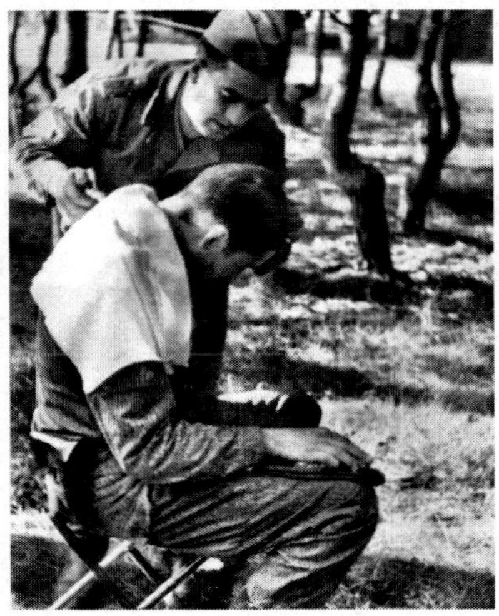

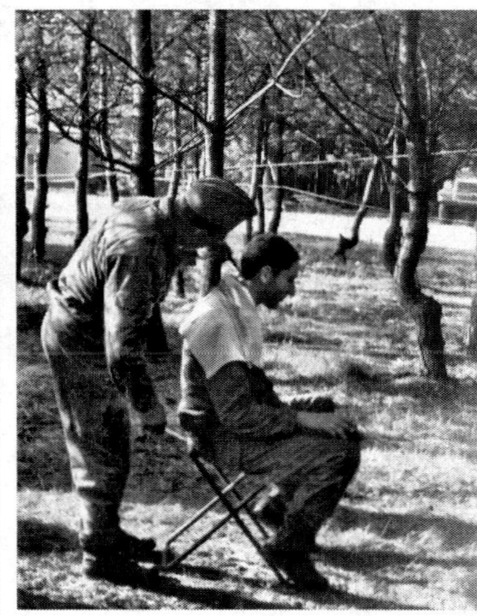

Haarpflege: Der Offizier Nachrichten, Oberleutnant Horst Albrecht, als Frisör. Auf dem Zelthocker: u. a. Oberleutnant Engel.

Sport in der Manöverpause: Stab gegen die Kompanien.

Manche der Manöverhandlungen sahen viele nur aus der Ferne, so wie beispielsweise den Anflug der Kampf- und Transporthubschrauber.

Gegen Ende der Manöverhandlungen konnten manche aus den Stäben sowie den Truppenteilen und Einheiten etwas vom Umland besichtigen. Die Stadt Poznan stand dabei vorne an. Angehörige des Aufklärungsbataillons 8 besichtigten u. a. solche Sehenswürdigkeiten wie den Ehrenfriedhof, das Rathaus und eine Kirche in Poznan. Parken war gebührenpflichtig. Der damalige „Parkautomat" hatte zwei Unterschriften für die Geldeinnahme zu leisten!

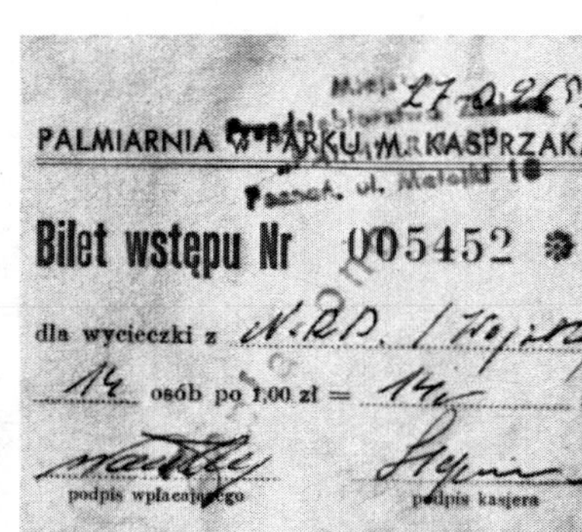

PALMIARNIA W PARKU IM. M. KASPRZAKA

Bilet wstępu Nr 005452

dla wycieczki z N.R.D.

14 osób po 1,00 zł = 14,– zł

podpis wpłacającego podpis kasjera

Poz 2 — 1560/67 - 200 bl. 50×2

Oberleutnant Kellermann erhielt eine Sonderaufgabe. Er reiste mit einer P3-Besatzung durch die Volksrepublik Polen zur Festigung der Waffenbrüderschaft, besonders mit den polnischen Streitkräften. Auch mit Soldaten der CSSR gab es Treffen.

Am Duklapass und in Poznan, der ersten Hauptstadt Polens, heute Wojewodschaft Osrodek, Kultur- und Wirtschaftszentrum.

Oberleutnant Kellermann bei seiner Rundfahrt während des Manövers „Oder-Neiße-69" in Tarnow, CSSR. Manche Einheiten gestalteten sich selbst ihre Erinnerungskarten.

Die Teilnahme an solch einer Maßnahme wie einem großen Manöver der Armeen mehrerer Staaten und das noch dazu im Ausland, ist trotz der damit verbundenen Strapazen letztlich ein besonderes Erlebnis. Ein Andenken daran ist stets willkommen. Manches hatte man bei den Verkaufwagen der polnischen Militärhandelsorganisation käuflich erworben. Alle im Manöver „Oder-Neiße-69" erhielten zum Ende eine Erinnerungsurkunde, signiert vom polnischen Verteidigungsminister Woiciech Jaruzelski.

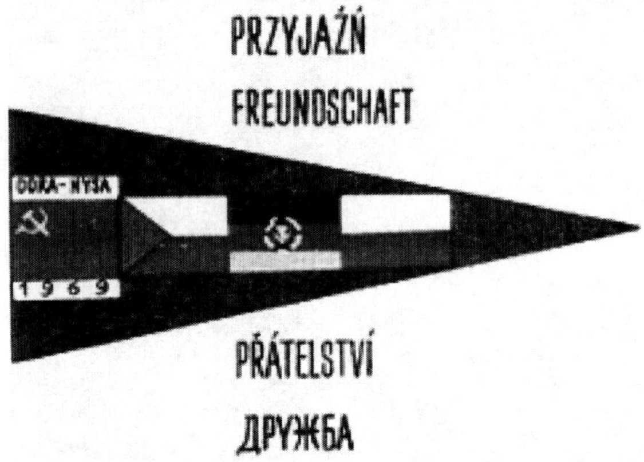

Stfw.
Kabbert, Dieter

Wyrażam Wam serdeczne podziękowanie za ofiarny, żołnierski trud w czasie ćwiczeń „ODRA—NYSA 69".

Przeprowadzone wspólnie ćwiczenia Armii Radzieckiej, Czechosłowackiej Armii Ludowej, Narodowej Armii Ludowej Niemieckiej Republiki Demokratycznej i ludowego Wojska Polskiego stanowią istotny wkład w dzieło umacniania gotowości bojowej i zacieśniania więzów braterstwa broni łączących nasze armie — stojące na straży socjalistycznego rozwoju naszych bratnich narodów.

Życzę Wam dalszych sukcesów w służbie i pomyślności w życiu osobistym.

MINISTER OBRONY NARODOWEJ
POLSKIEJ RZECZYPOSPOLITEJ LUDOWEJ
Wojciech JARUZELSKI
generał broni

Neben solchen Andenken wie der Erinnerungsurkunde konnten sich viele im Ergebnis militärischer Großereignisse auf Belobigungen, Prämierungen und dgl. freuen. Die Rückverlegung stand bevor. Der Übungsstress ließ merklich nach. Es erging wie üblich am Ende von Übungen etc. bereits der Befehl, die Ordnung im Raum, beginnend in den Arbeitsbereichen, herzustellen. Alle freuten sich, dass es bald nach Hause ging.

Mitten in dieser nun ruhigeren Phase verbreitete sich stattdessen irgendwo Unruhe, die bald alle erfasste. Mit der üblicherweise zu so einem Zeitpunkt stattfindenden Kontrolle der Vollzähligkeit der Bewaffnung und Ausrüstung sowie dem Befehl zur Abgabe der registrierten, geheim zu haltenden Dokumente, kam es zu einem „Besonderen Vorkommnis", zwar nicht bei den Aufklärern, doch auch sie hatten unter der Unruhe zu leiden. Es stellte sich heraus, dass beim Chef Truppenluftabwehr im Stab der Division die topografische Arbeitskarte fehlte.

Suchte man zunächst nur in diesem Arbeitsbereich, jedoch ohne Erfolg zu haben, hatten bald alle Arbeitsbereiche die verlorene „Stecknadel im Heuhaufen" zu suchen. Es hätte ja sein können, dass einer aus Versehen das Dokument erhalten oder gedankenlos mitgenommen, gar an die Truppe weitergegeben hatte. Alles vergebens!

Die Suche weitete sich mehr und mehr aus. Sogar die polnischen Sicherheitsbehörden schaltete man ein, denn viele neugierige, insbesondere junge Polinnen und Polen kamen zuvor täglich zu den Manöverstandorten der Truppen, um sich alles anzuschauen, sich mit den Soldaten zu unterhalten usw.

Der ganze Aktionismus brachte kein erhofftes Ergebnis. Nun spulte man – zunächst gedanklich – alles noch einmal von vorn ab. Man erinnerte sich nun, dass viel Abfall, Zeitungen usw. „der Sauberkeit halber" in Erdgruben ihre letzte Ruhe erhalten hatten.

Der UB 1 – der Universalbagger 1 – also der bereits sauber geölte Spaten kam erneut aus seiner Halterung, um die vorher mühselig angelegten Erdgruben zu öffnen. So fand man zum Erstaunen aller, vor allem aber zur Freude der Betroffenen, auf diese Weise die verlorene Karte wieder. Wo, bei wem? Bei der Truppenluftabwehr! Beim Befehl an einen Soldaten, die Arme auszustrecken, packte der Chef Truppenluftabwehr persönlich alle Zeitungen, Flugblätter usw. darauf mit der Weisung, alles hübsch zu vergraben. Was der Soldat auch pflichtgemäß tat! Die Karte hielt der CTLA wohl ebenfalls für Altpapier und legte sie dazu. So nahm sie den gleichen Weg.

In den Befehlen in Auswertung des Manövers fanden sich berechtigterweise auch viele Aufklärer, die sich über Belobigungen freuen konnten. Der Name und Dienstgrad des Chefs Truppenluftabwehr fand sich zwar im Inhalt eines Befehls, jedoch nicht am Platz für Belobigungen und Auszeichnungen. Er stand an einer ungeliebten Stelle.

Also, nicht immer treffen Bomben und Orden die Unschuldigen!

Den Angehörigen des Aufklärungsbataillons 8 standen nach dem Rückmarsch vom Manöver „Oder-Neiße-69" wie allen daran teilgenommenen Truppenteilen und Einheiten die üblichen, stets umfangreichen Arbeiten zur Herstellung der ständigen Gefechtsbereitschaft im Standort bevor. Für das AB-8 winkte bald eine neue Zusatzaufgabe: der Umzug nach Schwerin.

Das Aufklärungsbataillon 8 von 1965-1969 – Militärische Feierlichkeiten und Rituale

Appelle der Truppenteile und Einheiten in Paradeuniform erfolgten im Verlauf des Ausbildungsjahres nur zu besonderen Anlässen. Dazu gehörten der jeweilige Beginn des Ausbildungshalbjahres, der Tag der NVA am 1. März sowie der Tag der Republik am 7. Oktober. Darüber hinaus gab es besondere Anlässe. Zum Appell traten die Truppenteile und Einheiten auf ihrem Appellplatz an. Dann erfolgte der feierliche Einmarsch der Truppenfahne mit dem Fahnenkommando: ein Unteroffizier/Fähnrich mit Pistole bewaffnet und zwei Offiziere als Fahnenbegleiter mit Säbel sowie eine nachfolgende Ehrenformation. Die Einheiten verharrten im „Stillgestanden" unter der Ehrenbezeigung ihrer Einheitskommandeure.

Es folgten Befehle über Belobigungen und Beförderungen, Ansprachen und dgl. Bei der Beglückwünschung der Offiziere, Fähnriche, Unteroffiziere, Soldaten und Zivilbeschäftigten der NVA aus Anlass des Tages antwortete der Chor der angetretenen Einheiten mit einem schallenden, dreifachen „Hurrah" (auf diese Begrüßungsformel reagiert auch heute noch jeder länger gediente Soldat). Mit einem abschließendem Vorbeimarsch vor den Führungen der Truppenteile und Einheiten sowie ggf. anwesenden Ehrengästen und Zuschauern endete die militärische Zeremonie.

1966: Das Fahnenkommando mit den Fahnenbegleitern Hauptmann Jürgen Bühring und Hauptmann Burkhard Heise. Fahnenträger: Stabsfeldwebel Walter Hofmann.

1965-1969 – Öffentlichkeitsarbeit, Sport und Freizeit im Aufklärungsbataillon 8

1967:

a: Besuch einer Abordnung des Aufklärungsbataillons 8 in Bützow zu einer Veranstaltung in der Patenschule.

b: Bei obiger Veranstaltung: Kruse, Kellermann, Mann, Schenke.

1965 Sportfest: 1,45 im Hochsprung.

Freizeitsport hatte eine breite Basis in vielen Sportarten und Sportgruppen der ASG, der jeweiligen Armeesportgemeinschaft. Höhepunkte bildeten natürlich zentrale Sportfeste oder Meisterschaften in einzelnen Disziplinen.

Das Aufklärungsbataillon 8 von 1969 bis 1981 in der Kaserne Johannes-Stelling-Straße in Schwerin

1969 im November verlegte das Aufklärungsbataillon 8 von Stern Buchholz in die Johannes-Stelling-Straße von Schwerin („Alte Artilleriekaserne"), wo es bis 1981 verblieb.

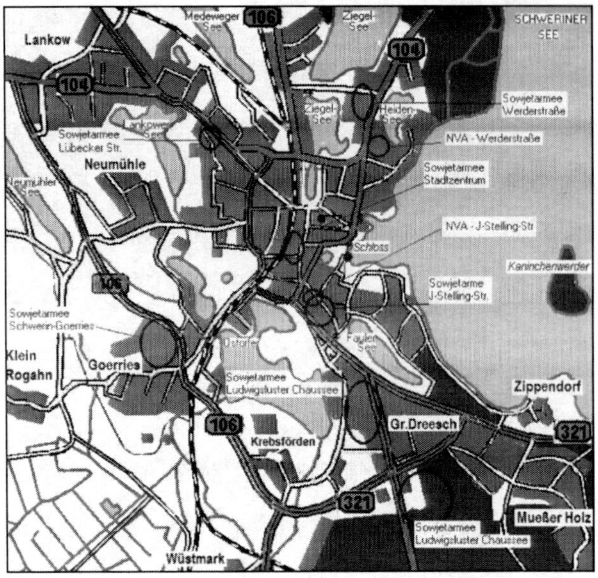

Unten: Fotos vom 14. 8. 2004 und später, von der ehemaligen Kaserne in der Johannes-Stelling-Straße.

d-g: Der Eingangsbereich der Kaserne in der Johannes-Stelling-Straße (im Weiteren nur Stellingstraße genannt) von Schwerin.

Der Technikpark lag unmittelbar links vor dem großen Torbogen, hinter der auf dem Bild d sichtbaren Mauer. Dahinter befanden sich die Tankstelle und die Bataillonswerkstatt. In dieser Kaserne befanden sich neben dem Aufklärungsbataillon 8 noch die Führungsbatterie TLA des Chefs Truppenluftabwehr (CTLA) und das Musikkorps der 8. MSD sowie die Flak-Abteilung 8. Diese verlegte beim Einzug des Aufklärungsbataillons 8 nach Stern Buchholz.

Die Parole des Soldaten: Normen, Ordnung, gute Taten

Befehl allein? Nein. Kollektivarbeit!

Der Rauhreif vermag dem ungefügen Backsteingemäuer nichts von seinem Potentialprotz zu nehmen. Mehr als ein Jahrhundert lastet auf den Zinnen dieser Bilderbuchburg. 1856 ließen „Königliche Hoheit" den Grundstein für die Kaserne legen, 1862 zogen die Artilleristen des Mecklenburger-Schwerinschen Großherzogs mit „klingendem Spiel" durch das Tor.

„Die alte Artilleriekaserne ist das älteste Kasernengebäude unserer Stadt", verrät uns der Direktor des Schweriner Stadtarchivs und beweist es anhand dicker Folianten. Wenn die Soldaten der Einheit Müller beginnen, die Vergangenheit der „Burg" zu durchforschen, werden sie auf so manches interessante Detail stoßen. Auch der berüchtigte Lettow-Vorbeck hat hier residiert, im selben Raum, in dem heute Oberstleutnant Müller arbeitet. Das Äußere des alten Steinklotzes läßt sich kaum wandeln, das Innere um so mehr, und das wiederum nicht nur äußerlich.

Eine harte Nuß

Major Mendel, der Parteisekretär der Einheit, hört aufmerksam unser Anliegen an. Dann entschuldigt er sich für eine Minute und holt Major Wellisch hinzu.

„Erst am 1. November 1969 haben wir diesen alten Kasten bezogen", berichtet der Stellvertreter für Rückwärtige Dienste. „In diesen wenigen Wochen läßt sich natürlich nichts Umwälzendes vollbringen. Die Unterkünfte der Soldaten mußten hergerichtet werden, die Kompanieklubs, das Küchengebäude, der Speisesaal. Gleichzeitig galt es, die vielgestaltige Ausbildungsbasis zu schaffen. Und dann der Gefechtspark! Das war und ist eine harte Nuß!"

„Und diese Nuß kann kein Kommandeur allein knacken", flicht Major Mendel ein. „Allein in den beiden letzten Monaten des vergangenen Jahres schufen unsere Soldaten einen Wert von 2484 Mark, der auf unser Verwahrkonto kam. 1970 wollen wir Werte von annähernd 19 000 Mark erarbeiten."

„Nennen wir nur die Entwässerung. 700 laufende Meter Gräben, 1,20 bis 1,50 Meter tief, werden wir selbst ausschachten. Hinzu kommt, daß wir uns eine Seewasserentnahmestelle bauen, um die Trinkwasserversorgung der Stadt nicht zu belasten. Kann man solche Aufgaben lediglich durch Befehle lösen?"

Kann man das? Dieser Frage des lebens- und parteierfahrenen Offiziers nachzugehen, scheint den Aufschluß zu geben.

Reserve hilft

Stabsfeldwebel Speer, dieser Name fiel mehrfach in unserer Unterhaltung mit dem Parteisekretär. Er ist einer der Schrittmacher der Einheit Müller. Die Wasserleitung zum Tanklager und dessen Beleuchtung, die Maler- und Tischlerarbeiten im Bereich der rückwärtigen Dienste, der Ausbau des Klubs – alles ist mit seinem Namen verbunden.

„Das sind doch alles Selbstverständlichkeiten", wehrt der grauhaarige Genosse ab. „Ich bin für das Tanklager verantwortlich, folglich muß ich es so herrichten, wie es den Vorschriften entspricht. Das ist alles."

Seit fünfzehn Jahren trägt der Stabsfeldwebel die Uniform, seit vierzehn Jahren ist er mit Versorgungsaufgaben betraut. So reich an Erfahrungen ist kein zweiter Unteroffizier der Einheit. Gut, vieles ist für ihn längst selbstverständlich ...

„Wer so lange Soldat ist wie ich, der hat mit vielen Genossen zusammengearbeitet, die nun schon längst Reservisten sind. Mit ihnen arbeite ich gut zusammen; sie helfen uns, so wie ich ihnen helfe", Genosse Speer lächelt. „Wir werden die alte ‚Burg' schon wieder in Schuß bringen. Daß wir Kommunisten dabei der FDJ-Grundorganisation Vorbild sein müssen, das ist doch wohl klar."

Gesungenes Echo

„Das hier ist der Klub der 2. Kompanie", erklärt Oberleutnant Schumann. „Um ihn so rasch wie möglich herzurichten, haben die Genossen an vielen Wochenenden Maler gespielt, Tischler, Dekorateur."

Gemeinsam mit dem FDJ-Sekretär gehen wir durch die Kaserne. Unterschiedlich sind die Reviere. Die einen tragen bereits ein lichtes Farbkleid, andere sind noch von frischen Putzstellen gefleckt. In den Waschräumen sind Fliesenleger am Werk.

Auch der Klub der 4. Kompanie bekommt Gesicht. Die Genossen dieses Kampfkollektivs bilden den Kern des Chors, der kürzlich den ersten Platz im Verband Klenner errang. „Gemeinsam mit der Singegruppe unserer Nachbareinheit wollen wir einen Soldatenchor für den Standort entwickeln, der mit dem Standortmusikkorps auftreten soll", erzählt Oberleutnant Schumann. „Wir spüren bereits heute, daß sich mit der Wandlung der Umgebung,

Das alte Gemäuer erforderte vor dem Einzug des Aufklärungsbataillons allerhand Anstrengungen, um den Anforderungen an Unterkünfte, Diensträume, Kampftechnik usw. zu genügen.

In der Stellingstraße dienten u. a. im Aufklärungsbataillon 8:

Eberhard Baethke; Oberstleutnant a. D.: September 1969-1974: Zugführer in der 1. Kompanie (Schwimmpanzerkompanie) des Aufklärungsbataillons 8 in Schwerin-Stern Buchholz; 1974-1977: Kompaniechef der 1. Kompanie (Schwimmpanzerkompanie) des Aufklärungsbataillons 8 in Schwerin; Oktober 1978-1982: Stellvertreter des Kommandeurs und Stabschef des Aufklärungsbataillons 8 in Schwerin/Hagenow; 1982-Juni 1989: Kommandeur des Aufklärungsbataillons 8 in Hagenow;

Ulrich Betzel; Major a. D.: 1970-1972: Stellvertreter des Kommandeurs und Stabschef des Aufklärungsbataillons 8 in Schwerin; 1972-1973: Kommandeur (m. d. F. b.) des Aufklärungsbataillons 8 in Schwerin; 1973-1977: Stellvertreter des Kommandeurs und Stabschef des Aufklärungsbataillons 8 in Schwerin;

Kuno Freese; Oberstleutnant a. D.: 1978-1981: Zugführer in der 3. Kompanie im Aufklärungsbataillon 8 in Schwerin; 1981-1982: Kompaniechef der 1. Aufklärungskompanie, Aufklärungsbataillon 8 in Hagenow; 1982-1986: Stellvertreter des Stabschefs im Aufklärungsbataillon 8; 1986-1988: Stellvertreter des Kommandeurs und Stabschef im Aufklärungsbataillon 8; 1989: Oberoffizier Aufklärung in der Unterabteilung Aufklärung der 8. MSD in Schwerin; 1989-1990: Kommandeur des Aufklärungsbataillons 8 in Hagenow;

Klaus-Jürgen Gellentin; Stabsfähnrich a. D.: Dezember 1980-Oktober 1983: Zugführer in der Aufklärungskompanie des MSR-27; November 1983-September 1990: Zugführer des selbstständigen Fernaufklärungszuges im AB-8 in Hagenow;

Axel Gerlach; Oberstleutnant a D.: Oktober 1976-Oktober 1980: Kompaniechef der 4. Kompanie des Aufklärungsbataillons 8; November 1980-1990: Oberoffizier Information in der Unterabteilung Aufklärung der 8. MSD;

Klaus Hallmann; Ing., Major a. D.: 1970-1975: Offizier für Bewaffnung im Aufklärungsbataillon 8 in Schwerin;

Rainer Hartmann; Dipl.-Gesellschaftswissenschaftler, Major a. D.: Juli 1980-Oktober 1982: FDJ-Sekretär des Aufklärungsbataillons 8;

Hans-Joachim Hauswald; Hochschul-Ingenieur-Ökonom, Major a. D.: 14. 8. 1976-30. 11. 1976: Gruppenführer einer Fernaufklärungsgruppe im Aufklärungsbataillon 8; 1. 12. 1976-30. 10. 1980: Zugführer eines SPW/SPz-Zuges im Aufklärungsbataillon 8; 1. 11. 1980-31. 8. 1982: Kompaniechef im Aufklärungsbataillon 8;

Günter Lenz; Dipl.-Mil., Major a. D.: 1975-1976: Zugführer in der 2. Aufklärungskompanie des Aufklärungsbataillons 8; 1976-1977: Zugführer in der 1. Aufklärungskompanie des Aufklärungsbataillons 8; 1977-1978: Kompaniechef (m. d. F. b.) der 1. Aufklärungskompanie des Aufklärungsbataillons 8; 1978-1979: Kompaniechef der 1. Aufklärungskompanie des Aufklärungsbataillon 8; 1. 9. 1979-31. 8. 1980: Oberoffizier Aufklärung im MSR-27 in Schwerin-Stern Buchholz; 1. 9. 1984-31. 8. 1987: Oberoffizier Aufklärung in der Unterabteilung Aufklärung der 8. MSD in Schwerin; 1. 9. 1987-3. 10. 1990: Leiter der Unterabteilung Aufklärung der 8. MSD;

Hans-Eberhard Linke; Diplom-Gesellschaftswissenschaftler, Oberstleutnant a. D.: September 1975-Oktober 1976: Zugführer in der 1. Kompanie (Panzerkompanie) des AB-8 in Schwerin; November 1976-August 1980: FDJ-Sekretär des AB-8 in Schwerin;

Gerhard Motschko; Dipl.-Mil., Oberst a. D.: 1969-1972: Gruppenführer einer Fernaufklärungsgruppe im AB-8 in Stern Buchholz; 1. 12. 1972-31. 10. 1973: FDJ-Sekretär im AB-8 in Schwerin; 1. 11. 1973-31. 8. 1974: Stellvertreter des Stabschefs im AB-8; 1. 9. 1978-30. 9. 1980: Oberoffizier Aufklärung in der Unterabteilung Aufklärung der 8. MSD in Schwerin; Oberoffizier Information in der Abteilung Aufklärung des MB-V in Neubrandenburg; 1. 10. 1980-14. 8. 1984: 15. 8. 1984-31. 3. 1988: Hauptfachlehrer Aufklärung/Division an der Militärakademie „Friedrich Engels" in Dresden;

Bernd Müller; Dipl.-Ges.-Wissenschaftler, HS-Ingenieur, Oberstleutnant a. D.: 1978-1981: Stellvertreter des Kommandeurs für Politische Arbeit des AB-8 in Schwerin;

Norbert Neumann; Ing., Major a. D.: Oktober 1979-1983: Parteisekretär im Aufklärungsbataillon 8 in Schwerin und Hagenow; 1983-August 1989: Stellvertreter des Kommandeurs für Politische Arbeit im AB-8 Hagenow;

Alfred Nikele; Dipl.-Mil., Oberst a. D.: 1970-1972: Zugführer in der 2. Kompanie des AB-8 in Schwerin; 1972-1976: Zugführer in der 3. Kompanie AB-8 in Schwerin; 1981-1982: Kommandeur AB-8 in Schwerin/Hagenow;

Rainer Paskowsky; Dipl.-Lehrer; Major a. D.: 1. 12. 1958-31. 1. 1959: Aufklärer in der Aufklärungskompanie des MSR-27; 1. 2. 1959-30. 11. 1959: SPW-Kommandant in der Aufklärungskompanie des MSR-27; 1. 12. 1959-August 1960: Zugführer SPW-Zug in der Aufklärungskompanie des MSR-27; 1970-1978: 1. Stellvertreter/Stellvertreter für Ausbildung des Bataillonskommandeurs im AB-8 in Schwerin, 1971-1972 mit der Führung des Bataillons beauftragt;

Hilmar Pohlan; Ing., Oberstleutnant a. D.: 1. 09. 1970-15. 10. 1977: Zugführer (PSNR-1) in der 4. Kompanie /AB-8 in Schwerin;

Peter Porschat; Oberstleutnant a. D.: Juni 1972- Juni 1974: Offizier Chemische Dienste im AB-8 in Schwerin;

Dieter Schlender; Diplom-Militärwissenschaftler, Oberstleutnant a. D.: 1972-1980: Zugführer in der 1. Kompanie des AB-8 in Schwerin; 1980-1982: zeitweilig Kompaniechef der 1. Kompanie/Stellvertreter des Stabschefs AB-8 in Schwerin/Hagenow;

Winfried Spiller; Dipl.-Ges.-Wissenschaftler, Oberstleutnant a. D.: 1. 9. 1973-1. 8. 1976: Parteisekretär im AB-8 in Schwerin;

Edgar Stein; Dipl.-Gesellschaftswissenschaftler, Oberstleutnant a. D: 1972-1974: Zugführer im AB-8 in Schwerin: 1974-1976: FDJ-Sekretär im AB-8 in Schwerin;

Dieter Stüwe; Ing., Oberstleutnant a. D.: 1970-1971: Offizier KFZ-Dienst im Aufklärungsbataillon 8;

Wolfgang Wehnert; Oberstleutnant a. D.: 1970-1974: Stellvertreter des Kommandeurs für Politische Arbeit im Aufklärungsbataillon 8;

Winfried Mattutat; Hauptmann a. D.: Von September 1978: Zugführer in der 1. Kompanie des Aufklärungsbataillons 8; ab 1979: Kompaniechef der 1. Kompanie AB-8; ab 1981 in Hagenow: Stellvertreter des Kommandeurs für Ausbildung AB-8; ab 1982 oder 1983: Stellvertreter des Kommandeurs und Stabschef AB-8;

Manfred Wieser; Zugführer in der FuFuTaK, keine weiteren Angaben;

Tarassow, Harry; Diplom-Militärwissenschaftler, Oberstleutnant a. D.: 1971-1975: Fernaufklärungsgruppenführer im Aufklärungsbataillons 8; Ende 1978-August 1981: Oberoffizier Aufklärung/StSC im MSR-29 in Prora; August 1983-1986: Oberoffizier Spezialaufklärung in der Abteilung Aufklärung des Kommando LaSK in Potsdam; 1986-1990: Fachgruppenleiter Aufklärung an der OHS „Otto Winzer" in Prora;

1979;

a: 1. Kompanie, Leutnant Schacht, Oberleutnant Kl.-Dieter Urbschat, Leutnant Winfried Mattutat, Oberleutnant Günter Lenz;

b: Leutnant Schliemann, Leutnant Wenzel, Leutnant Dietrich Schacht, Leutnant Winfried Mattutat, Oberleutnant Günter Lenz.

1979 Übergabe der 1. Kompanie an Leutnant Mattutat durch Oberleutnant Lenz.

c: Oberfeldwebel Schumacher Leutnant Mattutat, Stabsfeldwebel Walter Hoffmann, Oberleutnant Lenz.

e: Stabsfeldwebel Walter Hoffmann, Leutnant Horst Nörenberg.

f:. Leutnant Gerhard Motschko und Leutnant Horst Nörenberg.

g-h: Major Wolfgang Wehnert, Hauptmann Winfried Spiller.

a: Major Ulrich Betzel;

b: Oberleutnant Gerhard Goldschmidt;

1977:

c-e: *„Exerzierbesichtigung" zur Abschlussüberprüfung (ASÜ) in der Kaserne.*

Es begann mit einem Appell des Truppenteils und dort mit der „Befragung", scherzhaft als Offiziersballett oder nach der Fernsehsendung: „Karl Gass: Sind Sie sicher?" genannt! Die „Befragung" umfasste einen Wissenstest zum militärischen Grund- und Spezialwissen, manchmal recht formal, aber auch zu Kenntnissen über die jeweiligen Untergebenen, so etwa: Name, Vorname, Geburtstag, Familienstand, wann das letzte Mal in Urlaub etc.

d: R, Paskowsky; H. Zappe; R. Schumann; J. Ewert; J. Wernicke; M. Lietke; H-E. Linke

Das AB-8 1969-1981 – Ausbildung, Einsätze, Strukturen mit ihren Änderungen usw.

Nach Beziehen der Kaserne in der Stellingstraße erhielt die 4. Kompanie einen Flur über dem Speisesaal, mit einem Turm und Bodenräumen. Die Auswerter zogen in einen Raum unterhalb der Dachterrasse des Turmes. Auf dem Turm standen Antennen. In den Dachräumen entstanden Lehrklassen.

1969 begann bald danach eine Inspektion durch das Ministerium für Nationale Verteidigung der DDR.

Die 3. Kompanie hatte 1969 den SPW 40-P erhalten und wurde auf fünf FAG erweitert.

1969/1970 im 1. AHJ stellte sich der 2. Zug der 2. Kompanie, Zugführer Unterleutnant Horst Nörenberg, das Ziel, den Titel „Bester Zug" zu erreichen.

Kompaniechefs im Ausbildungsjahr:

1. Aufklärungskompanie	Oberleutnant Helmut Kowalkowski
2. Aufklärungskompanie	Oberleutnant Burkhard Heise
3. Aufklärungskompanie	Oberleutnant Wolfgang Ness
4. Funk- u. Funktechnische Aufklärungskompanie	Hauptmann Horst Rosenblatt

1970, in der Zeit vom 16. bis zum 21. Februar nahm der Stab des Bataillons an der Kommandostabsübung „Kristall" teil.

Am 5. Juni 1970 wurde das Aufklärungsbataillon 8 alarmiert. Nach der Herstellung der „Erhöhten Gefechtsbereitschaft" (EG) nahm das Bataillon teil an der Divisionsübung der 8. MSD „Sommer 70", im Bestand der 2. Garde-Panzer-Armee der Sowjetarmee. Das Bataillon konnte alle Aufklärungsaufgaben im Verlauf der Übung mit guten Ergebnissen lösen.

Am 26. Juni 1970 übernahm Leutnant Horst Nörenberg von Hauptmann Burghard Heise die 2. Aufklärungskompanie.

Von September bis zum 01. Dezember 1970 gab es umfangreiche Veränderungen im Stab des Bataillons:

Hauptmann Klaus Kellermann erhielt die Versetzung zum Studium an der Militärakademie (MAK) „Friedrich Engels" in Dresden, die Dienststellung als neuer 1. Stellvertreter übernahm Hauptmann Rainer Paskowsky.

Auch Hauptmann **Walter Stagge**, StKPA AB-8 von 1967-1970 (Bild), ging zur Militärakademie.

Seine Stelle als Stellvertreter des Kommandeurs für Politische Arbeit übernahm Hauptmann Wolfgang Wehnert.

Major Sepp Trupp versetzte man nach Naumburg, neuer Stellvertreter des Kommandeurs und Stabschef wurde Major Ulrich Betzel.

Major Franz Wellisch ging zum Stab der Division, seine Funktion als Stellvertreter des Kommandeurs für Rückwärtige Dienste übernahm Major Kurt Schäfer.

Hauptmann Adolf Schulze wurde ins MSR-27 versetzt. Als neuer Offizier Bewaffnung handelte nun Oberleutnant Klaus Hallmann.

Hauptmann Jürgen Bühring erhielt die Versetzung in das Nachrichtenbataillon 8. An seine Stelle als Offizier Kfz-Dienst trat Oberleutnant Dieter Stüwe.

Bei der Auswertung des Ausbildungsjahres 1969/1970 erreichte das Aufklärungsbataillon 8 unter den selbstständigen Bataillonen der Division den 1. Platz.

Durch den Kommandeur der 8. Motorisierten Schützendivision wurden ferner die 4. Kompanie als „Beste Kompanie“ sowie der 1. Zug der 4. Kompanie als „Bester Zug“ ausgezeichnet.

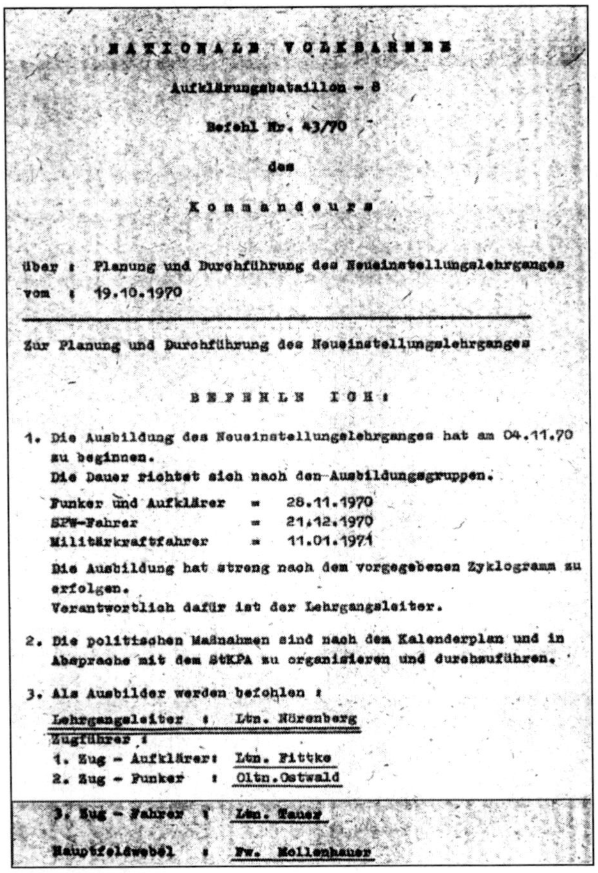

NATIONALE VOLKSARMEE

Aufklärungsbataillon – 8

Befehl Nr. 43/70

des

Kommandeurs

über : Planung und Durchführung des Neueinstellungslehrganges
vom : 19.10.1970

Zur Planung und Durchführung des Neueinstellungslehrganges

BEFEHLE ICH:

1. Die Ausbildung des Neueinstellungslehrganges hat am 04.11.70 zu beginnen.
Die Dauer richtet sich nach den Ausbildungsgruppen.
Funker und Aufklärer = 28.11.1970
SPW-Fahrer = 21.12.1970
Militärkraftfahrer = 11.01.1971
Die Ausbildung hat streng nach dem vorgegebenen Zyklogramm zu erfolgen.
Verantwortlich dafür ist der Lehrgangsleiter.

2. Die politischen Maßnahmen sind nach dem Kalenderplan und in Absprache mit dem StKPA zu organisieren und durchzuführen.

3. Als Ausbilder werden befohlen :
Lehrgangsleiter : Ltn. Nürenberg
Zugführer :
1. Zug – Aufklärer: Ltn. Fittke
2. Zug – Funker : Oltn. Ostwald
3. Zug – Fahrer : Ltn. Tauer
Hauptfeldwebel : Fw. Mollenhauer

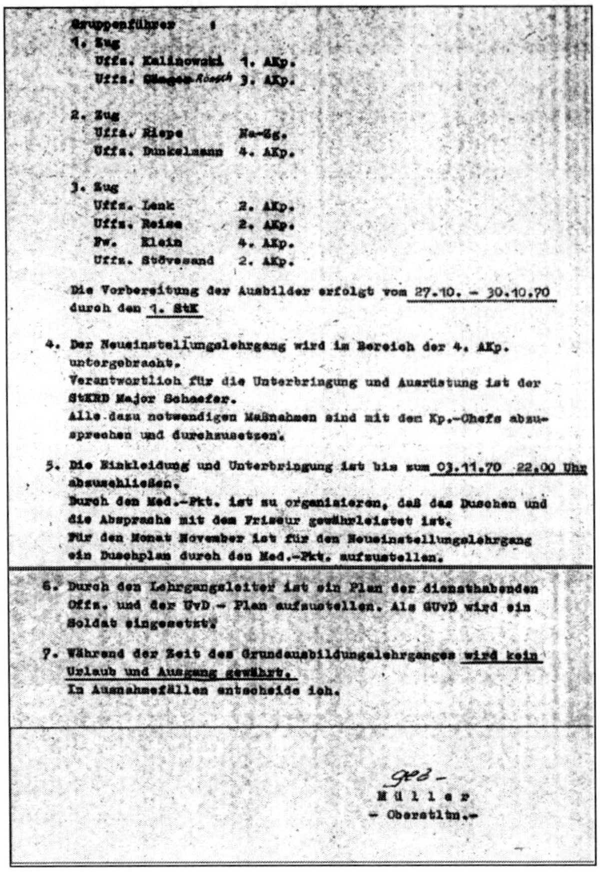

Gruppenführer :
1. Zug
Uffz. Kalinowski 1. AKp.
Uffz. ~~Gängen~~ Rösch 3. AKp.

2. Zug
Uffz. Riepe Na-Zg.
Uffz. Dunkelmann 4. AKp.

3. Zug
Uffz. Lenk 2. AKp.
Uffz. Reise 2. AKp.
Fw. Klein 4. AKp.
Uffz. Stövesand 2. AKp.

Die Vorbereitung der Ausbilder erfolgt vom 27.10. – 30.10.70 durch den 1. StK

4. Der Neueinstellungslehrgang wird im Bereich der 4. AKp. untergebracht.
Verantwortlich für die Unterbringung und Ausrüstung ist der StKRD Major Schaefer.
Alle dazu notwendigen Maßnahmen sind mit den Kp.-Chefs abzusprechen und durchzusetzen.

5. Die Einkleidung und Unterbringung ist bis zum 03.11.70 22.00 Uhr abzuschließen.
Durch den Med.-Pkt. ist zu organisieren, daß das Duschen und die Absprache mit dem Friseur gewährleistet ist.
Für den Monat November ist für den Neueinstellungslehrgang ein Duschplan durch den Med.-Pkt. aufzustellen.

6. Durch den Lehrgangsleiter ist ein Plan der diensthabenden Offz. und der UvD – Plan aufzustellen. Als GUvD wird ein Soldat eingesetzt.

7. Während der Zeit des Grundausbildungslehrganges wird kein Urlaub und Ausgang gewährt.
In Ausnahmefällen entscheide ich.

gez. –
Müller
– Oberstltn. –

1970 *a-b: Originale von einer schriftlichen Befehlserteilung im Aufklärungsbataillon 8.*

Für besondere Handlungen gab es schriftliche Befehle. Für einfachere Aufgaben genügte die Unterschrift bzw. die Bestätigung des Vorgesetzten. Andere wiederum erforderten ihre Registrierung als Befehl des Kommandeurs des Truppenteils.

1970 in der Zeit des Feldlagers vom 28. August bis 4. September fand auf dem Truppenübungsplatz Klietz das erste Gefechtsschießen im gemischten Bestand der Aufklärungsgruppen aus der 1. und 2. Aufklärungskompanie statt.

Der Ausrüstungsstand der Kompanie ist somit komplett.

Die Besetzung der 4. Kompanie:

Kompaniechef Oberleutnant Bernd Hofmann, Neu: StKCPA Oberleutnant Friedo Schiriot

Zugführer:

1. Leutnant Hilmar Pohlan,
2. Oberleutnant Mark-Richard Ostwald,
3. Unterleutnant Jürgen Rohde,

AWZ Oberleutnant Hartmut Winterfeldt,

Es gibt keinen Stellvertreter mehr für den technischen Bereich, dafür aber die Schirrmeister Kfz: Feldwebel Sarunski, Schirrmeister Funk: Feldwebel Pelze, Feldwebel Giel: tragbare Fu-Mess-Ger. S 10

c: Die 4. Aufklärungskompanie erhielt 1… den Peiler R 363 auf Zil-157 mit R-323:

1971 am 29. Juni erfolgte die Vorstellung der Musterausbildungsbasis des Standortes Stern Buchholz für die Schulungsgruppe des Ministers für Nationale Verteidigung der DDR. Bei dieser

Vorstellung hatte die 2. Aufklärungskompanie des Aufklärungsbataillons 8 das Training der Elemente der Sturmbahn zu demonstrieren.

Im August 1971 war die Elbe bei Nacht im Verlauf der Divisionsübung der 8. MSD zu forcieren. Die SPW- und Schwimmpanzer-Besatzungen überwanden die Elbe in dieser Form erstmalig. Daher blieb es als ein ganz besonderes Erlebnis in Erinnerung.

Alle vier Kompanien des Aufklärungsbataillons 8 erhielten zum Abschluss des Ausbildungsjahres 1970/1971 die Auszeichnung als „Beste Kompanie".

1972 im Juli überstand die 2. Aufklärungskompanie eine Überprüfung der Komplexausbildung, einschließlich eines 45 km-Marsches, mit einem guten Ergebnis.

Zum Ausbildungsprogramm im Feldlager auf dem Truppenübungsplatz Klietz in der Zeit vom 9. bis 20. August 1972 gehörte das Schießen der 2. und 3. Einzelgefechtsübung mit dem Turm-MG 14,5 mm KPWT und das Gefechtsschießen der Aufklärungsgruppen.

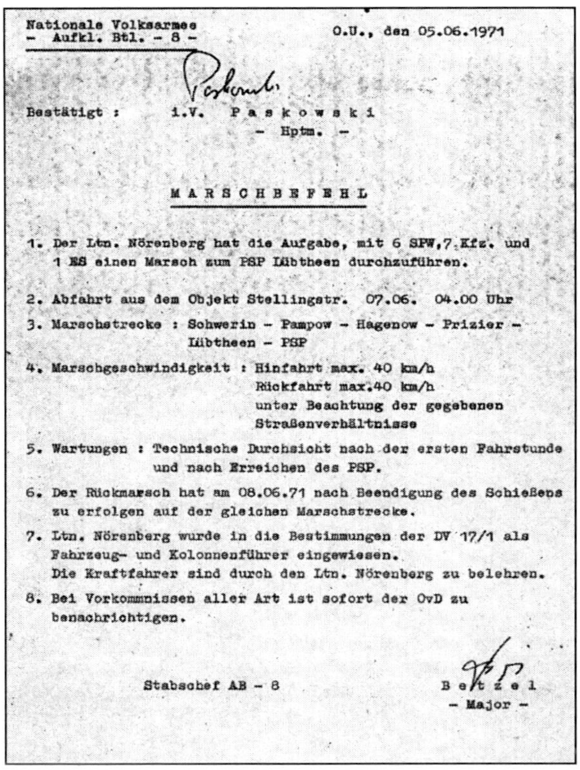

Nationale Volksarmee
- Aufkl. Btl. - 8 -

O.U., den 05.06.1971

Bestätigt : i.V. Paskowski
- Hptm. -

M A R S C H B E F E H L

1. Der Ltn. Nörenberg hat die Aufgabe, mit 6 SPW, 7 Kfz. und 1 ES einen Marsch zum PSP Lübtheen durchzuführen.
2. Abfahrt aus dem Objekt Stellingstr. 07.06. 04.00 Uhr
3. Marschstrecke : Schwerin - Pampow - Hagenow - Prizier - Lübtheen - PSP
4. Marschgeschwindigkeit : Hinfahrt max. 40 km/h
Rückfahrt max. 40 km/h
unter Beachtung der gegebenen Straßenverhältnisse
5. Wartungen : Technische Durchsicht nach der ersten Fahrstunde und nach Erreichen des PSP.
6. Der Rückmarsch hat am 08.06.71 nach Beendigung des Schießens zu erfolgen auf der gleichen Marschstrecke.
7. Ltn. Nörenberg wurde in die Bestimmungen der DV 17/1 als Fahrzeug- und Kolonnenführer eingewiesen.
Die Kraftfahrer sind durch den Ltn. Nörenberg zu belehren.
8. Bei Vorkommnissen aller Art ist sofort der OvD zu benachrichtigen.

Stabschef AB - 8

B e t z e l
- Major -

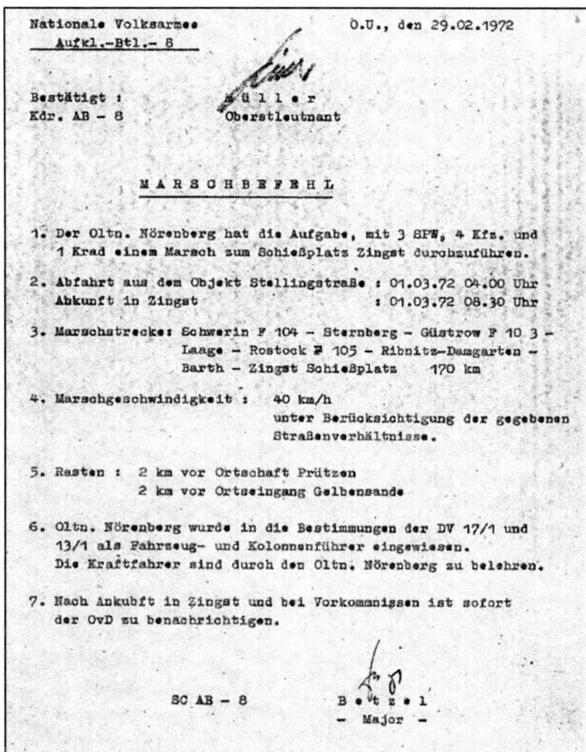

Nationale Volksarmee
Aufkl.-Btl.- 8

O.U., den 29.02.1972

Bestätigt : Müller
Kdr. AB - 8 Oberstleutnant

M A R S C H B E F E H L

1. Der Oltn. Nörenberg hat die Aufgabe, mit 3 SPW, 4 Kfz. und 1 Krad einen Marsch zum Schießplatz Zingst durchzuführen.
2. Abfahrt aus dem Objekt Stellingstraße : 01.03.72 04.00 Uhr
Abkunft in Zingst : 01.03.72 08.30 Uhr
3. Marschstrecke: Schwerin F 104 - Sternberg - Güstrow F 10 3 - Laage - Rostock F 105 - Ribnitz-Damgarten - Barth - Zingst Schießplatz 170 km
4. Marschgeschwindigkeit : 40 km/h
unter Berücksichtigung der gegebenen Straßenverhältnisse.
5. Rasten : 2 km vor Ortschaft Prützen
2 km vor Ortseingang Gelbensande
6. Oltn. Nörenberg wurde in die Bestimmungen der DV 17/1 und 13/1 als Fahrzeug- und Kolonnenführer eingewiesen.
Die Kraftfahrer sind durch den Oltn. Nörenberg zu belehren.
7. Nach Ankubft in Zingst und bei Vorkommnissen ist sofort der OvD zu benachrichtigen.

SC AB - 8

B e t z e l
- Major -

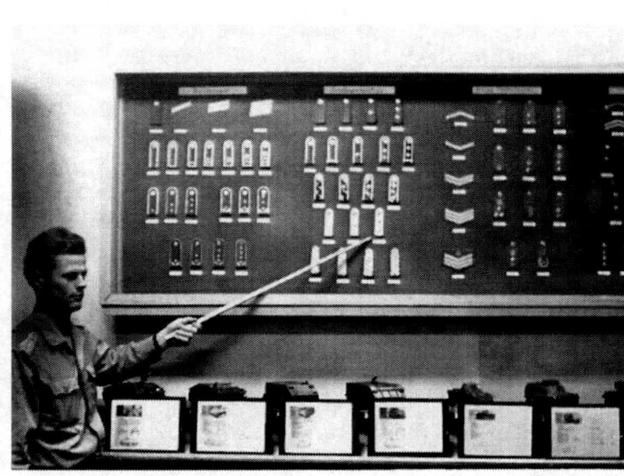

Die Ausbildung begann bei vielen Ausbildungszweigen zunächst mit theoretischen Unterrichten in Lehrklassen und thematischen Kabinetten, welche oftmals mit viel Engagement und Zeitaufwand bei minimalen finanziellen und materiellen Möglichkeiten erst in „Eigenleistung" geschaffen werden mussten. Das war in den Anfangsjahren besonders ausgeprägt, hielt sich aber hartnäckig bis zuletzt. Die „Neuererbewegung" unterstützte auch diese Tätigkeit mit Verbesserungsvorschlägen und Musteranfertigungen. Bei Einführung und Nutzung gab es neben Urkunden entsprechend dem Nutzen auch Geldprämien. Höhepunkte bildeten die MMM, die „Messen der Meister von Morgen", wo besonders wertvolle Verbesserungen und Exponate gezeigt wurden wie unten 1971 die Urkunde für Horst Nörenberg belegt. In wenigen Fällen, insbesondere bei technisch-technologischen Lösungen konnte auch mal ein Patent angemeldet werden.

URKUNDE

Dem Neuerer

Ltn. Nörenberg , AB-8

für die hervorragenden Leistungen

auf der XIV. MMM der 8. MSD

Genmeit

- Oberst -

Schwerin, den 23.07.71

c: Hauptmann R. Paskowsky, 1. Stellvertreter des Kommandeurs Aufklärungsbataillon 8
d: Die Fernaufklärungsgruppe von Leutnant Schulz

1971: In einer Basis der Fernaufklärer vom 18.-19. Mai bei Woldegk. Die Fernaufklärungsgruppe vor dem Abheben mit dem Hubschrauber Mi-4.

Einige Bemerkungen zur Ausbildung der Fernaufklärungsgruppen mit dem Einsatz von Hubschraubern in dieser Zeit: Die Planung der Flugstunden sowie die Gestaltung der Ausbildung mit dem Einsatz der Hubschrauber lag im Aufgabenbereich der Abteilung Aufklärung des Kommandos des Militärbezirkes V.

Das Aufklärungsbataillon 8 hatte bei so einer Ausbildungsmaßnahme die medizinische Sicherstellung, die Bewachung der Hubschrauber, die Verpflegung der Piloten und deren technischen

Personals sowie der Tankwagenbesatzung zu gewährleisten. Die Übernachtung des gesamten Personals wurde auch vom Aufklärungsbataillon 8 sichergestellt.

Durch das AB-8 war auf dem GST-Flugplatz Pinnow bei Schwerin (GST=Gesellschaft für Sport und Technik) ein Landekreuz auszubreiten sowie ein Sankra mit Feldscher für die Landung bereit zu stellen. Lange vor dem Eintreffen der Hubschrauber erschien ein Tankfahrzeug des Hubschraubergeschwaders.

Nach dem Eintreffen der zwei Hubschrauber vom Typ Mi-4 am Vormittag und dem Mittagessen, (die Piloten hatten einen höheren Verpflegungssatz), starteten die beiden Mi-4 unter der Leitung des Ersten Stellvertreters des Bataillonskommandeurs, Major Rainer Paskowsky, mit zwei Fernaufklärungsgruppen der 3. Fernaufklärungskompanie und flogen in Richtung Osten zur Kleinstadt Woldegk, 25 km Ost-Südost von Neubrandenburg. Drei Stunden vor dem Start verlegten im Landmarsch die Sankra-Besatzung, die Funkstation R-118, die für Funkverbindung mit den Fernaufklärungsgruppen benötigt wurde, eine Versorgungsgruppe, ein GAS-69 mit Funkstationen und der Tankwagen zum vorgesehenen Landeplatz am östlichen Ortsrand von Woldegk. Der Landeplatz befand sich in der Senke auf einer Wiese, von einem Waldstück und Hochspannungsleitungen umgeben.

Aus diesem Raum starteten dann die Hubschrauber mit den Fernaufklärungsgruppen zu den Absetzpunkten. Diese erfüllten ihre Gefechtsaufgaben nach dem Absetzen und wurden zur festgelegten Zeit am vorgesehenen Abholpunkt wieder aufgenommen, um zurückzufliegen. Gruppen, die nicht pünktlich am Abholpunkt erschienen wären, hätten die weit entfernte Basis zu Fuß erreichen müssen.

Am Folgetag nach dem Abschluss der Einsätze der Fernaufklärungsgruppen erfolgte die Rückverlegung nach Schwerin.

Ein abschließender Rundflug vom Flugplatz Pinnow über die Inseln im Schweriner See, dem Schloss, der Kaserne des Aufklärungsbataillons 8 in der Stellingstraße (jetzt das Finanzamt Schwerin) und zurück, entschädigte für die Anstrengungen der zwei anstrengenden Ausbildungstage.

a: Leutnant Dieter Tappert an der Spitze seiner Aufklärer bei der gedeckten Annäherung an ein wichtiges Aufklärungsobjekt

b-i: Fernaufklärer im Einsatz: Vorbereitung für einen Überfall, persönliche Maskierung, Anpirschen an das Überfallobjekt, Überfall und Einbringen von Gefangenen

1972/1973: Im neuen Ausbildungsjahr waren alle Ausbildungsmaßnahmen auf die zu erwartende Inspektion im zweiten AHJ ausgerichtet. Höhepunkte bildeten vom 2.-10. März 1973 das Schießen mit dem 14,5-MG auf dem Schießplatz Zingst und das Gefechtsschießen der Aufklärungsgruppe als Lehrvorführung auf dem Truppenübungsplatz Klietz.

1973, am Samstag dem 14. April um 02:33 Uhr, alarmierte der Divisionsstab das Aufklärungsbataillon 8 zur Überprüfung der „Vollen Gefechtsbereitschaft" (VG), mit der Verlegung aus dem Objekt in den Sammelraum nahe der Ortschaft Wittenförden. Alle geforderten x-Zeiten konnten durch das Bataillon eingehalten werden.

Am 1. Juni 1973 feierte die 2. Aufklärungskompanie den 5. Jahrestag ihres Bestehens.

Anfang August 1973 übernimmt Major Klaus Kellermann das Aufklärungsbataillon 8 als Kommandeur.

Der Höhepunkt des Ausbildungsjahres 1973, die Inspektion, stellte an alle Angehörigen des Aufklärungsbataillons 8 hohe Anforderungen.

Die Inspektion erfolgte vom 28. August bis 17. September, unter der Leitung des Chefs der Verwaltung Inspektion des Ministeriums für Nationale Verteidigung der DDR.

Der STKA des Aufklärungsbataillons 8, Major Rainer Paskowsky, berichtet dazu:

„Bis auf eine wichtige Aufgabe hatte das Bataillon alle Aufgaben, die zur Überprüfung standen, mit guten und sehr guten Noten abgeschlossen. Die letzte und entscheidend zu lösende Aufgabe für die Gesamtnote des Bataillons war das Schießen der 1. Kompanie mit den Schwimmpanzern. Das Schießen erfolgte auf dem Pz-Schießplatz Lübtheen und wurde vom Leiter der Inspektionsgruppe Pz-Schießen, Oberst Ratzlaff, der als besonders streng galt, abgenommen. Vor dem Aufklärungsbataillon 8 hatten die zur Überprüfung stehenden Pz-Bataillone der Regimenter der Division geschossen. Durch Unterbrechungen beim Schießen der Pz-Bataillone verschob sich das Schießen der 1. Aufklärungskompanie auf den späten Nachmittag. Wir waren also die Letzten. Während der unmittelbaren Vorbereitung verschlechterte sich das Wetter. Ein besonders dunkles Wolkenband zog über den gesamten Truppenübungsplatz Lübtheen. Als das Schießen der 1. Aufklärungskompanie begann, öffnete sich der Himmel und entlud sich seiner Last. Es regnete in Strömen.

Auf dem Kommandoturm des Pz-Schießplatzes befanden sich Oberst Ratzlaf, Major Paskowsky, Major Schumann von der Leitung des TÜP, der Leiter des Pz-Schießplatzes, ein Stabsfeldwebel, sowie der Leiter des Schießens, der Kompaniechef der 1. Aufklärungskompanie, Hauptmann Kowalkowski.

Die ersten Schützen waren der Zugführer des 1. Zuges und ein Kommandant des Zuges. Auf das Kommando „Vorwärts" setzten sich beide Schwimmpanzer sofort in Bewegung. Nach ca. 30 bis 50 Metern Fahrt tauchten die Pz-Ziele auf. Beide Panzer legten sofort einen kurzen Halt ein und schossen, trafen aber beide nicht. Auch bei den weiteren Halten wurden die Ziele nicht bekämpft. Auf eine Entfernung von 800 bis 1000 m hatten wir, bedingt durch die schlechte Sicht, Mühe, die Panzerziele vom Turm mit dem Fernglas zu erkennen. Nach der Rückkehr der Panzer zur Ausgangslinie befahl ich beide Schützen zu mir. Ich ging vom Turm und wollte die Ursache für die Verfehlung der Ziele wissen, denn beide Schützen schossen sonst immer sehr gut. Die Begründung war wie folgt: Der starke Regen, der gegen die Optik prasselte, ließ nur eine zeitweilige verschwommene Erkennung der Ziele zu. So wurde es ein Schießen mehr auf Verdacht. Zu schießen hatten 14 Schützen der Kompanie (7 Kommandanten und 7 Ladeschützen), Ein Schütze bedeutete 7,1 %. Für die Note 2 waren 80% und die Note 3 nur 70% Erfüllung erforderlich. Das bedeutete, wenn zwei weitere Schützen nicht erfüllten und das Panzerschießen der 1. Aufklärungskompanie nur mit der Note 3 erfüllt würde, könnte das Bataillon nur noch die Gesamtnote 3 erreichen. So stellte ich an Oberst Ratzlaff die Bitte, denn kein Aufklärer fährt fasst blind auf gegnerische Kräfte, das Schießen zu unterbrechen und das Ende des Wolkenbruchs abzuwarten. Die Reaktion des Oberst war wie folgt, er schaute mich abschätzend an und sagte, „aber Genosse Major, ein möglicher Krieg findet doch nicht in der Stube statt, schießen Sie weiter". Von einem Panzermann war auch kaum eine Denkweise als Aufklärer zu erwarten. Da die folgenden beiden Schützen nicht erfüllten und auch einige weitere nicht, erfüllte die Kompanie das Schießen nicht. So erreichte das Bataillon nur die Gesamtnote „befriedigend".

a: Oberfeldwebel Pagel *b: Offz. ChD Hptm. Elger, Kdr. Major Hans Senechal*

Taktik, Militärtopografie, Schutzausbildung, Schießen mit Schützenwaffen und Turmbewaffnung, Militärische Körperertüchtigung (MKE=Dienstsport), Pionierausbildung usw. bildeten eine wesentliche Grundlage für die Gefechtsausbildung der Aufklärer in den Hauptausbildungszweigen.

e: Militärische Körperertüchtigung (MKE) hieß offiziell der Dienstsport. Hier ist der Stab des Aufklärungsbataillons 8 angetreten zur MKE, geleitet vom Sport-Offizier Hauptmann Tauer.

„Übersetzen" mit dem Knotenschwimmsack. Er bestand aus der gefalteten und zusammengeschnürten Zeltplane zur Aufnahme der persönlichen Sachen. Oben drauf kam die persönliche Waffe. Gut gepackt konnte er so als Schwimmhilfe dienen. Das war die einfachste Art des Übersetzens der Aufklärer, Mot.-Schützen, u. a., geeignet vor allem bei kleineren Wasserhindernissen und nicht unangenehm bei sommerlichen Temperaturen.

Das Übersetzen mit dem kleinen Schlauchboot SB-0,5 (Tragfähigkeit 0,5 t), das zu den Pionierausrüstungsgegenständen gehörte, erforderte zwar Muskelkraft, ermöglichte aber in trockenen Sachen überzusetzen. Zusätzliche Lasten ließen sich auf diese Weise natürlich auch leichter und schneller zum anderen Ufer bringen.

Die Sprenggerätetasche zählte ebenso zur Pionierausrüstung und war sozusagen der kleinste Komplekt zur Sicherstellung einfacher Sprengarbeiten. Ihr Inhalt ermöglichte das Herstellen von Zündschnurzündverbindungen. Dazu war mindestens die Prüfung als „Sprenghelfer" (17-Stundenlehrgang) erforderlich, wobei die Leitung der Sprengarbeiten durch einen „Sprengberechtigten Waffengattungen" (40-Stundenlehrgang) oder „Pionier" (80-Stundenlehrgang) zu erfolgen hatte. Die Herstellung elektrischer Zündverbindungen erforderten die Sprengberechtigung Pionier.

Die „Umstellung der Technik" auf die Sommer- bzw. Winternutzung war das geflügelte Wort für die offizielle VTNP, die „Vorbereitung der Technik auf die neue Nutzungsperiode".

Das fand jeweils in den „Übergangsmonaten" Mai und November statt. Umfangreiche Demontatgearbeiten gehörten dazu. In jedem Fall hatte zum Ende jeden Tages die Technik gefechtsbereit abgestellt werden müssen!

a-b: Soldaten in der Arbeitskombi: Der monatliche Parktag diente ausschließlich der besonderen Pflege und Wartung von Technik und Ausrüstung.

c: Stabsfeldwebel Walter Hoffmann, Pionierschirrmeister; Major Ulrich Betzel, Stellvertreter des Kommandeurs und Stabschef; Major Wolfgang Wehnert, Stellvertreter des Kommandeurs für Politische Arbeit

d: Stabsfeldwebel Hoffmann; Major Rainer Paskowsky, 1. Stellvertreter des Kommandeurs; Oberleutnant Wolfgang Ness, Stellvertreter des Stabschefs; Major Betzel; zwei Zeichner/Schreiber und Major Wehnert.

1971 bzw. **1972** bei der Teilnahme des Stabes des Aufklärungsbataillons 8 an einer Kommandostabsübung der Division:

So sah ab und an die Stabsarbeit im Gelände aus. Dann mussten die „Chefplaner" ans Werk, so heute kaum vorstellbar! Bei sommerlichen Verhältnissen zwar beherrschbar. Regen, Schnee und Kälte wirkten sich dann indes mehr als ungünstig aus.

Der LKW LO-1800 mit normalem Kofferaufbau eignete sich nur bedingt als Stabsarbeitsfahrzeug. Es ging darin nur äußerst beengt im Sitzen oder mal gebückt zu. Er diente mehr dem Transport der erforderlichen Stabsausrüstung. Arbeiten konnte man im Inneren also weniger gut. Das kam erst später mit dem LO-1800-S, dem ausklappbaren Stabsbus, spaßeshalber „Klappfix" genannt nach einem ausklappbaren Campinganhänger aus DDR-Produktion.

Als Übergangslösung besaß das Aufklärungsbataillon 8 einen bereits ausgesonderten LKW G-5 mit Kofferaufbau, der selbstständig als Stabsfahrzeug ausgebaut wurde. Er bot bessere Bedingungen als der LO-1800.

Auch für Ruhepausen aller Stabsmitarbeiter gab es zu der Zeit für die Stabsarbeiter keinen rollenden Komfort.

a: 1. Stellvertreter des Kommandeurs, Major Paskowsky; StKRD, Major Kurt Schäfer
b: Oberleutnant Rainer Schumann, FDJ-Sekretär; StKRD
c-e: Major Ulrich Betzel und Major Franz Buhl, StKTA

1973, ab 1. November, führte man die vorher im MSR-27 erprobten Ausbildungsdokumente in den Landstreitkräften ein, wobei der Schwerpunkt im wirksamen Zusammenfügen wichtiger Ausbildungszweige zu „Ausbildungskomplexen" unter gefechtsnahen Bedingungen lag. Dabei war vorgesehen, dass etwa 60 % der Ausbildungszeit im Gelände im Zeitrahmen von 7-9 Stunden (Tag/Nacht) durchzuführen ist. Neu war, dass jedes Ausbildungshalbjahr mit einer Abschlussprüfung (ASÜ) durch die jeweils vorgesetzten Stäbe abgenommen werden musste. Neu auch die Bewertung der Leistungen der Einheiten in allen Ausbildungszweigen wie in der Sowjetarmee nach vier Noten: Note 1 "sehr gut", Note 2 „gut", Note 3 „befriedigend", Note 5 „ungenügend". Alle neuen Ausbildungsdokumente, Normenkataloge und Schießkurse hatten ab 1. Dezember 1973 volle Gültigkeit. Nun mussten die Vorgesetzten große Anstrengungen unternehmen, um die Normen der Kataloge in den Ausbildungsablauf flüssig und gefechtsmäßig einzubauen und die konkrete Abnahme dieser zu ermöglichen. Für die Erfüllung der Schießübungen wurde für die Aufklärer ständig ein intensives und unter erhöhten Anstrengungen geführtes Schießtraining im Stationsbetrieb organisiert und durchgeführt.

Nach den neu eingeführten Ausbildungsprogrammen und Normenkatalogen waren Ausbildungszweige, die im Gelände durchzuführen waren, in einem Komplex von drei bis vier Tagen auf Truppenübungsplätzen, auf zentralen Ausbildungsbasen und geeigneten Räumen in der Nähe von Schießplätzen zu planen und durchzuführen. Zusammengefasst wurden in der Regel folgende Ausbildungszweige: Taktikausbildung mit Topografieausbildung, Schutzausbildung, Pionierausbildung, Fahrausbildung und Schießausbildung. Für den jeweiligen Ausbildungszweig waren Normen aus dem Katalog einzuplanen, ihr Inhalt zu üben und abzunehmen. Bei der Möglichkeit der Nutzung von Schießplätzen bezog man Schießtraining und das Schießen von Schulübungen sowie Einzelgefechtsübungen in die Komplexe ein.

Kleines Feldlager im Rahmen einer Komplexausbildung in Stern Buchholz

1973-1974: Die Struktur des Aufklärungsbataillons 8:

Stellenbesetzung in den Kompanien

Bataillonsstab mit Nachrichtenzug und Instandsetzungs-, Versorgungs- und Transportgruppe

1. Kompanie: KC Hauptmann Helmut Kowalkowski, TA: Oberleutnant Manfred Szeppek
   1. ZF: Oberleutnant Eberhard Baethke, 2. ZF: Leutnant Dieter Schlender
2. Kompanie: KC Oberleutnant Horst Nörenberg (vorher Hauptmann Burkhard Heise)
   1. ZF: Leutnant Tesch, 2. ZF: Oberleutnant Schulz, 3. ZF: Leutnant Gerhard Veith
3. Kompanie: KC Oberleutnant Joachim Ihde (vorher Oberleutnant Alfred Nikele)
   Grp-Führer FAG: Leutnant Ihde, Leutnant Post, Leutnant Fittge, Feldwebel Schwertner, ...
4. Kompanie: KC Oberleutnant Winterfeldt (vorher Oberleutnant Hofmann)
   1. ZF: Leutnant Hepper, 2. ZF: Oberfeldwebel Hollburg, 3. ZF: Fähnrich Krause, 4. ZF: Oberleutnant Pohlan.

1973/1974 zu Beginn des Ausbildungsjahres führte man in der NVA die neue Dienstgradgruppe der Fähnriche ein. Das Bataillon erhielt laut dem STAN zehn Fähnrich-Planstellen.

Höhepunkte des ersten AHJ waren die Kommandostabsübung mit den Aufklärungseinheiten vom 4.-6. Februar 1974, die Teilnahme an der KSÜ der Division im Raum Jüterbog vom 17.-23. März 1974 und die Abschlussprüfung vom 25.-30. März 1974.

Die 2. Aufklärungskompanie erreichte den 1. Platz des Aufklärungsbataillons 8 und wurde „Beste Kompanie". Oberleutnant Horst Nörenberg übergab am 22. November 1974 die 2. Aufklärungskompanie an Oberleutnant Peter Spieß und übernahm im MSR-27 die Dienststellung des Oberoffiziers Aufklärung.

Oberleutnant Gerhard Motschko übernahm die Dienststellung des Stellvertreters des Stabschefs und Leutnant Edgar Stein die des FDJ-Sekretärs des Bataillons.

1973: Vom 28. August bis 17. September erfolgte in der 8. MSD eine Inspektion. Im Ergebnis der Nichterfüllung des Panzerschießens durch das Aufklärungsbataillons 8 erhielt das Bataillon die Note „ungenügend"! Das bedeutete letztlich für die Division das Endergebnis mit der Note 4. Die Vorschrift für die Bewertung von Übungen und Überprüfungen legte diesen strengen Maßstab an. Hauptausbildungszweige und die Kampftechnik bestimmten in allererster Linie die Bewertung. Aber auch Nebenausbildungszweige und dgl. übten u. U. ihren Einfluss diesbezüglich aus, mit einer Wertungsstufe weniger.

1974 Alle möglichen politischen und gesellschaftlichen Ereignisse waren immer der Anlass, für Kampagnen zu hohen und höheren Leistungen anzuspornen und sie mit ihnen im Rahmen der „politischen Massenarbeit" mit dem Personalbestand zu verbinden.

Ja, so war das damals. Immer ging es um die bestmögliche Erfüllung der Ausbildungsaufgaben und die Gefechtsbereitschaft. Manches scheint aus heutiger Sicht vielleicht seltsam.

pa-GESPRÄCH

Politische Massenarbeit gehaltvoll und zweckmäßig organisieren

14. Okt. 1974

Teilnehmer (v. li.)
Major Wehnert, Politstellvertreter; Hauptmann Spiller, Sekretär einer GO; Unteroffizier Thimm, Agitator; Oberleutnant Nörenberg, Kompaniechef.

rteiarbeiter: Die Agitationsordnung ıiht im Tagesdienstablauf 90 Minuten r die politische Massenarbeit vor; eine ıfgabe, von der wir wissen, daß sie rch nicht immer so bewältigt wird, wie l politisch notwendig ist. Wie werden e dieser Forderung gerecht?

uptmann Spiller: Ich glaube, wir ırfen die politische Massenarbeit ıht für sich allein genommen sehen, ıdern als Bestandteil unserer polih-ideologischen Arbeit überhaupt. ınn wir unter diesem Gesichtspunkt die Planung und Organisierung der ılitischen Massenarbeit herangehen, ınn ist es wichtig, sie entsprechend Situation in der Einheit zu gestal-

erleutnant Nörenberg: Das ist für h als Kompaniechef, der für die ınung der politischen Massenarbeit antwortlich zeichnet, entscheidend. Wir zwängen die vorgesehene Zeit – 90 Minuten – nicht in ein Dogma, nur um abhaken zu können. Wenn ich auf Grund des Ausbildungsplanes in der Gefechtsausbildung weiß, daß an bestimmten Tagen um 17.15 Uhr mit den Soldaten und Unteroffizieren Maßnahmen der politischen Massenarbeit nicht durchgeführt werden können, kommt es meines Erachtens darauf an, diese Zeit zweckmäßig in die Pausen der Gefechtsausbildung einzuordnen.

Parteiarbeiter: Die Agitationsordnung schreibt nicht abends 17.15 Uhr vor. Es geht doch wohl in erster Linie darum, diese Zeit überhaupt zu planen und dafür zu sorgen, daß die geplanten Maßnahmen organisiert vorbereitet und durchgesetzt werden. Notwendig ist, daß die Norm eingehalten wird.

Hauptmann Spiller: Ja, das ist richtig. Wir müssen bedenken, daß sich unter den Bedingungen des neuen Ausbildungsprogramms im Zusammenhang mit der Komplexausbildung ganz zwangsläufig die Zeit für die politische Massenarbeit – und nicht nur für sie, das trifft für die Partei- und FDJ-Arbeit ebenso zu – anders gestaltet.

Oberleutnant Nörenberg: Wir machen das in unserer Kompanie so: Wenn die Soldaten und Unteroffiziere in den Abendstunden zum Schießen waren oder eine andere Ausbildungsmaßnahme wahrzunehmen hatten, dann wird eine Veranstaltung, das politische Gespräch, eine Buchlesung eben in die Vormittagsstunden verlegt.

Hauptmann Spiller: Wir müssen die Maßnahmen der politischen Massenarbeit planmäßig, operativ und dennoch zielgerichtet gestalten. Ich glaube, das ist die ganze Frage. Und das verlangt eine neue Qualität!

Major Wehnert: Neue Qualität – das ist das Stichwort. Wenn wir auf das vergangene Jahr zurückblicken, so ist doch in unserer Republik durch alle Werktätigen Großes vollbracht worden. Und Anteil an der Erfolgsbilanz der DDR haben auch die Soldaten, Unteroffiziere und Offiziere der Nationalen Volksarmee. Ich glaube, das konnten wir nur erreichen, weil wir uns über den Inhalt der neuen Qualität unserer Arbeit und damit auch der politischen Massenarbeit im klaren waren. In der Einheit Kellermann gab es gute Ergebnisse in der Abschlußüberprüfung. Das heißt, die jungen Soldaten waren sich darin einig, daß sie wußten, warum sie gute Leistungen vollbringen wollten. Unter schwierigsten Bedingungen und großem persönlichem Einsatz strebten sie Höchstleistungen an.

Unteroffizier Thimm: Ich kann das bestätigen. In meiner Gruppe waren wir in einer Situation, daß wir bei einer zu lösenden Aufgabe nicht das Ziel erreichten. Zunächst gaben wir den Umständen die Schuld für unsere schlechte Note, denn wir waren recht optimistisch an sie herangegangen. In einem persönlichen Gespräch suchte ich mit meinen Genossen nach den wahren Ursachen, und wir mußten erkennen, daß wir unsere Ausbildung nicht intensiv genug genutzt hatten. Durch die ehrliche Auseinandersetzung, durch die Beantwortung der Frage, wie können wir unsere Ergebnisse verbessern und gute Leistungen vollbringen, kamen wir zur richtigen Erkenntnis. Ich möchte damit sagen, daß es wichtig ist, unsere politische Massenarbeit so truppenbezogen als möglich zu gestalten; denn die Aufgaben, die vor den Menschen der ganzen Republik stehen, treffen doch im gleichen Maße auch für die Soldaten der NVA zu.

Parteiarbeiter: Wichtig für die Führung der politischen Massenarbeit ist die kollektive Beratung des Kompaniechefs mit dem Parteigruppenorganisator, dem FDJ-Sekretär, dem Klubratsvorsitzenden und dem Vertreter der ASG. Besteht nicht die Gefahr, daß zu viele Maßnahmen durchgeführt werden?

Oberleutnant Spieß: Richtig ist, daß die kollektive Beratung entscheidend für unsere Arbeit ist. Und welchem Funktionär ist es nicht schon einmal so gegangen, daß er zu einseitig nur seine Maßnahme gesehen hat. Wichtig für unsere Arbeit ist aber nicht die Vielzahl der Maßnahmen, sondern wann wird welche Maßnahme gut durchgeführt, wann ist besser eine kulturelle Veranstaltung eingeplant, und wann ist es richtiger, sich in der FDJ-Versammlung mit Fragen der militärischen Ausbildung, mit der Vorbildwirkung der FDJler oder zum Verhalten einiger Soldaten und Unteroffiziere zur militärischen Disziplin und Ordnung auseinanderzusetzen. Ein anderes Mal muß der Parteigruppenversammlung vorbehalten bleiben, politische Unklarheiten aus dem Weg zu räumen. Entscheidend ist meines Erachtens, daß in der kollektiven Beratung geplant wird, die richtige Maßnahme zum richtigen Zeitpunkt durchzuführen.

Major Wehnert: Vielleicht noch folgenden Gedanken dazu. Nun ist Genosse Nörenberg Mitglied der Parteileitung. Er wird durch diese Funktion in hohem Maße in die Lage versetzt, die Einheit von politischer und militärischer Führung, sprich Einzelleitung, zu verwirklichen. Das heißt, daß er manche Probleme besser als andere Kompaniechefs kennt und auf ihre Lösung in Zusammenarbeit mit den Funktionären seiner Kompanie Einfluß nehmen kann. Nicht überall ist das so. Oft sind Mängel in der politischen Massenarbeit auf die unzureichende Einheit von politischer und militärischer Führung zurückzuführen.

Parteiarbeiter: Wir sprachen über die neue Qualität in der politischen Arbeit. Nun heißt das ja, unsere politische Arbeit konkreter zu gestalten und unsere oft noch sehr jungen Funktionäre besser für die Lösung dieser Aufgabe zu befähigen.

Hauptmann Spiller: Das ist ein Punkt, über den wir uns in unserer Parteileitung recht gründlich auseinandergesetzt haben. Wir kamen zu der Auffassung, zweckmäßiger mit dem Parteiauftrag zu arbeiten, d. h. die erzieherische Funktion des Parteiauftrages besser zu nutzen. So haben wir in der Mitgliederversammlung an einige Genossen konkrete Parteiaufträge für ihre politische Arbeit in der Gefechtsausbildung vergeben, über die sie dann auch wieder in der Mitgliederversammlung Rechenschaft ablegen. Wichtig erscheinen uns auch die Schulungen und regelmäßigen Beratungen mit unseren Agitatoren, Problemberatungen in der Parteileitung selbst, um uns einen einheitlichen Standpunkt zu erarbeiten.

Major Wehnert: Ich möchte die Gedanken des Parteisekretärs noch in eine andere Richtung lenken. So haben wir in der Parteileitung den Beschluß gefaßt, auf jeder Mitgliederversammlung eine Parteigruppe über ihre politische Arbeit des Monats berichten zu lassen – ähnlich dem Bericht der Parteileitung. Wir haben das bis zum Zeitpunkt dieses Gespräches erst einmal praktizieren können und hatten mit der Parteigruppe des Stabes begonnen. Ich muß sagen, das ist gar nicht immer so einfach. Denn hier müssen wir über ganz konkrete Aufgaben berichten, und das vor dem Forum der Mitgliederversammlung. Bei diesem Beschluß sind wir davon ausgegangen, besser der Verantwortung der Parteiorganisation für die Gestaltung des Inhalts der politischen Massenarbeit gerecht zu werden. Hinzu kommt: Erfahrungsaustausch ist die billigste Investition.

Oberleutnant Nörenberg: Neue Qualität heißt auch, unsere Soldaten und Unteroffiziere vor Langeweile in der politischen Massenarbeit zu bewahren. Und das hängt wohl manchmal auch damit zusammen, daß einige Genossen meinen, die politische Arbeit ließe sich aus dem Ärmel schütteln, sie können auf einmal erworbenem Wissen ausruhen.

Unteroffizier Thimm: Aus meiner Arbeit als Agitator weiß ich, daß es gerade in der politischen Massenarbeit darauf ankommt, mich auf meinen Zuhörerkreis, auf meinen Gesprächspartner einzustellen. Ich muß mich gründlich auf meine Aufgabe vorbereiten, ich darf nicht am Soldaten vorbeireden. Und ich muß die Maßnahmen führungsmäßig absichern.

Oberleutnant Spieß: Manchmal war es in der Vergangenheit noch so, daß durch Maßnahmen in der politischen Massenarbeit, die nicht die geforderte Qualität aufwiesen, die Autorität der politischen Arbeit geschwächt wurde. Man wollte etwas Gutes und hat das Gegenteil erreicht.

Oberleutnant Nörenberg: Und noch eins sollten wir über all unseren Erfolgen nicht vergessen, nämlich die Ergebnisse immer auszuwerten, sie richtig einzuschätzen und zu prüfen, wie wir die vor uns stehenden Aufgaben in der politischen Massenarbeit noch besser lösen, wie wir eine größtmögliche Stabilität in der politischen Massenarbeit erreichen können; denn es kommt nicht auf die Masse, sondern auf den Gehalt der einzelnen Maßnahmen an.

Das Gespräch führte Genossin Krafft.

1975 Das Aufklärungsbataillon 8 nahm vom 08.-13. März an der Taktischen Übung der 8. MSD „ZYKLON 75" teil.

Oberleutnant Edgar Stein berichtet: *„Ich übernahm dublierend die Aufklärungsgruppe 3 und wurde in vorderster Linie eingesetzt. Durch kluge Manöver klärte die AG etliche Ziele auf, darunter drei sehr wichtige Objekte."*

Auf Grund dieser besonderen Leistungen im Verlauf der Übung ehrte man die ZF Leutnant Friedrich und Oberleutnant Stein mit dem Leistungsabzeichen der NVA.

Die SPW-Besatzung Rickmann und Soldat Krauss haben bei der Umstellung der Technik auf Sommernutzung mit der 1 abgeschlossen.

1975: Der Leiter Aufklärung der 8. MSD, Oberstleutnant Werner Thomas, führte die Ausbildung seiner Schulungsgruppe im 2. AHJ im Grenzabschnitt Schönberg–Dömitz durch. Zu dieser Schulungsgruppe gehörten die Leitung des Aufklärungsbataillons 8 und die Oberoffiziere Aufklärung der MSR und des PR der 8. MSD.

Es gab Rekognoszierungen mit dem Offizier für Aufklärung des Grenzabschnittes, Beobachtung mit optimaler Nutzung des Grabenspiegels P, die Nutzung des Richtkreises PAB-2a und einen Topografie-Marsch.

f-g: Ausbildung der Aufklärer am Richtkreis PAB-2A, wahlweise mit Periskopaufsatz. Ein Fehler fällt sofort ins Auge: Beim Ablesen darf das Gerät nicht mehr berührt werden!

Werner Thomas, später Oberst und Chef Aufklärung der Landstreitkräfte, setzte sich nicht ohne Grund dafür ein, alle möglichen Mittel für die Aufklärung einzusetzen. In seinen Erinnerungen schreibt er auch u. a. über Mängel in diesem Bereich:

„Der festgestellte Mangel an Effektivität des Aufklärungssystems hatte seine Ursachen nicht nur im subjektiven Fehlverhalten der Aufklärer während ihrer Handlungen oder in individuellen Fehlentscheidungen bei der Organisation und Führung der Aufklärung, sondern vor allem in der unzulänglichen materiellen Sicherstellung des Zyklus Aufklären - Bekämpfen - Aufklären (Definieren des Informationsbedarfes bei der Beurteilung der Lage, Aufgabenstellung an die Aufklärung, Beschaffen und Melden, Auswerten und Verteilen der Ergebnisse an Truppen und Bekämpfungsmittel, Bekämpfen/Reagieren und erneute Aufklärung).

Als erhebliche Defizite beim Beschaffen und Melden (das AB betreffend) sowie Auswerten und Verteilen (den Divisionsstab betreffend) wurden erkannt:

- *gravierende Einschränkung der Aufklärungsbefähigung der Organe der Truppen- und Fernaufklärung bei Nacht wegen Mangels an Nachtsicht- und Wärmepeilgeräten;*
- *Abweichungen in der Genauigkeit von Zielkoordinaten der in der Tiefe der Gefechtsordnung aufgeklärten Bekämpfungsobjekte, wegen fehlender moderner Entfernungsmess- und Navigationsgeräte."*

Mit dem Richtkreis PAB-2A und den anderen gezeigten Geräten ließen sich bei Tageslicht Zielkoordinaten gut bestimmen, wobei der PAB-2A auch eine integrierte Infraroteinrichtung besaß und man also damit entsprechende Wärme-/Lichtquellen anvisieren konnte.

Mit dem PAB-2A arbeiteten die Artilleristen schon lange und die Pioniere seit der ersten Hälfte der 60-er Jahre. Der Einsatz erforderte eigentlich nur eine kurze Ausbildung und das Beachten einiger Grundsätze sowie gewöhnlich nur „wenig" Rechenkünste. Das aber setzte voraus, dass die Vorgesetzten darin gut ausgebildet waren.

Für das Richtungs- und Winkelmessen, um daraus die Entfernung sowie die Koordinaten exakt zu ermitteln, eigneten sich diese Gräte also. Zur anschließenden Berechnung war auch alles vorhanden: Kartenwinkelmesser (60 00-Stricheinteilung) mit Schwenklineal, Sinustabelle für die 60 00-Stricheinteilung. Nötig war eine Basisschnur, zweckmäßigerweise von 50 oder 100 Metern, an deren Enden Pflöcke als Fußpunkte einzuschlagen waren, die Messgeräte mit dem Lot über diese Fußpunkten aufzustellen; möglichst ein Zweitgerät mit der Grundplatte zur Winkelmessung auch ohne Einnordungsvorrichtung, beispielsweise der Grabenspiegel PA, eine topografische Karte und die Kenntnis in der Anwendung des Sinussatzes. So nutzten die Pioniere das Gerät als „Minenfeldfixiergerät", als Vermessungsgerät für das Bestimmen aller geforderten Messparameter zum Nachweis im „Minenfeldformular", somit für das exakte Wiederauffinden der Minensperre und der verlegten Minen. Wichtig war immer: Punkte im Gelände anzuvisieren, die gleichzeitig auf der Karte als Kartenzeichen vorkamen. Ließen sich zwei solcher Punkte anvisieren, konnte die auf der Karte gemessene Entfernung zueinander quasi als „Basis" der weiteren Berechnung des eigenen Standpunktes dienen.

Übrigens: Bei Übertragung der gemessenen Winkel per Kartenwinkelmesser und Schwenklineal auf die topografische Karte konnte man in vielen Fällen bereits mit hinreichender Genauigkeit den eigenen Standpunkt wie auch aufzuklärende Zielpunkte ohne nachfolgende Berechnung ermitteln.

Das kam wohl nicht genügend bei den Truppenaufklärern zur Anwendung. Die Ausbildung dafür einerseits und die Forderungen der Vorgesetzten andererseits sind in solch einem Fall immer wesentliche Grundvoraussetzungen für die Durchsetzung neuer Erkenntnisse etc.

Genutzt wurde der PAB-2A für die Ermittlung des eigenen Standpunktes zur Einstellung des Navigationsgerätes der SPW 40-P2.

Im jeweiligen Vorbereitungsmonat des Ausbildungshalbjahres bildete man die Aufklärungszugführer der Division in einer Woche auch am PAB-2A in der Ausbildungsgruppe des 1. Stv/StKA des AB-8 aus. Teilnehmer in den 70-er Jahren; MSR-27: Ltn B. Hilke, Ltn Brandenburg, Ofw W. Brust; MSR-28: Ltn D. Tappert, Ofw S. Wruck; MSR-29: nicht mehr bekannt; PR-8: Ltn K-H. Werther, Ltn. D. Lenz, Ultn J. Dlek.

1975, Stellenbesetzung der Kompanien:

1. Kompanie Hauptmann Eberhard Baethke
2. Kompanie Oberleutnant Peter Spieß
3. Kompanie Oberleutnant Alfred Nikele
4. Kompanie Hptm. Hartmut Winterfeldt

1975 fuhr Oberleutnant Hilmar Pohlan mit Oberstleutnant Hubert Müller aus der UA-Akl der 8 MSD zu einem 14-tägigen Lehrgang in das Objekt Tarnewitz bei Boltenhagen zur Volksmarine/Grenzbrigade-Küste. Bei der Ausbildung erhielten die Teilnehmer eine Unterweisung in Vorbereitung der Einführung von neuen Stationen für den FuTAZ, dem System RPS-6 auf Basisfahrzeug GAZ-66.

Der Funktechnische Zug der 4. Kompanie (FuFuTAK), lässig als „Kistenzug" bezeichnet, da die Stationen in Kisten transportiert wurden.

Personalbestand: Ein Zugführer (Offizier), zwei Gruppenführer (Unteroffiziere), 10 Soldaten, davon zwei Kraftfahrer.

Bewaffnung und Technik: Zugführer Pistole, Gruppenführer und Soldaten MPi-K; ein UAZ, ein Gas-69. Beide Fahrzeuge hatten eingebaute Regale. So war der Platz für den Personalbestand sehr beengt.

Parameter der Station: Reichweite 10 km, Horchsignale hörbar ab „Hase hoppeln" aufwärts.

Die Lagerung der Stationen im Objekt erfolgte in der Waffenkammer der Kompanie.

Die Ausbildung führte der Zugführer in eigener Zuständigkeit durch. Ausbildungsorte bildeten die Räume um Consrade, Hasenhäge, die Lankower Berge in Schwerin und der Truppenübungsplatz Lübtheen (besonders für die Aufklärung von Panzerkolonnen).

Grenzeinsätze gab es in den Räumen Dömitz, Hüttersleben und Schierke, geführt immer von Aufklärungsoffizieren der Grenztruppen. Die Stationierung erfolgte grundsätzlich in den Objekten der Grenztruppen. Im Verlauf des Grenzeinsatzes im Bereich Schierke zeigte sich die Empfindlichkeit der Station. Es konnten bei der Ausbildung an der Grenze zwei Grenzgänger aufgeklärt und durch Grenzposten festgenommen werden.

Ab **1975** handelte die 4. Aufklärungskompanie jährlich wiederholt zur Funkaufklärung im Raum Diesdorf, 25 km südwestlich von Salzwedel, im Bereich des Grenzkommandos Stendal. Hier führte die Funkwache die Aufklärung vom Turm der GT. Der Personalbestand war in Zelten untergebracht.

1975 im August erfolgte im Interesse der rationellen Ausnutzung zentraler Ausbildungsplätze des Militärbezirks V ein gemeinsames Feldlager der mit gepanzerter Technik ausgerüsteten Aufklärungseinheiten der 8.MSD.

Nach der Verlegung im Eisenbahntransport erreichten die zur Teilnahme befohlenen Einheiten das Feldlager auf dem zum Truppenübungsplatz Klietz gehörende Gelände im Raum Ebelgünde, wobei die Unterbringung des Personalbestandes in Zelten und das Abstellen der Technik auf einem gesicherten Feldpark erfolgten.

Der absolute Höhepunkt der Gefechtsausbildung bestand in der Vorbereitung und Durchführung einer taktischen Übung mit Gefechtsschießen im gemischten Bestand, wobei je Aufklärungskompanie MSR/PR ein gepanzertes Aufklärungsorgan und vom Aufklärungsbataillon 8 zwei zu handeln hatten. Auf der Grundlage einer angenommenen Gefechtssituation erfolgten die Aufgabenstellungen der Kommandeure/Kommandanten. Aufgaben waren: Taktische Handlungen beim Durchbrechen der gegnerischen Verteidigung, das Überwinden eines Wasserhindernisses (Trittsee) und das Bekämpfen von Stützpunkten des Gegners in seiner taktischen Tiefe, dargestellt durch ein tief gestaffeltes Scheibenfeld auf dem Truppenübungsplatz, das vorrangig den Einsatz der Bordbewaffnung der gepanzerten Aufklärungsfahrzeuge erforderte. Hierbei wurden gute und sehr gute Bewertungen erreicht.

Das Feldlager erlaubte außerdem die Durchführung eines Wettkampfes, ausgetragen auf einer Aufklärerkampfbahn.

Auf den mit Ausbildern besetzten Stationen wurde die Befähigung der Wettkämpfer aller Einheiten in verschiedenen Disziplinen ermittelt, wobei eine vergleichbare Bewertung des Ausbildungsstandes ermöglicht wurde.

Die den örtlichen Bedingungen angepasste Kampfbahn beinhaltete;

- das Erkennen gegnerischer Gefechtsfahrzeuge anhand von Abbildungen;
- das Ermitteln getarnter Ziele/Objekte im Gelände mit dem Doppelglas, das Ausmessen der Richtung mit dem PAB-2a und ihr Eintragen in ein Beobachtungsschema;
- Weit- oder Zielwurf mit Übungshandgranaten;
- Überwinden von Hindernissen, Erklettern eines Seiles oder Hangeln an einem gespannten Seil von Baum zu Baum;
- Beweisen der Nahkampfbefähigung durch Messerwurf, Festhaltegriff u. a;
- Inbetriebnahme einer tragbaren UKW-Funkstation sowie
- bestimmte Befähigungsnachweise in der Topografie- oder Sanitätsausbildung.

Insgesamt begünstigte das gemeinsame Feldlager den Erfahrungsaustausch zwischen den Ausbildern und das Zusammengehörigkeitsgefühl der Aufklärer.

Aufgabenstellung durch den Bataillonskommandeur des AB-8.

1976 im Februar führte das Aufklärungsbataillon 8 ein Winterlager im Raum Stern Bucholz durch. Die Temperaturen von -15° C verlangten von allen Angehörigen des Bataillons im gesamten Tagesablauf, besonders in der Ausbildung, große Anstrengungen, um die Ausbildungsziele zu erfüllen. Beim Thema Beobachtung, bei dem sich der Beobachter über einem längeren Zeitraum in seiner Beobachtungsstellung nur wenig bewegen konnte, waren die Soldaten und Unteroffiziere besonders hohen Anforderungen ausgesetzt.

Mit Zuführung der Schützenpanzer BMP löste man den liebevoll „Pitti" genannten, „langgedienten" Schwimmpanzer PT-76 ab. Der PT-76 war auf dem Land max. 45 km/h schnell, im Wasser 10 km/h. Die Reichweite betrug auf der Straße 600 km, im Gelände 500 km. Der PT-76 konnte ohne Zusatzfässer nur 300 km erreichen, mit Zusatzfässern 500 km.

Der BMP besaß in seiner Standardausrüstung insgesamt eine stärkere Bewaffnung mit einer 73 mm Glattrohr-KWK bei einer Schussentfernung von 700 m und einer automatischen Ladeeinrichtung sowie mit der PALR 9M 14 Maljutka die Schussentfernung von 500-3000 m. Dazu kam das MG 7,62.

Der Bugbereich hatte eine Panzerung bis zu 33 mm, der PT-76 hingegen nur 20 mm. Seine Außenmaße waren in allen Ebenen geringer, besonders in der Höhe. Er war auch beweglicher. Der BMP konnte sich blitzschnell um 180° drehen. Die Höchstgeschwindigkeiten betrugen auf der Straße 65 km/h, im Gelände 45 km/h und im Wasser 7-8 km/h.

Die Stammbesatzung mit Kommandant, Fahrer und Richtlenkschütze verfügten auf ihren Plätzen über eine moderne elektronische und optische Ausrüstung, auch für die Fahrt und den Kampf bei Nacht.

Besonders als Aufklärungsfahrzeug geeignet war der BMP, da er bis zu acht Aufklärer im Kampfraum aufnehmen konnte, die aus den Gefechtsluken von innen den Kampf führen und bei Notwendigkeit vom Gefechtsfahrzeug in dessen Schutz nach hinten absitzen konnten.

Ein weiterer besonderer Vorteil gegenüber dem PT-76 war das wesentlich geringere Motorengeräusch. Zusätzlich verfügte der BMP über eine ABC-Schutzanlage.

In der Zeitschrift „Armeerundschau“ (ar 83/7) gab es nachfolgende Darstellung zum Schützenpanzer BMP:

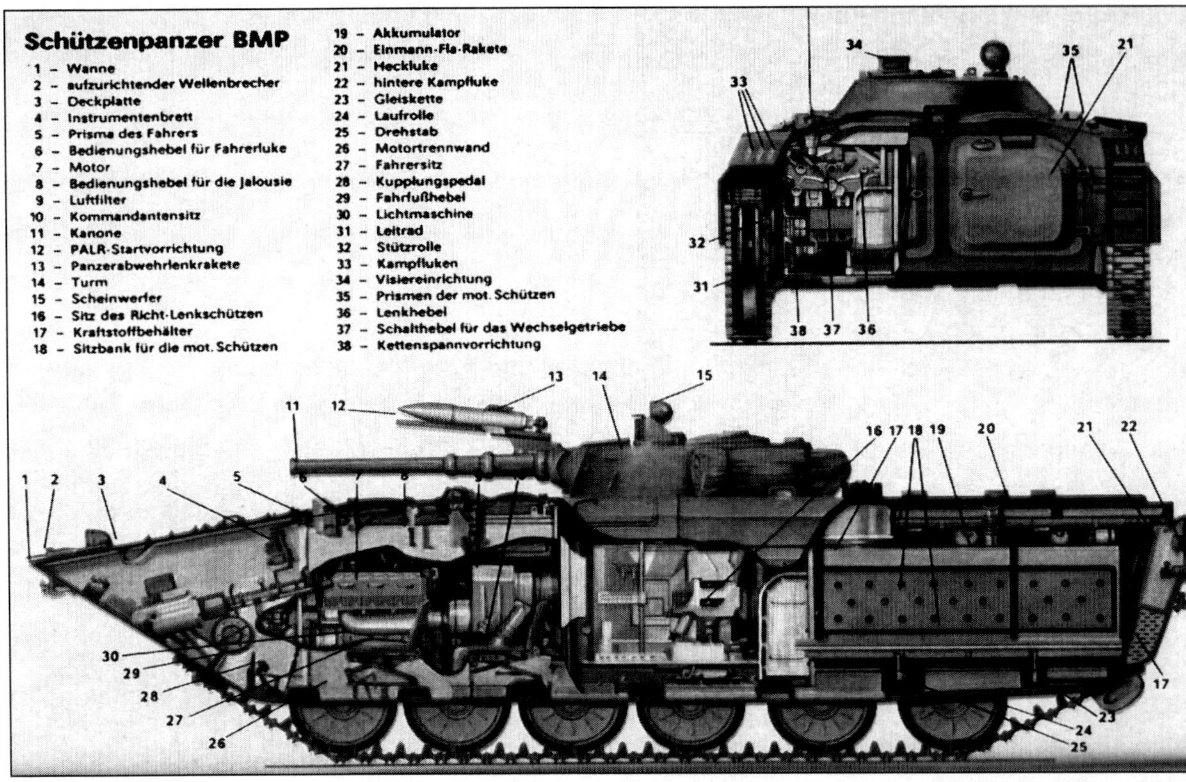

Ausbildung im Hinterhalt mit den neuen Schützenpanzern BMP. Die Aufgabe lautete: Erbeuten von Fahrzeugen, Dokumenten, Waffen und Ausrüstungen sowie Einbringen von Gefangenen, um daraus entsprechende Aufklärungsergebnisse zu erhalten.

c-d: Ausbildung der Aufklärungsgruppe Lenz im Forst Boldela u. Auswertung der Ergebnisse durch Major Paskowsky, Stellvertreter für Ausbildung des Kommandeurs des AB-8.

1976: Die Divisionsübung „Auftakt-76" begann mit einer überraschenden Alarmierung. Das Aufklärungsbataillon 8 hatte die Aufgabe, „die Marschstraßen der 8. MSD in den Raum Stendal-Arneburg, Übersetzstellen zur Überwindung der Elbe (Das war allerdings eine originäre Aufgabe der Pioniere!)" und die wichtigsten Elemente der Gefechtsordnung der gegnerischen Seite, die die 1. MSD darstellte, aufzuklären. Das Bataillon wird aufgrund seiner guten Leistungen als einzige Einheit der 8.MSD nicht inspiziert.

Rainer Schumann sagte damals: „Erfolgreich erfüllten wir Aufklärer alle Aufgaben der Gefechtsausbildung. Besonders große Anstrengungen mussten aufgebracht werden, um angesichts der extremen Minusgrade im Winterfeldlager Anfang 1976 mit teilweise -15° C das Ausbildungsprogramm in hoher Qualität abzuschließen. In einer anschließend groß angelegten Truppenübung, die für uns völlig überraschend ausgelöst wurde, konnten wir einen hohen Ausbildungsstand demonstrieren."

1976 im September übernimmt Hauptmann Hans Senechal als Kommandeur das Aufklärungsbataillon 8. Unter seiner Führung erreichte das Bataillon im Ausbildungsjahr 1976/77 die Note „sehr gut" und erkämpfte den Titel „Bestes selbstständiges Bataillon"

In einem anderen Bericht steht 1976:

„Es ist uns gelungen, den Kampfwert bedeutend zu steigern, die Alarmierungszeiten und die Zeiten zur Herstellung höherer Stufen der Gefechtsbereitschaft zu senken, die technischen Kampfmittel effektiver zu nutzen und das Handeln der Truppe auch in komplizierten Gefechtslagen zu verbessern. Es wurde festgestellt, dass diese Ergebnisse nicht nur deshalb erreicht wurden, weil sich während der letzten Jahre in der Truppe nicht nur bedeutende materiell-technische Veränderungen vollzogen haben, sondern dass sie vor allem auf den großartigen Leistungen der Menschen beruhen. Solche Aufklärer, wie die Soldaten Schröder und Deus (beide Seemänner), die Soldaten Siegmund u. a. demonstrierten nicht nur, dass sie die Militärtechnik zuverlässig warten und instand setzen, sondern diese auch im Gefecht zur Wirkung bringen konnten. Bereits in ihrem ersten Diensthalbjahr konnten sie mit der Panzer- und SPW-Technik umgehen wie erfahrene Soldaten des dritten DHJ. Sie waren Vorbild für viele Aufklärer des Bataillons. Oder die PT-76-Fahrer der Einheit Baethke: Die Unteroffiziere Freitag, Stapel und Kuschinski fuhren ihre Schwimmpanzer nicht nur wie eine Biene. Sie hielten ihre Technik stets einsatzbereit."

1977 erhält das Aufklärungsbataillon 8 wieder einen neuen STAN.

Die 1. und 2. Aufklärungskompanie sollen je 7 BMP erhalten. Da nur fünf BMP zugeführt wurden, ergab dieses folgenden Zustand:

1. Aufklärungskompanie	Soll: 7 BMP,	Ist: 5 BMP, 2 PT 76
2. Aufklärungskompanie	Soll: 7 BMP,	Ist: 13 SPW 40 P2
3. Fernaufklärungskompanie	Soll und	Ist: 5 SPW 40 P
4. FuFut Aufklärungskompanie: Bestand unverändert		

Nach der Einführung des BMP-1 in der 1. und 2. Aufklärungskompanie teilte man die beiden PSNR-1 Stationen mit ihrem dafür ausgebildeten Personal auf diese Kompanien auf.

Zur weiteren Erhöhung der Gefechtsbereitschaft und der Durchsetzung des Befehl 1/77 des Chef der LaSK über zeitliche Festlegungen für die Einnahme höherer Stufen der GB, trainierte das Bataillon im Verlaufe des Ausbildungsjahres die geforderten Abläufe, um die festgelegten Zeiten schnell zu erreichen. Das waren:

Erhöhte Gefechtsbereitschaft (EG) bis zu 3 Stunden nach der Auslösung abschließen.

Bei Auslösung der Vollen Gefechtsbereitschaft (VG) nach vorausgegangener „EG":

- die Objekte bis x + 30 Minuten verlassen
- ohne EG im Sommer: bis x + 50 Minuten das Objekt verlassen
- im Winter: bis x + 60 Minuten das Objekt verlassen

Das Aufklärungsbataillon 8 konnte alle Zeitforderungen schnell erfüllen.

Das Aufklärungsbataillon 8 hatte sich bei der Taktischen Übung der 8. MSD „ZYKLON- 77" sowie bei zwei Überprüfungen des Chefs Aufklärung des MB-V erneut zu bewähren.

Zu den langjährigen und fairen Kontrolloffizieren aus der Abteilung Aufklärung des MB V gehörten die Offiziere Oberstleutnant Klaus-Peter Kommnick und Oberstleutnant Dieter Krüger. Dieter Krüger schreibt in seinen Erinnerungen: *„Im Rahmen meiner Tätigkeit als Offizier Spezialaufklärung/Truppenaufklärung war ich in den Jahren von 1970 bis1979 sehr oft zu Kontrollen im AB-8 eingesetzt. Die Truppenteile und Einheiten der 8. MSD waren auch deshalb Schwerpunkt unsere Kontrolltätigkeit, weil im Kriegsfall die 8. MSD und die 94. sowjetische Garde-Mot.-Schützendivision das Rückgrat der zu bildenden 5. Armee gewesen wären. Meine Aufgabe war es, Einfluss auf die Gefechtsausbildung der Aufklärer zu nehmen. Wir, die Kontrolloffiziere, waren nicht befehlsbefugt aber weisungsberechtigt. Verständlich also, das wir nicht immer gerne gesehen waren. Zumal dann, wenn wir auf nicht ausreichende gefechtsmäßige Ausbildungsvorbereitungen bzw. Durchführung stießen. Betrachte ich im Nachhinein den im Aufklärungsbataillon 8 vorgefundenen Ausbildungsstand, so entsprach dieser in der Regel immer unseren Vorstellungen. Hervorheben möchte ich den z. T. sehr guten Ausbildungsstand der Fernaufklärungskompanie, an die wir hohe Anforderungen stellten. Belobigungen konnten wir nicht aussprechen, aber die Leistungen mehrerer Fernaufklärungsgruppenführer habe ich durch die Übergabe des Fallschirmjäger-Klappmessers würdigen können."*

Am Ende des ersten AHJ 1976/1977 wurde das AB-8 durch die Division als „Bestes selbstständiges Bataillon" sowie die 1. Aufklärungskompanie als „Beste Kompanie" ausgezeichnet.

1978: Die Struktur der Führungskräfte des Aufklärungsbataillons 8 ab diesem Jahr: Kommandeur: Hauptmann Zappe;
Stellvertreter des Kommandeurs und Stabschef: Hauptmann Baethke,
Stellvertreter Ausbildung: Major Paskowsky, Stellvertreter PA: Major Schumann,
Stellvertreter TA: Major Wernicke, Stellvertreter RD: Major Ewert.
1. Kompanie, Kompaniechef Oberleutnant Lenz, sieben BMP;
2. Kompanie, Kompaniechef Oberleutnant Tesch, sieben 40 P;

3. Kompanie, Kompaniechef Oberleutnant Urbschat, acht 40 P2;
4. Kompanie, Kompaniechef Hauptmann Gerlach

1978 löste man die 3. Fernaufklärungskompanie auf und an ihre Stelle trat eine 3. SPW-Kompanie mit acht SPW 40-P2. Es gab dann nur „nichtstrukturmäßige" Fernaufklärungsgruppen aus den späteren Besatzungen der Schützenpanzer BMP (SPz). (BMP= Bojewaja Maschina Pechoty/Gefechtsfahrzeug der Infanterie). Die Umschulung auf den Schützenpanzer BMP bildete 1978 einen Schwerpunkt der Ausbildung.

Vom 30. Januar bis 5. Februar 1978 nahmen an der zweiseitigen Taktische Übung auf beiden Seiten (rot MSR-27 und blau MSR-29) zwei Aufklärungsgruppen und drei Fernaufklärungsgruppen des Aufklärungsbataillons 8 teil. Die Teile des AB-8 erhielten bei dieser Übung das Prädikat „gut".

Im Juni 1978 wurde das Aufklärungsbataillon 8 durch das Kommando LaSK alarmiert und überprüft. Diese Überprüfung schloss die Teilnahme des Bataillons an der Taktischen Übung „Leistungsschau-78" ein. Das Aufklärungsbataillon 8 erreichte die Note „gut"

Vom 10. bis 12. Juli 1978 bei der Taktischen Übung „Vulkan-78" überprüfte der Stab der 8. MSD den Stand der Einsatzbereitschaft der RD der Truppenteile und Einheiten der Division. Die stabilsten Leistungen bewiesen die RD des AB-8.

Im Sommer 1978 übernahm Hauptmann Hans Zappe das Aufklärungsbataillon 8 von Major Hans Senechal.

Im August 1978 ist die Teilnahme des Bataillonsstabes an der Aufklärungsrahmenübung „UDAR-78" ein besonderer Höhepunkt im 2. AHJ.

In der Zeit vom 8. bis 12. Oktober 1978 erfolgte die Abschlussüberprüfung des Aufklärungsbataillons 8 durch das Kommando des Militärbezirkes V. Im Ergebnis dessen konnten alle Kompanien des Bataillons mit dem Titel „Beste Kompanie" ausgezeichnet werden.

Zum Ende des Ausbildungsjahres 1978 übergab der Leiter der UA Aufklärung, Oberstleutnant Dieter Wetzel, seine Dienststellung an Hauptmann Hans-Albert Hoffmann.

Der STKA des Aufklärungsbataillons 8, Major Rainer Paskowsky, übergab seine Dienstgeschäfte an Hauptmann Helmut Kowalkowski. Eine Aufklärungsgruppe (AG) in Aktion. Beobachter erkunden gegnerische Aktivitäten aus einer gedeckten Stellung heraus. Der Überfalltrupp legt einen Hinterhalt auf ein Fahrzeug zur Einbringung von Gefangenen, um von ihnen entsprechende Aussagen zu gegnerischen Absichten zu erhalten. Die Leitung der Handlungen sowie die Weitergabe der ermittelten Angaben, erfolgte über Funk.

d: Oberleutnant Günter Lenz an der Funkstelle R-1125.

Die R-1125 besaß u. a. eine UKW-Funkstation R-111 mit respektabler Reichweite, deren Frequenzbereich die Fahrzeugfunkstationen R-123 als auch tragbare Stationen wie die R-105 bzw. die R-107 abdeckte.

Hier noch eine bemerkenswerte Episode über einen Fernaufklärer. Bernd Müller hat dazu folgende Erinnerung aufgeschrieben: „Der ‚Beste Aufklärer' des AB-8:

1979 oder 1980 müsste es gewesen sein. Die Grundausbildung wurde nach meiner Erinnerung von Leutnant Mattutat geleitet. Hauptfeldwebel war ein Oberfähnrich (groß, kräftig, ein typischer Mecklenburger) aus der 2. Aufklärungskompanie. Die kurze Anekdote handelt von einem Soldaten, dessen Namen ich leider nicht mehr weiß. Vielleicht kennt ihn noch jemand. Mitten in der Grundausbildung trat beim Morgenappell durch den Hauptfeldwebel auf einmal ein Soldat aus dem Glied und sagte: „Ich mach hier nicht mehr mit." Anfangs nahm der Hauptfeldwebel das nicht so ernst und befahl ihm, wieder ins Glied zu treten. Schnell stellte sich aber heraus, dass die Sache doch ernst gemeint war.

In der ersten Befragung durch den Hauptfeldwebel sagte der Soldat, dass er aus Glaubensgründen den Wehrdienst verweigert. Jetzt wurde „Großalarm" ausgelöst. So etwas hat es noch nicht gegeben. Schließlich wurde der Soldat zum Kommandeur gebracht. Anwesend waren auch der Stabschef, der Politstellvertreter und der Verbindungsoffizier des MfS. Eine Menge Fragen wurden gestellt. Der Soldat antwortete immer wieder monoton, dass er aus Glaubensgründen den Wehrdienst verweigern will. Zusätzlich zitierte er noch einige Passagen aus der Bibel, um seinen Glaubenskonflikt zu begründen wie z. B. „… du sollst nicht töten …" Die Sache war ziemlich verfahren und musste dem Divisionsstab gemeldet werden. Jeder der Anwesenden tat das auf seiner Meldelinie. Im Ergebnis wurde seitens der Division festgelegt, dass der Soldat zu arretieren ist, bis der Militärstaatsanwalt bei uns eintrifft. Es dauerte eine Weile, bis der Militärstaatsanwalt von der Werderstraße in die Stellingstraße kam. In der Zwischenzeit versuchte ich noch einmal, mit dem Soldaten zu sprechen. Unter anderem unterhielten wir uns über seinen Gewissenskonflikt und die Bibel.

Es stellte sich so nach und nach heraus, dass er gar nicht so gläubig war. Auch seine Bibelkenntnisse waren weit geringer als meine. Was war also passiert? Er kam aus Berlin und wurde dort von seinem Pfarrer angewiesen, wie er sich verhalten muss, um den Wehrdienst zu umgehen. Allerdings lief die praktische Umsetzung nicht so, wie der Pfarrer es beschrieben hatte. Es brauchte eine ganze Weile, bis der Soldat sich traute, seine Meinung, oder besser die des Pfarrers, bei der NVA kundzutun. Die Grundausbildung lief bereits seit einiger Zeit.

Inzwischen war der Militärstaatsanwalt beim Kommandeur eingetroffen und ließ sich informieren. Er sagte, wir sollen erst einmal ruhig bleiben und erklärte uns die Gesetzeslage. Die sah ungefähr so aus: Die Möglichkeit, den Wehrdienst aus Glaubensgründen zu verweigern, gab es durchaus. Allerdings musste das vor der Einberufung dem Wehrkreiskommando mitgeteilt werden. Sobald der Jugendliche einberufen war, bestand keine Möglichkeit mehr, den Wehrdienst aus Glaubensgründen zu verweigern. Wurde der Wehrdienst trotzdem verweigert, führte das unweigerlich zur Inhaftierung im Militärjustizvollzug.

Der Soldat wurde ins Zimmer geholt und der Staatsanwalt erklärte ihm die Sachlage noch einmal. Dann stellte er ihm ein Ultimatum. Entweder setzt er seinen Wehrdienst fort und es passiert nichts weiter oder er wird sofort mitgenommen und inhaftiert. Der Staatsanwalt gab ihm einige Minuten Bedenkzeit und auf einmal ging alles sehr schnell. Der Soldat erklärte, dass er seinen Wehrdienst ableisten möchte und alle Beteiligten waren erleichtert.

Was wurde aus dem Soldaten? Zu jener Zeit, 1979 oder 1980, organisierten wir wieder den Wettbewerb „Bester …" im Bataillon, den es eine Weile nicht gab. Und unser Soldat war nicht nur ein vorbildlicher Aufklärer, sondern wurde unser „Bester Aufklärer". Natürlich stand er bis zum Ende der Grundausbildung unter besonderer Beobachtung und sicher hatte er anfangs auch einigen Stress damit. Das Ganze wandelte sich aber ziemlich schnell. Er war sehr sportlich, ziemlich pfiffig und ein hervorragender Schütze. Am Ende der Grundausbildung wurden die besten Soldaten als Fernaufklärer ausgesucht. Eigentlich war er ein idealer Kandidat dafür. Darüber wurde aber noch einmal kräftig diskutiert. Am Ende hat ihn der Kommandeur zum Fernaufklärer gemacht. Das war eine sehr gute Entscheidung.Übrigens wurde unser Soldat auch „Bester Schütze" und vorzeitig zum Gefreiten befördert."

Ein Aufklärungstrupp bei der Aufklärung eines „Sperrknotens":

Unter einem Sperrknoten verstand man beispielsweise einen Verkehrsknoten oder einen anderen wichtigen Ort, etc., der besonders massiv mit Sperren aller Art und unter Ausnutzung natürlicher und künstlicher Hindernisse gesichert und somit besonders schwer zu überwinden war. Beim „Gegner" hatte man hier auch besonders mit dem Einsatz von Kernminen zu rechnen. Die Truppenaufklärer erhielten daher in Regie der Pioniertruppen der Nationalen Volksarmee eine Ausbildung im Aufspüren und Unschädlichmachen von Kernminen. Auf dem Truppenübungsplatz Klietz hatte man beispielsweise den Bereich der ehemaligen Ortschaft Ebelgünde ausgebaut, um das Aufklären und Überwinden zu üben.

Oberleutnant Schliemann bei der Aufgabenstellung

g: Ausbildungsende, endlich Ruhe. Ein Aufklärer als Hilfskoch bereitet das Essen mit der Kleinküche zu.

Wasserfahrtausbildung mit den Schützenpanzern BMP und SPW 40-P2.

a: Hauptmann Heinz Bastian, Stellvertreter des Kommandeurs für Technik und Ausrüstung des Aufklärungsbataillons 8, leitet die Ausbildung über eine tragbare Funkstation R-105 (36-46,1 MHz).

Diese war u. a. in ihrem Frequenzbereich mit den Fahrzeugfunkstationen R-123 (20-52,5 MHz) deckungsgleich und ermöglichte die erforderliche Kommunikation mit den zur Ausbildung eingesetzten Fahrzeugen.

Das Fahren auf fließenden Gewässern war insbesondere bei hohen Stromgeschwindigkeiten vor allem für die SPW nicht ganz einfach. Bei der geringen Strömung und Breite wie der Havel fiel das nicht besonders ins Gewicht. Allerdings erreichte die Elbe schon bei normalem Wasserstand eine Stromgeschwindigkeit von 1,0-1,2 Meter pro Sekunde. Bei erhöhtem Wasserstand infolge von Hochwasser nahm diese Geschwindigkeit jedoch merklich zu.

Lange Zeit besaß der PT-76 genug Kraft dafür. Er erreichte 10 km/h auf dem Wasser.

Der BMP hatte keinen Schrauben- oder Wasserstrahlantrieb. Das mussten seine Ketten übernehmen. Seine Geschwindigkeit auf dem Wasser mit 7 km/h war geringer als vorher beim PT-76. Mit dem SPW 40-P2 ging es mit 5 km/h noch langsamer über das Wasser. Damit war die Beweglichkeit und Geschwindigkeit beim Übersetzen auf fließenden Gewässern mit hoher Stromgeschwindigkeit mit spürbaren Einschränkungen verbunden und erforderte von den Fahrern eine gute Ausbildung und letztlich erhöhtes Können.

Folgende Probleme traten oft auf: Bei einer Einfahrt zwischen den Buhnen gab es manchmal für die SPW die ersten Schwierigkeiten infolge des schlammigen Untergrundes. Wenn dann die Höhe des Buhnenkopfes erreicht wurde, bekam mancher einen Riesenschreck. Die Strömung griff an. Wer das in der Wasserfahrtausbildung nicht geübt hatte, den riss die Strömung nach Unterstrom. Das genaue Gegenteil aber sollte an so einer Stelle erfolgen: die Einnahme der „Gierstellung" in Richtung Oberstrom, um die Abdrift infolge der Strömung auszugleichen.

Hinzu kamen für die Berechnung der realen Übersetzzeit die in der Regel verlangsamte Ein- und Ausfahrt sowie nötige Richtungskorrekturen, die immer einen Zeitzuschlag erforderten.

Ein Beispiel dazu zum Vergleich:

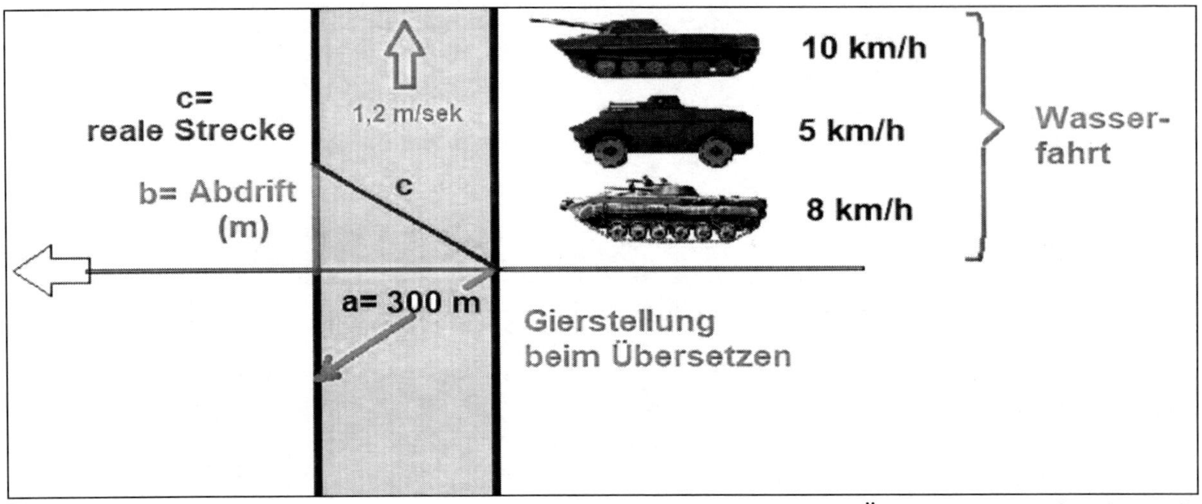

Bei einer angenommenen Flussbreite von 300 m betragen die realen Übersetzzeiten für den Fall, dass sich Ein- und Ausfahrt im rechten Winkel zum Fluss gegenüber befinden:

300 Meter Flussbreite bei 1,2 m/Sek, Stromgeschwindigkeit	theoretische Übersetzzeit (Min)	Abdrift (m)	Fahrstrecke infolge Ausgleich derAbdrift (m)	Übersetzzeit infolge Ausgleich der Abdrift (Min)
a		b	c	
bei 5 km/h	3,6	259,2	396,5	4,76
bei 7 km/h	2,57	185,0	354,0	3,03
bei 10 km/h	1,8	129,6	327,0	1,96

1979 vom 11.-17. März, vier Wochen nach dem erneuten Einsatz gegen die Schneemassen, begann mit einem Fehl von 20 Ausbildungstagen die Taktische Übung der 8. Motorisierten Schützendivision „Zyklon-79". Diese Übung der Division verlief über die Räume und Truppenübungsplätze Magdeburg, Jüterbog, Klietz und Wittstock.

Das Thema: Abwehr einer Aggression, Beziehen eines Ausgangsraumes zur Deckung der Staatsgrenze und Übergang zum Gegenangriff.

Das Aufklärungsbataillon 8 erhielt dafür die Einschätzung „gut". So wie der Nachrichtenoffizier des Aufklärungsbataillons 8, Hauptmann Egon Schenke, erhielten auch weitere Angehörige des Bataillons Anerkennungsurkunden und Belobigungen.

1980 im April, im Verlauf der Taktischen Übung der 8. Motorisierte Schützendivision „UDAR“ gab es für das Aufklärungsbataillon 8 durch die Abteilung Aufklärung vom Kommando des MB-V eine Überprüfung. Alle Aufgaben konnten durch das Bataillon gut gelöst werden.

c-d: 1980 bei der Überprüfung der Gefechtsausbildung des Aufklärungsbataillons 8 im Feldlager auf dem Truppenübungsplatz Lübtheen durch den Leiter Aufklärung der Division.

Vom 12.-17. Juni 1980 im Verlauf der Überprüfung „Leistungsschau-80“ verschaffte sich das Kommando der Landstreitkräfte einen Überblick über den Stand der Gefechtsbereitschaft und der Gefechtsausbildung der Truppenteile und Einheiten der 8. Motorisierten Schützendivision. Das Aufklärungsbataillon 8 erhielt die Wertung „gefechtsbereit“.

Vom 23.-28. Juni 1980 schließt das Aufklärungsbataillon 8 die Inspektion durch das Ministerium für Nationale Verteidigung der DDR mit der Note gut ab.

Vom 4.-12. September 1980 fand das bisher größte Manöver der Vereinten Streitkräfte der Warschauer Vertragsstaaten „Waffenbrüderschaft 80“ auf dem Territorium der DDR statt. Die Vorbereitung und Durchführung des Manövers mit den Vereinten Streitkräften des Warschauer Vertrages war der Schwerpunkt des Ausbildungsjahres.

Bei Seeanlandungsübungen konnte der Wellengang recht ungemütlich zu werden. Da zog man es schon einmal vor, sich von anderen an Land bringen zu lassen. So auch beim Manöver Waffenbrüderschaft-80, wo die polnischen Landungskräfte beispielsweise noch den Schwimmpanzer PT-76 einsetzten.

Für Teilkräfte der 8. MSD gab es in Abständen Be- und Entladeübungen mit den Landungsschiffen der Volksmarine. Wie nötig das war, zeigte sich bei der Übung „Wal-77", als ein PT-76 des Aufklärungsbataillons 8 das Signal am Landungsschiff nicht beachtete und bei Rot losfuhr. Gut: Es gab keine Verletzten. Das Ergebnis der Technik sah aber so aus:

1980/1981 Das Aufklärungsbataillon 8 erhielt in diesem Jahr gemäß dem STAN die vollständige Ausstattung mit den Schützenpanzern BMP.

Dem Bekenntnis folgte die Tat

Auf einem Wählerforum des Truppenteils Zappe legten die Armeeangehörigen als Antwort auf den Wahlaufruf das Bekenntnis ab, durch überwiegend sehr gute Leistungen im 2. Ausbildungshalbjahr ihren konkreten Beitrag zur Erhaltung, zur Stärkung und zum Schutz des Friedens zu leisten.

Erste konkrete Antwort auf den Wahlaufruf ist die Tatsache, daß beispielsweise die Kompanie Freese – sie bestand die Überprüfung der Vorbereitung der Technik auf die neue Nutzungsperiode durch den vorgesetzten Stab des Verbandes Bethmann mit der Bestnote – dem Bekenntnis die Tat folgen ließ. Wenn die Genossen der Kompanie am 14. Juni an die Wahlurne treten, können sie auf eine stolze Bilanz verweisen. Mit guten und ausgezeichneten Wettbewerbsergebnissen hatte die Kompanie wesentlichen Anteil daran, daß die FDJ-Grundorganisation des Truppenteils mit einem Ehrenbanner ausgezeichnet wurde. Auf dem Wege zum X. Parteitag wurden drei FDJler als Kandidat der Partei der Arbeiterklasse aufgenommen. Ausnahmslos alle Genossen beteiligten sich an der FDJ-Initiative „Treffen mit dem 1. Schuß“, in deren Ergebnis das Schießen mit Turmbewaffnung (SPW) mit der Note 1 absolviert wurde. 76 Prozent trafen dabei das Ziel mit dem 1. Schuß.

Oberstleutnant Bodo Reichel VA 22/81

Impressionen der Winter- und Sommerausbildung der Truppenaufklärer.

d: Oberleutnant Schwaß, Oberleutnant Lenz, Oberleutnant Urbschat und Major Kowalkowsky

f: Major Paskowsky auf dem Weg zur Anmeldung des Schießens mit dem Turm-MG auf dem Schießplatz Zingst.

g: Der Kompaniechef der 1. Aufklärungskompanie, Oberleutnant Lenz, bei der Aufgabenstellung im Gelände an die Zugführer und Kommandanten.

h: Leutnant Lenz und Leutnant Bage.

Bei größeren Ausbildungsmaßnahmen wie Truppenübungen oder bei entsprechenden Überprüfungsmaßnahmen wie Abschlussüberprüfungen zum Ende des Ausbildungsjahres/-halbjahres durch die Division oder den Militärbezirk V bzw. einer Inspektion durch das Ministerium für Nationale Verteidigung, besaßen schnelle Auswertungen der erzielten Ergebnisse wie auch die sofortige Würdigung besonderer Leistungen im Verlauf der Handlungen eine nicht unerhebliche Bedeutung. Sie zeigten einerseits, dass Leistungen anerkannt werden und stimulierten zugleich das weitere Geschehen.

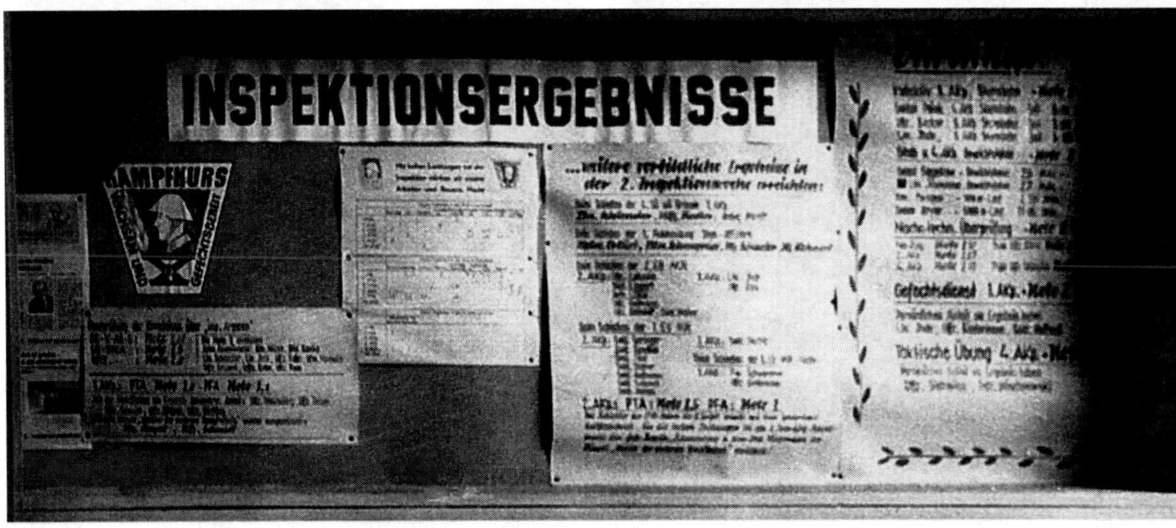

1981 am 21. Februar überprüfte der Divisionskommandeur der 8. MSD mit einer Alarmierung, ob das Aufklärungsbataillon 8 mit der festgelegten Zeit von 45 Minuten nach Alarmierung den Sammelraum erreicht und die Arbeitsbereitschaft hergestellt hat. Das Bataillon hielt diese Zeit ein.

Vom 31. August bis 6. September 1981 nahm das Aufklärungsbataillon 8 an der Divisionsübung „ZYKLON-81" teil. Es erfüllte alle gestellten Aufgaben.

Im September 1981 übernimmt Major Alfred Nikele das Bataillon.

Von September bis Oktober 1981 musste die Funkaufklärungskompanie für acht Wochen ununterbrochen in den Einsatz.

Mit dem Ende des Ausbildungsjahres neigte sich für das Aufklärungsbataillon 8 nicht nur die Ausbildung im Standort Schwerin dem Ende zu. Die Verlegung in den Standort Hagenow war vorzubereiten.

Waffenbrüderschaftsbeziehungen gab es auf unterschiedlichsten Ebenen, sowohl offiziell und geplant aber auch individuell und gewollt. Es gab gemeinsame Ausbildungsmaßnahmen, Leistungsvergleiche, gesellschaftliche Aktivitäten und manches mehr, persönliche Freundschaften leider weniger. Sowjetische Partner wurden zu oft versetzt. Früchte trug die Waffenbrüderschaft allemal. Bei Einführung neuer Technik konnte man stets auf die Unterstützung der „Freunde" rechnen.

Mit dem sowjetischen Paten-Bataillon fanden monatlich Veranstaltungen statt. Die Gruppe des StKPA organisierte Vergleiche bei der Abnahme von Normen in der Schieß-, Taktik-, Schutz- und Topografieausbildung sowie der MKE (Militärische Körperertüchtigung). Sportwettkämpfe und Kulturmaßnahmen vervollständigten die Zusammenarbeit.

1973 Ein Leistungsvergleich am 27. Oktober mit dem Garde-Aufklärungsbataillon 94 war der Höhepunkt der Aktivitäten in der Waffenbrüderschaftsarbeit.

Eröffnung der Woche der Waffenbrüderschaft. Es gibt einen Besuch auf dem Ausbildungsgelände der 94. GMSD. Dort erfolgt u. a. eine gemeinsame Ausbildung im Überwinden der Hindernisbahn durch Aufklärer des Aufklärungsbataillons 8 und des Garde-Aufklärungsbataillons 94.

d: der Kommandeur des GAB-94, Obersleutnant Tschernomol

e: Major Rainer Paskowsky, Stellvertreter Ausbildung des Aufklärungsbataillon 8 im Ausbildungsgelände des sowjetischen Partner-Aufklärungsbataillon der 94. GMSD.

Aber auch gegenseitige Hilfe gehörte zur Waffenbrüderschaft zwischen dem Aufklärungsbataillon 8 und dem sowjetischen Partnerbataillon. Wie es sich manchmal praktisch vollzog, darüber ein Bericht von Rainer Paskowsky (oben Mitte):

„1973 In Vorbereitung der Inspektion ging im Aufklärungsbataillon 8 das Munitionskontingent für Handfeuerwaffen zur Neige, obwohl die Schießergebnisse noch nicht den Erfordernissen entsprachen, Eine zusätzliche Zuführung durch die Division wurde nicht in Aussicht gestellt. Mein vom Kommandeur des Bataillons bestätigter Entschluss war, zu unserem Paten-Aufklärungsbataillon nach Stern Buchholz zu fahren und um Unterstützung mit Munition zu bitten. Nach dem Vortragen meines Anliegens sagte der Bataillonskommandeur des GAB-94, mit dem ich ein Du-Verhältnis hatte, „ein Moment Rainer", nahm den Telefonhörer und telefonierte. Nach wenigen Minuten erschien der Offizier für Bewaffnung des Bataillons. Es folgte ein kurzer Wortwechsel des Kommandeurs mit seinem Offizier. Dann stellte er mir die Frage: „Rainer, wie viel Munition brauchst du?" Da ich bescheiden sein wollte, bat ich um eine Kiste, in der sich über 1000 Schuss befanden. Der Offizier für Bewaffnung erhielt den Befehl, diese Munition bereitzustellen. Nach kurzer Unterhaltung mit dem Kommandeur über allgemeine Fragen verabschiedete ich mich und konnte vor dem Block die bereitgestellte Kiste Munition in unseren Dienstwagen einladen. Somit war das nächste Übungsschießen abgesichert.

Da das Aufklärungsbataillon 8 von der Schießplatznutzung des MSR-27 abhängig war, konnte unser nächstes Schießen erst in einigen Tagen erfolgen. Inzwischen hatte die Division vom Kommando des Militärbezirkes V ein Zusatzkontingent an Munition erhalten und diese den Truppenteilen und Einheiten zugeführt. Da in der NVA jeder Schuss Munition schriftlich nachzuweisen war und die neu zugeführte Munition von der Division für das Übungsschießen ausreichte, entschloss ich mich, die von unserem Paten- Bataillon erhaltene Munition zurückzubringen, was problemlos geschah."

f: Major Jürgen Ewert, Stellvertreter des Kommandeurs für Rückwärtige Dienste des Aufklärungsbataillons 8; der Stellvertreter des Kommandeurs und Stabschef des sowjetischen Aufklärungsbataillons 94; Major Paskowsky, Stellvertreter des Kommandeurs für Ausbildung des Aufklärungsbataillons 8; Major Hans Zappe, Kommandeur des Aufklärungsbataillons 8 von 1978-1981; Stellvertreter des Kommandeurs für Politische Arbeit des sowjetischen Aufklärungsbataillons 94; Major Jürgen Wernicke, Stellvertreter des Kommandeurs für Technik und Ausrüstung des Aufklärungsbataillons 8.

1976 In einem Bericht der FDJ-Grundorganisation steht u. a.:

Eine gute Entwicklung hat die Zusammenarbeit mit der Komsomol-Organisation genommen. Im vergangenen Halbjahr wurden 12 Maßnahmen mit den sowjetischen Freunden geplant. Durchgeführt wurden im kulturellen Bereich:

- 2 Quizveranstaltungen
- Darbieten eines Programms bei der Pateneinheit anlässlich des Tages der Sowjetarmee
- Erfahrungsaustausch zur gefechtsmäßigen Jugendarbeit in Vorbereitung des Winterfeldlagers
- Mehrere sportliche Veranstaltungen und Vergleiche halfen uns, die Verbindung zu den Soldaten der Pateneinheit enger zu gestalten.

Ein junger Offizier des Aufklärungsbataillons 8 berichtete 1976:

„In der Beziehung zu unserer sowjetischen Pateneinheit konnten wir, angefangen vom Gründungsjahr unseres Bataillons bis zum heutigen Tag, nur auf gute Erfahrungen zurückgreifen. Von Vorteil für die Zusammenarbeit ist dabei, dass sich unsere sowjetische Pateneinheit im Sinne der Worte vom „Regiment nebenan", wirklich gleich um die Ecke befindet. Dadurch wurden die Waffenbrüderschaftsbeziehungen unserer beiden Einheiten zu einer Sache des Alltages. Man trifft sich monatlich mindestens zweimal auf den unterschiedlichsten Führungsebenen, vom Bataillon bis zu den Kompanien, tritt in den Erfahrungsaustausch zu Fragen der Ausbildung, veranstaltet militärisch-sportliche Vergleichskämpfe oder ist sich gegenseitig bei der Lösung von Problemen der rückwärtigen Sicherstellung behilflich.

Wir sind von Anfang an davon ausgegangen, dass Waffenbrüderschaft mehr ist, als sich nur zu gesellschaftlichen und militärischen Feiertagen zu gratulieren, was natürlich auch dazu gehört. Sie wurden im Kreis der Armee- und Familienangehörigen festlich begangen. Es sind immer wunderschöne Feiern, die einem lange im Gedächtnis bleiben.

Folgendes hat bei den Angehörigen beider Bataillone großen Anklang gefunden:

- *Vergleiche in der Schieß-, Fahr- und Sportausbildung*
- *Exkursionen im Standort*
- *Quizveranstaltungen*
- *sportliche Turniere in allen Disziplinen*
- *kulturelle Veranstaltungen*
- *Foren und Samowargespräche*

Viele Jahre hatte ich zu einer sowjetischen Familie persönlichen Kontakt. Im August 1979 beendete mein sowjetischer Freund, ein Aufklärer aus dem sowjetischen Patenbataillon, seinen Dienst in der DDR und kehrte in seine Heimat zurück.

Zum Abschied schrieb er mir (ausschnittsweise):

‚Ich, Kamenska, Igor Nikolaiewitsch, wurde nach Beendigung der Offiziershochschule 1974 im weite-

ren Dienst eingesetzt. In Schwerin wurde ich im Aufklärungsbataillon Zugführer. Meine ersten Eindrücke über Schwerin übertrafen alle Erwartungen. Das erste, was mir ins Auge fiel, waren die freundlichen Beziehungen zwischen den deutschen und den sowjetischen Genossen. Im Verlaufe des Dienstes machten wir uns mit den Soldaten und Offizieren des Aufklärungsbataillons 8 bekannt. Ein Treffen mit unseren Waffenbrüdern führten wir auf dem Schießplatz während der Schießausbildung durch. Bei der Erfüllung der Lehrübungen wurden zwei Besatzungen gebildet, welche die Lehrziele der Übungen mit der BMP-Bewaffnung erreichten. Das war ein gemeinsamer Unterricht zur Erhöhung der Qualifizierung der BMP-Besatzungen. Die Besatzungen der beiden Kompanien haben hohe und höchste Qualität gezeigt. Die erreichten Resultate unser beiden Bataillone trugen bei, die Freundschaft zu vertiefen.

Während der Mittagspause feierten wir gemeinsam unsere Erfolge und sprachen über unser Militärleben. Wenn ich in die Sowjetunion zurückkehre, werde ich mich an die Eindrücke während meines Aufenthaltes in der DDR zurückerinnern. Von diesem Land bleibt bei mir ein großer Eindruck. Besonders gefällt mir, dass in der DDR alle Leute pünktlich und praktisch sind. In der russischen Sprache gibt es ein Sprichwort:

100 km sind keine Entfernung, 100 Minuten sind keine Zeit, 100 Gramm ist kein Maß.

Ich würde jederzeit wieder hierher zurückkommen, in die DDR und zu meinen Freunden und ihren Kindern.'"

Stellenbesetzung der Führung und des Stabes ab 01.12.1970

Führung

Kommandeur	OSL Müller, Erich	StKTA	Major Strassas, Walter
1.Stellvertreter	Major Paskowsky, Rainer	StKRD	Major Schäfer, Kurt
StKSC	Major Betzel, Ulrich	PS	Major Mendel, Kurt
StKPA	Major Wehnert, Wolfgang		

Stab

Offz. Org./Auff.	Ltn. Thieler,Georg	Offz.Prop.	Oltn. Engel
Stellv. SC	Oltn. Ness, Wolfgang	FDJ-Sekr.	Oltn. Schumann, Rainer
Offz. Bewaffg.	Hptm. Hallmann, Klaus	Feldscher	Hptm. Kohnert, Horst
Offz. Kfz.Techn.	Hptm. Stüwe, Dieter	Offz. MKE	nicht besetzt
Offz. Nachr.	Hptm. Albrecht, Heinz	Offz.Finz.	Hptm. Ortlieb, Peter
Offz. Ch. Dienst Ltn.	Jungmeier, Joachim	Schirrm.-Pi.	Stfw Hoffmann, Walter

1969-1981 – Militärische Feierlichkeiten und Rituale im Aufklärungsbataillon 8

1970: Auszeichnungen und Beförderungen von Offizieren des Aufklärungsbataillons 8, gewöhnlich wie hier am 7. Oktober, dem Staatsfeiertag der DDR oder aber am 1. März, dem Tag der Nationalen Volksarmee.

1971 am 12. August: Auszeichnung von Truppenteilen der NVA im Ministerium für Nationale Verteidigung. Auch das Aufklärungsbataillon 8 gehörte zu den Ausgezeichneten. Horst Nörenberg nahm als Fahnenbegleiter für das Aufklärungsbataillon 8 teil.

Das Fahnenkommando des Aufklärungsbataillons 8 fuhr am 12. August mit dem Bataillonskommandeur zum Ministerium für Nationale Verteidigung der DDR, wo das Bataillon mit der Ehrenschleife für die Truppenfahne „10 Jahre 13. August" ausgezeichnet wurde.

KEINE BEILAGE ZUR

VOLKSARMEE

sondern zum Programm des Kabaretts „Die Kneifzange"/Erich-Weinert-Ensemble der Nationalen Volksarme

Appell im Ministerium für Nationale Verteidigung

Auszeichnung mit Ehrenschleifen

(VA). Im Auftrage des Ersten Sekretärs des ZK der SED, Erich Honecker, verlieh der Minister für Nationale Verteidigung, Armeegeneral Heinz Hoffmann, anläßlich des 10. Jahrestages des zuverlässigen Schutzes der Staatsgrenze der DDR an Truppenteile und Verbände der NVA sowie an Gardetruppenteile und -verbände der Gruppe der Sowjetischen Streitkräfte in Deutschland Ehrenschleifen und Ehrenurkunden des Zentralkomitees der Sozialistischen Einheitspartei Deutschlands.

Dem feierlichen Zeremoniell wohnten bei: die Stellvertreter des Ministers für Nationale Verteidigung Generalleutnant Siegfried Weiß und Generalleutnant Walter Allenstein, der Vertreter des Oberkommandos der Vereinten Streitkräfte des Warschauer Vertrages bei der NVA der DDR, Generaloberst A. S. Burdejny, das Mitglied des Militärrates und Chef der Politischen Verwaltung der GSSD, Generaloberst E. E. Malzew, der Chef des Stabes der GSSD, Generalleutnant W. S. Jakuschin, und weitere Generale und Offiziere.

In seiner Ansprache betonte der Minister für Nationale Verteidigung, daß die bewaffneten Organe der DDR an jenem historischen 13. August 1961 mit ihrem Einsatz in unverbrüchlicher Einheit und Geschlossenheit mit der Sowjetunion und ihren Streitkräften die aggressiven Pläne des Imperialismus noch vor ihrer praktischen Ausführung vereitelten.

Armeegeneral Heinz Hoffmann bekräftigte die Entschlossenheit aller Armeeangehörigen, den bewährten Weg des zuverlässigen Schutzes des Sozialismus, fest verschworen mit der Sowjetarmee und den anderen Koalitionsarmeen, fortzusetzen. Zu den mit Ehrenschleifen Ausgezeichneten gehören u. a. die mot. Schützentruppenteile „Hans Beimler", „Arthur Ladwig" und „Wilhelm Florin" sowie der Grenztruppenteil „Heinrich Dorrenbach".

a-b: 07. 7. Oktober. Empfang des Kommandeurs des Aufklärungsbataillons 8, Oberstleutnant Erich Müller, anlässlich des Nationalfeiertages der DDR. Zu Gast ist der Arbeiterveteran Erich Bogedain. Er erhebt das Glas mit Erich Müller; Wolfgang Wehnert und Kurt Mendel.

c: 30. Dezember: Eine kleine Feier mit der Führung anlässlich des 40. Geburtstages von Erich Müller, dem langjährigen Kommandeur im „alten" und im „neuen" AB-8.

1972: Verabschiedung im Aufklärungsbataillon 8 vom bisherigen Leiter Aufklärung der 8. MSD, Oberstleutnant Hermann Bortig, nach der Übergabe an Major Werner Thomas. Oberstleutnant Bortig geht als Lehrer zur Militärakademie „Friedrich Engels" nach Dresden.

a: Werner Thomas und Hermann Bortig

b: Erich Müller (halb verdeckt, Manfred Wehnert, Kurt Mendel PA, Franz Buhl TA, Wolfgang Ness, Stellvertreter des Stabschefs

c: links: Oberstleutnant Achim Kühnel, Oberoffizier in der UA Aufklärung

e: Stehend: Major Kurt Schäfer, StKRD; Oberstleutnant A. Kühnel; Major K. Mendel; Major M. Wehnert; Major Franz Buhl StKTA; Oberstleutnant Hubert Müller, OO in der UA Aufklärung; sitzend: Major W. Thomas, Oberstleutnant E. Müller, Oberstleutnant H. Bortig

1973 bei der Verabschiedung von Oberstleutnant Erich Müller. Ein langjähriger Kommandeur verlässt aus gesundheitlichen Gründen das AB-8.

a: Major Ulli Betzel; Major Rainer Paskowsky; Osl. Werner Thomas; Major Wolfgang Wehnert; Oberstleutnant Erich Müller, Kdr. des AB-8 von 1958 bis 1961 sowie von 1965-1972; Major K. Mendel; Major K. Schäfer; Leutnant G. Motschko; Hauptmann W. Ness; Major F. Buhl.

Offiziere des Stabes beim Empfang aus Anlass der Verabschiedung von Osl. Erich Müller:

b: Unterleutnant Schengolis, Major Franz Buhl, Hauptmann Wolfgang Ness, Leutnant Gerhard Motschko, Major Ulrich Betzel

c: Oberleutnant Bernd Hofmann, Unterleutnant Ulrich Wilde, Major Kurt Schäfer

d: Hauptmann Egon Schenke, Hauptmann Peter Ortlieb

e: Hauptmann Peter Engel, Oberleutnant Wolfgang Tauer, Oberleutnant Peter Porschat

f: Oberleutnant Alfred Nikele, Kompaniechef der 4. Kompanie, Oberleutnant Bernd Hofmann, NaZF Unterleutnant Ulrich Wilde

g: Stabsfeldwebel Erich Speer, Oberleutnant Manfred Szeppek, Oberleutnant Horst Nörenberg, Oberleutnant Alfred Nikele

f: Rainer Paskowsky, Kurt Mendel, Walter Hoffmann, Erich Speer, Manfred Szepek

1973 am 7. Oktober. Erinnerungsfoto nach dem feierlichen Appell:

a: Kompaniechef Horst Nörenberg mit Unterleutnant Dieter Kabbert, Stellvertreter des Kompaniechefs für Technik und Ausrüstung und Oberleutnant Schulz, 1. Zugführer

a-c: Kontinuität. Oberleutnant Horst Nörenberg, schon von Anfang an im Aufklärungsbataillon 8 zu den Besten gehörend, wie die Urkunden belegen. Rechts neben ihm Oberleutnant Alfred Nikele (als Kompaniechef). Er führte als Kommandeur und Major das Aufklärungsbataillon 8 von 1981-1982

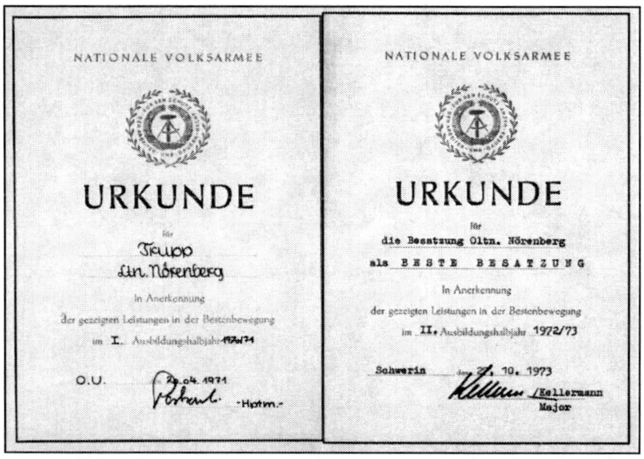

NATIONALE VOLKSARMEE

URKUNDE

für

Trupp
Ltn. Nörenberg

In Anerkennung
der gezeigten Leistungen in der Bestenbewegung
im I. Ausbildungshalbjahr 1970/71

O.U. 29.04.1971

-Hptm.-

NATIONALE VOLKSARMEE

URKUNDE

für

die Besatzung Oltn. Nörenberg
als BESTE BESATZUNG

In Anerkennung
der gezeigten Leistungen in der Bestenbewegung
im II. Ausbildungshalbjahr 1972/73

Schwerin den 27. 10. 1973

/Kellermann
Major

1974 *d-e: Am 1. März, dem Jahrestag der Nationale Volksarmee: Der Festtag beginnt stets mit einem feierlicher Appell. Als erstes marschiert das Fahnenkommando mit der Truppenfahne vor der angetretenen Front des Bataillons ein. Danach schreitet der Kommandeur die Front ab. Es folgt das Verlesen des Tagesbefehls des Ministers für Nationale Verteidigung durch den Kommandeur.*

Mit großer Spannung erwartete man stets die Bekanntgabe der Befehle über Beförderungen und Belobigungen. Beförderungen wurden allgemein nur am Tag der NVA und am Staatsfeiertag der DDR ausgesprochen. Zu Besuch kamen u. a. Schüler von der Patenschule und andere Kinder. Vertreter der Stadt Schwerin überbrachten eine Grußadresse.

Abschließend bat der Kommandeur gewöhnlich Berufssoldaten, besonders ausgezeichnete Soldaten und Zivilbeschäftigte, zu *einem kurzen Empfang wie die unteren Bilder zeigen:*

g.: 1974, Feldscher Oberleutnant Horst Kohnert, Oberleutnant Winfried Spiller

h: aus der 4. Kompanie: Unterleutnant Hepper, Oberleutnant Winterfeldt, Feldwebel Krause.

1975 Bei der Verabschiedung von Werner Thomas, Leiter Aufklärung der 8. Motorisierten Schützendivision, im Kreis der Führung des Aufklärungsbataillons 8:

a: Osl. Achim Kühnel (UA Akl); Osl. Werner Thomas (LAkl); Major Kl. Kellermann, K-AB-8

b: von. links: StFw. E. Speer, Mj. P. Michaelis, Osl. A. Kühnel (UA Akl), Mj. U. Betzel, Osl. W. Thomas (LAkl), Mj. J. Wernicke, Mj. K. Kellermann; Mj. R. Paskowsky; Osl. H. Müller (UA Akl), Hptm. W. Spiller

c: Links:, Die Majore Jürgen Wernicke, StKTA; Peter Michaelis, StKRD; Ulli Betzel, StKSC

d: Major Rainer Schumann, Major Jürgen Wernicke

1975 am 07. Oktober: Nach den offiziellen Zeremonien stellte man sich gerne dem Fotografen für ein Erinnerungsfoto. Da im Laufe der Zeit das private Fotografieren in der Kaserne während der Dienstzeit immer mehr eingeschränkt, in manchen Truppenteilen und Einheiten aus Geheimhaltungsgründen gar verboten wurde, nahm man solche Anlässe gern dafür in Anspruch.

e: Oberleutnant Manfred Szeppek, Oberleutnant Klaus Hallmann und Leutnant Dieter Kabbert.

1976 Anlässlich des 20. Jahrestages gab es Erinnerungsabzeichen und -wimpel. Die NVA-Angehörigen erhielten u. a. auch eine Erinnerungspostkarte mit Briefmarke und Ersttagsstempel.

1976, Oberstleutnant Klaus Kellermann verlässt aus gesundheitlichen Gründen das Aufklärungsbataillon 8 als Kommandeur. Bei *seiner Verabschiedung:*

c-d: Stabsfeldwebel Erich Speer überreicht Klaus Kellermann ein Erinnerungsgeschenk. Sitzend: Oberstleutnant Hubert Müller von der Unterabteilung Aufklärung der 8. Motorisierten Schützendivision

e-g: Erinnerungsfotos vor der Truppenfahne und der Hauptwaffe des Aufklärungsbataillons 8, einem Schützenpanzer BMP: Oberstleutnant Kaus Kellermann und Major Rainer Paskowsky

1977 7. Oktober, Feierlicher Appell im Objekt Schwerin-Stellingstraße. Das Bataillon ist in der Paradeuniform angetreten. Es erfolgt das Kommando: „Still gestanden! Zum Fahneneinmarsch, die Augen-links!" Das Fahnenkommando marschierte im Exerzierschritt entlang der Front und nahm seinen Platz am rechten Flügel ein.

1978 Die neu einberufenen Soldaten haben die Militärische Grundausbildung absolviert. Es folgt die Vereidigung in der Kaserne Stellingstraße. Nach Möglichkeit erfolgte dieses Ritual der Vereidigung außerhalb der Kaserne in der Öffentlichkeit. Das bot sowohl Zuschauern bessere Sicht als auch den Familienangehörigen bessere Möglichkeiten, mit ihren Soldaten zusammenzukommen. Nicht immer gab es Gelegenheit, dies an einem öffentlichen Platz vorzunehmen. Dann blieb nur die Kaserne als Ort der Vereidigung. Symbolisch erhielten die Soldaten danach ihre persönlichen Waffen, oftmals durch Arbeiterveteranen.

Zu den feierlichen Anlässen des Aufklärungsbataillons 8 kamen stets Gäste, kleine aus Kindergärten und Schulen und große, meist Vertreter aus der Stadtverwaltung, aus der Parteiführung in der Stadt, aus dem Patenkreis, aus Betrieben u. s. w. und nicht zuletzt von den sowjetischen Partnern, um ihre Verbundenheit mit den Soldaten zu zeigen.

a-b: Hauptmann Rainer Schumann bringt die persönlichen Waffen der vereidigten Soldaten zur Übergabe, wo sie ein Arbeiterveteran symbolisch überreicht

d: Major Zappe, Kommandeur des Aufklärungsbataillons 8, und sein Stellvertreter für Politische Arbeit StKPA, Bernd Müller, gratulieren jedem einzelnen zu diesem für sie einmaligen Ereignis

e: Major Rainer Paskowsky, Major Rainer Schumann, Major Hans Zappe, Major Jürgen Ewert, Major Jürgen Wernicke

f: Appell zur Verabschiedung von Offizieren aus dem Aufklärungsbataillon 8: Major Rainer Paskowsky erhält seine Versetzung als Offizier für Ausbildung in der militärischen Abteilung Rostock des Ministeriums für Hoch- und Fachschulwesen. Auch Rainer Schumann 3. v. li., seit dem 13. Oktober 1963 in der Aufklärungskompanie 8/im Aufklärungsbataillon 8, verabschiedet sich von seinem Bataillon zur Zivilverteidigung.

Abschiedstoast mit bisherigen Mitstreitern:

a: Hauptmann Rogge, Offizier Finanzökonomie; Stabsfeldwebel W. Hoffmann, langjähriger Pionierschirrmeister des Aufklärungsbataillons 8; Hauptmann Wolfgang Tauer, Offizier MKE; sitzend: Hauptmann Egon Schenke und Major Rainer Paskowsky

b: Hauptmann Elger, Offizier Chemische Dienste, oben Mitte

c-e: Abschiedsfotos mit vielen langjährigen Mitstreitern: Re.: mit Oberleutnant Schwaß, Mitte: mit KC, Hfw u. Technikern; links: der Küchenleiter Stabsfeldwebel Joachim.

1978 7. Oktober: Feierlicher Appell

f: Das Fahnenkommando und der Ehrenzug

g: Verlesen des Tagesbefehls des Ministers für Nationale Verteidigung und weiterer Befehle. Unter dem Beisein sowjetischer Gäste aus dem Patenbataillon gibt der Stellvertreter des Stabschefs, Hauptmann Kowalkowski, die Befehle bekannt.

1979 *h: Die neue Führung: Hptm. Norbert Neumann, PS; Major Jürgen Ewert, Stellv. des Kdrs für Rückwärtige Dienste; Major Eberhard Baethke, Stellvertreter des Kdrs und Stabschef; Major Hans Zappe, Kommandeur AB-8; Major Heinz Bastian, Stellvertreter des Kdrs für Technik und Ausrüstung; Major Egon Schulz, StKA*

Der feierliche Appell am 1. März war in der Winterperiode nicht immer, aber oft genug, mit Kälte und Schnee verbunden. Handschuhe, Mäntel und ggf. die Wintermütze sorgten dann für die nötige Wärme.

Jene, die Belobigungen, Auszeichnungen und Beförderungen erhielten, störte es weniger als diejenigen, welche die ganze Zeit auf einer Stelle im Glied stehen mussten.

Die Bekleidungsdienstvorschrift legte genau fest, was wann zu welchen Anlässen und Jahreszeiten zu tragen war. Nicht immer wusste jeder darüber genau Bescheid. Am wichtigsten jedenfalls war, dass es einheitlich war. Wintermantel bedeutete nicht, gleichzeitig Wintermütze zu tragen. Der Übergang Winter-Sommer und umgekehrt lag fest. Bestimmte Winterbekleidungsstücke zu nutzen, hing von den Temperaturen bzw. vom Befehl des Kommandeurs ab.

Oft witzelte man, dass die gegnerischen Geheimdienste alles in der NVA herausbekommen hatten. Nur die Regeln der Bekleidungsvorschrift blieben ihnen als unlösbares Geheimnis verborgen.

1978: Das Ende des 1. AHJ im Aufklärungsbataillon 8 beginnt mit einem Appell zu Beginn der Abschlussüberprüfung durch das Kommando des Militärbezirkes V.

c: Der Kommandeur, Major Zappe, hat an den Leitenden die Bereitschaft gemeldet, der nun das Bataillon begrüßt. Dahinter stehen die Kontrolloffiziere (links) sowie mit Stahlhelm Offiziere der Führung des Aufklärungsbataillons 8.

d: Der StKSC 8. MSD, Oberst Jahr, (von 1974 bis 1979 Stellvertreter des Kommandeurs und Stabschef der 8. MSD) und auch direkter Vorgesetzter des Aufklärungsbataillons 8, beglückwünscht belobigte Angehörige und Kollektive im Objekt Stellingstraße im Ergebnis des Wettbewerbes der Truppenteile und Einheiten.

1978 im Mai fasste die FDJ-Organisation des Aufklärungsbataillons 8 den Beschluss, um ein Ehrenbanner im Rahmen des „FDJ-Aufgebotes DDR-30" zu kämpfen.

1979 am 1. März wurde es Realität. Für die erbrachten Leistungen verlieh der 1. Sekretär der FDJ-Bezirksleitung, Reinhart Irmschler, der FDJ-Grundorganisation die Wanderfahne. Die Auszeichnung nahmen die FDJ-ler mit der Verpflichtung zu neuen Anstrengungen entgegen.

FDJ

Urkunde

In Anerkennung und Würdigung
hervorragender Leistungen im Soldatenwettbewerb
„Salut DDR 30"
wird der Einheit
ZAPPE
das Wanderehrenbanner
der FDJ-Bezirksleitung Schwerin
verliehen

Schwerin, den 01.03.79

Freie Deutsche Jugend
Bezirksleitung Schwerin
1. Sekretar

1981 im September bei der Übernahme des Aufklärungsbataillons durch Major Alfred Nikele als Kommandeur ist das Bataillon zum feierlichen Appell in Paradeuniform angetreten. Nach dem Einmarsch von Fahnenkommando und Ehrenzug erfolgt die Meldung an den Leitenden der Übergabe/Übernahme des Bataillons 8, Oberst Hans Unterdörfel, Stellvertreter des Kommandeurs und Stabschef der 8. MSD (von 1979 bis 1982).

Es folgt die Begrüßung der angetretenen Einheiten und das Abschreiten der Front durch Oberst Hans Unterdörfel und den Stellvertreter des Leiters Aufklärung der 8. Motorisierten Schützendivision, Major Hartmut Winterfeldt.

Der Kaderbefehl zur Übergabe/Übernahme des Truppenteils wird bekanntgegeben. Der bisherige Kommandeur Major Hans Zappe erhält die Truppenfahne vom Fahnenträger Stabsfeldwebel Walter Hoffmann überreicht und übergibt sie an Oberst Unterdörfel. Dann erfolgt die Übergabe der Truppenfahne durch Oberst Unterdörfel an den neuen Kommandeur des Aufklärungsbataillons 8, Major Alfred Nikele, der sie wiederum an den Fahnenträger Stabsfeldwebel Walter Hoffmann weiterreicht.

Allgemein kommt es noch zu kurzen Ansprachen. Mit der Rede des neuen Kommandeurs endete der Appell. Es folgte der „Vorbeimarsch", vorbei an der Führung, den Gästen etc.

Nach dem Zeremoniell rückt das Fahnenkommando mit dem Ehrenzug ab. Die Truppenfahne bekommt erneut ihren Platz in dem versiegelten Glasschrank im Dienstzimmer des Kommandeurs des Aufklärungsbataillons 8.

Gewöhnlich erfolgte das Abschreiten der Front unter den Klängen des Präsentiermarsches der Nationalen Volksarmee. Beim „Vorbeimarsch" ertönte der Yorcksche Marsch. Einzelne Truppenteile besaßen in den Anfangsjahren eigene Orchester oder bildeten aus dem Personalbestand mit Soldaten, welche Blasinstrumente beherrschten, zeitweilig ein „nicht strukturmäßiges Orchester", beispielsweise im MSR-28 in den 1960-er Jahren. Allgemein erschallte aber die Musik aus den Lautsprechern der mobilen „Rundfunk- und Kinoanlage". Das Orchester der 8. MSD kam nur zu ganz besonderen Anlässen, zu der eine Übergabe/Übernahme des Truppenteils durchaus gehörte.

1969-1981 – Das Aufklärungsbataillon 8 in der Öffentlichkeit

Im Laufe seines Aufenthaltes in der Schweriner Garnison hatten sich die vielfältigsten Beziehungen zwischen dem Aufklärungsbataillon 8 und der Stadt Schwerin mit ihrer Bevölkerung, den Betrieben und Einrichtungen etc. zum gegenseitigen Nutzen entwickelt.

Schon die Ausgänger und Urlauber, die Angehörigen des Bataillons, welche die tägliche Versorgung sicherzustellen hatten u. a. m., waren stets in der Stadt präsent. Veranstaltungen in der Stadt besuchten die Angehörigen des Aufklärungsbataillons 8 oder sie hatten dort selbst Auftritte der unterschiedlichsten Art.

„Öffentlichkeitsarbeit" vollzog sich also in unterschiedlichster Art und Weise. Tage der offenen Tür, Veranstaltungen innerhalb und außerhalb der Kaserne, Patenschaftsarbeit u. a. m. gab es immer.

Ein besonderes Ereignis war, wenn Film oder Fernsehen erschienen und öffentlich darüber berichteten wie z. B. in einer Reportage über die Einheit von Horst Nörenberg, zu der Zeit noch im Schwarz-Weiß-Format, auf den damaligen Bildschirmen sichtbar für alle.

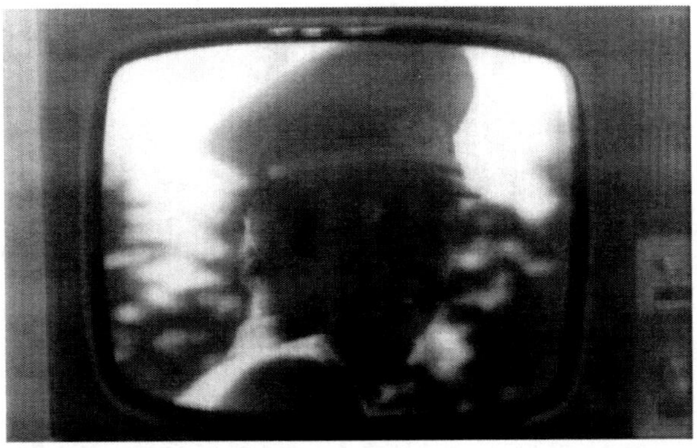

Hier nun eine kleine Abfolge unterschiedlichster Verbindungen in die Öffentlichkeit, so weit Unterlagen darüber noch ermittelt werden konnten:

1970

Am 13. August hatte die 2. Aufklärungskompanie einen Zug für die Ehrenformation zur Eröffnung der 1. Wehrspartakiade der Gesellschaft für Sport und Technik (GST) in Schwerin zu stellen. Kommandeur dieser Ehrenformation war der Kompaniechef der 2. Aufklärungskompanie. Der Bestand der Formation: ein Zug der 2. Aufklärungskompanie und je ein Zug der Polizei, der Kampfgruppen und der GST.

Als Solidaritätsbeitrag für das „heldenhaft kämpfende vietnamesische Volk" wurden 1970 durch das Bataillon 6200 Mark gesammelt. Mit diesem Ergebnis war das Aufklärungsbataillon 8 „Bestes selbstständiges Bataillon" der 8. MSD.

1972

Das Aufklärungsbataillon 8 stellte zum „Großen Wecken" am 1. März eine Ehrenkompanie und am 1. Mai bei der Demonstration auf dem Alten Garten in Schwerin eine Paradekompanie.

Der Ernteeinsatz vom 26. August bis 2. September 1972 in den Ortschaften Eldena und Göhren, 21 bzw. 26 km südlich von Ludwigslust, war besonders für die Soldaten und Unteroffiziere eine willkommene Abwechslung.

1972 spendeten die Angehörigen des AB-8 11.750 Mark für das Solidaritätskonto Vietnam.

UNTERZEICHNUNG des Patenschaftsvertrages zwischen dem VEB Baumechanik-kombinat und dem Truppenteil Müller der NVA durch den Betriebsdirektor, Genossen Jupp Versien, Oberstleutnant der Reserve (Bildmitte) und Genossen Hauptmann Rainer Passkowski (rechts). Fotos: SVZ/R. Kunert (2), Hans Evers (2)

Hilfeleistungen in der Volkswirtschaft der DDR gehörten seit Bestehen der bewaffneten Kräfte in der DDR dazu. Von kurzen Wochenendeinsätzen in den Patenbetrieben bis hin zu längeren Unterstützungsmaßnahmen war alles dabei. Das galt lange Zeit insbesondere für Ernteeinsätze. Die Menge des in kurzer Zeit anfallenden Getreides führte sogar zu kurzzeitigen Lagerungen auf den Parks der Truppenteile. In solchen Stoßzeiten reichten die Kräfte und auch die Mittel in der Landwirtschaft und den damit verbundenen Betrieben nicht aus. Da half man gerne. Es gab gute Verpflegung und mancherlei andere Abwechslung. Genauso verhielt es sich bei nötiger Hilfe in Katastrophenlagen. Diese oft damit einhergehenden übergroßen Anforderungen konnten die normalerweise bei Unfällen und dgl. handelnden Kräfte von Feuerwehr, Polizei und Rettungsdienst sowie der Zivilverteidigung nicht allein schultern.

Längere Einsätze in der Industrie über Wochen, gar Monate, sahen insbesondere die Vorgesetzten wesentlich kritischer, auch wenn es dort meistens Zulagen und Prämien finanzieller Art gab. Die ausgefallene Gefechtsausbildung und das Fehlen der Truppenteile und Einheiten am Standort beeinträchtigte die Gefechtsbereitschaft in erheblichem Maße, auch längere Zeit nach Ende der Einsätze. Verlorene Ausbildung konnte man schließlich nicht über Nacht nachholen.

1974 gingen Teile des Aufklärungsbataillons 8 in der Zeit vom 16.-24. August im Raum Karstädt-Perleberg zum Ernteeinsatz.

c-d: Horst Nörenberg half mit seiner Truppe in dem Betrieb „Getreidewirtschaft Perleberg" in Karstädt, Kreis Perleberg, Bezirk Schwerin.

1976:

Soldaten, Unteroffiziere und Offiziere des Aufklärungsbataillons 8 unterstützten die sozialistische Wehrerziehung an der Willi-Bredel-Oberschule und der Friedensoberschule im Rahmen von Hans-Beimler-Wettkämpfen, Pioniermanövern und Arbeitsgemeinschaften.

1977:

c-f: Eine öffentliche Vereidigung der neu einberufenen Soldaten am Mahnmal „Die Mutter" in Rabensteinfeld, mit Fahneneinmarsch und Kranzniederlegung

Major Rainer Paskowsky, Stellvertreter des Kommandeurs für Ausbildung des Aufklärungsbataillons 8, meldet an Major Hans Senechal, Kommandeur des Bataillons

Das feierliche Gelöbnis der „Neuen" des Aufklärungsbataillons 8 mit der Truppenfahne bei der Vereidigung am Denkmal „Die Mutter" in Rabensteinfeld entwickelte sich zu einer Tradition für das AB-8. Wenn am 8. Mai an diesem Denkmal in der heutigen Zeit eine Kranzniederlegung erfolgt, kann man stets darunter auch ehemalige Angehörige des Bataillons sehen.

1977 im Sommer überbringt eine Ehrenformation des Bataillons zum „X. Parteitag der Demokratischen Bauernpartei Deutschlands", der in der Schweriner Kongresshalle tagte, die Grußbotschaft der NVA. Der überwiegende Teil der Ehrenformation kam aus der 4. FuFuTAkl.

Oberleutnant Hans-Eberhard Linke, Teilnehmer der Ehrenformation, erinnert sich:

„Wir waren alle mächtig aufgeregt, zumal aus Zeitgründen kein Marschtraining zuvor in der Kongresshalle durchgeführt werden konnte. Deshalb wurden im Innenhof des Objektes die Umrisse der Kongresshalle aufgezeichnet, und wir konnten mehrmals den Ablauf üben.

Der X. Bauernparteitag war ein gesellschaftlicher Höhepunkt in der DDR. Fernsehen Rundfunk und Presse verfolgten genau das Geschehen während des Parteitages.

Unsere Ehrenformation hinterließ bei allen Parteitagsdelegierten einen wirkungsvollen und nachhaltigen Eindruck. Zum Dank gab es für alle Teilnehmer der Ehrenformation ein Festessen in der Gaststätte „Mueßer Bucht" und anschließend eine Dampferfahrt auf dem Schweriner See."

1978/79 zum Jahreswechsel. Ein gewaltiger Temperatursturz, begleitet von heftigen Schneefällen, starken Winden mit Schneeverwehungen, Eisglätte mit anhaltendem Frost besonders in den Nordbezirken der DDR, führte zu erheblichen Komplikationen im Straßen- und Eisenbahnverkehr. Ganze Gebiete waren von der Außenwelt abgeschlossen und viele Verkehrswege völlig unpassierbar. Am härtesten betraf es die Insel Rügen mit Schneeverwehungen bis zu 5 Metern Höhe, was dort fast das gesamte Wirtschaftsleben lahmlegte.

Allen Armeeangehörigen und Zivilbeschäftigten des Aufklärungsbataillons 8 werden die Erlebnisse in den Wochen des Jahresbeginns 1979 als ein besonderes Ereignis in ihrer Dienstzeit in Erinnerung bleiben. Im Aufklärungsbataillon 8, wie in allen Truppenteilen und Einheiten der Division, „feierten" die Wehrpflichtigen sowie die Berufssoldaten auf diese Weise das Silvesterfest.

Am 31. Dezember 1978 hatte der Divisionskommandeur vom Chef des Kommandos des Militärbezirkes V gegen 23:00 Uhr die Aufgabe erhalten, eine operative Arbeitsgruppe zu bilden und die Kommandeure auf den Einsatz ihrer Truppenteile und Einheiten zur Beseitigung der niedergefallenen Schneemassen vorzubereiten.

Der Einsatz der Kompanien des Aufklärungsbataillons 8 wurde nach Erhalt der Aufgaben aus dem Führungszentrum der Division vom Bataillonsstab operativ geführt.

Die 1. Aufklärungskompanie hatte die Aufgabe, die Gemeinden Ruthenbeck, Zapel, Tramm und Klinken mit Brot zu versorgen. Das Brot wurde dem Bataillon von der großen Stadtbäckerei zugeführt. Dazu waren zwei Schützenpanzer BMP (der Einsatz erfolgte immer paarweise) mit jeweils drei Mann Besatzung eingesetzt. Nachdem die Mannschaftsräume mit Brot gefüllt waren, ging die Fahrt über Teilstrecken von Panzermarschstraßen, über vom Wind frei gefegte Teilstücken von Landstraßen und über Ackerflächen bis zu den Bestimmungsorten. Die Übergabe des Brotes erfolgte mit Lieferschein an die Leiterinnen der Verkaufsstellen oder an die jeweiligen Bürgermeister. Ein anderer Teil der 1. Aufklärungskompanie übernahm die Bewachung der vier Hubschrauber des Hubschrauber-Geschwaders aus Brandenburg, die auf dem Sportplatz „Rote Erde" am Rande des Schlossgartens, heute die „Schwimmende Wiese", stationiert waren. Die Hubschrauber übernahmen die Versorgung und notwendige medizinische Betreuung im weiteren Umfeld von Schwerin. Die Hubschrauberbesatzungen erhielten im Objekt des Aufklärungsbataillons 8 auch ihre Unterbringung und Versorgung.

Der Zugführer der 1. Aufklärungskompanie, Leutnant Dietrich Schacht, war in den ersten drei/vier Tagen als Leiter eines Kommandos in der Ortschaft Tramm zur Unterstützung der Genossenschaft bei der Versorgung der Kühe in der Milchviehanlage eingesetzt. Die Übernachtung erfolgte in der Schmiede.

Die 3. Kompanie hatte verschiedene Aufgaben zu erfüllen, berichtete der Kompaniechef Oberleutnant Hans-Joachim Hauswald: *„Eine Gruppe hatte auf Skiern Menschen in abgelegenen Gehöften im Umfeld von Crivitz mit Lebensmitteln zu versorgen.*

Ich bekam die Aufgabe, mit einem Zug, einem LKW und einer Feldküche zur Ortschaft Severin in Richtung Parchim zu fahren und dort einen eingeschneiten Personenzug freizuschaufeln. Da Wege und Straßen verschneit waren, erreichten wir nur die Ortschaft Zapel. Genutzt wurde die Zeit zur Versorgung des Viehs der LPG. Wir übernachteten teilweise in der Werkstatt des Betriebes und im Bahnhofsgebäude. Inzwischen waren wir in der Ortschaft eingeschneit und somit selbst abgeschnitten.

Der Stabschef des Bataillons, Hauptmann Baethke, holte uns mit drei Schützenpanzern BMP aus der eingeschneiten Ortschaft, um neu eingesetzt zu werden. Unter der Leitung des Major König stand für mein Kommando die Aufgabe, die Eisenbahnstrecke Brühl-Wismar auf den zu stark eingeschneiten Gleisabschnitten vom Schnee zu befreien. Untergebracht waren wir in der Schule der Ortschaft Dabel. Dieser Einsatz dauerte fast eine Woche."

Der 1. Zugführer der 3. Kompanie, Leutnant Kuno Freese, berichtet:

„Ich hatte mit meinem Kommando mit einem LKW die Strecke Crivitz-Goldberg passierbar zu machen. Wir schneiten aber in der Ortschaft Wessin ein. Hier übernachteten wir im Technik-Stützpunkt, der mit einem Schmiedeofen beheizt werden konnte. Die Versorgung wurde durch die Küche des Lehrlingswohnheimes gesichert. Im Dorf wurden die Straßen durch einen Traktor mit Schiebeschild freigehalten. Mit der Freilegung der Fernverkehrsstraße konnte noch nicht begonnen werden, da die auf der Strecke eingeschneiten PkW`s noch nicht geortet werden konnten. Nach zwei Tagen erlangten wir, durch Unterstützung der 1. Aufklärungskompanie mit zwei BMP, wieder die erforderliche Beweglichkeit. Darauf wurde mein Kommando nach Sternberg verlegt. Hier stand die Aufgabe, den Bahnhof und seine Anlagen vom Schnee zu befreien, den Weg zur Nerzfarm freizuhalten und sogar entflohene Nerze einzufangen."

1979:

Der Februar, bei fast gleicher Wetterlage wie zum Jahreswechsel, brachte erneut eine Unmenge an Schneemassen. Die Angehörigen der 8. MSD reihten sich ein in die Kräfte aus allen Bereichen des Bezirkes Schwerin. Infolge der Schneehöhen konnte man den Schnee nicht einfach zur Seite schieben, schon gar nicht in der Stadt.

Die Schneeräumer wussten bald nicht mehr wohin mit den vielen Schneemassen. Große Mengen davon lud man auf der Wiese neben dem „Marstall" von Schwerin im Uferbereich des Schweriner Sees ab. Dort konnte man die Schneeberge bis in den Mai hinein bestaunen. Erst in diesem Monat verschwanden sie dann nach und nach unter den Strahlen der warmen Maisonne.

1979, am 1. März, dem 23. Jahrestag der Nationalen Volksarmee, wurde der „Tag des Treffens mit Soldaten" zentral organisiert. 1600 Besucher schauten sich die dafür vorbereitete Technik und unser Objekt an diesem Tag an.

Am 13. Juni 1979 wurde ein Patenschaftsvertrag mit einer Polytechnischen Oberschule auf dem Großen Dreesch in Schwerin abgeschlossen. Das Aufklärungsbataillon 8 organisierte eine monatliche Soldatendisco mit den Mädchen dieser Schule.

Am 28. September 1979 erhielt die 8. Motorisierte Schützendivision eine besondere Ehrung, die Verleihung des Scharnhorst-Ordens. Das Aufklärungsbataillon 8 hatte dazu eine Abordnung von 33 Mann zu stellen.

1969-1981 – Sport und Freizeit innerhalb und außerhalb der Kaserne

Allgemein war das Interesse für den Freizeitsport stets sehr hoch.

Sportliche Leistungen erfuhren mannigfaltige Würdigungen. Sportabzeichen und Militärsportabzeichen zeigten auch an der Uniform den erreichten Leistungsstand und darauf war man stolz, zu Recht.

c: Wintersport konnten die Aufklärer manchmal direkt vor der Haustür betreiben, Der Schlosspark von Schwerin lag direkt gegenüber der Kaserne und besaß auch einige „Hügelchen". Dahinter im Bild das Offizierscasino mit „Magazin" gleich nebenan, wo es auch sowjetische Waren zu kaufen gab (bis zum Abzug der sowjetischen Streitkräfte durch die 94. GMSD der GSSD genutzt).

1971 belegte das Aufklärungsbataillon 8 bei den Divisions-Leichtathletik-Meisterschaften den 1. Platz in der Wertung der selbstständigen Bataillone.

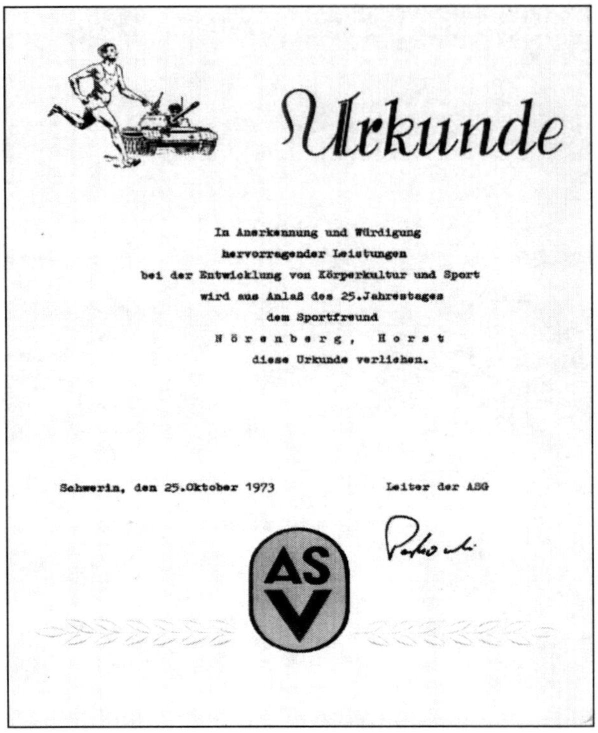
Urkunde

In Anerkennung und Würdigung
hervorragender Leistungen
bei der Entwicklung von Körperkultur und Sport
wird aus Anlaß des 25.Jahrestages
dem Sportfreund
N ö r e n b e r g , H o r s t
diese Urkunde verliehen.

Schwerin, den 25.Oktober 1973

Leiter der ASG

Das Aufklärungsbataillon 8 besaß eine „Singegruppe", geleitet von Edgar Stein. Wie man sieht, beschränkten sich die Zusammenkünfte in der Bibliothek des Truppenteils nicht nur auf Chorproben und die Vorstellung ihrer Gesangskünste vor den Soldaten des Bataillons oder in der Öffentlichkeit. Das entspannte und gemütliche Miteinander gehörte genauso dazu.

Edgar Stein berichtet darüber: *„Wo man singt, da lass dich ruhig nieder, ... Unter diesem Blickwinkel wurde 1969 die Singegruppe ins Leben gerufen. Zu diesem Zeitpunkt gab es verstärkte Bemühungen, die kulturelle Tätigkeit in den Einheiten zu unterstützen und zu fördern. In den Klubräumen jeder Kompanie sollte Kultur entstehen und erlebt werden. Die Singegruppe setzte sich aus 10-12 Soldaten und Studentinnen der Pädagogischen Schule sowie Abiturientinnen der EOS (erweiterte Oberschule) zusammen. Die Soldaten kamen aus der 2. Kompanie und dem Nachrichtenzug. Zu Proben kam man in der Bibliothek einmal wöchentlich zusammen.*

Die Singegruppe hatte in den 70-er Jahren ca. 10-15 Auftritte in öffentlichen Einrichtungen, Schulen sowie im Kinosaal der Kaserne. Beim Auftritt der attraktiven Mädchen in der Kaserne ließen sie die Gemüter der jungen Soldaten und Unteroffiziere schon mal hochkochen. Man kann mit Fug und Recht sagen, dass die Gruppe bei ihren Auftritten gut besucht wurde. Dabei zeigten sich die zuhörenden Soldaten als Kavaliere. Verstöße gegen die Befehle 30/66 und später 30/74 (Alkoholverbot in den Kasernen) kamen nicht vor. Die gute Zusammenarbeit mit der Pädagogischen Schule bildete später die Grundlage für das Vertrauen der militärischen Führung, im neu gebauten Klubkeller Jugendtanzveranstaltungen durchführen zu können."

Die Singegruppe des Aufklärungsbataillons 8 in den Räumen der Bibliothek der Kaserne

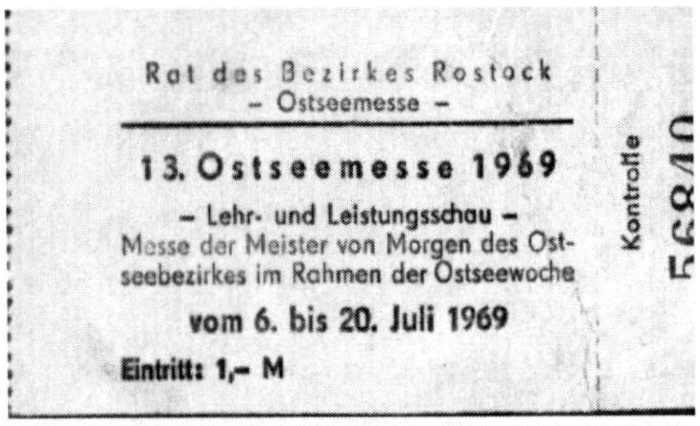
Rat des Bezirkes Rostock
– Ostseemesse –
13. Ostseemesse 1969
– Lehr- und Leistungsschau –
Messe der Meister von Morgen des Ostseebezirkes im Rahmen der Ostseewoche
vom 6. bis 20. Juli 1969
Eintritt: 1,– M
Kontrolle

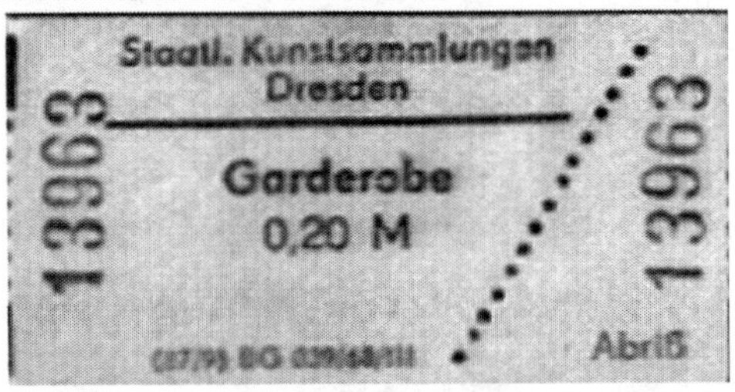
Staatl. Kunstsammlungen Dresden
13963
Garderobe
0,20 M
13963
Abriß

Gruppen- und Einzelausgang gehörten stets zu den angenehmen Seiten.

Exkursionen führten zu Zielen innerhalb und außerhalb von Schwerin wie beispielsweise nach Berlin, Rostock, Dresden.

1977: Bei den Meisterschaften der Armeesportvereinigung der Division siegte das Aufklärungsbataillon 8 im Handball, Fußball und im Fernwettkampf.

Auch solche eher seltenen Ereignisse wie die Hochzeit von Horst Nörenberg im Oktober 1974 belebten das gesellschaftliche Miteinander der Berufssoldaten.

Es gratulieren sein erster Zugführer Oberleutnant Lutz Börner, sein Stellvertreter TA, Unterleutnant Dieter Kabbert sowie der Kommandeur des Aufklärungsbataillons 8, Major Klaus Kellermann

1979 am Ende des Ausbildungsjahres erhielten 12 Volkskunstkollektive der Division Anerkennungsprädikate, wobei die Singegruppe des Aufklärungsbataillons 8 eine besondere Wertung bekam.

1980 am 1. März, zum „Tag des Treffens mit Soldaten" kamen 500 Besucher in das Objekt des Aufklärungsbataillons 8.

Anlässlich des 25. Jahrestages der Nationalen Volksarmee fand im Bataillon ein festliches Abendessen der Berufssoldaten mit ihren Frauen statt. An diesem Tag wurde im Bataillon ein Traditionszirkel gegründet, in welchem die Bataillonsgeschichte erarbeitet werden sollte.

a-b: Ende der 70-er Jahre. Ein Ausflug nach Godern zum See.

1981:

Wieder gab es eine Zäsur für das Aufklärungsbataillon 8.

Bis zum November und vor allem danach begann für das Aufklärungsbataillon 8 eine neue Etappe ihres Bestehens. Seit 1953 hatten die Divisionsaufklärer ihren Platz in der Garnison Schwerin. Nun bereitete ein Vorkommando die Verlegung in einen neuen Standort vor.

Im November 1981 sagte man Schwerin ade und verlegte das Bataillon in das neu erbaute Objekt in Hagenow. Nicht nur die Kaserne war neu. Das ganze Umfeld der Garnison erforderte ein großes Maß an Neuorientierung, vom Tagesablauf über die Gefechtsausbildung bis hin zu neuen Beziehungen zu örtlichen Stellen usw. Auch für Urlauber und Ausgänger traf das zu.

Das Verlassen des Standortes Schwerin und die Verlegung nach Hagenow in die neue „Ernst-Moritz-Arndt-Kaserne" erfolgte zeitgleich mit dem Pionierbataillon 8, das von Goldberg nach Hagenow umzog.

Bereits ein Jahr vorher hatte das MSR-29, von Prora kommend, diese Kaserne bezogen.

1981 bis 1990 – Das Aufklärungsbataillon 8 im Standort Hagenow

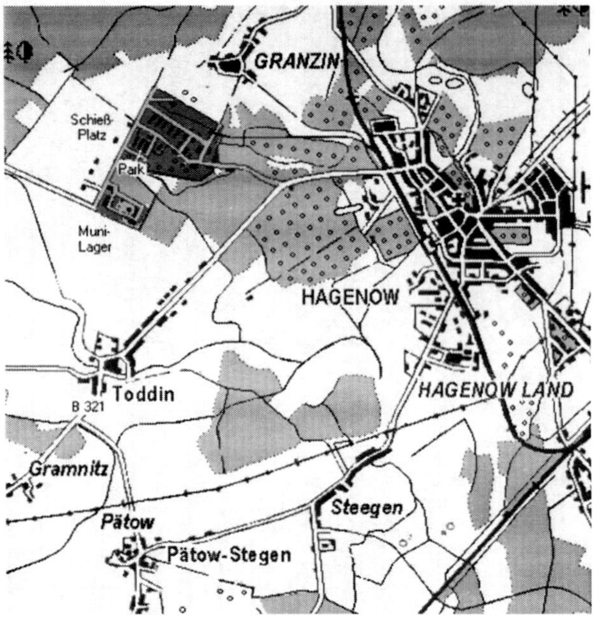

1981: Mit der Verlegung in die neu erbaute „Ernst-Moritz-Arndt-Kaserne" Hagenow stationierte die Führung der DDR diese Truppenteile der 8. MSD der NVA somit näher an ihre möglichen Verteidigungs- und Einsatzräume zur Westgrenze der DDR.

e-g: Bilder aus dem Jahr 2005 von der „Ernst-Moritz-Arndt-Kaserne". Es ist wohl die einzige Kaserne, die nach der Wende ihren Namen behalten hat.

Fast alle Gebäude erhielten eine Sanierung und einen anderen Anstrich. Auch die Dächer veränderten sich in der Form. Nur der ehemalige Block des Aufklärungsbataillons 8 (hier die Vorderseite) sowie die Rückseite des Klubgebäudes besaßen zu diesem Zeitpunkt noch das Äußere aus der Zeit der Nationalen Volksarmee.

c-e: Der Blick auf die Rückseite der Unterkunftsblöcke von der Parkzone aus. Rechts vorn der noch unsanierte ehemalige Block des Aufklärungsbataillons 8.

Neben der „Ernst-Moritz-Arndt-Kaserne" benutzte das Aufklärungsbataillon 8 ab 1984/85 noch eine „zusätzliche Kaserne" bei Schlagsülsdorf. Sie diente der 4. Kompanie bei ihren Einsätzen im Bereich der Staatsgrenze als Arbeitsbasis (mehr dazu später).

1981 Angaben zum Führungsbestand:
Kommandeur Major Alfred Nikele;
StKSC Major Eberhard Baethke;
StKPA Hauptmann Bernd Müller, Major Otto Krüger;
StKA Oberleutnant Winfried Mattutat;
StKTA Major Heinz Bastian;
StKRD Oberleutnant H-Georg Jonuschat;
1. Kompanie, Kompaniechef, zwei Züge, sieben BMP;
2. Kompanie, Kompaniechef Oberleutnant Schwaaß, zwei Züge, sieben BMP;
3. Kompanie, Kompaniechef Oberleutnant Hans-Joachim Hauswald, zwei Züge, acht 40-P2;
4. Kompanie, Kompaniechef Hauptmann Döppner.

In Hagenow kamen zum Führungsbestand u. a. hinzu:

Burkhard Müller; Hauptmann a. D.: Sept. 1983: Zugführer in der 2. Kompanie des Aufklärungsbataillons in Hagenow; Kompaniechef der 1. Kompanie des Aufklärungsbataillons; August 1989: Oberoffizier Aufklärung des MSR-29 In Hagenow;

Andreas Stolpe; Hauptmann a. D.: 1. 11. 1986-31. 10. 1988: Offizier für Bewaffnung im Aufklärungsbataillon 8;

Wolfgang Viebranz; Hauptmann a. D.: 1. 9. 1982-1. 9. 1985; FDJ-Sekretär im Aufklärungsbataillon 8; 1. 9.1985-1987: Partei-Sekretär im Aufklärungsbataillon 8 in Hagenow;

Rex, Enrico; Hauptmann a. D.: 1981: Gruppenführer der AWG im Aufklärungsbataillon 8 in Hagenow; 1981-1985: Zugführer AWZ im Aufklärungsbataillon 8 in Hagenow; 1985-1988: Kompaniechef der 4. Kompanie im Aufklärungsbataillon 8 in Hagenow; 1989-1990: Stellvertreter des Stabschef für Funkaufklärung im Aufklärungsbataillon 8 in Hagenow;

Joachim Carmohn; Hauptmann a. D.: August 1984-1989: Zugführer im Aufklärungsbataillon 8 in Hagenow; 1989-Dezember 1990: Kompaniechef der 1. Kompanie im Aufklärungsbataillon 8 in Hagenow;

1982

Führungskräfte des Aufklärungsbataillons 8:

f.: Hauptmann Norbert Eckardt; Major Norbert Neumann; Hauptmann Jürgen Diehl; Oberstleutnant Eberhardt Baethke, Kommandeur des Aufklärungsbataillons 8 von 1982 bis 1989; Hauptmann Uwe Weinhold; Hauptmann Jonuschat (im rechten Bild als Major); Oberleutnant Winfried Mattutat

h: links Major Norbert Neumann

Angehörige des Aufklärungsbataillons 8 bei Fototerminen in der Kaserne.
b: Soldaten des Nachrichtenzuges (Mitte: Feldwebel Buck).

Oberfähnrich Klaus-Jürgen Gellentin

Ein verdienstvoller Angehöriger des Aufklärungsbataillon 8, u. a. ausgezeichnet mit der seltenen Belobigung: „Fotografieren vor der entfalteten Truppenfahne".

ALS
ANERKENNUNG
FÜR
HOHE LEISTUNGEN
WURDE

Ofä. Gellenthin

VOR DER
ENTFALTETEN TRUPPENFAHNE
FOTOGRAFIERT

O.U., DEN 23.04.1985

KOMMANDEUR /OSL

d: Der Zug von Oberfähnrich Gellentin im Aufklärertarnanzug und Springerstiefeln. Sie wurden auch im Fallschirmabsprung ausgebildet.

1981 bis 1990 – Besondere Ehrungen im Aufklärungsbataillon 8

Das Aufklärungsbataillon 8 erhielt am 28. Februar 1985 den Ehrennamen „Otto Moritz"

Otto Moritz war ein Arbeiterveteran. Geboren am 7. November 1891 in Eularn, Kreis Landsberg an der Warthe als Sohn einer Landarbeiterfamilie, gestorben am 14. Juni 1970 in Schwerin. Er war von frühester Jugend an politisch aktiv, insbesondere in der Gewerkschaft (Mitglied seit 1909). 1010 trat er in die SPD ein. Von April 1011 bis Herbst 1913 leistete er Wehrdienst. Während des 1. Weltkrieges geriet er am 27. Februar 1915 in russische Kriegsgefangenschaft und arbeitete bald in unterschiedlichen wirtschaftlichen Bereichen.

Während der Oktoberrevolution trat er als Rotgardist in die Rote Armee ein. 1918 wurde er Mitglied der KPdSU (B) Auslandssektion.

Im Dezember 1920 kam er nach Deutschland zurück und stellte einen Antrag zur Aufnahme in die KPD. Nach der Machtergreifung der Nazis verhaftete man Otto Moritz, ließ ihn aber bald wieder frei. 1943 arbeitete er in der Widerstandsgruppe Krause-Empacher.

Nach Kriegsende war er bis 31. Juni 1960 beruflich in verschiedensten Funktionen, danach aktiv ehrenamtlich tätig. Vielfach ausgezeichnet, u. a. mit dem Leninorden in Gold und dem Vaterländischen Verdienstorden in Silber,

a: Gesprächsrunde vor der Namensverleihung „Otto Moritz"; Hauptmann Freese mit Herrn und Frau Dobberthin, Angehörige von Otto Moritz

c: Generalmajor Hans Unterdörfel, Kommandeur der 8. MSD, wird im Aufklärungsbataillon 8 vom Kommandeur Oberstleutnant Eberhard Baethke begrüßt

d: Vor dem Block des Aufklärungsbataillons 8 meldet der Diensthabende

Die Verleihung des Ehrennamens "Otto Moritz" an das Aufklärungsbataillon 8 am 28. Februar

Fahnenkommando und Ehrenzug sowie der Personalbestand des Aufklärungsbataillons 8 sind angetreten zum Marsch auf den Appellplatz des Standortes. Danach geht es zum feierlichen Appell.

d: Generalmajor Hans Unterdörfel, Kommandeur der 8. MSD, schreitet die Front des angetretenen Bataillons ab und begibt sich zu den Ehrengästen auf die Tribüne

e-f: Der Leiter Aufklärung der 8. MSD, Oberstleutnant Hartmut Winterfeldt, verliest die Verleihungsurkunde

a: Generalmajor Unterdörfel heftet die Namensschleife an die Truppenfahne des AB-8

b-c: Nach der Abnahme des Vorbeimarsches der Einheiten des Aufklärungsbataillons 8 enthüllt Herr Dobbertin die Ehrentafel vor dem Block des Bataillons

d-h: Es folgt eine Vorführung der Fernaufklärer.

a-b: In Anwesenheit von Oberstleutnant Baethke, Herrn Dobberthin, Major Neumann, Stabsfeldwebel Zöllik u. a., legten Soldaten des Aufklärungsbataillons vor der Ehrentafel ein Blumengebinde nieder. Aus diesem Anlass bezogen Ehrenposten die Anlage

In der nachfolgenden Zeit wird diese Stelle an der Ehrentafel immer wieder ein Ort für Erinnerungsfotos mit Besuchern des Bataillons, von Angehörigen des Aufklärungsbataillons 8 vor ihrer Versetzung in die Reserve sowie bei anderen feierlichen Anlässen, zu denen wiederum Ehrenposten aufziehen.

c-e: Vor der Gedenktafel „Otto Moritz" Major Weinhold, Herr Krüger, Oberstleutnant Zappe (zivil im Hintergrund), Oberstleutnant Baethke, Herr und Frau Dobberthin, Major Schlender, Major Neumann, Major Diehl sowie Abordnungen der SED-Kreisleitung und des Patenbetriebes.

Unten re.: Die Schulungsgruppe des Leiters Aufklärung der 8. MSD

Auf Erinnerungskarten über die Dienstzeit im Aufklärungsbataillon 8 oder aus besonderen Anlässen bekam die Ehrentafel und der Traditionsname „Truppenteil Otto Moritz" nun seinen festen Platz als Identität stiftender Begriff für die Traditionspflege der Angehörigen des AB-8. Davor blieb das Bataillon entweder ungenannt oder nur als „Truppenteil …" (Name des jeweiligen Kommandeurs vom Aufklärungsbataillon 8).

Fotografieren vor der Ehrentafel des Namensgebers für das Aufklärungsbataillon 8 und Erinnerungskarten des Aufklärungsbataillons 8 gehörten dazu.

a: Die FDJ-Leitung mit ihren Ehefrauen und dem FDJ-Banner

1981 bis 1990 – Entwicklung, Bestand, Ausrüstung und Ausbildung des AB-8

1981: Ab dem 1. Dezember tritt für die Teilstreitkräfte der Nationale Volksarmee ein neuer STAN unter der Bezeichnung „Struktur 1981-1985" in Kraft, welcher auch Auswirkungen auf die Aufklärungsbataillone hatte. Die Fernaufklärungskompanie strukturierte man in einen Fernaufklärungszug um. Als Erster führte den Zug Oberleutnant Wernitz.

Vom 9. Dezember 1981-5. April 1982 gab es infolge der politischen Ereignisse in der Volksrepublik Polen, im Zusammenhang mit den Maßnahmen der erhöhten Gefechtsbereitschaft, nur Ausbildungen in Objektnähe.

1981-1985 erfolgte der Einsatz der 4. Aufklärungskompanie in einem Diensthabenden System der Funkaufklärung im Raum Diesdorf.

1982: Das Aufklärungsbataillon 8 nimmt im April zum Ende des ersten Ausbildungshalbjahres geschlossen an der Abschlussüberprüfung der 8. Motorisierten Schützendivision „Leistungsschau-82" durch das Kommando der Landstreitkräfte teil. Es wird dabei umfassend im Stand der Gefechtsausbildung, Gefechtsbereitschaft sowie Technik und Bewaffnung etc überprüft.

Im September 1982 übernimmt Major Eberhard Baethke das AB-8.
Die Besetzung der Führungspositionen des Aufklärungsbataillons 8:
Kommandeur: Major Alfred Nikele, Major Eberhard Baethke (ab Sept. 1982),
Stellvertreter des Kommandeurs und Stabschef: Major E. Baethke (bis September), Hauptmann Winfried Mattutat (September bis 1983), Hauptmann Uwe Weinhold,
Stellvertreter Stabschef: Hauptmann Kuno Freese (ab 1983),
Stellvertreter PA: Major Krüger, Major Norbert Neumann (ab 1983),
Stellvertreter TB: Major Jürgen Diehl (TB=Technik u. Bewaffnung; Bewaffnung und Munition waren nun bei TB, daher ab 1982 StKTB),
Offizier Bewaffnung: Hauptmann Holland,
Stellvertreter RD: Hauptmann Jonuschat.

Es erfolgte eine Umstrukturierung im Aufklärungsbataillon 8:
Die 3. Kompanie wurde aufgelöst, ihre SPW kamen in die 1. und 2. Kompanie.

1. Kompanie, Kompaniechef: Oberleutnant Hennig (bis 1983), ab 1983 Oberleutnant Held, zwei BMP-Zuge, ein SPW-40-P2-Zug (gemischte Kompanie);
2. Kompanie, Kompaniechef: Hauptmann Kuno Freese, zwei BMP-Züge, ein SPW-40-P2-Zug (gemischte Kompanie);
3. Kompanie=FuFuTAklKp, Kompaniechef: Oberleutnant Döppner, Karl-Heinz Brüsch, Jörg Hartmann nun mit RPS-6 (Bilder unten) weitreichend im DHS;
4. Fernaufklärungszug, Zugführer: Oberleutnant Jan Wernitz, 8 Unteroffiziere, 13 Soldaten, 5 UAZ- 469-B, FuG SEG-15 D (DDR-Produktion), KmS-72, Pistole Makarow, Kampfmesser;

Die Ausbildung erfolgte in Taktikkomplexen I-III auf dem Truppenübungsplatz, dabei: Sprengen, Brandmitteleinsatz/Brandbahn, Springen mit RS-9 ab 250 m im Sprunglager.
Der Fernaufklärungszug besitzt keine SPW mehr.

Fitness der Aufklärer erforderte sportliches Können. Daher gab es neben der einheitlichen Sturmbahn viel Ausbildung mit „sportlichem Einschlag“: Hangeln am Seil, Überwinden der selbstgefertigten Hindernisse usw.

Als Dank und Anerkennung für vorbildliche
Leistungen bei der Truppenübung:
„Sewer" 83
O.U. September 83
Kommandeur AB

1983 übernahm Fähnrich Klaus Gellentin den Fernaufklärungszug, unter dessen Führung der Ausbildungsstand zielgerichtet weiter erhöht werden konnte. Die Struktur des FAZ:

ZF und Stellvertreter Zugführer, 3 FAG
Personalbestand je Gruppe:

- Gruppenführer
- Stellvertreter Gruppenführer
- Funker
- Fahrer/Aufklärer
- Aufklärer

Bewaffnung und Ausrüstung der Gruppen:
5 AKS 74 lang (MPi)

5 Pistolen Makarow
Bajonette
1 Kampfmesser
Nachtsichtgerät NSP-2
UAZ (PkW-Kübel)

Die Einsatztiefe der Fernaufklärungsgruppen war bis zu 150 km hinter der VLV vorgesehen.

Die Überwindung der vorderen Linie der Verteidigung (VLV) konnte erfolgen durch:

- Überrollen lassen,
- Durchsickern,
- Überwindung mit Fallschirm,
- Überwindung mit Gleitschirm.

Die Grundlagen in der Ausbildung erwarben die Fernaufklärer im Objekt bzw. unter der Nutzung der Ausbildungsbasis des Standortes Hagenow und in dessen Umfeld. Schwerpunkte der Ausbildung bildeten die Komplexausbildungen und die Feldlager des Bataillons, die jährlichen Feldlager des Kdo's des MB-V für die Spezialaufklärungskompanie 5 mit den Fernaufklärungszügen aus den drei Divisionen des MB-V, sowie die Sprunglehrgänge.

Die Komplexausbildungen führte der Zug in der erweiterten Region des Standortes Hagenow auch bis Stern Buchholz durch. In diesen Ausbildungen übte man viele Elemente der Einzel- und Gruppenausbildung, unter Nutzung der Ausbildungsbasis des Standortes, aber auch im unbekannten Gelände, bei Tag und Nacht, mehrere Tage zusammenhängend. Teilweise unter feldmäßigen Bedingungen lebend, führte man die wichtigsten praktischen Ausbildungsthemen zusammenhängend durch. In der Nahkampfausbildung, die im Ausbildungsprogramm 40 Stunden beinhaltete, übten die Fernaufklärer auch Elemente der Koreanischen Militärkampfkunst.

Im Verlauf einer dieser Ausbildungen hatten die Fernaufklärungsgruppen über eine größere Entfernung ein Objekt zu erreichen. Am vorgesehenen Endpunkt war für den letzten Streckenabschnitt auf dem vorletzten Abschnitt von einem Hauptweg im Wald an der siebenten Schneise seitlich zum Endpunkt abzubiegen. Das Ziel: Häuserkampfobjekt Stern Buchholz. Zwei Fernaufklärungsgruppen erreichten ihr Ziel laut der Zeitvorgabe. Die dritte Gruppe hatte am folgenden Morgen den Endpunkt noch nicht erreicht. Da auf den Gruppenführer Verlass war, vermutete der Zugführer richtig, dass sich der Unteroffizier bei der Orientierungsabzählung der Waldschneisen zum Abbiegen vertan hatte. Er begab sich auf die Suche nach der Gruppe und fand diese wie vermutet in einer der in den letzten Jahren neu eingeschlagenen Schneisen. Der Gruppenführer hatte sich nur nach der Anzahl der Schneisen in der Karte orientiert, aber nicht mit der Hilfe der Schrittzahl die Entfernung berücksichtigt.

Für die Feldlager des Aufklärungsbataillons 8 nutzte man die Truppenübungsplätze Klietz und Lübtheen.

Die Feldlager des MB-V für die Spezial- und Fernaufklärer erfolgten in der Regel am Ausbildungsobjekt des Fallschirmjägerbataillons 40, später Luftsturmregiment 40, in Lehnin bei Brandenburg/Potsdam, 6 km Westsüdwest des Autobahnkreuzes A 2/A10.

Bei der Durchführung von Feldlagern setzte man den Fernaufklärungszug oft zur Erfüllung von Sonderaufgaben ein. Da der Zugführer bestrebt war, seinen Personalbestand auf die hohen Anforderungen in einem möglichen Gefecht auch physisch gut vorzubereiten, trat er vor einem Feldlager auf dem TÜP Klietz mit einem besonderen Vorschlag an den Bataillonskommandeur heran. Der Vorschlag beinhaltete einen Fußmarsch des Zuges in Gruppen mit Gefechtseinlagen im Verlauf des Marsches vom Objekt Hagenow zum Feldlager in Klietz. Der Kommandeur überlegte kurz, bestätigte den Vorschlag und stellte einen Termin für die Vorlage des dazu auszuarbeitenden Ausbildungsdokumentes. Als dann das Bataillon in das Feldlager verlegte, begannen auch die Fernaufklärungsgruppen ihre Aufgaben zu lösen.

Die Strecke von ca. 150 km war im Nachtmarsch, verbunden mit der Aufklärung der vorgegebenen Objekte, in drei Tagen zu bewältigen. An Kontrollpunkten, die die Gruppen anzulaufen hatten, ließen die wunden Füße von zwei Soldaten die Fortsetzung ihrer Aufgabe nicht mehr zu. Beide fuhren mit einem Fahrzeug in das Feldlager. Unteroffizier Ernst, dessen Füße auch schon wund gelaufen waren, löste trotzdem unter Schmerzen die Aufgabe und erreichte mit seiner Gruppe das Ziel. Aus den 150 km waren aus vielen notwendigen Umgehungen fast 250 km geworden. Die Fernaufklärungsgruppen hatten ihre Leistungsgrenze weit überschritten.

Feldlager, die die Abteilung Aufklärung des Kommandos des Militärbezirkes V leitete:

In den Aufklärerfeldlagern mit den Spezialaufklärern in Lehnin war der Höhepunkt das Schießen aus dem Hubschrauber. Laut Ausbildungsprogramm spannte man dafür die MPi (AK-74 N) im Hubschrauber ein. Nach dem der Hubschrauber an Höhe gewonnen hatte, flog er die Ziele, laufende Schützen und eine LKW-Scheibe, in 100 bis 200 Meter Höhe an, um diese von den Schützen bekämpfen zu lassen.

1985 begann die Einführung der neuen MPi AK-74 N. Mit dieser neuen Waffe verbesserten sich die Schießergebnisse deutlich. Der Grund lag vor allem in der hohen Anfangsgeschwindigkeit des Geschosses mit seiner rasanteren Flugbahn.

In den jährlichen 14-tägig durchgeführten Feldlagern auf dem Truppenübungsplatz Lehnin, wo der Personalbestand in festen Unterkünften untergebracht war, gehörte in der Geländeausbildung auch das Leben unter feldmäßigen Bedingungen dazu. Bei der Lehrfrage „Ernährung aus der Natur" fand ein Unteroffizier des Zuges ein Kiebitznest mit Eiern, dessen Genuss dann für ihn einen anschließenden Krankenhausaufenthalt zur Folge hatte. Nach einer Woche konnte er das Krankenhaus wieder verlassen.

Der Fernaufklärungszug von Stabsoberfähnrich Gellentin stand, wenn es um harte Ausbildung ging, stets weit vorn. Hier einige Bilder aus der Fernaufklärerausbildung:

Kampfmesser und Klappspaten wurden zu wirksamen Waffen in den Händen der Fernaufklärer. Selbst gewöhnliche Gegenstände konnten sie dafür nutzen. Wenn nichts greifbar war, dann handelten die im Nahkampf geübten Fernaufklärer selbst als Waffe.

Auch in der Abwehr von Kampfhunden übten sich die Fernaufklärer.

Das Fallschirmspringen gehörte sicherlich zu den markantesten Seiten in der Ausbildung der Fernaufklärer.

Die Sprungausbildung wurde auf der Grundlage des Befehls 100/1983 des Ministers für Nationale Verteidigung der DDR organisiert und ab 1985 auf dem Flugplatz Burg bei Magdeburg praktisch durchgeführt.

Jährlich in den Monaten zwischen Juli und September nahm der Fernaufklärungszug an Sprunglehrgängen teil.

Der erste Lehrgang begann am 9. September 1985 und der letzte fand am 30. Januar 1990 auf dem Flugplatz bei Burg, 20 km nordöstlich von Magdeburg, statt. Die Dauer des Lehrganges betrug in der Regel 14 Tage. Unterbringung gab es in festen Unterkünften. Die Ausbildung erfolgte gemeinsam mit der Spezial-Aufklärungskompanie 5. Nach intensiver theoretischer und praktischer Ausbildung mit dem Fallschirm war der Höhepunkt dann das Springen selbst. Als Lufttransportmittel standen das Flugzeug AN-2 und der Hubschrauber Mi-8 zur Verfügung. Die Soldaten und Unteroffiziere sprangen aus Höhen bis zu 500 Metern. Der Zugführer, Fähnrich Klaus Gellentin, der 64 Sprünge absolviert hatte und die Pack- und Abnahmeberechtigung besaß, durfte aus bis zu 4000 Metern Höhe springen. Unfälle hat es in dieser Zeit nicht gegeben.

Der Grundlehrgang für alle Aufklärer beinhaltete 5 Sprünge, wonach jeder das Sprungabzeichen überreicht bekam.

a-d: Alles gepackt! Jeder hat jetzt sein Päckchen zu tragen und erwartet, dass er auch die Sprungaufgaben mit dem Fallschirm erfolgreich packen wird

e: Absprache mit der Hubschrauberbesatzung vor dem Einsatz
Rechts: Hauptmann Weinhold, Stellvertreter des Kommandeurs für Ausbildung des Aufklärungsbataillons 8

Die Fernaufklärungsgruppe ist im Einsatzraum gelandet. Nun steht die schwierigste Aufgabe bevor, die Erfüllung des eigentlichen Kampfauftrages.

a-d: Der Zug von Hauptmann Burkhard Müller bei der Gefechtsausbildung

Bis **1983/1984** erfolgte die Funk- und Funktechnische Aufklärung (FuFuTAkl) bei längeren Einsätzen oft außerhalb des Bereiches der 8. MSD. Nach Erinnerungen von Hartmut Winterfeldt gehörten dazu beispielsweise:

„Schönberg, Bennin, Diesdorf westlich von Arendsee, von der Kompanie mehrfach bezogen, stärker noch vom AB-1. Wir hörten Gefechtshandlungen bis zu den Übersetzstellen an der Weser. Diesdorf wird später vom AB-1 für das DHS ausgebaut.

Athenstedt auf dem Huy, nordwestlich Halberstadt. Ich erinnere mich an die Verlegung, die Fahrt durch die Großstadt Magdeburg mit 18 Kfz hinter mir in der Kolonne. Die Magdeburger Stadtautobahn gab es noch nicht. Später gab man uns Regulierer mit.

Darlingerode/Drübeck, südwestlich von Halberstadt im Harz, sehr nahe am Sperrgebiet.

Schlagsülstorf wird 1983/84 als Einsatzraum ausgewählt.

Einige waren für Bennin wegen der besseren Empfangsbedingungen, aber dort hätte man bauen müssen. Soweit ich mich erinnere, wurde Bennin der 94. GMSD zugeordnet, das entsprach auch der Einsatzplanung, von der ich erst später Kenntnis erhielt.

Wir erwarben (über die UKA) ein Einfamilienhaus am Ortsende und einen Platz auf dem vorgelagerten Acker für den Peiler. Das Grundstück wurde eingezäunt, ein Antennenmast errichtet, das Häuschen wurde ausgebaut. Strom wurde herangelegt, eine Klärgrube gebaut, usw.

Das AB-8 verwaltete die Liegenschaft, die im Wechsel auch vom AB-9 bezogen wurde.

Aufgabe: Funktechnische Aufklärung im DHS."

Im Internet findet man noch folgende Zusätze: „Im Erdeschoss wurden die Betriebsräume der Auswertung sowie sanitäre Anlagen eingerichtet, im Obergeschoss Diensträume mit mehreren Arbeitsplätzen für die Funkaufklärer sowie für den Leiter der Funkwache. Weiter außerhalb des Ortes in westlicher Richtung in ca. 300 m Entfernung lag ein weiteres eingezäuntes Gelände, direkt auf der „Bergkuppe". Von dort aus konnte man direkt bis nach Lübeck und Travemünde „reinschauen/-horchen". Der dort gebaute Turm war einer der üblichen viereckigen Grenzüberwachungstürme, wie man sie im Grenzgebiet vorfand. In der Zwischenetage arbeiteten die Funkaufklärer und in der oberen „spiegelverglasten" Etage der Leiter der Funkwache bzw. Auswerter.

Die Funkaufklärung wurde aus diesem Komplex rund um die Uhr im Rahmen des DHS der Funk- und Funkelektronischen Aufklärung der NVA geführt. Besetzt war dieser Punkt abwechselnd durch die Funkaufklärer der 1. MSD, der 8. MSD und der 9. PD. Diese betrieben Funkaufklärung im UKW- und Flugfunkbereich und wechselten regelmäßig ca. alle vier bis sechs Wochen. Die nicht direkt zur Funkwache eingesetzten Funkaufklärer waren im Objekt der Grenztruppen Schattin untergebracht. Dort war zuletzt die 10. Grenzkompanie (10. GK/GR-6/GKN) stationiert. Der Wechsel der „Schichten" erfolgte im Acht-Stunden-Rhythmus. Dazu wurde die neue Funkwache mit LKW Typ URAL über Utecht nach Schlagsülsdorf gebracht und die alte zurück nach Schattin mitgenommen."

Weiter berichtet Hartmut Winterfeldt: *„Am Anfang standen die „Kisten" mit PSNR-1. Die Geräte gingen später zur Truppenaufklärung, spätestens als die 1. und 2. Aufklärungskompanie Schützenpanzer BMP erhielten.*

In Schlagsülstorf wurde die RPS-6 eingesetzt, damals Hightech. Die RPS war eine echte passive Aufklärungsstation. Man konnte unter anderem AWACS feststellen. Das war dann interessant für das DHS des FRR-8.

Besonders die hochwertigen Geräte waren oft defekt. Der Peiler R-363 fiel meist elektronisch aus, dazu kam die mechanische Anfälligkeit des Antennensystems.

Die Methoden und Mittel für das genaue Einnorden kamen von der Artillerie.

Die Peiler waren Nachrichtentechnik. Waren sie nicht einsatzbereit, mussten sie nach Eberswalde oder Frankfurt/O. Als Leiter Aufklärung machte man Druck beim Leiter Nachrichten, aber zaubern konnte der auch nicht.

Die RPS wurde bei RWD geführt. Meine Partner im Divisionsstab waren Klaus Freier und später Dieter Claus. Die Werkstatt der „Bewaffner" in Rostock half in der Regel recht kurzfristig.

1984 kam der Komplex RAMA. Der Peiler hieß nun R-381, für die alten Horchtrupps auf LKW LO-1800 kam ebenfalls neue Technik. Soweit ich weiß, wurde die vollständige Einführung von RAMA bis zur Wende nicht abgeschlossen."

Mindestens ab diesem Jahr war die Kompanie im DHS eingesetzt. Wenn NATO-Übungen stattfanden, handelte die gesamte Kompanie auch in anderen Räumen.

In Vorbereitung dieses neuen Einsatzraumes hatte man durch Aktivität des Leiters Aufklärung der 8. MSD, Oberstleutnant Hartmut Winterfeld, mit dem zuständigen Mitarbeiter der UKA Schwerin, Hauptmann a. D. Peter Bischoff, von der Gemeinde Schlagsülsdorf das allein- und leerstehende Haus, 10 km südwestlich von Schönberg im Bereich des Grenzregimentes Schönberg in günstiger Lage gelegen, für 3600 Mark gekauft.

Ab 1985 hatte nun die 4. Aufklärungskompanie die Funkaufklärung im Diensthabenden System aus dem Raum Schlagsülsdorf zu führen.

So wie bereits davor in den Erinnerungen beschrieben, richtete man sich ein. Das Grundstück erhielt einen Zaun, ein Gittermast wurde errichtet usw.

Die Funkwache handelte im Dachgeschoss, von wo man auch die Funkaufklärung führte. Die Auswertegruppe arbeitete im Erdgeschoss. Der Wechsel der Funkwache wiederholte sich im 8-Stundenrhythmus. Der Personalbestand der Kompanie erhielt seine Unterbringung im Objekt der zuständigen Grenzkompanie, wo man sie auch versorgte.

Was konnte man in diesen Einsätzen aufklären?

In den ersten Jahren war es leicht, durch die offene Gesprächsführung im Polizeifunk der BRD Teilergebnisse zu bekommen.

Besonders die Zeiten des Verlassens ihrer Objekte (Kasernen) durch die Truppen, sowie das Erreichen von bestimmten Abschnitten bzw. von Räumen der Kolonnen konnten so aufgeklärt werden. Nachdem diese Aufgaben der Polizei die Feldjäger der Bundeswehr übernahmen und diese im Funknetz gedeckt handelten, wurde die Aufklärung dieser Angaben aufwendiger.

Im Weiteren konnten folgende Handlungen der Truppenteile und Einheiten und Verbände aufgeklärt werden:

- Welche handelnden Truppen stellten die Seite „Rot“ und welche die Seite „Blau“ dar;
- Angriffsrichtungen;
- Angriffszeiten;
- Zeiten des Erreichens von Angriffsabschnitten; Verteidigungslinien und die Bereitschaft zur Verteidigung;
- der Einsatz von Reserven;
- die Abwehr von Gegenschlägen;
- die Stellungen der Artillerie-Systeme und deren Handlungen;
- der Einsatz von Taktischen und Operativtaktischen Raketen;
- Landeräume der Luftlandetruppen;
- vom Jütländischen Armeekorps die Landungsabschnitte
- von allen jeweils handelnden Truppen die Zeiten der Rückverlegung in die Objekte.

1985 im Mai führte das Aufklärungsbataillon 8 vor „leitenden Kadern der Nationalen Volksarmee" (alle Kommandeure ab Regimentsebene aufwärts) mit der 1. Aufklärungskompanie eine Lehrvorführung mit scharfem Schuss vor.

Thema: „Die Aufklärungskompanie bei der Aufklärung in der Gefechtsart Angriff.“

Für die gezeigte Leistung wurde das Bataillon durch Generaloberst Stechbarth mit einer Kollektivprämie ausgezeichnet.

Ausbildung auf dem Standortschießplatz

Die 2. Aufklärungskompanie führte 1985 auf dem Truppenübungsplatz Lübtheen eine Übung mit anschließendem Gefechtschießen durch und das Aufklärungsbataillon 8 nahm an der Divisionsübung „ZYKLUS-85“ teil.

a-d: Hinterhaltausbildung der Aufklärer, nun mit dem Schützenpanzer BMP

e: der typische Hochuferstreifen bei Kehnert

Bei Übungen der Division, aber auch der MSR/PR, hatten die teilnehmenden Truppenteile und Einheiten in der Regel auch Havel und Elbe zu überwinden. Über die Havel ging es gewöhnlich bei Göttlin. Die Elbe besaß mehrere Stellen und Abschnitte für das Überwinden durch die Kampftechnik. Der wichtigste Abschnitt lag im Bereich Sandau-Hohengöhren. Auch Kehnert nutzte man, zumal dort regelmäßig die Unterwasserfahrtausbildung der Panzer erfolgte. Seltener kam weiter Unterstrom die Elbe bei Rühstedt infrage.

Kurze Lageberatungen im Verlauf von Truppenübungen

1985 vom 06. bis 07. August wurde auf der Grundlage der Anordnung Nr. 36/85 des Stellvertreters des Chefs des Kommandos des Militärbezirkes V und Chef des Stabes der Leistungsvergleich der Aufklärungseinheiten des Militärbezirkes V durchgeführt.

Am Leistungsvergleich nahmen aus MSD/PD teil:

- eine Besatzung Schützenpanzer BMP bzw. SPW-60 PB
- eine Besatzung SPW 40 P2
- eine Aufklärungsgruppe;

Der Leistungsvergleich fand bei Nacht statt. Die teilnehmenden Mannschaften zeigten einen hohen Ausbildungsstand und eine vorbildliche Leistungsbereitschaft.

Den vom Stellvertreter des Chefs Militärbezirkes V und Chef des Stabes gestifteten Wanderpokal „Leistungsvergleich der Aufklärer des Militärbezirkes V" konnte die Mannschaft der 8. MSD entgegennehmen.

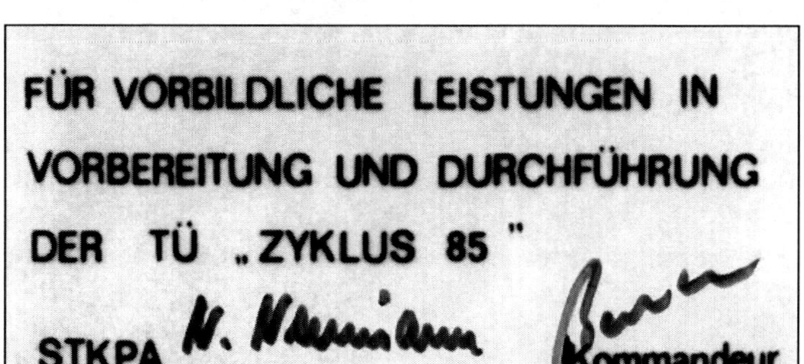
FÜR VORBILDLICHE LEISTUNGEN IN VORBEREITUNG UND DURCHFÜHRUNG DER TÜ „ZYKLUS 85"

STKPA [Unterschrift] [Unterschrift] Kommandeur

1985 wird in die 1. und 2. Aufklärungskompanie der BRM-1K eingeführt.

Die Kompaniechefs der 1. und 2. Aufklärungskompanie erhalten im Jahr 1985 je ein BRM-1K als Führungsfahrzeug.

BRM=боевая разведиваеделная машина, (bojewaja raswediwadjelnaja maschina) = Gefechtsfahrzeug der Aufklärer/1K = kommandowanije, für Kommandeur, Führung.

Zwei BMP-1 wurden ab verfügt.

a: Der StKSC der 8. MSD, Oberst Manfred Jonischkies, besichtigt das neue Aufklärungsfahrzeug BRM-1K. Daneben der Funkpeilgerätesatz UKW R 375.

1985

Die Gliederung des Bataillons:

Stab; Nachrichtenzug; Versorgungszug
1. Aufklärungskompanie
2. Aufklärungskompanie
3. Aufklärungskompanie (FuFuT Aufklärung)
Fernaufklärungszug

1986

Im Sommer gab es eine Überprüfung des Aufklärungsbataillons 8 durch den Chef Aufklärung des Kommandos des Militärbezirkes V.

Im September 1986 nahm der Bataillonsstab an der Aufklärungsrahmenübung „KOMPASS-86" teil. Thema: Die Aufklärungsabteilung bei der Beobachtung der Staatsgrenze in Zusammenarbeit mit den Grenztruppen.

Das erste Mal bekam das Bataillon die Aufgabe, das Zusammenwirken (ZW) mit den Grenztruppen (GT) in der Nähe zur Staatsgrenze zu trainieren.

Eine Aufklärungskompanie des Aufklärungsbataillons 8 demonstrierte 1986 die Aufklärung in der Gefechtsart Angriff auf Befehl des CLaSK, der es als eine gute Lehrvorführung wertete.

1986 gab es Wechsel in den Dienststellungen:

StKSC:	von Hauptmann Mattutat	zu Hauptmann Freese
StKRD:	von Hauptmann Jonuschat	zu Hauptmann Groschoff
Offizier Bewaffnung:	von Oberleutnant Palm	zu Oberleutnant Stolpe
KC 1. Aufklärungskompanie:	von Hauptmann Held	zu Oberleutnant Müller
KC 2. Aufklärungskompanie:	von Oberleutnant Hennig	zu Oberleutnant Antlauf
KC 3. Aufklärungskompanie:	von Hauptmann Hartmann	zu Hauptmann Rex

Es verblieben in der Dienststellung:

Kommandeur Oberstleutnant Eberhard Baethke
StKSC Hauptmann Kuno Freese (1986-88),
Stellvertreter Kommandeur für Ausbildung Major Uwe Weinhold,
StKPA Major Norbert Neumann;
StKTB Major Jürgen Diehl,
StKRD Hauptmann Lutz Groschoff.

1986 ab 1. Dezember galt der STAN-90. Die SPW entfielen in dieser Struktur:

Stab

1. Kompanie: zwei Züge je vier SPz und ein BRM-1K
2. Kompanie: zwei Züge je vier SPz und ein BRM-1K
3. FuFuTAklKp: AWZ mit 2 R-142 je LO; FuAklZ mit 3 R-381 D3; FPZ mit 3 R-381 D2 und 2 R-1125; FuTAklZ mit 2 RPS-6, Je Zug 1 GA-266 (Fu-Station).
4. FAZ: ZF=1 BO; Schreiber; 4 FAG: GF=1 BU; Stv GF= 1 SaZ/UaZ, 3 Sold=Fu, MKF, Fernaufklärer; ges=1/4/4/13= 22 (Sprungausbildung), 4 geländegängige PkW Kübel.

1987

Ein Schwerpunkt in diesem Jahr bildete die monatliche Überprüfung, ob das Bataillon innerhalb von 45 Minuten nach Alarmierung ausgerückt war und die Arbeitsbereitschaft hergestellt hatte.

Das Aufklärungsbataillon 8 nahm an der Kommandostabsübung der 8. MSD und im September an der Divisionsübung „Zyklus-87" teil. Diese Übung verlief vom Truppenübungsplatz Wittstock zum Truppenübungsplatz Klietz, mit Schießen vom Trittsee, weiter zur Übersetzstelle Göttlin/Havel bis Storkau an der Elbe. Das Bataillon beendet die Übung mit der Note 3.

Auch das gehörte für manchen Aufklärer zum Übungsalltag: Küchendienst, vor allem Kartoffelschälen. Daneben der „Agit-Punkt": ein Einachsanhänger mit Kino- und Fernsehanlage. Dafür blieb bei Übungen allerdings kaum Zeit. Es war mehr etwas für die Feldlagerzeiten.

c: Würdigung besonderer Leistungen im Übungsverlauf: Der Kommandeur des Bataillons, Oberstleutnant Eberhard Baethke, belobigt Soldaten, Unteroffiziere, Fähnriche und Offiziere

1987 Die Stellenbesetzung der Führungskräfte:

Kommandeur:	Oberstleutnant Baethke
Stellvertreter des Kommandeurs und Stabschef:	Major Freese
Stellvertreter des Stabschefs:	Hauptmann Hartmann
Stellvertreter des Kommandeurs für Ausbildung:	Major Weinhold
Stellvertreter des Kommandeurs für Politische Arbeit:	Major Neumann
Stellvertreter des Kommandeurs für Technik u. Bewaffnung:	Major Diehl
Stellvertreter des Kommandeurs für Rückwärtige Dienste:	Hauptmann Groschoff
KC 1. Aufklärungskompanie:	Hauptmann Müller
KC 2. Aufklärungskompanie:	Oberleutnant Malzahn
KC 3. Aufklärungskompanie:	Hauptmann Rex

1987: Der Leiter Aufklärung der 8. MSD, Oberstleutnant Hartmut Winterfeldt (1982 bis 1987), sein Stellvertreter, Major Günter Lenz (OO TaAkl 1984-1987) und der Kommandeur des Aufklärungsbataillons 8, Oberstleutnant Eberhard Baetke, beim Leistungsvergleich der Aufklärer.

Die 1. bis 3. Kompanie des Aufklärungsbataillons 8 sowie jede Aufklärungskompanie der Regimenter der Division stellten je eine Gruppe. Schwerpunkte bildeten Orientierungsmärsche, Beobachtung, Hinterhalt, Überwinden von Hindernissen, Sprengdienst, Überprüfung von Normen in weiteren Ausbildungsfächern usw.

Es gab in der Gefechtsausbildung, bei Leistungsvergleichen und bei Übungen eine weite Spanne objektiver Bewertungsparameter. So beispielsweise für das Schießen, für Fahrübungen, den Zustand der Kampftechnik, die Erfüllung bestimmter Normen in den Ausbildungszweigen usw. Wo das nicht vorbestimmt war, hatte der bewertende Schiedsrichter auch mal subjektiv zu entscheiden, ob und wie die Aufklärer eine Gefechtsaufgabe erfüllt hatten, was ab und an gar nicht so einfach erschien. An der Wettbewerbstafel, an Kompaniewandzeitungen konnte jeder den Stand ablesen, was viele zu besonderen Leistungen anspornte.

1988 im September kommen die Funkaufklärer bei der Übung „FALKENAUGE" zur Aufklärung des Manövers „FREE LIONS" des I. Armeekorps (NL) zum Einsatz

Vom 12. bis 23. September 1988 erfolgte die Inspektion in der 8. MSD und somit im Aufklärungsbataillon 8 durch das Ministerium für Nationale Verteidigung der DDR. Leitender im Aufklärungsbataillon 8 war ein Kapitän zur See. Die Inspektion war immer sehr umfangreich. Sie beinhaltete u. a. eine Kompanieübung und das Gefechtsschießen der 2. Aufklärungskompanie auf dem Truppenübungsplatz Klietz, die Überprüfung der Gefechtsfahrzeuge der 1. Aufklärungskompanie und weitere Kontrollen.

Im Ergebnis der Inspektion erhielt das Aufklärungsbataillon 8 die Note „gut"!

c: Oberstleutnant Baethke, der Inspekteur, Major Freese, Major Neumann, Major Weinhold

Die Kontrolle der Ausrüstung des Personalbestandes sowie die Überprüfung der Kenntnisse der Offiziere gehörte dazu.

Es wurde die letzte Inspektion für das Aufklärungsbataillon 8.

1988 Stellenbesetzung der Führungskräfte:

Kommandeur:	Oberstleutnant Baethke
Stellvertreter des Kommandeurs und Stabschef:	Major Freese/Major Strohkirch
Stellvertreter des Stabschefs:	Hauptmann Jörg Hartmann
Stellvertreter des Kdr's für Ausbildung:	Hauptmann Held
Stellvertreter des Kdr's für Politische Arbeit StKPA:	Major Neumann
Stellvertreter des Kdr's für Technik u. Bewaffnung:	Hauptmann Lehmann
Stellvertreter des Kdr's für Rückwärtige Dienste:	Major Vollus
KC 1. Aufklärungskompanie:	Hauptmann Müller
KC 2. Aufklärungskompanie:	Oberleutnant Malzahn
KC 3. Aufklärungskompanie:	Hauptmann Rex

Monatlicher Parktag im Aufklärungsbataillon 8. Der Kommandeur, Oberstleutnant Baethke mit den Einheitskommandeuren, Technikern etc. bei der letzten Abstimmung der Aufgaben des Tages. Fahrzeuge und Geräte erfuhren dann eine umfangreichere Pflege und Wartung als es die TTW, die „Täglich technische Wartung" nach dem Einsatz zum Ende jeden Ausbildungstages erforderte bzw. zuließ.

1989 im August erfolgten Taktische Übungen der 1. und 2. Aufklärungskompanie mit anschließendem Gefechtschießen auf dem Truppenübungsplatz Lübtheen.

Das Aufklärungsbataillon 8 nahm geschlossen an der Truppenübung „ZYKLUS 89" teil, der ersten Übung der 8. Mot.-Schützendivision unter den Bedingungen der neuen Militärdoktrin. Die Hauptaufgabe: Beobachtung der Grenze über einen längeren Zeitraum.

Überall kontrollieren die Vorgesetzten, ob alles richtig läuft. Auch Oberstleutnant Rudi Hinz vom Führungsorgan der 8. MSD ist zur Kontrolle vor Ort, hier im Gespräch mit Major Norbert Neumann, Stellvertreter des Kommandeurs für Politische Arbeit des Aufklärungsbataillons 8.

Im Eisenbahntransport geht es zur Truppenübung mit Gefechtsschießen. Wenn der Transport erst rollt, hat man etwas Ruhezeit, denn mit der Ankunft am Entladebahnhof setzt schnell der Stress wieder ein. Ist man dann im Konzentrierungsraum angelangt, geht es richtig los und Ruhe wird zum Fremdwort.

Osl. Baethke, Kommandeur des Aufklärungsbataillons 8, auf seinem Führungsfahrzeug R-145.

Unten: Ob Kommandeur mit seinen Stellvertretern, die Stellvertreter mit ihren Nachgeordneten (unten die Politgruppe mit den StKPA der Kompanien, die Einheitskommandeure), immer wieder gab es im Übungsverlauf Anlässe, die Lage neu zu beurteilen, Erfahrungen auszutauschen und die Aufgaben zu präzisieren.

Eine neue Aufgabenstellung und weiter geht es. Eine Drahtsperre taucht auf. Vorsichtig nähern sich die Aufklärer unter dem Schutz der SPW und SPz und klären auf, ob ggf. Minen davor verlegt wurden.

Auch die FuFuTAK hat einen neuen Raum bezogen. Es folgt das Herstellen der Arbeitsbereitschaft. Der Funktechnische Aufklärungssatz RPS-6 auf dem LKW GAS-66 wird getarnt und betriebsbereit gemacht.

1989 1. Dezember. Das Aufklärungsbataillon 8 hat die neue Struktur gemäß „STAN-95" einzunehmen:

Stab,
Nachrichtenzug,
1. Aufklärungskompanie mit neun BMP,
2, Aufklärungskompanie mit fünf BMP, drei BRM und fünf SPW-70,
3. Aufklärungskompanie (FuFuTAK),
4. Fern-Aufklärungskompanie,
Zug Materielle Sicherstellung,
Instandsetzungszug.

1989 im Dezember: So steht es in der zum Ende der NVA verfassten Kurzchronik des AB-8, unterschrieben von OTL der Bundeswehr Schwier: *„Das Aufklärungsbataillon 8 erhält den Auftrag, das Funkaufklärungsobjekt Roggendorf von der Staatssicherheit zu übernehmen und zu sichern. Da das Bataillon nicht ausschließt, dass man sich zur Wehr setzen kann, werden Teile der Fernaufklärungskompanie mit Waffen und Munition eingesetzt und nehmen das Objekt im Handstreich. Eine Gegenwehr findet aber nicht statt."*

Wesentlich detaillierter erinnert sich der letzte Leiter Aufklärung der 8. MSD, Major a. D. Günter Lenz:

„Nach 20 Jahren verblassen die Erinnerungen. Die Tatsache, dass uns NVA-Soldaten laut den Geheimhaltungsbestimmungen der DV 10/9 das Führen eines Tagebuchs strikt verboten war, wirkte erschwerend beim Aufschreiben der Ereignisse. Dennoch will ich das Wesentliche dazu berichten. Sollten sich Fehler in den Daten eingeschlichen haben, sind sie auf die eingangs erwähnten Umstände zurück zu führen. Die Namen der beteiligten MfS-Offiziere, soweit sie mir noch erinnerlich sind, werden aus Gründen des Persönlichkeitsschutzes mit Kürzel versehen.

***1990** am 18. Januar wurden wir zur Dienstbesprechung beim Chef Aufklärung des Militärbezirkes (CAkl-MB-V) nach Neubrandenburg befohlen. Auf dem Weg dorthin fuhren wir bei Crivitz am Objekt „Waldschlösschen" des MfS vorbei. Seit Montag, dem 15. Januar war unter Leitung unseres damaligen Stabschefs der 8. MSD (StKSC 8. MSD), Oberst Schröder, ein Kommando unseres Stabes bei der geordneten Übernahme dieser Bunkeranlage der Bezirkseinsatzleitung Schwerin. Gemeinsam und unter druckvoller Mitarbeit der örtlichen Bürgerkomitees wurde der geheimnisumwitterte Gefechtsstand abgewickelt.*

Beim Vorbeifahren kam mir der Gedanke, ob eine derartige Übernahme des Objektes Roggendorf auf dem Hellberg sinnvoll wäre. Die Bürgerkomitees hatten im Süden unseres Landes, aber auch in Rostock, einen gewaltigen Druck gegen den Repressionsapparat des MfS aufgebaut, der auch vor den nach außen gerichteten Einrichtungen des MfS früher oder später keinen Halt gemacht hätte, zumal Geheimniskrämerei, Hilflosigkeit und Verzögerungstaktik der politischen Führung auf der Tagesordnung standen.

Der damalige Kompaniechef der Funk- und Funktechnischen Aufklärungskompanie (FuFutAklK) des Aufklärungsbataillons 8, Hauptmann Rex, hatte mich auf dieses Objekt aufmerksam gemacht, ohne genau zu wissen, was sich hinter den Zäunen verbarg. Die Höhe des Hellberges mit ca. 100 Metern und der daraus resultierenden quasioptischen Sicht sowie die nicht alle versteckten Antennen ließen den Schluss zu, dass dies ein Funkaufklärungsstützpunkt größerer Reichweite (also Eindringtiefe) war.

Seit Jahren führte unsere FuFuTAklK im System der Diensthabenden Aufklärung aus dem Bauerngehöft Schlagsülsdorf. Lübeck lag in sichtbarer Nähe hinter der Staatsgrenze, Objekt der Aufklärung des damaligen potenziellen Gegners. Die Bedingungen für alle beteiligten Soldaten waren recht einfach. Immer wieder musste improvisiert werden beim Bau des heruntergekommenen Bauernhauses sowie in Organisation und Durchführung der Einsätze an der Staatsgrenze.

Daran erinnerte ich mich auf der Fahrt zur Dienstbesprechung.

Im Verlauf der Dienstbesprechung machte ich den Vorschlag der Übernahme, um den Bürgerkomitees zuvorzukommen und Vandalismus vorzubeugen. In meinem Beisein telefonierte der CAkl, Oberst Kühner, mit dem General Rother (Chef Truppenaufklärung im Bereich Aufklärung des Ministeriums für

Nationale Verteidigung) über die SAS-Verbindung in dieser Angelegenheit. Eine Weisung oder helfende Hinweise zur Übernahme bekamen wir nicht. Ich sehe den von uns allseits geachteten Oberst Kühner noch vor mir, wie er bei dem endlos währenden Telefonat den Hörer weit von sich hielt und symbolisch gähnte. Es war uns klar: von „Oben" war keine Hilfe zu erwarten.

Noch in Neubrandenburg meldete ich dem CAkl, dass ich mit Kräften des AB-8 am nächsten Morgen auf eigenen Entschluss und ohne Rückendeckung das Objekt Roggendorf besetzen werde. Er billigte stillschweigend diese Vorgehensweise und stellte mir Zeit und sein Telefon zur Verfügung, damit ich entsprechende Weisungen für den nächsten Tag erteilen konnte.

Mit dem Kommandeur des AB-8, Major Freese, vereinbarte ich einen Treffpunkt am Ortsausgang Roggendorf, 08:00 Uhr, mit einem Kommando unter Leitung eines zuverlässigen Leutnants. In diesem Falle war es Leutnant Wilde, ein ruhiger, besonnener und aktiver Offizier, den der Bataillonskommandeur mit Bedacht ausgewählt hatte. Alles sollte auch etwas martialisch aussehen: Kampfanzug, MPi's und Wachmunitionssatz, Verpflegung für mehrere Tage und die geheimnisvolle Ansage, dass der Auftrag von mir erst vor Ort erteilt wird. Das alles mündlich per Telefon, ohne den damals üblichen Fernschreibverkehr.

Abends in Schwerin angekommen, machte ich mir doch meine Gedanken. Derartige Eigenmächtigkeiten waren zur damaligen Zeit nicht üblich und einer Karriere nicht unbedingt förderlich. Nach unruhiger Nacht klingelte morgens gegen 05:00 Uhr das Telefon. Der Operative Diensthabende der Division, Major Krause, bestellte mich zu 07:00 Uhr beim Divisionskommandeur, Generalmajor Jonischkies, ein. Dort eingetroffen, erhielt ich den klaren Befehl von ihm, das Objekt Roggendorf zu besetzen, die Lage festzustellen, Inventar zu übernehmen und die Sicherheit zu garantieren. Auseinandersetzungen hatten zu unterbleiben, Schusswaffengebrauch war verboten, die Wachvorschrift allerdings voll gültig. In Zusammenarbeit mit dem Leiter Nachrichten des Wehrbezirkskommandos Schwerin, Oberstleutnant Streichert (vor Jahren auch einmal in der Funktion des Oberoffizier FuFuTAkl im Stab der 8. MSD), sollten dieses und andere MfS-Objekte im Bereich Schwerin, vor allem im grenznahen Bereich auf Eignung für unsere Belange der Funk- und Funktechnischen Aufklärung durch mich geprüft werden.

Dieser Befehl stellte alle Initiativen auf „offizielle Füße" und erleichterte natürlich mein Vorgehen.

Ablauf und Einzelheiten sind schnell geschildert. Major Freese und das Übernahmekommando warteten geduldig mein Eintreffen am 19. Januar ab, nahmen den Befehl entgegen und vollzogen mit dem Diensthabenden Funkaufklärungsteam des MfS die Übergabe. Das Team des MfS trug aus Gründen der Tarnung und Geheimhaltung Uniformen der Grenztruppen der DDR und war mit Sicherstellungskräften ca. 50 Mann stark, alles hoch qualifizierte Berufssoldaten.

Die Übergabe erfolgte kooperativ und ich glaube von Seiten der MfS-Mitarbeiter mit einer gewissen Erleichterung, dass die Ungewissheit und Unsicherheit für sie vorerst beendet ist. Ein halbes Jahr später waren wir NVA-Angehörigen im gleichen Dilemma, von einer Politischen Führung im Stich gelassen zu sein ...! Erleichtert wurde die Übergabe auch dadurch. dass ich in dem Cheftechniker, Hauptmann K., einen mir bekannten Offizier aus Hagenow, wieder traf. Der ebenfalls anwesende Hauptmann Rex erledigte in drei Tagen das gesamte fachliche Pensum mit seinem Partnerkompaniechef Hauptmann R., so dass ich mich auf die Führung und die Öffentlichkeitsarbeit konzentrieren konnte, was damals unbedingt vonnöten und für uns Militärs Neuland war. Der Bereich Öffentlichkeitsarbeit lag in Verantwortung der Politabteilung und wir waren davon gänzlich abgeschottet, der Öffentlichkeit Auskünfte über unser militärisches Tun zu geben.

Das Objekt Roggendorf war für unsere NVA-Bedingungen und -Vorstellungen hervorragend, nicht nur mit Aufklärungstechnik, ausgestattet. Einen ausreichenden Fahrzeugpark, gute, heute sagt man Telekommunikationsmöglichkeiten innerhalb und nach außerhalb, einschl. SAS-Verbindungen, gute Sozialräume, Möglichkeiten der sportlichen Betätigung, sehr gut ausgestattete Auswerteräume und -plätze und sehr gut ausgebildetes und motiviertes Personal (wenn auch nicht z. Zt. der Übernahme) fanden wir vor.

Unbekannte, hoch geheime Verschlüsselungstechnik musste ständig gesichert werden. Der Chef Nachrichten, Oberst Zacher, machte mich mehrfach eindringlich auf meine persönliche Verantwortung für die Sicherheit der Geräte und Unterlagen aufmerksam. Ich war heilfroh, als der Befehl zur

Übergabe an eine Institution des zentralen Auflösungsstabes erging. Dabei sah ich den einzig noch verbliebenen zuständigen Offizier der vorgesetzten Bezirksverwaltung Schwerin das letzte Mal tätig werden. Er (sein Name ist mir nicht mehr geläufig) machte einen sehr kompetenten Eindruck.

1990 um den 22. Januar, am Montag oder Dienstag, waren Presse und Öffentlichkeit der Umgebung eingeladen zur Besichtigung des mythenbehafteten Objektes Roggendorf. Nach meinem Auskunftsbericht konnten die ca. 60 interessierten Vertreter der Bürgerbewegungen, der Parteien und staatlicher Stellen Fragen stellen und das Objekt mit Ausnahme von 3 Räumen (dazu später an anderer Stelle) besichtigen. Anwesend waren u. a. der Leiter des WKK, der Leiter des VPKA, einige Mitarbeiter des Rates des Kreises Gadebusch und der Bürgermeister der Ortschaft Roggendorf.

Natürlich kamen insbesondere Fragen:

- *zum Charakter des Objektes,*
- *zu den Aufgaben im System der Aufklärung,*
- *zur Sicherheit der Bewaffnung vor Ort,*
- *zur weiteren Verwendung des Objektes und*
- *zur Übernahme des MfS-Personals.*

Ich stellte mich so gut ich damals konnte und in ehrlicher Absicht diesen Fragen. Die Sicherheit der Bewaffnung zu garantieren war einfacher, als die Frage nach einer weiteren Beschäftigung des früheren MfS-Personals zu beantworten, ohne zu lügen. Der Rauswurf der MfS-Mitarbeiter stand für mich nicht auf der Tagesordnung, da die von ihnen betriebene Funkaufklärung gegnerwärts gerichtet war und die übernommene Technik, in ihrer Bandbreite der Möglichkeiten den Gegner aufzuklären, ohne Einbeziehung geeigneten Personals überhaupt nicht möglich gewesen wäre.

Von der Besichtigung ausgenommen waren lediglich die 3 Räume, in denen ca.100-150 moderne Aufzeichnungsgeräte (Tonbandgeräte, ich glaube ungarischer Produktion vom Typ Tesla), die jeweils für eine zugewiesene und zu überwachende Frequenz im Bereich Mobilfunk die Aufzeichnung aller Gespräche wichtiger, hoher und höchster Funktionsträger des politischen und militärischen Lebens der BRD vornahmen. Auch die Anpeilung und damit das Erstellen entsprechender Bewegungsprofile, so lange das Autotelefon eingeschaltet blieb, waren somit möglich. Man bedenke 1990, nicht 2011 oder 2012.

Es war zur damaligen Zeit der hoch sensibilisierten DDR-Bevölkerung schwer vermittelbar, dass diese Tonbandgeräte nicht zur Überwachung der eigenen Leute vorgesehen waren. Da hätte ich Kopfstände machen müssen und dennoch niemanden überzeugt. (3-4 Jahre später brachte der „Spiegel" ein kurzes Interview mit Generalmajor Männchen, dem damaligen MfS-Chef der Hauptabteilung III, Funkelektronische Aufklärung, worin er Stellung zur damaligen Praxis der Aufklärung aktivierter Funktelefone nahm.).

Der „Tag der offenen Tür" verlief vorkommnisfrei und mit sachlich einwandfreier Presseresonanz der örtlichen Presse. Wir konnten danach ungestört und mit ausreichender öffentlicher Akzeptanz unserer Arbeit nachgehen.

Ein Großteil meiner damaligen Überlegungen galt zukünftigen Strukturen, wer von den Spezialisten wo und wie „eingebaut" wird. Major Freese und mir war klar, dass die 3. Kompanie dort in Roggendorf gut aufgehoben ist. Die Sicherstellung war in jeglicher Form vorhanden. Nur unsere eigenen Strukturen mussten angepasst werden, was in den Zeiten der ausgeprägten Stellenplandisziplin natürlich ein Novum darstellte.

Mit Hilfe von Oberst Kühner sowie mit dem Rückenwind der veränderten Bedingungen gelang es nach zähem Ringen, eine geeignete Struktur und eine veränderte und sinnvollere Unterstellung der FuFuTAklK unter Regie des Funk- und Funktechnischen Aufklärungsbataillons 5 des Militärbezirks zu finden. Mit dem damaligem Kommandeur, Oberstleutnant Heyde, verband mich seit Besuch der Offiziershochschule ein freundschaftliches Verhältnis, so dass alle Grundsatz- und Detailfragen unkompliziert und sachbezogen gelöst werden konnten.

Als Uneingeweihter kann ich nichts Genaueres über das System der Funkaufklärung des MfS schreiben. An Spekulationen möchte ich mich nicht beteiligen. Zur Einordnung dieser erfolgreich praktizierten Aufklärungsart möchte ich folgern, dass ich sie in die strategische Aufklärung einordnen würde. Als Offizier der Truppenaufklärung mit taktischem Verstand und einigermaßen guten Einblicken in die operativ-taktische Führungsebene war das so eine kaum zu überschauende und in ihrer politischen Tragweite nicht zu verstehende Aufklärungsart.

In den Ausgaben des „Spiegel" 14/2000 („Was die DDR-Funkaufklärung so alles erlauschte") und 20/2000, abzurufen auch über das Internet, wird ausführlich über die Möglichkeiten der Funkaufklärung schwadroniert. Generalmajor Männchen (3. 6. 1935-12. 1. 2008) als ehemaliger Chef der MfS-Hauptabteilung III äußerte sich mehrfach noch Jahre nach der Wende verwundert darüber, wie sorglos hochrangige Politiker und Funktionsträger der BRD über Funk miteinander kommunizierten. Was physikalisch wesentlich anderes stellte das Funktelefon letztendlich nicht dar. Die Funktelefone, damals sehr modern, wurden über Raumwellen verbreitet und waren mit entsprechender sensibler Empfangstechnik abhörbar.

Die nachbereitende Auswertung der Telefonate und die strikte Geheimhaltung der Daten waren sowieso eine Stärke des MfS-Aufklärungsapparates.

Ein Beispiel: Ein achtbarer, von Wahlplakaten her bekannter Dresdner Lokalpolitiker der damaligen Zeit fährt zur „Pflege politischer Beziehungen" in der Wendezeit in die Partnerstadt Hamburg. Der damalige Oberbürgermeister gibt seinem Adlatus per Autotelefon die Termine, Details des geplanten Besuches sowie die Anweisung für den Kauf diverser Geschenke für den Amtskollegen und dessen Ehefrau, gepaart mit dem Hinweis von welchem Konto zu bezahlen ist und dass Geld keine Rolle spielt. (Wochen später, in der Endphase des Wahlkampfes der untergehenden DDR wechselte der erwähnte Lokalpolitiker die Partei ...) Siehe dazu auch Bemerkungen von Markus Wolf in seinem Buch „Spionagechef im Geheimem Krieg" S. 348/349, List Verlag München, 1997.

Zur damaligen Zeit interessierte das natürlich keinen mehr. Außerdem war es Parteipolitik.

Fazit:

1. *Es war eine ereignisreiche Zeit, die mir täglich viel Initiative abforderte, nicht nur mir. Hauptmann Rex und seine engsten Mitstreiter absolvierten ohne Klagen über Wochen und Monate ein Programm, das einer Truppenübung gleich kam, nichts ahnend, dass die politischen Ereignisse sich bald überschlagen würden und uns der Gegner „abhanden kommt". Ich habe in dieser Zeit die Männer der FuFuTAkl als versierte, engagierte und initiativreiche Spezialisten kennen und schätzen gelernt und bin in dieser Zeit des Lernens und der Irrtümer auch selbst gewachsen.*
2. *Die in Roggendorf praktizierte Aufklärung überschritt hinsichtlich ihrer Bedeutung und Möglichkeiten die damaligen Führungsebenen Division und Armee. Was sollten Befehlshaber oder Chef Aufklärung mit den Angaben über charakterliche Schwächen von Spitzenpolitikern anfangen? Unsere wohlgemeinten Handlungen in der Wendezeit, uns ein Stück vom Kuchen abzuschneiden, würde ich heute als Aktionismus bewerten, der nichts einbrachte.*
3. *Die Funk- und Funktechnische Aufklärung hatte in unserer Führungsebene Division und Armee im Alltag einen schweren Stand. Sie brachte selten genaue, sofort verwertbare Koordinaten und erforderte einen hohen personellen und materiellen Aufwand. Die realen Möglichkeiten unserer Funk- und Funktechnischen Aufklärung habe ich auch durch diese Übernahmeaktion in Roggendorf kennengelernt. Die Kompanie wäre vielleicht von vorn herein in der Führungsebene Armee/Armeekorps besser aufgehoben gewesen. (wenn und hätte ...)*
4. *Unter heutigen Bedingungen, z. B. des weltweiten Einsatzes und asymmetrischer Kampfweisen, wächst die Bedeutung der Funk- und Funktechnischen Aufklärung wahrscheinlich noch an. Mittels moderner PC-Technik, satellitengestützter und drohnengestützter Aufklärungstechnik ist jedes aktivierte Funktelefon und jede Funkstation im Betriebsmodus aufklärbar, wenn entsprechender Wille dazu vorhanden ist.*

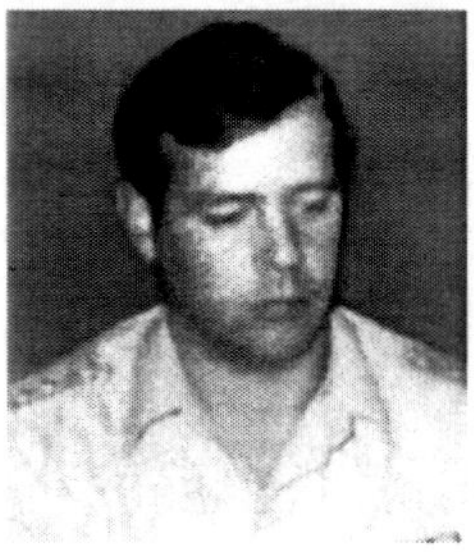

1989: Die Stellenbesetzung mit Führungskräften:

Kommandeur:	Major Freese *(Bild)*
Stellvertreter des Kommandeurs und Stabschef:	Major Strohkirch
Stellvertreter des Stabschefs:	Hauptmann Hartmann
Stellvertreter des Stabschefs für FuFuTAkl:	Hauptmann Rex
Stellvertreter des Kdr's für Ausbildung:	Hauptmann Held

Stellvertreter des Kdr's für Technik u. Bewaffnung: Hauptmann Lehmann
Stellvertreter des Kdr's für Rückwärtige Dienste: Major Vollus
Stellvertreter des Kdr's für Politische Arbeit: Hauptmann Busenthür
KC 1. Aufklärungskompanie: Hauptmann Carmohn
KC 2. Aufklärungskompanie: Hauptmann Eichel
KC 3. Aufklärungskompanie: Hauptmann Joachim
KC 4. Aufklärungskompanie: Hauptmann Wernitz
Nachrichtenzug: Oberleutnant Barth
Transportzug: Oberfähnrich Schweda

Im Stab:

- Offz. Na: Hauptmann Klaeden
- Bearbeiter Org: Stabsoberfähnrich Luchs
- Bearbeiter ChD: Stabsoberfähnrich Pagel
- Offz KFZ: Hauptmann Copius
- Offz. Bewaffnung: Hauptmann Stolpe
- Fahrlehrer: Stabsfeldwebel Pegelow
- GF I-Gruppe: Oberfähnrich Kohl
- Ltr Med- Dienst: Oberleutnant Zollondz
- Bearbeiter B/A: Stabsfeldwebel Zöllik
- Bearbeiter Verpflegung: Stabsoberfähnrich Claus
- Offz Finanzen: Hauptmann Burmeister

1990

Jahresbeginn. Durch Verkürzung der Wehrdienstzeit auf 12 Monate und die Reduzierung der 3-jährigen Verpflichtungszeiten auf zwei Jahre sinkt die Personalstärke des Aufklärungsbataillons 8 drastisch ab. Bei den Berufssoldaten gibt es starke Unsicherheit über die persönliche Zukunft.

Am 5. Februar 1990 übernimmt die Funkaufklärungskompanie das Objekt Roggendorf/ (Hellberg). Die Kompanie, in der Masse nur noch Offiziere/Fähnriche/Unteroffiziere, wird zum Funkaufklärungsbataillon 5 abkommandiert. Das gesamte Material der Kompanie wird übergeben.

Objekt Roggendorf: Nach der letzte Ausbildungsmaßnahme des Chefs Aufklärung des Kommandos des Militärbezirkes V

1990 im September: Das Aufklärungsbataillon 8, das als vermutlich letzter Truppenteil der Division noch geregelt ausbildet, führt zum letzten Mal eine „Überprüfung der Geschlossenheit der Züge" durch. Reste der 2. und 4. Aufklärungskompanie werden in der 2. Aufklärungskompanie vereinigt.

Am 15. Oktober 1990 wurde das Aufklärungsbataillon 8 erneut umgegliedert.

Kommandeur:	Major Freese,
Stellvertreter des Kommandeurs und Stabschef:	Hauptmann Busenthür,
Stellvertreter des Stabschefs:	Hauptmann Villwock
Stellvertreter des Stabschefs:	FuFuTak Hauptmann Rex
Offizier Nachrichten:	Hauptmann Lemke
Bearbeiter Org:	Stabsoberfähnrich Luchs
Stellvertreter Ausbildung:	Hauptmann Held
Techniker Chemischer Dienst:	Stabsoberfähnrich Pagel
Techniker Pionierwesen:	Oberfähnrich Döring
Stellvertreter TB:	Hauptmann Lehmann
Offizier KFZ:	Hauptmann Copius
Offizier Bewaffnung:	Oberleutnant Mühlmann
GF Instandsetzungsgruppe:	Oberfähnrich Kohl
Stellvertreter RD:	Major Vollus
Bearbeiter B/A:	Stabsfeldwebel Zöllik
Offizier Finanzen:	Hauptmann Burmeister
1. Aufklärungskompanie, Kompaniechef:	Hauptmann Carmon,
2. Aufklärungskompanie, Kompaniechef:	Oberleutnant Malzahn,
3. Aufklärungskompanie, Kompaniechef:	Hauptmann Joachim
Na-Zug, Zugführer:	Oberleutnant Barth
Versorgungszug, Zugführer:	Stabsfähnrich Schweda

Ab dem 1. Dezember 1990 zu Beginn der Reformen mit dem STAN-95:

Kommandeur: Major Kuno Freese und weitere wie vorher.

Stabs- und Versorgungskompanie:

1. PzAklKp:	9 BMP-1
2. Aufklärungsausbildungskompanie:	5 BMP-1, 3 BRM-1K, 5 SPW-70

4. FAK (Der Zug sollte aufgestockt werden. Es passierte nicht mehr.)

Die politische Arbeit hieß nun staatsbürgerliche Arbeit.

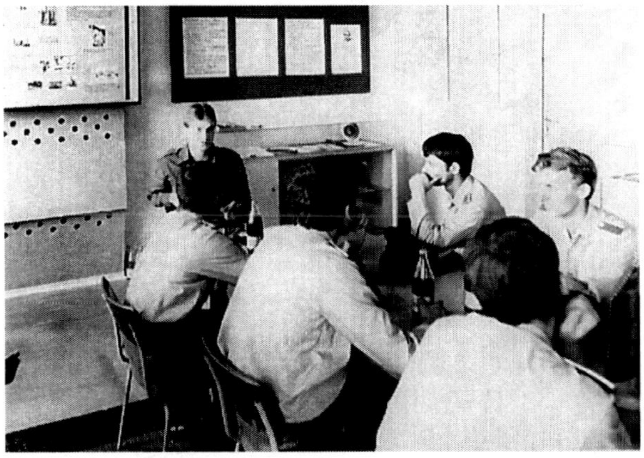

1982, am 7. Oktober zum „30. Jahrestag der DDR", wird im Aufklärungsbataillon 8 ein Traditionszimmer eingerichtet und eine, leider nicht mehr vorhandene, Bataillonsgeschichte geschrieben.

Zur Traditionspflege gehören auch Besuche im Traditionskabinett des Bataillons.

Normale Bataillonsappelle in Dienstuniform entsprechend vorgesehener Ausbildung und jahreszeitlicher Witterung gab es wöchentlich, zum Parktag etc. monatlich in Arbeitskombi.

In der Paradeuniform trat das Bataillon entsprechend der Jahreszeit nur bei besonderen Anlässen an. Die Orte der Durchführung variierten: vor dem Block des Aufklärungsbataillons 8, auf dem Park und ausnahmsweise vor der Tribüne auf dem Exerzierplatz der Kaserne. Dort hatte das MSR-29 das Vorrecht.

Bei Standortappellen, beispielsweise zu Beginn des Ausbildungsjahres, wenn Vorgesetzte es eröffneten, reichten diese Plätze nicht aus. Dann marschierten die Standorttruppenteile zum Sportplatz der Kaserne.

a: Abschließender Vorbeimarsch nach einem gewöhnlichen Appell, hier mit Abnahme vor dem Block des Aufklärungsbataillons 8

b-c: Eröffnung des Ausbildungsjahres mit feierlichem Appell im AB-8 durch den Leiter Aufklärung der 8. MSD, Major Günter Lenz (ab 1987). Es erfolgt die Meldung vom Kommandeur des AB-8, Oberstleutnant Baetkke. Dahinter der Funkpeilgerätesatz UKW R 375

d-f: Empfang des Bataillonskommandeurs am 1. März, dem Tag der Nationalen Volksarmee, für die Offiziere und Teile des Fähnrichs- und Unteroffizierskorps des Aufklärungsbataillons 8, nach dem offiziellen Bataillonsappell

Dazu kamen stets Gäste aus der Kreisstadt Hagenow, von Patenbetrieben usw.

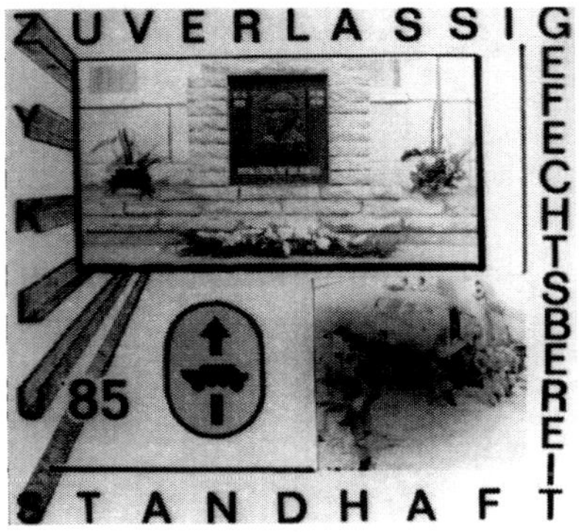

Festliche Appelle unter großer Teilnahme von Vertretern der Öffentlichkeit und des sowjetischen Patenbataillons auf dem Appellplatz der Ernst-Moritz-Arndt-Kaserne.

d: 1985; 20. Jahrestag der Neuaufstellung des Aufklärungsbataillons 8 am 24. 10. 1965
e: 1986 am 1. März: Appell aus Anlass des 30. Jahrestages der NVA

a: Zu besonderen Anlässen, die nur das AB-8 betrafen, konnte das Bataillon auch den großen Appell- und Exerzierplatz der Kaserne benutzen

Dort hatte bei gleichzeitigen Veranstaltungen das MSR-29 als der „objekttragende" Truppenteil das Vorrecht für die Benutzung. In solchen Fällen führte das Aufklärungsbataillon seinen Appell vor seinem Unterkunfts- und Stabsblock oder auf dem Park durch.

Auszeichnungen beim Bataillonsappell vor dem Unterkunftsblock des Aufklärungsbataillons 8 durch den Kommandeur, Oberstleutnant Baethke.

c: Major Freese, Major Diehl, Hauptmann Viebranz, …, Stabsfähnrich Schweda. Vorn: Hauptmann Busenthür, Oberstleutnant Baethke, Oberfeldwebel Lambrecht

d-f: Appell auf dem Park: Der Kommandeur und sein Stellvertreter für Politische Arbeit ehren die Sieger im Rahmen des Wettbewerbes der Einheiten mit Auszeichnungen als „Beste Besatzungen", „Beste Bedienungen", „Beste Gruppen" usw. Neben der Urkunde konnte das auch mit unterschiedlichen dienstlichen Belobigungen verbunden sein

1988 am 29. Februar auf dem Appellplatz: Verleihung der Ehrenplakette mit Fahnenschleife des Komitees der antifaschistischen Widerstandskämpfer der DDR.

c: Major Neumann, Hptm. Matutat, Major Weinhold, Hauptmann Freese, Oberleutnant Zollondz, Hptm. Viebranz, Hptm. Marzahn, Oberleutnant Burmeister, StFä Mollenhauer

1986 im Mai, Vereidigung der im Frühjahr neu einberufenen Soldaten auf dem Sportplatz der Kaserne.

Angehörige und Freunde sind in großer Anzahl dazu erschienen.

g: Vereidigung der im Herbst einberufenen Soldaten auf dem Appellplatz

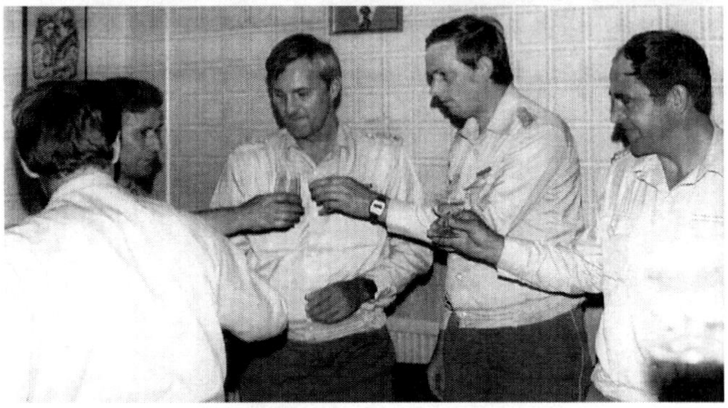

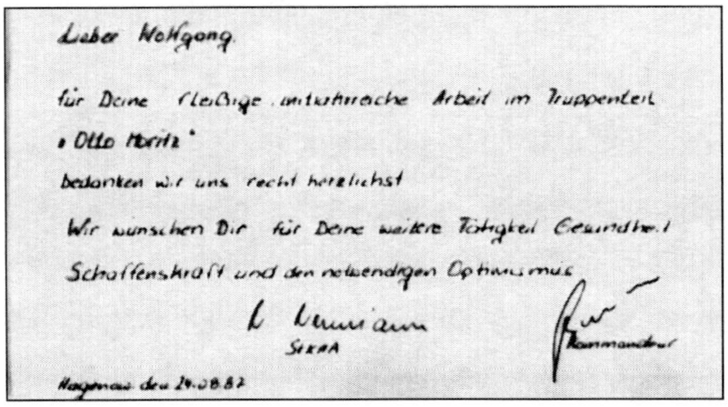

Lieber Wolfgang.

für Deine fleißige, unterstützende Arbeit im Truppenteil
„Otto Moritz“
bedanken wir uns recht herzlichst
Wir wünschen Dir für Deine weitere Tätigkeit Gesundheit
Schaffenskraft und den notwendigen Optimismus

SKrA

Kommandeur

Hagenow den 24.08.87

1987

a-d: Verabschiedung von Hauptmann Wolfgang Viebranz aus dem AB-8 am 24. August

Besondere Besuche im Aufklärungsbataillon 8.

Bei solchen Anlässen kam auch der Kommandeur der 8. Motorisierten Schützendivision, Generalmajor Hans Unterdörfel, um die Gäste zu begrüßen

1987 Uraufführung des Films „Geboren im roten Oktober" am 6. Oktober. Der Sohn von Otto Moritz mit Ehefrau und Hptm. Freese, Kommandeur AB-8 sowie das Forum danach.

a: Vorgesetzte des Aufklärungsbataillons 8 in der Kaserne: Oberst Jonischkies, Stellvertreter des Kommandeurs und Stabschef 8. MSD, sowie Oberstleutnant Winterfeldt, Leiter Aufklärung der 8. MSD, mit der Führung des AB-8 und Gästen.

b-d: Kontrolle im Aufklärungsbataillon 8 nach dem 1981 erfolgten Umzug von Schwerin in die Ernst-Moritz-Arndt-Kaserne Hagenow. Hoher Besuch ist dabei: Der Chef Aufklärung des Kommandos des Militärbezirkes V, Oberstleutnant Engelhardt, und der Chef Aufklärung der Landstreitkräfte, Oberst Werner Thomas, der sich besonders freut, viele alte Mitstreiter aus seiner Zeit als Aufklärer in der 8. Motorisierten Schützendivision wieder zu sehen. Gerne trägt er sich in das neue Besucherbuch im Traditionskabinett des Bataillons ein.

e-f: 1989 übergibt Oberstleutnant Eberhardt Baethke die Truppenfahne an den Stellvertreter des Kommandeurs und Stabschef (StKSC) der 8. MSD zur Weitergabe an Major Kuno Freese, nun Kommandeur des Aufklärungsbataillons 8 von 1989-90 (rechts vor der Übernahme).

1981-1990 – Waffenbrüderschaftsbeziehungen des Aufklärungsbataillons 8

b: *Mit den Waffenbrüdern der 11. AA in Redefin*

e: *StKSC Hpm. Freese Kuno; StKA Hpm. Weinhold, Uwe; StKTA Mj. Diehl Jürgen; PS Oltn. Busenthür Ralf; StKPA Major, Neumann, Norbert, mit Offz. des Partner-AB 94*

Herzliche Begegnungen zwischen den Waffenbrüdern

Angehörige des Truppenteils „Otto Moritz" der NVA und sowjetische Offiziere waren Gäste des Forums in der PGH „1. Mai"

Zu einer freundschaftlichen Begegnung zwischen Waffenbrüdern der Nationalen Volksarmee und der Sowjetarmee kam es während eines Reservistenforums in der PGH „1. Mai" Hagenow. Angehörige des Truppenteils „Otto Moritz" der NVA, zu dem das Reservistenkollektiv der Genossenschaft schon seit Jahren enge Beziehungen hat, und sowjetische Offiziere waren der Einladung gefolgt, in gemeinsamer Runde den 68. Jahrestag der Gründung der Sowjetarmee und den 30. NVA-Geburtstag würdig zu begehen. Herzlich begrüßte Gäste dieser Veranstaltung, an der auch die ehrenamtlichen Einsatzkräfte der Zivilverteidigung und der Sanitätsgruppe der PGH teilnahmen, waren Genosse Peter Jenschovar, Abteilungsleiter der SED-Kreisleitung, Genosse Oberstleutnant Egon Freier vom Wehrkreiskommando und Genosse Horst Ebert, Kreissekretär der DSF. Foto: SVZ/Seifert

f: Hauptmann Kuno Freese, Major Alexander, Hauptmann Groschoff (StKRD)

a-b: Treffen mit Freunden zu einem Erinnerungsfoto vor der „Otto-Moritz-Gedenktafel"

d-g: Ein spontaner Besuch der Führung des sowjetischen Partnerbataillons im Aufklärungsbataillon 8. Ein Anlass, um gemeinsam am Abend zu feiern.

a: Auch die Soldaten des Aufklärungsbataillons 8 kamen mit ihren sowjetischen Partnern nicht nur zu Leistungsvergleichen oder bei Übungen zusammen.

b: Die 2. Kompanie mit ihren Partnern

c: Die 1. Kompanie mit ihren Partnern

a-b: 1987 am 6. März: Ein Freund verlässt das GAB-94. Major Alexander wird auch in der „Ernst-Moritz-Arndt-Kaserne" von der Führung des Aufklärungsbataillons 8 verabschiedet.

1991 am 25. Februar gibt es eine letzte Veranstaltung mit dem sowjetischen Patenbataillon, dem 12. Garde-Aufklärungsbataillon der Sowjetarmee, zum Ende des Patenschaftsverhältnisses mit Schießen, Fußballturnier und gemeinsamen Abendessen.

1981 bis 1990 – Das Aufklärungsbataillon 8 in der Öffentlichkeit

Die Zusammenarbeit mit Patenbetrieben, Schulen usw. bildete einen wesentlichen Anteil der Öffentlichkeitsarbeit. Gegenseitige Einladungen gehörten dazu. Vorführungen beider Partner fanden stets großes Interesse. Eine Demonstration der Nahkampfausbildung vom Fernaufklärungszug des Aufklärungsbataillons 8 bildete immer einen Höhepunkt für Besucher oder in der Öffentlichkeit. Neben gegenseitigen Besuchen und unterschiedlichsten Veranstaltungen unterstützte es auch die Werbung für die militärische Nachwuchsgewinnung.

Der Besuch einer Delegation des AB-8 in der LPG Zarrentin bei ihrem Erntefest in Kogel. Mit der LPG Zarrentin hatte das AB-8 auch in dieser Hinsicht eine gute Verbindung.

c: Walter Gammelin, der LPG-Vorsitzende; Walter Fink, der Leiter des Lehrlingswohnheimes der LPG; Hptm. Viebranz; Heinz Dörper, der Heimerzieher im Lehrlingswohnheim der LPG

d: Wolfgang Viebranz überreicht einen Wimpel mit dem Bild von Otto Moritz

a-b: Lehrlinge der LPG Zarrentin mit ihren Erziehern und Betreuern vom Lehrlingswohnheim Kogel. Aus ihrem Kreis kamen viele, die später Soldaten auf Zeit oder Berufssoldaten wurden.

NATIONALE VOLKSARMEE
WEHRKREISKOMMANDO
Hagenow

BERUFUNGSURKUNDE

Hiermit berufe ich mit Wirkung vom

1. September 1982

Oberleutnant Viebranz

zum Beauftragten für Nachwuchssicherung

in der/im

LPG(P) Zarrentin / LWH Kogel

Für die gesellschaftlich wichtige Tätigkeit bei der langfristigen Sicherung des militärischen Berufsnachwuchses wünsche ich Ihnen viel Erfolg.

Leiter des Wehrkreiskommandos

Dienstsiegel

Seidler, Oberst
Name
Dienstgrad

Hagenow, den 01.09.82

1985 im Juni beim 30. Pressefest in Schwerin glänzte der Fernaufklärungszug von Klaus-Jürgen Gellentin mit spektakulären Vorführungen.

d: Die „General"-probe mit dem Fernaufklärungszug, u. a. vor dem Kommandeur der 8. MSD, Generalmajor Unterdörfel, dem Chef des WBK Schwerin, Generalmajor Walter und dem Chef der VP-Bezirksbehörde, überzeugte die Vorgesetzten.

Auch die SVZ berichtete darüber.

Schweriner Festtage - 825 Jahre Schwerin

30. Pressefest der SVZ 2. Mecklenburgisches Folklorefestival

24. Juni 1985

Aktion, Information und Mitmachen – die Trümpfe auf der Marstallwiese

Beeindruckendes militärpolitisches Informationszentrum / „Kalle" Dopps 1000.

Bei aller guten Tradition: Soviel Aktion und mannigfache Information, soviel Möglichkeiten aktiven Mitmachens, besonders für Kinder und Jugendliche, hatte es bei den vorangegangenen Pressefesten auf der Marstallwiese noch nicht gegeben! Beginnend bei den in dichter Folge wechselnden Vorführungen von Soldaten des Verbandes Unterdörfel, Volkspolizisten, Feuerwehrleuten oder Wehrsportlern bis hin zu den ständig umlagerten Trainingsstrecken, Lehrfahrstrekken und bis zum Üben im voll funktionstüchtigen Lehrturm eines Schützenpanzers BMP, war das Interesse unserer Bürger an allem offenkundig, was den Schutz unserer guten sozialistischen Sache garantiert.

Hohe Anerkennung zollten die Zuschauer beispielsweise den Soldaten um Oberfähnrich Klaus-Jürgen Gellenthin vom Truppenteil „Otto Moritz". Mit ihren Nahkampfvorführungen demonstrierten die Soldaten den hohen Stand ihrer Gefechtsbereitschaft. Hier wurde nichts gedoubelt, und keiner der Akteure blieb ohne blaue Flecken.

Herr Bertram aus Grevesmühlen, der mit seiner vierköpfigen Familie das Zentrum besuchte, sagte uns: „Den Kindern hatte es die Militärtechnik angetan. Für mich als Vater rundete sich der Eindruck besonders durch die überall zutage tretende Einheit von Sozialismus und Frieden, und daß man auch ableiten kann, selbst für den Frieden einzustehen."

Eine besondere Attraktion während des Festumzugs bot das GST-Bezirksausbildungszentrum Neustadt-Glewe mit Flug- und Fallschirmsprungvorführungen. Kamerad Detlef Mohr landete seinen 654. Sprung mit dem Gleitfallschirm quasi vor seiner Haustür auf der Wiese am Jägerweg. Begeistert erzählte er von dem prächtigen Bild, das sich ihm aus 700 Meter Höhe auf das quirlende Schwerin und den gerade am Bahnhofsvorplatz angelangten Festumzug bot. Stürmisch gefeiert – auch von vier ehemaligen Sprungschülern, die jetzt ihren Ehrendienst als Fallschirmjäger leisten – wurde der 52jährige Traktorist „Kalle" Dopp aus Mestlin, der mit dem 1000. Sprung seine Laufbahn als Fallschirmspringer, nicht jedoch die als Sprunglehrer, vollendete.

D. Krahmer

Die Anlandung einer Pontonfähre leitete die Vorführungen im militärpolitischen Informationszentrum ein.

Foto: SVZ/Karbaum

Die Fernaufklärer benötigten für ihre Vorführungen kein Doubel, kein Netz und doppelten Boden. Was sie zeigten, taten sie mit Leidenschaft, ohne sich darum zu kümmern, dass das eine oder andere bei ihnen „Leiden" in Form blutiger Stellen und blauer Flecken brachte. Solch einen Ausbildungsstand zu erreichen, war selbstredend nichts für jeden oder gar für Muttersöhnchen. Ihre Vorführungen wiederholten sie mehrfach, trotz schmerzender Stellen am Körper.

Trat der Fernaufklärungszug zu seiner Schau an, dann konnte man sicher sein, dass sich die Zuschauer nur so am Absperrband drängelten.

Möglicherweise standen dem einen oder anderen auch spontan die Haare zu Berge, wenn besonders gefährliche Aktionen zu sehen waren.

Beim Pressefest präsentierten sich die Aufklärer des Aufklärungsbataillons 8 natürlich von ihrer besten Seite. Dass solche Handlungen einen hohen Ausbildungsstand zeigen sollten, war selbstredend gewollt und ist natürlich immer ein Bestandteil von Vorführungen und Werbeveranstaltungen.

Nebenbei sei in diesem Zusammenhang angemerkt: Auch die anderen Truppenteile und Einheiten der 8. Motorisierten Schützendivision zeigten ihre Kampftechnik und demonstrierten ihr Können mit mancherlei Vorführungen.

Wenn heute oftmals von absoluter Abschottung und Geheimhaltung in der Nationalen Volksarmee zu hören oder zu lesen ist, dann strafen all diese und die nachfolgenden Bilder etc. jene Lügen, die so etwas permanent behaupten.

e: Interessierte Zuschauer bei Vorführungen auf dem Schießplatzgelände hinter der „Ernst-Moritz-Arndt-Kaserne" von Hagenow

a-b: *Vorführungen auf dem Standortübungsplatz Stern Buchholz*

c-d: Technikvorführung vor Mitgliedern der SED-Kreisleitung sowie vor Zivilbeschäftigten auf dem Park des AB-8

1985: Im September veranstaltete das Aufklärungsbataillon 8 einen „Tag der öffentlichen wehrpolitischen Arbeit" mit Angehörigen der Berufssoldaten, Betrieben und Lehreinrichtungen, dem sowjetischen Patenbataillon, Lehrlingen und Schülern.

e-f: Präsentation des Könnens der Aufklärer für die Öffentlichkeit sowohl in der Kaserne als auch in der Öffentlichkeit. Auch die Technik interessierte immer, so wie hier der neue BMR.

1981 bis 1990 – FDJ- und Parteiarbeit, wesentlicher Bestandteil der gesellschaftlichen Tätigkeit im Aufklärungsbataillon 8

Dieser Teil der gesellschaftlichen Tätigkeit umfasste in erster Linie ehrenamtliche Arbeit und bildete einen untrennbaren Bestandteil im Leben der NVA. Ihre Basis für die Durchführung hatte sie in den Grundorganisationen der SED, der FDJ, der Armeesportorganisation „Vorwärts" und oft auch in spontaner Arbeit der Soldaten. Da es Teil des Soldatenalltages in der NVA war und heute oft falsche Meinungen darüber verbreitet werden, wollen wir es ganz bewusst nicht ausblenden, indes soweit wie möglich aus heutiger, sachlicher Sicht betrachten. Wer in diese Tätigkeit aktiv einbezogen war, leistete einen großen Teil zusätzlicher Arbeit und nahm damit allerhand an Mehrbelastung auf sich.

Die Mitwirkung in der gesellschaftlichen Arbeit erwies sich bei manchen Soldaten, Unteroffizieren, Fähnrichen und Offizieren oftmals als ein wichtiger Teil zur Formung der Persönlichkeit. Sie entwickelte persönlichen Stolz und andere Fähigkeiten.

Gesellschaftliche Tätigkeit hatte sowohl ernsthafte Ziele, sollte indes aber auch Spaß machen, besonders in der FDJ mit einem entsprechenden Jugendleben und bei der ASG im Freizeitsport. Das Heranführen an Sport und Kultur, sie zu erleben, traf manche erstmalig. Den einen oder anderen gab es die Möglichkeit, sich selbst zu verwirklichen, seine Stärken zu erkennen, sie weiterzuentwickeln, sich vor Gremien sprachlich zu äußern, die Erfahrungen anderer aufzunehmen usw. Es stärkte zweifellos das Selbstbewusstsein der jungen Armeeangehörigen. Es bestand stets die Möglichkeit, in FDJ- und Parteiversammlungen Meinungen laut zu äußern. Was dienstlich nicht möglich war, hier konnte man sogar den Kommandeur u. a. Vorgesetzte kritisieren.

Es gab in allen Truppenteilen eine umfangreiche Zirkeltätigkeit. Dazu gehörten beispielsweise Fotozirkel, Bastelzirkel usw. Auch mit der Neuerertätigkeit befassten sich findige Köpfe. Exkursionen, Patenschaftstätigkeit, Öffentlichkeitsarbeit, Freizeitsport, die Einbeziehung oder Betreuung von Angehörigen usw. nahmen ihren Anfang in der gesellschaftlichen Arbeit, waren eng miteinander verknüpft. So wie mancher in seiner Dienstzeit für sein weiteres Leben manch praktische Dinge erlernte, so vermittelte ihm auch die Mitwirkung in der gesellschaftlichen Arbeit viel Neues. Beides zusammen formte in der Dienstzeit die individuelle Persönlichkeit mit.

Die ernsthafte Seite der gesellschaftlichen Arbeit bedeutete auch Erziehung zur Kameradschaftlichkeit, zu Anstand und Moral. Wenn man die Bilder betrachtet, dann kann man auch sehen, dass die Soldaten zu Sauberkeit und Ordnung angehalten wurden. Militär ist kein Kulturverein auf freiwilliger Basis. Armeedienst bedeutet nun mal in allen Ländern ein Leben nach Dienstvorschriften mit dem Ziel, in harter Ausbildung lieber 1000 Tropfen Schweiß als nur einen Tropfen Blut im Kampf zu vergießen. Keine Armee der Welt kann sich vornehmen, so viel als nur geht an individuellen Persönlichkeiten zu formen. Das alles erwies sich nicht immer als Selbstläufer. Es bedeutete vielfach zusätzliche Anstrengungen und Belastungen für die Vorgesetzten. Die Parteiarbeit sorgte in erster Linie für die umfangreiche Unterstützung des Kommandeurs bei der Erfüllung der dem Bataillon gestellten Aufgaben in der Ausbildung und Gefechtsbereitschaft. Es galt nicht nur eine imaginäre Parteilinie durchzuboxen. Parteisekretär und Parteileitung halfen u. U. auch bei der Beseitigung von Ungerechtigkeiten. Parteierziehungsmaßnahmen und -strafen erwiesen sich als unangenehm, manchmal auch als überzogen und hatten dann ab und an auch weitere negative Folgen, jedoch nicht immer. In der Mehrzahl bildeten sie einen Alarmschuss für manchen Betroffenen, keine unzulässigen Dinge zu tun. Und, es traf fast zu 100 % die Berufssoldaten.

Wie überall, wo es darauf ankommt, möglichst viele Menschen zur Mitwirkung für die gesellschaftliche Tätigkeit zu gewinnen, sind „Zugpferde" nötig. Freiwillige Mitwirkung ist wohl immer unterschiedlich stark ausgebildet. Bei interessanten Maßnahmen, beispielsweise um an Exkursionen teilzunehmen, erforderte es nicht viel an Werbung. Diese Maßnahmen aber zu organisieren und zu leiten, ist für die Masse meistens weniger attraktiv, weil stets mit viel Arbeit verbunden. Die Leitungen der Organisationen stellten sich stets diesen Herausforderungen. Dass bei jungen, oft unerfahrenen Soldaten, Unteroffizieren etc. dabei Fehler entstanden und ein Lernprozess vor sich ging, lag in der Natur der Sache, bedingt durch die Fluktuationen infolge regelmäßiger Entlassungen und Neueinstellungen.

In allen Einheiten gab es Gruppen oder Grundorganisationen der Freien Deutschen Jugend (FDJ) mit in Berichtswahlversammlungen in geheimer Abstimmung gewählten Gruppenorganisatoren bzw. FDJ-Leitungen. Der gewählte FDJ-Sekretär im Truppenteil war als einziger hauptamtlich. Ihn bestimmten in geheimer Wahl die in den FDJ-Grundorganisationen der Einheiten vorher gewählten Delegierten.

Eine gut organisierte FDJ-Arbeit konnte viel für die Mitglieder bewirken und ggf. auch gegenüber den Kommandeuren berechtigte Forderungen erheben.

d: Präsidium der FDJ-Berichtswahlversammlung; Oberleutnant Linke, Soldat …, Leutnant Freese, Sprecher: ein Unteroffizier vom Versorgungszug

e: Grußwort vom Kommandeur, Oberstleutnant Baethke

Insbesondere zu solchen Anlässen lud man sich neben dem Kommandeur und anderen Vorgesetzten als Gäste auch Vertreter aus der Stadt, vom Patenbetrieb und Schulklassen zur kulturellen Umrahmung ein.

d-f: Kulturprogramm von Schülern aus Hagenow anlässlich einer feierlichen Versammlung

1982 im Standortklub:

e: Feldwebel Buck aus dem Nachrichtenzug wird geehrt

f: Hauptmann Eckhardt, Sekretär der Parteileitung bis 1985

g: Schüler einer Hagenower Schulklasse bei ihrem Kulturprogramm vor den FDJ-Mitgliedern des Aufklärungsbataillons 8 bei einer ihrer Wahlveranstaltungen im Standortklub

Unser Zeichen ist die Sonne – Filmdokumentation über die Geschichte der FDJ im Fernsehen

Unsere Geschichte wird lebendig

Gedanken junger FDJler in Uniform zum vierten Teil

Im Gespräch: Soldat Michael Behrendt, Unteroffizier Torsten Hühnerbein und Soldat Bernd Kolodzeike (v. l. n. r.) Foto: SVZ/Kewitz

Das sechste Jahrzehnt unseres Jahrhunderts neigt sich seinem Ende, ein erfolgreiches Jahrzehnt für unsere junge Republik. Die Bild- und Tondokumente belegen es. Der Imperialismus jedoch gebärdet sich aggressiver denn je. Er glaubt, die Zeit sei endlich reif, um Hand anzulegen an den ersten Arbeiter-und-Bauern-Staat auf deutschem Boden. Von der Liquidierung der DDR ist die Rede, von der Befreiung der Ostgebiete, von der Spaltung der sozialistischen Staatengemeinschaft. Der Rede folgen Taten. Westberlin ist Brückenkopf imperialistischer Störmanöver und Menschenschleuse zugleich, Umschlagplatz für die Konterrevolution. Dann kommt der 13. August 1961. Die offene Staatsgrenze zur „Frontstadt" wird geschlossen und damit der auf das höchste gefährdete Frieden in Europa bewahrt. Im Film sind diesem bedeutsamen Problemkreis beeindruckende Szenenfolgen zugeordnet.

Eine historische Thematik, so scheint es. Im Gespräch mit drei Angehörigen des NVA-Truppenteils Baetke über den 4. Teil des Dokumentarfilmes zeigt sich jedoch, daß die FDJler von heute diese Bilder keineswegs nur als Zeugnisse bewegter Vergangenheit betrachten.

Soldat Michael Behrendt, Dreher und Jugendbrigadier: Die Frage zwischen Fuchs und Igel hat heute wohl jeder ernsthaft denkende Mensch begriffen (Anspielung auf das Gedicht „Bewaffneter Friede" von Wilhelm Busch – d. Red.). Dennoch ist es für mich und gewiß auch für viele junge Menschen interessant und wertvoll, in gedrängter Form gerade jene Ereignisse um den 13. August 1961 herum in Dokumentaraufnahmen zu sehen.

Interessant, weil in beeindruckender Weise gezeigt wurde, was es bereits zu schützen gab und galt. Nach den schweren Anfangsjahren hatte der Sozialismus ja bei uns bereits festen Fuß gefaßt. Diese große Leistung durfte man nicht aufs Spiel setzen.

Wertvoll, weil ich glaube, daß dieser Filmteil durch die bildhafte und anregende Vermittlung der Vergangenheit unserer Generation die große Verantwortung für die Gegenwart und Zukunft bewußt macht. So wie die FDJ die Reihen der NVA zur Zeit ihrer Gründung gestärkt hat, wie sie sich zum Schutz unserer Heimat in den Augusttagen 1961 engagiert hat, mit diesem Elan wird sie auch heute dem Gegner keine Chance geben.

Unteroffizier Torsten Hühnerbein, Maschinist für Wärmekraftwerke: Gerade als Soldat denkt man über die Frage Krieg oder Frieden besonders ernsthaft nach. Deshalb hat mich an diesem vierten Filmteil die ständig wiederkehrende Frage „Frieden ist, aber wird Frieden bleiben?" besonders berührt. Es wurde mir klar, daß die FDJ schon damals den Friedenskampf nicht einseitig nur als Form des bewaffneten Schutzes unseres Landes verstanden hat, sondern ihn auch im friedlichen Aufbau unserer Wirtschaft, unseres Lebens gesehen hat. Und wenn wir heute sagen, der Friedenskampf hat in der FDJ eine lange Tradition, so sind beide Seiten dieses Kampfes gemeint. Das zeigt die Filmserie sehr deutlich.

Auch heute steht für uns die Frage: „Wird Frieden bleiben?" Nur heute können wir sie mit weitaus mehr Optimismus beantworten, weil wir in 35 Jahren wirtschaftlich und militärisch stärker geworden sind. Das dies so bleibt, dafür werde ich auch während meines Ehrendienstes in der NVA sorgen.

Soldat Bernd Kolodzeike, Zootechniker: Das Beeindruckende für mich an diesem Film ist die Lebensfreude, mit der die Jugend an den Aufbau unseres Staates ging. Wir kennen diese Zeit ja eigentlich nur aus Erzählungen und Büchern, da ist es schon interessant, darüber zusammenhängende Bilddokumente zu sehen.

Typisch und auch wichtig für das Verstehen unserer heutigen Zeit, finde ich, sind zwei Ereignisse aus dem Jahre 1956. Bei uns begeht die FDJ, unterstützt von Partei und Staat, ihren zehnten Geburtstag und blickt stolz auf das Erreichte, in der BRD wird im selben Jahr die KPD als entschiedenster Gegner der Remilitarisierung Westdeutschlands verboten. Damit hatten die Herrschenden in der BRD endgültig gezeigt, welchen Weg sie gehen wollten. Nach der militärischen Zerschlagung des Faschismus hatten ja beide Teile Deutschlands die Möglichkeit, aus der unheilvollen Geschichte Lehren zu ziehen. Daß dies bei uns gelang, ist auch ein Verdienst der damaligen Jugend. Sie erhielt Hilfe von Partei und Staat und vor allem große Verantwortung. Das zeigt der Film. Für uns ist das heute hohe Verpflichtung.

Beim Empfang zum Tag der NVA am 1. März:

b: Der 2. Sekretär der SED-Kreisleitung Hagenow, Roland Bröckel, bei seiner Ansprache; sitzend StKPA Major Norbert Neumann und der Kommandeur Oberstleutnant Eberhard Baetke

c: Patenbetriebe übergeben Erinnerungsgeschenke an den Oberstleutnant Baetke und Major Neumann

d: Roland Bröckel überreicht dem Kommandeur ein Bild für die vorbildliche Arbeit des AB 8

a-c: Wochenendtreffen der FDJ-Leitung mit ihren Familien. Die Gaststätte der MHO (Militärhandelsorganisation) im Standortklub bot eine angenehme Atmosphäre und gutes Essen

1984

d-g: FDJ-Exkursion mit den Familien der Berufssoldaten nach Berlin. Es wurden Teile des Weges begangen, den das Aufklärungsbataillon 8 im August 1961 beim Einsatz zur Sicherung der Staatsgrenze absolvierte. Stabsfeldwebel Walter Hoffmann war als Zeitzeuge dabei.

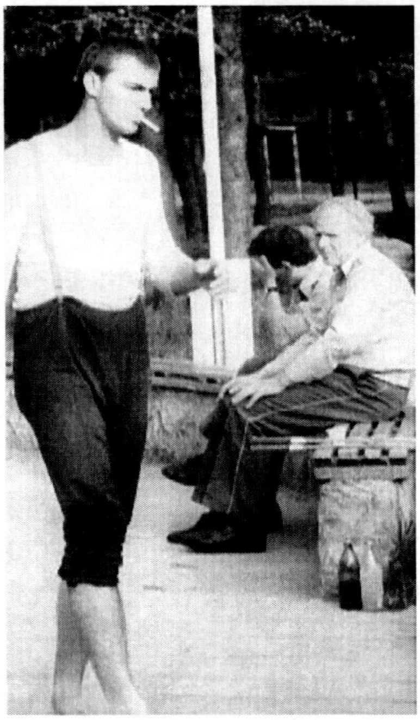

MANIFESTATION

DER FDJ
UND DER PIONIER-
ORGANISATION
„ERNST THÄLMANN"

Berlin-Treptow
7. Mai 1985

MANDAT

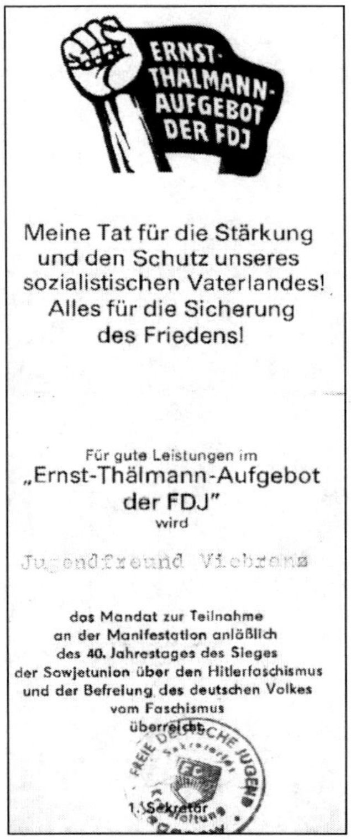

ERNST-THÄLMANN-AUFGEBOT DER FDJ

Meine Tat für die Stärkung
und den Schutz unseres
sozialistischen Vaterlandes!
Alles für die Sicherung
des Friedens!

Für gute Leistungen im
„Ernst-Thälmann-Aufgebot
der FDJ"
wird

Jugendfreund Viebrans

das Mandat zur Teilnahme
an der Manifestation anläßlich
des 40. Jahrestages des Sieges
der Sowjetunion über den Hitlerfaschismus
und der Befreiung des deutschen Volkes
vom Faschismus
überreicht.

1985: Busfahrt mit FDJ-Mitgliedern nach Berlin.

Sie hatten ein Mandat zu einer Manifestation der Freien Deutschen Jugend und der Pionierorganisation am 7. Mai 1985 im Treptower Park anlässlich des Tages der Befreiung erhalten.

„Das Wort Ernst Thälmanns, des unsterblichen Sohnes des deutschen Volkes, daß die Haltung zur Sowjetunion, die Haltung zur KPdSU der Prüfstein jedes revolutionären Handelns ist, bewahrheitet sich immer wieder.

E. Honecker

Für vorbildliche Leistungen bei der Stärkung der Kampfkraft und Gefechtsbereitschaft der Nationalen Volksarmee und der Grenztruppen der DDR im „Ernst-Thälmann-Aufgebot der FDJ"

wird

Genosse V i e b r a n z , Wolfgang

auf Befehl des Ministers für Nationale Verteidigung mit der Teilnahme am Freundschaftszug der FDJ-Organisationen der Nationalen Volksarmee und der Grenztruppen der DDR 1985 in die Sowjetunion belobigt.

1985 Wolfgang Viebranz erhielt als Auszeichnung die Teilnahme an einer Reise mit dem Freundschaftszug der FDJ in die Sowjetunion.

f: Auf einer Berichtwahlversammlung spricht ein Vertreter der SED-Kreisleitung Hagenow

a-b: Verabschiedung von Major Bernd Müller, StKPA von 1978 bis 1981

Organisatorisch sah die Parteiarbeit ähnlich wie die der FDJ-Grundorganisation aus. In den Einheiten gab es Parteigruppen oder Parteigrundorganisationen mit in den Berichtswahlversammlungen in geheimer Abstimmung gewählten Gruppenorganisatoren bzw. Parteileitungen. Auch der gewählte Sekretär im Truppenteil war als einziger hauptamtlich. Ihn sowie die Mitglieder der Parteileitung bestimmten in geheimer Wahl die Mitglieder der Grundorganisation in einer Berichtswahlversammlung nach Rechenschaftslegung der bisherigen Leitung und ihrer Entlastung.

War die FDJ-Arbeit eher recht locker, so vollzog sich die Parteiarbeit wesentlich straffer, vor allem auf der Ebene der Grundorganisation des Bataillons. In den Parteigruppen der Kompanien gab es gewöhnlich nur wenige Parteimitglieder und ihre Tätigkeit war überschaubar auf die Einheit bezogen. In jeder der gewöhnlich einmal im Monat stattfindenden Parteiversammlungen konnte man Vorgesetzte bei Erfordernis offen kritisieren. Daher hatten diese stets großen Respekt allen Parteimitgliedern und der Parteileitung gegenüber.

Oft hatten sie, den Kommandeur des Bataillons eingeschlossen, vor der Leitung über ihre Tätigkeit zu berichten. Wer sich als Mitglied irgendwelcher Verfehlungen schuldig machte, musste natürlich auch damit rechnen, vor der Parteileitung gerade zu stehen. Gewöhnlich erfolgte so etwas in einer verständnisvollen Atmosphäre, konnte aber auch zu Kritik oder gar zu einem Parteiverfahren führen. Solches gab es auch im Aufklärungsbataillon 8, allerdings nur in wenigen Fällen.

In den Versammlungen stand eher im Vordergrund, jene Mitglieder zu loben und zu ehren, die ihre Aufgaben vorbildlich erfüllt hatten.

Liefen die Gruppenberatungen und monatlichen Parteiversammlungen eher sachlich, manchmal auch recht trocken ab, so gab man den nur alle zwei Jahre stattfindenden Berichtswahlversammlungen der Grundorganisation gerne einen feierlichen Rahmen. Ansprachen von Gästen aus der Stadt und dem Kreis gehörten dazu, ebenso die von Vorgesetzten aus dem Stab der 8. Motorisierten Schützendivision, gewöhnlich vertreten durch den Leiter Aufklärung der Division. Auch zu solchen Veranstaltungen gab es kulturelle Umrahmungen aus den eigenen Reihen und aus der Stadt.

Nach der Wahl gab es Dank an die bisherige Leitung sowie Glückwünsche für die neu gewählten Mitglieder.

Berichtswahlversammlung der Partei-GO, Auszeichnungen:

a: Oberleutnant Viebranz zeichnet Leutnant Klaeden aus, Nachrichtenzugführer im AB-8

b: Oberstleutnant Baethke beglückwünscht Wolfgang Viebranz zur Wahl

c-d: Auszeichnung von Fähnrich Schweda u. Leutnant Joachim und Oberfähnrich Klauß

f: Die Wahlkommission: Busenthür, Joachim, Neumann, Antlauf

a-b: Das Präsidium

c: Ansprache des Leiters Aufklärung der 8. MSD, Oberstleutnant Hartmut Winterfeldt, als Gast;

d- h: Stimmabgabe und Auszeichnungen

Aufnahme als Mitglied in die Partei. Hauptmann Viebranz übergibt das Mitgliedsbuch und Erinnerungsgeschenke

1989 am 12. Dezember löste man alle Grundorganisationen der gesellschaftlichen Organisationen im Aufklärungsbataillon 8 auf.

a-b: Die ASG Hagenow III organisierte auf dem Schießplatz Hagenow das Ausscheidungsschießen bei der Divisionsmeisterschaft im Schießen mit der persönlichen Waffe.

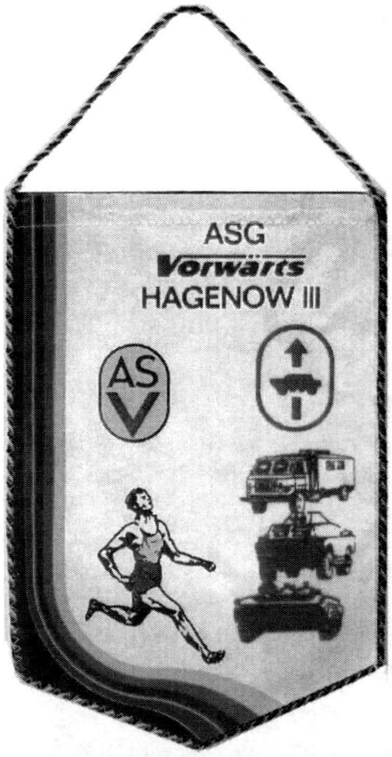

Die große Sporthalle und der gepflegte Sportplatz boten für Sportbegeisterte viele Möglichkeiten, sich zu betätigen. Auch der Kommandeur des Aufklärungsbataillons 8 und seine Mitstreiter konnten sich mal weg von Schreibtisch und Gelände austoben.

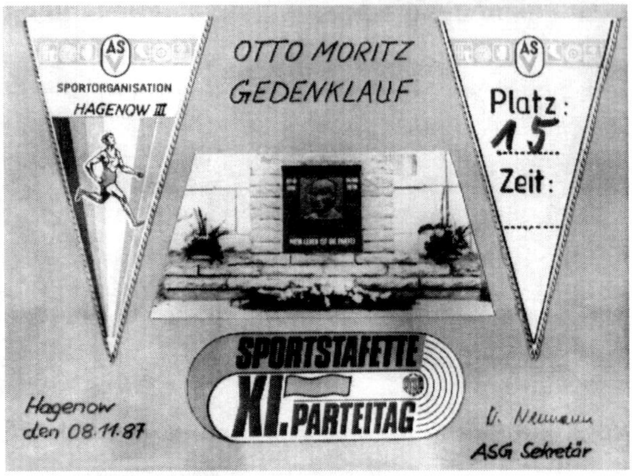

Vom individuellen Freizeitsportvergnügen des Einzelnen bis hin zu sportlichen Wettkämpfen auf Bataillonsebene, im Bereich der 8. MSD und manchmal zu Armeemeisterschaften, es gab vielerlei Möglichkeiten, sich auch anspruchsvoll sportlich zu betätigent

1986 am 18. Juli in Neubrandenburg. Rechts: Vertreter des AB-8 hatten sich für den Pokalwettkampf der Sportorganisation Neubrandenburg im Rahmen des III. Fernwettkampfes qualifiziert.

a: Der StKPA des AB-8, Major Norbert Neumann macht beim Sportfest des Bataillons „große Sprünge"

b-e: Tradition: Jährlich zu Pfingsten im Garten von Oberstleutnant Baethke, das gemütliches Beisammensein der Familien vom Kommandeur und seiner Stellvertreter, hier mit Wildschwein grillen.

f-g: Auch für die Kinder und Familien der Berufssoldaten gab es interessante Veranstaltungen, wie man unschwer aus den Bildern ersehen kann. So organisierten u. a. Hauptmann Jonuschat und Major Neumann eine fantastische Schlittenfahrt im Wald von Redefin für die Familienangehörigen. Es ging auch zum Weihnachtsmarkt nach Berlin.

Kinderweihnachtsfeier im Standortklub

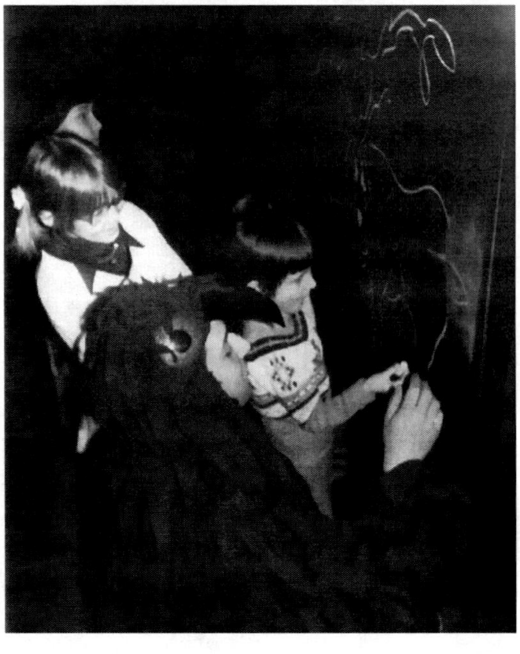

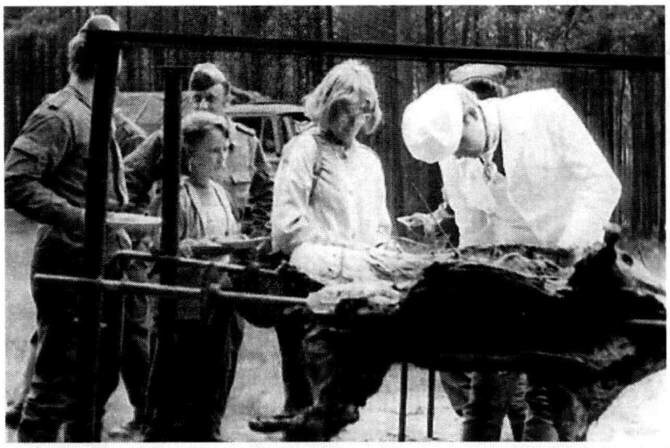

Bataillonsfeste mit dem gesamten Personalbestand bildeten natürlich den Höhepunkt, mal vom Druck des täglichen Dienstes abzuschalten. Apropos Dienst, natürlich blieben davon leider immer einige wenige „verschont", die als diensthabende Unteroffiziere, Offiziere oder als Wachen nötig waren. Die Masse aber konnte feiern und das tat sie auch. Diesmal lud man sich Gäste ein, hier von der LPG Zarrentin, wo man selbst schon zu Gast war.

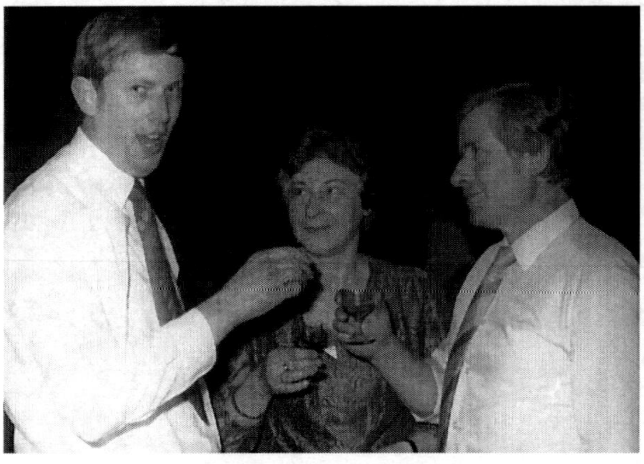

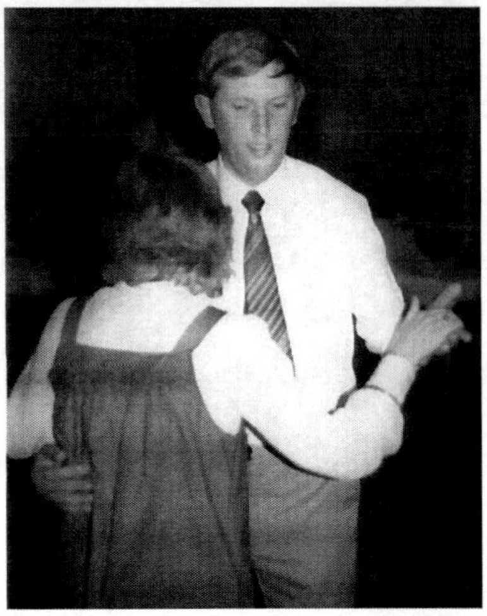

Sport- und Sommerfest des Bataillons im Sportlerheim Hagenow

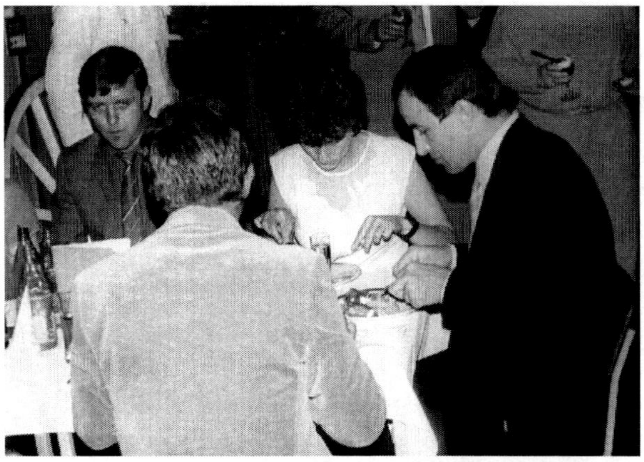

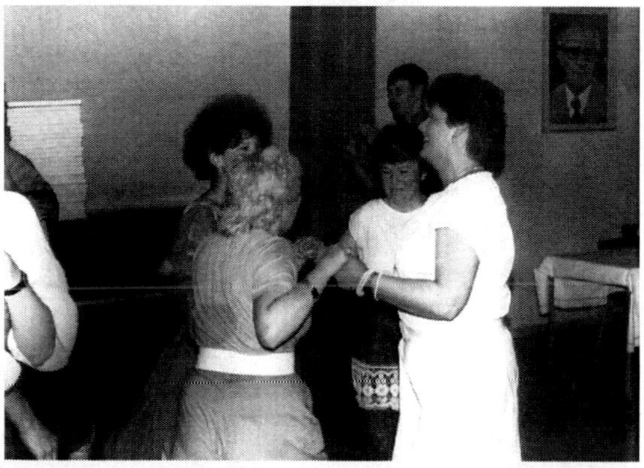

Der Spaß kam beim Feiern selten zu kurz, auch wenn der Kommandeur dazu mal eine „bittere Pille schlucken" musste. Oder war es ein Elixier mit der Aufforderung zum Tanzen? Bei allen blieben die Bataillonsfeiern jedenfalls in guter Erinnerung.

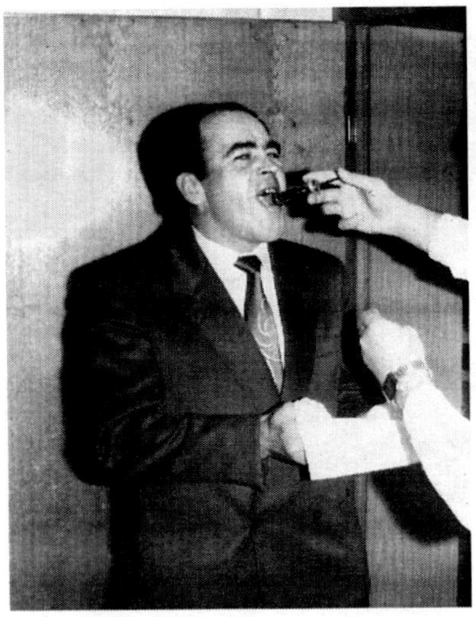

a-d: Ein Bataillonsfest im Standortklub. Der Kommandeur eröffnet, die Stimmung steigt

e: Eine Feier auf Einladung des Divisionskommandeurs für die Führungen der Truppenteile der Division mit ihren Ehefrauen im Klubhaus des Standortes Karow

Der Standortklub der Ernst-Moritz-Arndt-Kaserne bot sich für die Freizeit immer an. Man konnte in der Gaststätte im kleinen Kreis gut essen und trinken oder aber im großen Saal Filme ansehen. Kulturelle Veranstaltungen unterschiedlichster Art wurden angeboten.

g-h: Auch das Vorbereitungskomitee für das nächste Bataillonsfest tagte im Klub

Wenn im Klubhaus dann eine Show mit Helga Hahnemann, Bauchredner Edi Steinfeld und weiteren Künstlern stattfand, brauchte für Stimmung nicht geworben werden.

Epilog und ABGESANG!

So steht es in der Kurzchronik des AB-8 von 1990, unterschrieben von OTL Schwier:

„1989 im Dezember: Das Aufklärungsbataillon 8 feiert letztmalig ein Bataillonsfest mit allen Berufssoldaten und ihren Damen.

Die politischen Veränderungen schlagen sich auch in der Bataillons-Chronik nieder; erstmals fehlt die permanente Betonung der Parteipolitik.

Maßgeblich beeinflusst wurde die politische Arbeit im II. AHJ durch die Ereignisse im Oktober/November 1989. Inhalt und Ziel der politischen Arbeit änderten sich grundlegend und gestalteten sich ab Dezember 1989 parteiunabhängig und auf die eingeleiteten Reformen in Gesellschaft und Militär ausgerichtet. Die Ratlosigkeit und der mangelnde Informationsfluss durch das Ministerium wirkten sich dagegen negativ insbesondere auf das Berufskorps aus. Diskussionen waren durch Ratlosigkeit geprägt."

Kuno Freese verdeutlichte die Lage mit folgendem Bericht:

„Das Aufklärungsbataillon 8 im letzten Jahr der Nationalen Volksarmee:

Das letzte Jahr des Aufklärungsbataillon 8 könnte man ganz kurz beschreiben: Mit Armee hatte es kaum noch was zu tun!

1989/1990 sollte eigentlich wie jedes neue Ausbildungsjahr beginnen bzw. ablaufen. Die Vorbereitung der Technik auf die neue Nutzungsperiode sowie die Grundausbildung waren abgeschlossen und die Planung für das neue Ausbildungsjahr war bestätigt. Doch durch die beginnenden Unruhen im zivilen Bereich zog auch Unruhe in der NVA ein. Neue Schwerpunkte wurden gesetzt, wie zum Beispiel die Durchführung der Gefechtsausbildung nur noch auf dem Standorttruppenübungsplatz bzw. in unmittelbarer Nähe der Kaserne.

Der ganz große Schwerpunkt war dann die Militärreform, die alle Bereiche über den Innendienst bis zur Gefechtsausbildung umfasste. Wie in allen anderen Truppenteilen wurde auch im AB-8 ein Soldatenrat als Interessenvertreter aller Wehrpflichtigen im Grundwehrdienst und Unteroffiziere auf Zeit sowie ein Verein der Berufssoldaten gegründet. Wöchentlich kam der Kommandeur mit Vertretern dieser Interessenvertretungen zusammen und es wurde über den derzeitigen Zustand im Truppenteil und Möglichkeiten der Verbesserung des militärischen Lebens gesprochen. Weiterhin wurde über Vorschläge zur Änderung von Dienstvorschriften diskutiert, die dann an die militärischen Vorgesetzten weitergegeben wurden.

Als 1990 dann noch die Einberufung ausgesetzt wurde, war an Gefechtsausbildung noch weniger zu denken. Der Personalbestand des AB-8 war ja sowieso nicht sehr hoch, da auch noch zwischenzeitlich die Reservistenplanstellen weggefallen sind. Natürlich haben wir versucht, die Ausbildung und den militärischen Alltag im AB-8 so gut wie möglich beizubehalten. Dazu mussten auch die Berufssoldaten immer wieder neu motiviert werden.

1990 im Frühjahr wurde die FuFUTAK (3. Aufklärungskompanie) aufgrund von Personalmangel an das FuFuTAB-5 übergeben, um das diensthabende System weiter aufrecht zu halten. Die anderen Einheiten wurden für die allgemeine Ausbildung (eine andere wurde auch nicht mehr durchgeführt) weitestgehend zusammengefasst.

Dann hatten wir auch noch Besuch vom neuen Minister für Abrüstung (Ich bin mir nicht mehr sicher, ob das die richtige Bezeichnung war), Herrn Eppelmann. Doch das war weniger aufregend. Herr Eppelmann kam, sah und fuhr wieder los. Sein Desinteresse an der NVA war zu spüren.

Im letzten halben Jahr hat der Kommandeur nur noch versucht, die militärische Ordnung aufrechtzuhalten. Das Bataillon wurde hin und wieder zu Sicherungsmaßnahmen aufgelöster Objekte des ehemaligen Ministeriums für Staatssicherheit eingesetzt.

Einige Berufssoldaten konnten den 3. Oktober 1990 auch nicht mehr abwarten und reichten ihre vorzeitige Entlassung ein. Der Personalbestand war auch mittlerweile so geschrumpft, dass nicht einmal mehr die Gefechtstechnik voll besetzt war, aber Gefechtsbereitschaft hat auch niemanden mehr so richtig interessiert.

Der Kommandeur wurde auch nie von vorgesetzter Stelle informiert, dass er zu einem bestimmten Zeitpunkt das Bataillon übergeben soll, noch wer der Übernehmende ist (Chaos in der NVA).

1990, am 2. Oktober gegen 20:00 Uhr traf Herr Oberstleutnant Schwier (Kommandeur Panzeraufklärungsbataillon 2 der Bundeswehr) im Dienstgebäude des AB-8 ein und erklärte dem noch anwesenden Kommandeur, dass er ab 3. Oktober 1990 das AB-8 übernehmen soll. Einen Befehl oder einen Dienstauftrag konnte er nicht vorweisen."

Am 3. Oktober 1990 wurde die NVA in die Bundeswehr übernommen und am 5. Oktober übernahm OTL der Bundeswehr Schwier das Aufklärungsbataillon 8 von Kuno Freese, Kommandeur des AB-8 von 1989-90.

Stärke bei der Übernahme: Soll: 27/100/126/253; Ist: 26/40/95/161.

Damit endete eigentlich schon die Geschichte des Aufklärungsbataillons 8 der Nationalen Volksarmee!

OTL Schwier führte danach das Aufklärungsbataillon 8 als Teil der Bundeswehr bis zur Auflösung 1991.

Das Bataillon führte mit der 2. und 3. Aufklärungskompanie sowie zusätzlich mit 2 Zügen des Pionierbataillons 8 allgemeine Grundausbildung nach dem Muster der Bundeswehr durch.

Am 10. Dezember 1990 gab es die erste „Rekrutenprüfung". Das beinhaltete die Überprüfung des Leistungsstandes der neuen Soldaten nach der Grundausbildung.

1991, zu Jahresbeginn, wurde durch die 8. Motorisierte Schützendivision festgelegt, dass das Aufklärungsbataillon 8 aufzulösen ist. Die Masse der Offiziere wurde in das PzAufklBtl 80 in BEELITZ übernommen, die Unteroffiziere und Mannschaften kamen in das PzGren.Btl 401 in Hagenow. Das Bataillon hatte ein Nachkommando zu bilden, das nach der Auflösung das restliche Material verwaltet und abgibt.

Letzte Stellenbesetzung:

Kdr:	OTL Schwier	S4:	Major Vollus
Stellvertreter:	Major Dahmke	TO:	Leutnant Paetow
S1:	Leutnant Mühlmann	Chef 1. Kompanie:	Hauptmann Held
S2:	Hauptmann Villwock		
Chef 2. Kompanie:	Oberleutnant Malzahn		

1991 am 28. März erfolgt ein Standortappell aus Anlass der Auflösung und Neuaufstellung von Verbänden in der Kaserne Hagenow.

Anschließend gibt es einen Empfang für Offiziere und Feldwebel des Bataillons sowie für ehemalige Kommandeure und Gäste.

Mit diesem Abschlussappell am 28 März 1991 endete endgültig die aktive Geschichte des Aufklärungsbataillons 8.

EHRENVOLL GEDIENT
BEI DER NATIONALEN VOLKSARMEE
Zur Erinnerung

Ehrenvoll
bis zum letzten Tag
gedient

NVA

Zur Entwicklung der Aufklärungseinheiten der MSR/PR der 8. MSD, am Beispiel der Aufklärungskompanie des MSR-27

Wie zu Beginn bereits erwähnt, soll nun am Beispiel der Aufklärer des Motorisierten Schützenregimentes 27 und seiner Vorläufer die Entwicklung dieser Einheiten in den MSR/PR der 8. MSD dargestellt werden.

Dem Oberoffizier Aufklärung des Truppenteils oblag die Organisation der Aufklärung und die Führung der Aufklärungseinheit. Dazu gehörte u. a.:

- die Beurteilung des wahrscheinlichen Gegners nach Bewaffnung und Ausrüstung, seinen Einsatzgrundsätzen sowie den starken und schwachen Seiten
- Erarbeitung von Schlussfolgerungen für den Kommandeur
- Planung und Anleitung der Gefechtsausbildung der Aufklärungskompanie
- Anleitung und Kontrolle der Aufklärungsausbildung der Mot.-Schützeneinheiten des MSR
- Schulung der Offiziere des MSR über den wahrscheinlichen Gegner im Rahmen der Ausbildungsgruppen, bei Stabsdienstausbildungen und Kommandostabsübungen

Die Funktion des Oberoffiziers Aufklärung bekleideten im MSR-27 und seiner Vorläufer folgende Offiziere:

1956-1960: Hauptmann Schumann
1960-1964: Hauptmann Achim Kühnel (a)
1964-1970: Major Wolfgang Dienst
1970-1974: Major Roland Gläser (b: 3. v. l.)
1974-1978: Hauptmann Horst Nörenberg (b: 1. v. l.)
1978-1979: Oberleutnant Lutz Börner
1979-1980: Oberleutnant Günter Lenz
1980-1982: Hauptmann Joachim Ihde
1982-1986: Major Hans-Joachim Hauswald (c)
1986-1988 Hauptmann Jürgen Fittke
1988-1990: Hauptmann Thomas Simon (d)

1952 mit der Bildung der Kasernierten Volkspolizei begann im Standort Schwerin im „Gemischten Kommando" Stern Buchholz auch die Aufstellung ihrer Aufklärungskompanie. Die Bezeichnung dieser Einheit nannte sich S1-Kompanie. S1 war eine interne KVP-Bezeichnung. Ihr erster Kompaniechef war Kommissar Klemko.

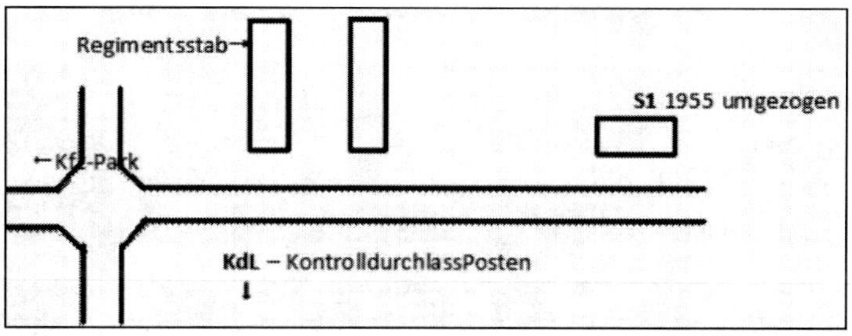

Die Unterkunft der Kompanie befand sich ca. 100 Meter in entgegen gesetzter Richtung vom KFZ-Park auf der linken Seite. Die Ausbildung erfolgte im Objekt und seinem direkten Umfeld.

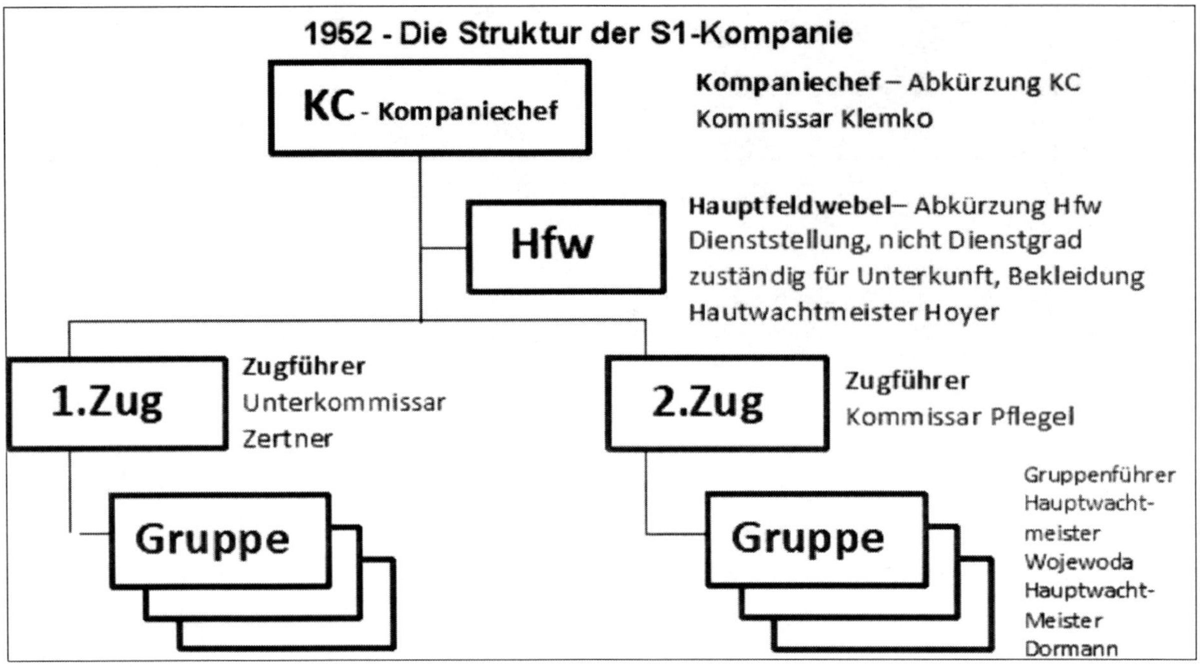

b: Der 2. Zug bildete den Lehrzug zur Ausbildung von Unteroffizieren

Personalbestand: 3 Offiziere, 7 Unteroffiziere, 30 Mannschaftsdienstgrade;

Ausbildungsfächer: Politische Schulung, Schießausbildung, Taktikausbildung, Struktur des potenziellen Gegners, Radfahrausbildung, Flaggenzeichen, Exerzierausbildung, Topografieausbildung, Militärische Körperertüchtigung;

Fahrzeuge der Kompanie: 28 Mifa-Fahrräder, 1 BMW-Krad mit Handgangschaltung;

Bewaffnung: Karabiner K-44 und MPi-41 mit Trommelmagazin (sowj. Prod.), Pistolen 08, 2 leichte MG-D.

Technik und Bewaffnung der S1-Kompanie:

28 Mifa-Fahrräder mit Walzenlager

1 BMW-Krad mit Handgangschaltung

Karabiner K-44 (sowjetische Waffe)

MPi 41 mit Trommelmagazin (sowjetische Waffe)

Pistolen 08

2 leichte LMG DP (sowjetische Waffe)

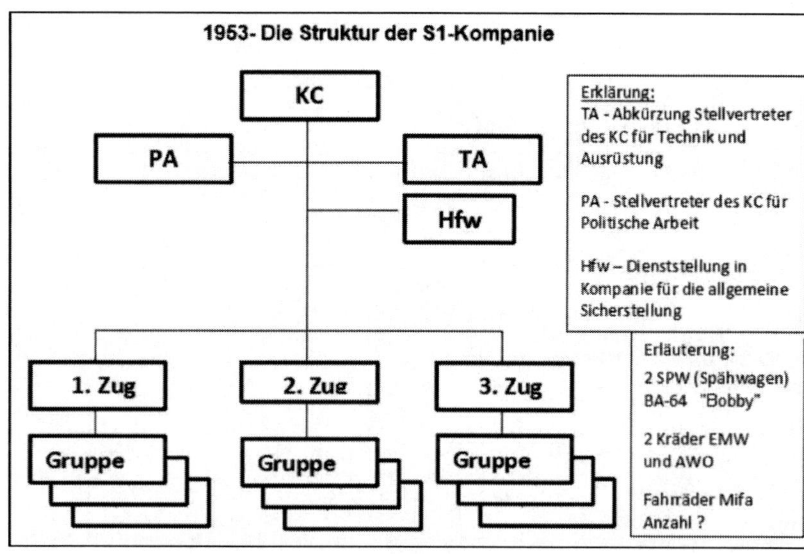

1953 im September erfolgte die Umbildung aus der gemischten Bereitschaft in Stern Buchholz in die 1. Infanteriebereitschaft und 1954/1955 das 1. Infanteriekommando mit dem Kommandeur Major Erwin Schröder.

Die S1-Kompanie führte Hauptmann Schmidt. Sie bekommt einen dritten Zug, wird personell aufgefüllt und erhält neue Technik.

Im Dezember 1953 erfolgt eine Aufteilung des Lehrzuges. Drei Unteroffiziersschüler gingen zur Offiziersschule, davon Lothar Radtke nach Naumburg. Einige Unteroffiziersschüler versetzte man nach Prora. Unter den verbleibenden Schülern befand sich auch Anton Federsel, der sich später in der Aufklärungskompanie bis zum Oberfeldwebel und Schwimmpanzerkommandanten entwickelte. Nach dem Ausscheiden 1959 aus der NVA ging er zur Volkspolizei.

1954 übernahm Leutnant/Oberleutnant Achim Kühnel als Kompaniechef die S1-Kompanie. Er löste Hauptmann Schmidt ab. Zuvor war Leutnant Kühnel S1-Offizier in einem Infanteriebataillon in Stern Buchholz. Während der Kommandierung 1955 von Achim Kühnel zum Kompaniecheflehrgang nach Döbeln in Sachsen, den er 1956 erfolgreich abschloss, übernahm die Kompanie zeitweilig Hauptmann Ruge, nach ihm Hauptmann Homann.

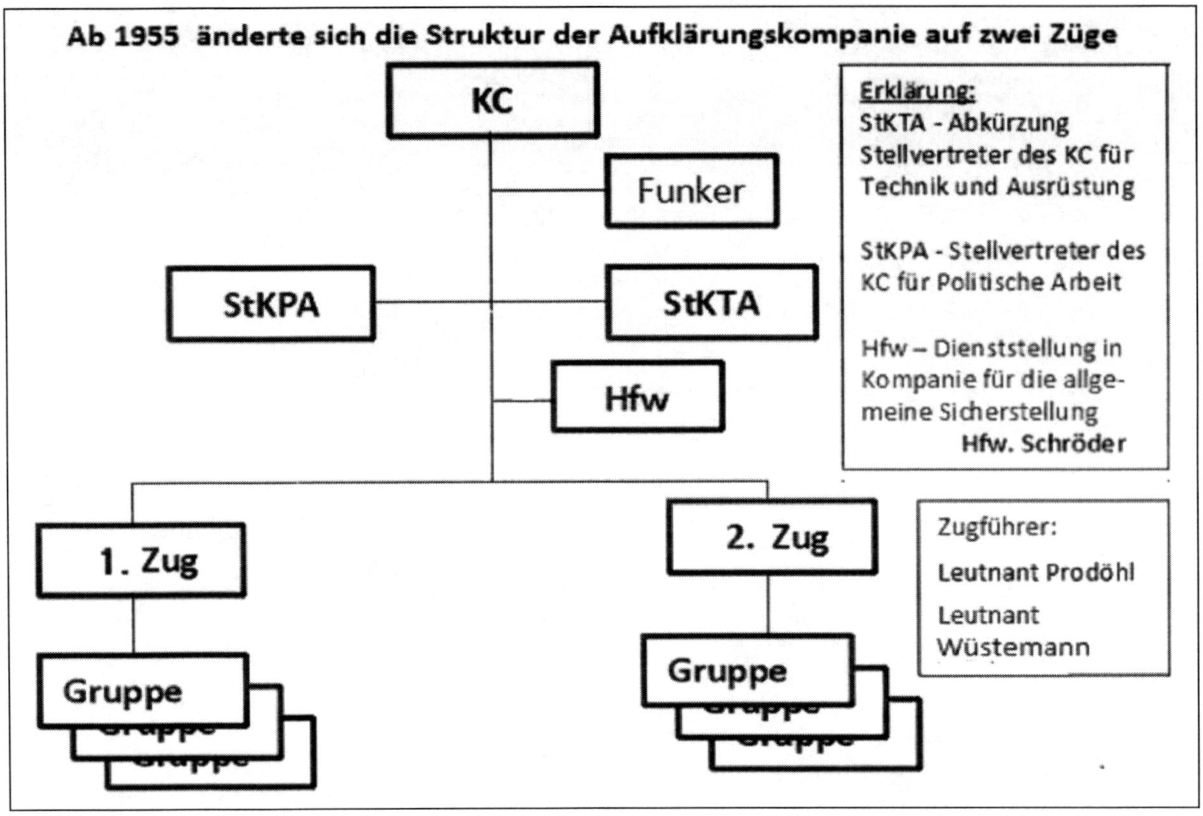

1955 erhielt die Kompanie eine neue Struktur, zunächst mit zwei Zügen. Technik und Bewaffnung blieben in der Struktur der Kompanie wie zuvor.

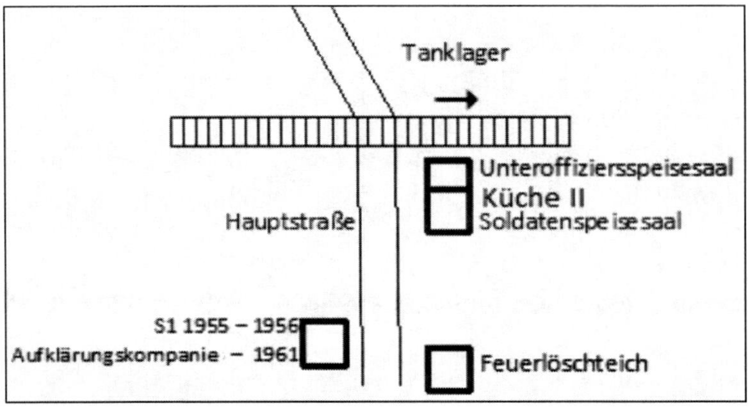

Die Unterkunft befand sich nach dem Umzug 50 m westlich der Küche II, unmittelbar nördlich in der Hauptstraße in Richtung der Bahnschienen.

Im September 1955 nahm das 1. Infanteriekommando mit seiner S1-Kompanie an der großen Truppenübung mit dem Thema „Die Verteidigung der Insel Rügen" im Zusammenwirken mit den Kampfeinheiten der KVP-See und den Fliegerkräften der Verwaltung des Aeroklubs (VdAK) erfolgreich teil.

Ab 1956 erhält die Aufklärungskompanie in der Struktur wieder einen dritten Zug.

Nach der Neuausrüstung 1956 ergab sich nachfolgende Struktur der Aufklärungskompanie:
Der 1. und 2. Zug erhielt je zwei SPW-152. Die dritte Gruppe teilte man auf die zwei SPW auf.
Der 3. Zug verfügte anfangs noch nicht über die vorgesehenen Schwimmpanzer.

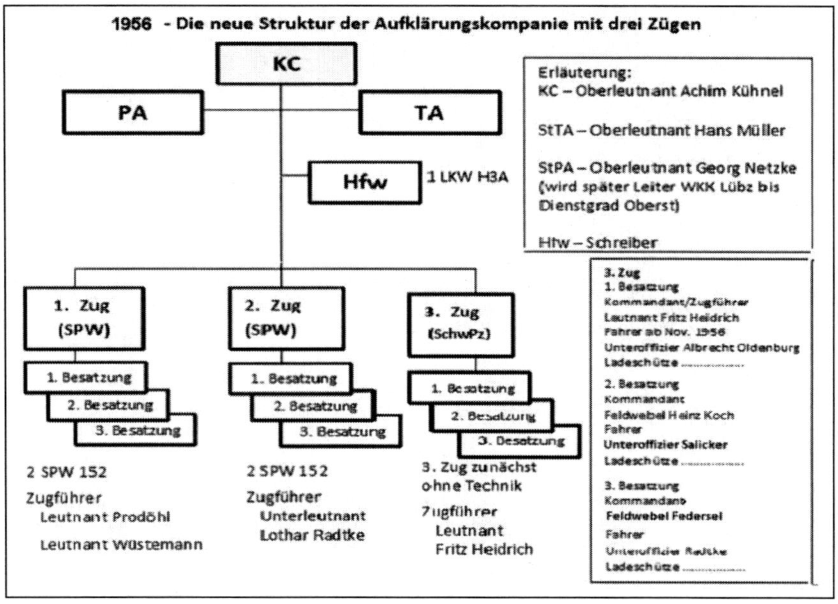

1956 ab dem 30. Juni entstand mit Aufstellung als 8. Infanteriedivision (spätere 8. Mot. Schützen Division) auch das Mot.-Schützenregiment-27 in Schwerin Stern Buchholz mit einer Aufklärungskompanie.

Im September 1956 nahm die Aufklärungskompanie im Bestand des Infanterieregiment-27 (IR-27) an der ersten großen Truppenübung der 8. Infanteriedivision (8. ID) teil.

1957 bleibt die Kompanieführung der Auflärungskompanie des MSR-27 im alten Bestand.

Besetzung der Zugführerplanstellen:

1. Zug: Leutnant Wüstemann/Leutnant Lothar Radtke (Bild rechts), Lothar Radtke, Hauptmann a. D.: 1956 - Dezember 1960: Zugführer in der Aufklärungskompanie 8 in Schwerin-Stern Buchholz; 1962: Zugführer des Aufklärungszuges des MSR-27 in Schwerin-Stern Buchholz.
2. Zug: Leutnant Horst Nikolai,
3. Zug: Leutnant Fritz Heidrich;

Oberleutnant Karl Kanthak stand als Überstruktur zur besonderen Verfügung des Kompaniechefs.

Im Verlaufe des Jahres 1957 werden die SPW-152 durch eine technisch erweiterte Variante ausgetauscht. Die Kompanie erhält in diesem Jahr seine ersten Schwimmpanzer PT-76. Bis zu diesem Zeitpunkt verfügte der Schwimmpanzerzug noch über keine dieser Techniken.

Fritz Heidrich; Ing., Ing., Major a. D.; Juni 56 - Februar 60: Zugführer des Schwimmpanzerzuges der Aufklärungskompanie MSR-27 (Bild rechts). Er berichtet dazu:

„Der vorhandene Personalbestand des 3. Zuges fährt mit der Bahn zum RWN Neubrandenburg und übernimmt dort die drei neuen Schwimmpanzer für die Aufklärungskompanie. Im Eisenbahntransport verlegt der 3. Zug mit seinen Schwimmpanzern nach Stern Buchholz. Da die Schwimmpanzer (SchwPz) einer hohen Geheimhaltungsstufe unterliegen, müssen diese beim Eisenbahntransport grundsätzlich mit ihren großen Panzerplanen abgedeckt werden. Die erste Wasserfahrschule fand auf dem Barniner See, zwei Kilometer östlich der Stadt Crivitz, statt. Die Hin- und Rückfahrt musste wegen der Geheimhaltung in der Nacht erfolgen. Bei der Rückfahrt fiel ein Schwimmpanzer durch einen Motorschaden aus. Dieser Vorfall musste wie in solchen Fällen vorgeschrieben, als besonderes Vorkommnis eingestuft werden."

Die Angehörigen des Schwimmpanzerzuges waren auf die Statur und die besonderen Kräfte ihres Zugführers Oberleutnant Fritz Heidrich besonders stolz. So baten sie ihren Zugführer bei der ersten Einweisung der jeweils neu zu versetzten Soldaten oder Unteroffiziere, an der Technik seine Kräfte zu demonstrieren. Oberleutnant Heidrich stellte sich unter den Bug des Schwimmpanzers, drückte diesen etwas aus der Federung nach oben und ließ ihn dann ruckartig los, so dass dieser wieder in seine Ausgangslage zurückfederte. Alle Neuen waren davon natürlich beeindruckt und den Schwimmpanzerleuten „schwoll der Kamm".

Mit einem entsprechenden Befehl des Ministers für Nationale Verteidigung der DDR werden neben der Schützenschnur die Dienstlaufbahnabzeichen, auch die für Aufklärer eingeführt.

Anfangs erhielten die Abzeichen eine unterschiedliche Färbung für die Aufklärer der MSR und des Panzerregimentes.

1958 war für die Aufklärungskompanie ein besonderes Jahr. In seinem Verlauf erfolgte zu zwei Dritteln die Neubesetzung der Offiziersplanstellen in diesem Bestand:

Kompaniechef: Hauptmann Achim Kühnel,

StKCPA: nach Oberleutnant Georg Netzke: Hauptmann Friedrich Pietsch (wird noch Oberst im MfNV).

StKTA: nach Oberleutnant Hans Müller (er wurde StKTA in einem MSB im MSR-27): Leutnant Werner Freitag (1958-1960).

Werner Freitag, Dipl.-Ing., Generalmajor a. D. (GM am 01. 03. 1988). 1984 - 1990 Chef Kfz-Dienst MfNV/MfAV; *(Bild rechts)*.

Zugführer 1. Zug: Leutnant Lothar Radtke, Leutnant Nikolai versetzte man in die Nachrichtenkompanie).

Zugführer 2. Zug: Oberleutnant Karl Kanthak

Zugführer 3. Zug: Oberleutnant Fritz Heidrich.

Im Februar 1958 erfolgte die Zuführung der neuen SPW-40. Mit den sieben SPW-40 erhielt die Kompanie ein kleines, wendiges, geländegängiges und gepanzertes Gefechtsfahrzeug. Zur Bewaffnung gehörte ein MG-Typ Gorjunow mit dem Kaliber 7,62 mm (dazu einen Ersatzlauf), bei einer Feuergeschwindigkeit von 700 Schuss pro Minute. Die eingebaute Funkstation 10-RT mit einem zusätzlichen Satz von Quarzen für Festverbindungen ermöglichte eine Verbindung zu allen Gefechtsfahrzeugen der Kompanie.

Die bisher genutzten SPW-152 wurden zur Übergabe vorbereitet und an das Regiment abgegeben.

Im Sommerhalbjahr 1958 erfolgte das erste Schießen mit dem Schwimmpanzer PT-76 und im November wird die Kompanie aus dem beendeten Neueinstellungslehrgang des Regiments personell neu aufgefüllt, mit dabei: Ernst Marckwardt als PT-76-Fahrer.

Im August 1958 fährt die Kompanie in die Ortschaft Wardow, 3,5 km östlich der Stadt Laage, zur Unterstützung beim Einbringen der Getreideernte. Erwin Kosack (SPW-Kommandant im 1. Zug) lernte in dieser Zeit in Wardow seine Freundin kennen, die er dann 1960 nach seiner Dienstzeit heiratete.

1958 im September war der Höhepunkt am Ende des Sommerhalbjahres der Kompanie das Schießen des 3. Zuges mit der Kanone auf dem Wasser. Es erfolgte zentral auf dem Wasser- und Panzerschießplatz Lieberose. Der Schießplatz mit dem Schwanensee liegt 25 km westlich der Stadt Guben, unmittelbar nördlich an der Bundesstraße 320 zwischen den Ortschaften Jamlitz und Staarkow am Rande eines Truppenübungsplatzes. Dieses militärisch genutzte Gelände hat eine besondere Entstehungsgeschichte. Der Schießplatz mit einem Truppenübungsplatz war erst 1944/45 von KZ-Häftlingen des KZ Jamlitz in der Nähe des Bahnhofes Lieberose, einem Nebenlager des KZ Sachsenhausen, ausgebaut worden. Siebzehn Gemeinden des Umfeldes betraf es.

Nach der verlorenen Panzerschlacht im „Kursker Bogen" sollten hier neu aufgestellte SS-Einheiten üben und auf den Kriegseinsatz vorbereitet werden. In dem KZ-Lager befanden sich im Dezember 1944 im Durchschnitt ca. 4.100 Häftlinge. Sie waren zu 90% Juden und fast aus allen Ländern Europas, mit einem besonders großen Anteil aus Ungarn. Im Februar 1945 erschoss das SS-Personal des Lagers über 1000 Häftlinge und ließen sie in zwei Massengräbern begraben.

So fand man erst 1971 in der Nähe des Bahnhofs Lieberose ein Massengrab mit 577 Skeletten, deren Urnen auf dem Lieberoser Friedhof beigesetzt wurden. Eine 1982 errichtete Freiluftausstellung auf dem früheren Lagerplatz des Konzentrationslagers und ein Museum in Lieberose gedenken der Opfer und belegen die Verbrechen der SS. Nach 1945 nutzte den Schieß-/Truppenübungsplatz die Sowjetarmee bis zu ihrem Abzug 1992. Zwischen Jamlitz und Leeskow befand sich in dieser Zeit auch ein großes Tanklager der Sowjetarmee. Die Angaben über den Truppenübungsplatz und das KZ-Nebenlager sind von Herrn Peter Kotzan, Leiter der Museumseinrichtung Lieberose.

Die drei Besatzungen des Schwimmpanzerzuges fuhren mit einem LKW von Stern Buchholz zum Panzerschießplatz Jamlitz/Lieberose. Die Schwimmpanzer für das Schießen stellten andere Einheiten bereit. Trotz fremder Panzertechnik, die man aber gut vorbereitet hatte, erreichte der 3. Zug sehr gute Schießergebnisse. Zwei Begebenheiten bei diesem ersten Schießen von dem schwimmenden Panzer blieben den Teilnehmern besonders in Erinnerung. Diese hatten aber andere Schwimmpanzerzüge verursacht. Nach dem Schießen der Schwimmpanzerzüge der 8. Motorisierten Schützendivision begann der Schwimmpanzerzug der Panzerkompanie des Aufklärungsbataillon-9 (9. Panzerdivision) zu schießen. Leitender des Schießens war der 1. Stellvertreter des Bataillonskommandeur des AB-9, Hauptmann Dieter Militz. Als der Kompaniechef der Panzerkompanie schoss, war der Zugführer des Schwimmpanzerzuges, ein Unterleutnant, als Ladeschütze eingesetzt. Nach dem Herstellen der Feuerbereitschaft begann die Bewegung und der Schwimmpanzer tauchte in das Wasser ein. Als der Schütze (der Kompaniechef) das Ziel erfasst hatte, beugte sich der Ladeschütze zu dem Schützen herüber obwohl das verboten war, um ihm den Haltepunkt auf der Scheibe zuzurufen. In dem Moment hatte der Schütze aber schon den Abzug betätigt und der Schuss brach. Durch den schnellen und ruckartigen Rücklauf der Kanone schlug diese in das Gesicht des jungen Offiziers und verursachte so bei ihm eine schmerzhafte Kieferfraktur.

Eine andere Besatzung erlebte ein unvorhersehbares Missgeschick. Nach dem Auslösen eines Schusses war die Granate in einem besonders flachen Winkel auf die Wasseroberfläche aufgetroffen, so dass diese ihre Flugbahnrichtung änderte, aus der Sicherheitszone der Schießbahn geriet und in einer Ortschaft aufschlug, glücklicherweise aber keine Schäden verursachte. Daraufhin brach der Leitende das Schießen ab.

a: Am 7. Oktober 1958 war die Verleihung der Truppenfahne in dem Jahr ein Höhepunkt im Leben des MSR-27 und natürlich auch der Aufklärungskompanie

1958 im November bestand die Hauptaufgabe der Aufklärungskompanie bei der Vorbereitung der Technik auf die Nutzung in der Winterperiode darin, das erstmals mit den neuen SPW-40 zu realisieren.

Dazu sei eine Anmerkung gestattet. Das Ausbildungsjahr in der NVA verlief jeweils von Dezember bis Ende November des Folgejahres. Nach jedem Ausbildungshalbjahr von fünf Monaten folgte im Mai bzw. im November der sogenannte Übergangsmonat. Er diente vorrangig dazu, die Technik auf die Winter- bzw. die Sommerperiode vorzubereiten (gewöhnlich als „Umstellung" bezeichnet). Die Technik zerlegte man dabei zu großen Teilen, führte eine entsprechende Wartung durch und hatte am Ende des Tages die Technik wieder einsatzbereit abzustellen.

Der Übergangsmonat diente auch dazu, die Ausbildungsbasis zu überholen, kleinere Baumaßnahmen durchzuführen usw. usf.

In jedem Ausbildungsmonat unterbrach auch ein sogenannter „Parktag" die Ausbildung, um Wartungsarbeiten an der Technik und Ausrüstung durchzuführen, deren Umfang über die „Tägliche Technische Wartung" (TTW) nach der Nutzung zum Ende des Ausbildungstages hinausging.

Ende November 1958 löste man die MG-Kompanie des II. MSB, die mit dem Neueinstellungslehrgang Herbst des Jahres 1958 in einem großen Schlafsaal untergebracht war, auf. Ihr Bestand von 40 Mann kam in die Mot.-Schützenkompanie und die Aufklärungskompanie, die 11 Soldaten erhielt. Diese konnte sich der Kompaniechef der Aufklärungskompanie aussuchen. In die Kompanie versetzte man auf diese Weise die folgenden neuen Aufklärer:

a: 1. Gruppe des Neueinstellungslehrganges Herbst 1958. Gruppenführer Unteroffizier Witt.

b-c: Leutnant Lothar Radtke beim Einsatz als KFZ-Streife im Bereich des Kommando des Militärbezirkes V mit je einer Kradbesatzung des AB-8 und der AK/MSR-27.

1958 am 1. Dezember hatte die Aufklärungskompanie damit ihre volle Personalstärke erreicht.

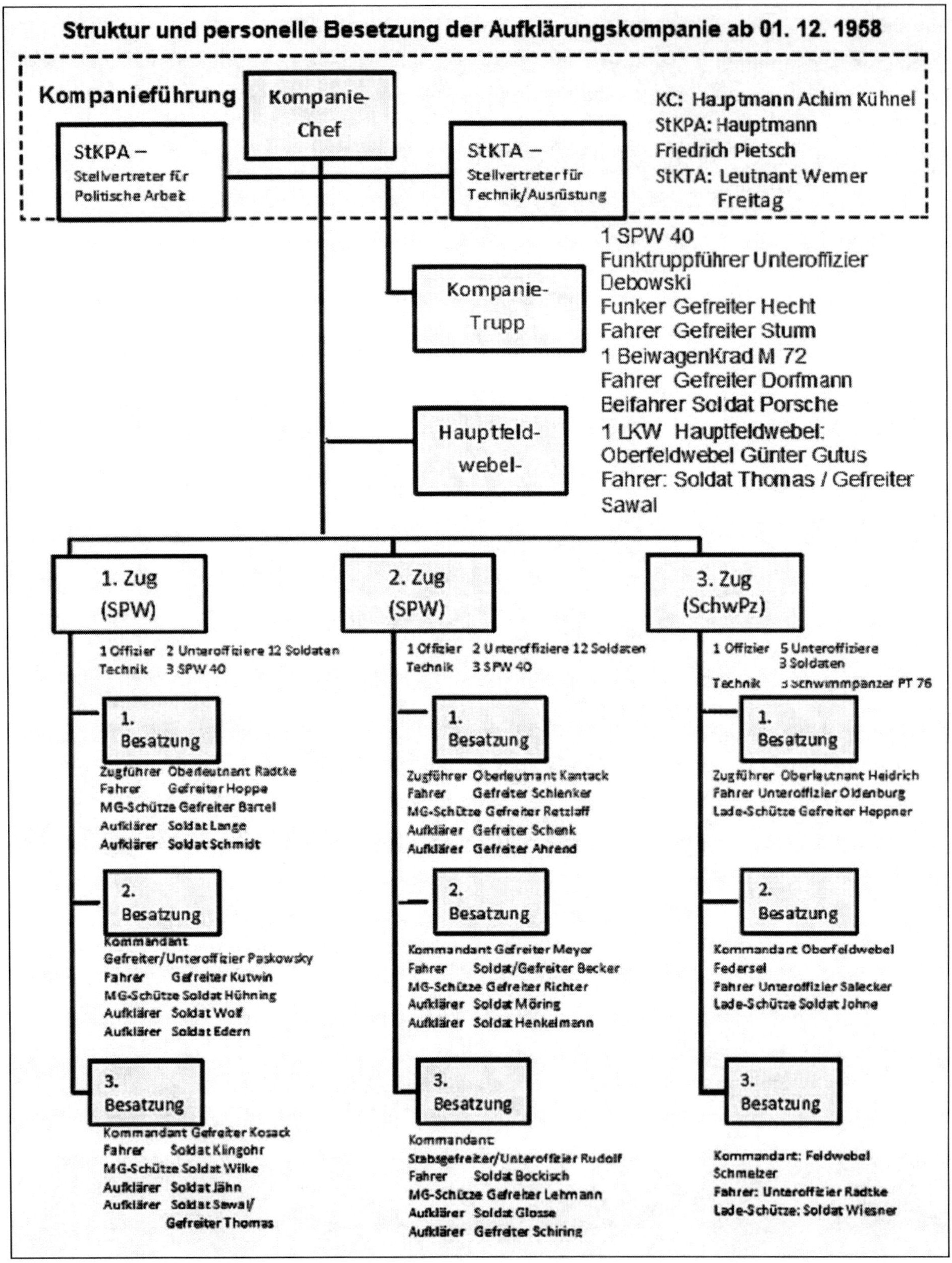

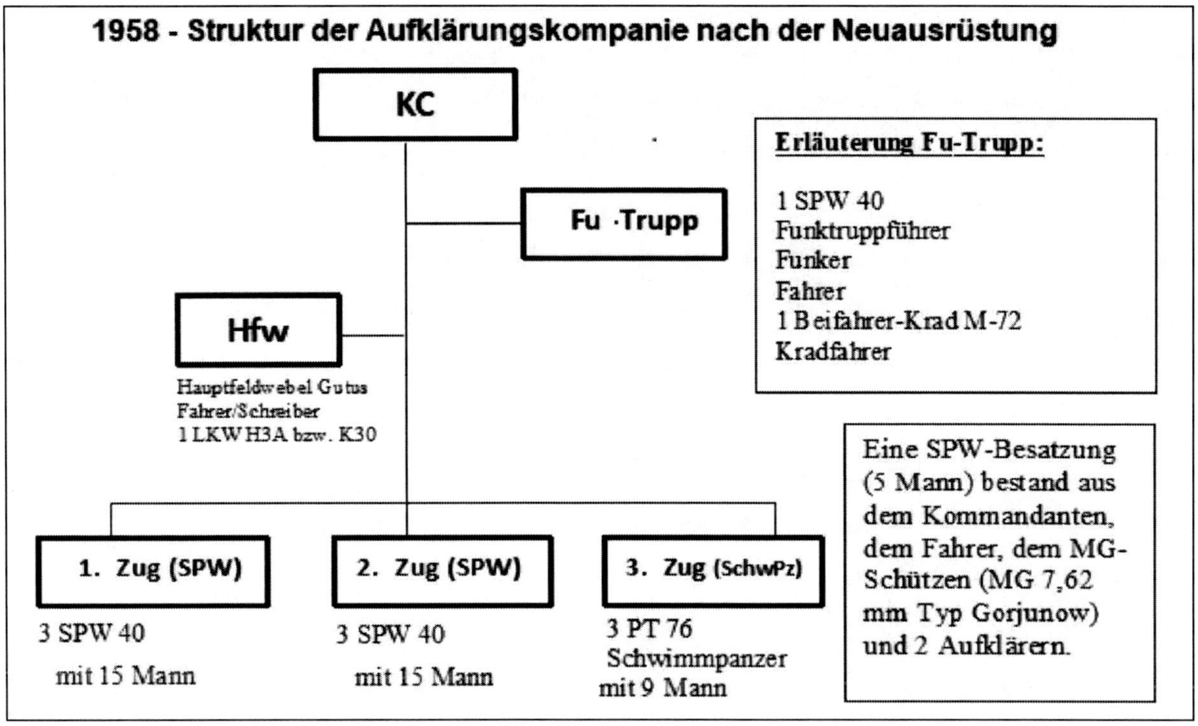

1959, vom 9. bis 21. März, ging es in das Winterlager, das gemeinsam mit dem Aufklärungsbataillon 8 und den Aufklärungskompanien der MSR/PR im Raum Gnoien lag. Die Hinfahrt erfolgte im Kfz-Marsch. Die Lager wechselten teilweise beweglich. Alle drei Tage hatten die Aufklärer eine neue Basis einzurichten. Die Übernachtung schaffte sich jede Besatzung durch den Bau einer einen Meter tiefen Aushebung mit überdeckter SPW-Plane. Die Temperaturen betrugen Minus 8 bis -10° C. Die Erde war bis ca. 20 cm tief gefroren. Zur Abschlussübung des Lagers kam die Kompanie zur Gegnerdarstellung bei der Bataillonsübung des Aufklärungsbataillons 8 zwischen Gnoien und Schwerin zum Einsatz. Nach einem schweren Unfall des Spitzenfahrzeuges vom AB-8 beim Überfahren der Brücke über die Warnow in der Ortschaft Weitendorf brach man die Übung ab.

a-b: Besatzungen beim Bau einer neuen Basis und der Vorbereitung von Brennmaterial für den Zeltofen

c: Leutnant Lothar Radtke, Zugführer des 2. Zuges; Oberleutnant Karl Kanthak, Hauptfeldwebel Günter Gutus; kniend Leutnant Freitag; Gefreiter Schenk

d: Ein neues Zelt musste aufgebaut werden, nachdem das Zelt des 1. Zuges durch Überhitzen am Ofenausgangsrohr Feuer gefangen hatte und nach dessen Löschung nicht mehr nutzbar war. Die Besatzungen, die sich nach drei Tagen Ausbildung im Gelände und der Übernachtung in den Basen ohne Ofen auf ein warmes Zelt gefreut hatten, waren logischerweise enttäuscht.

Kurz nach dem Winterlager setzte man die Kompanie mit einem MSB zu dessen Bataillonsübung in Vorbereitung der Regimentsübung ein. Das Thema der Übung beinhaltete die Aufklärung auf dem Marsch und die Beobachtung bei der Verteidigung eines Küstenstreifens. Die Marschstrecke verlief von Stern Buchholz über Franzburg, Stralsund zum Taktikgelände von Prora (nördlich der Landstraße Bergen-Prora). Die Rückverlegung erfolgte im Landmarsch.

1959 vom 1. bis 4. April lief dann die Regimentsübung des MSR-27, als Maßnahme des MfNV und des MB-V mit gleichzeitiger Erprobungsübung für die Treib- und Schmierstoffversorgung. Thema: Das verstärkte MSR auf dem Marsch, mit Durchführung eines Gegenangriffs als Zweite Staffel der MSD zur Liquidierung eines Brückenkopfes des Gegners und Übergang zur Küstenverteidigung. Die Marschstrecke war die der Bataillonsübung, bis in das Taktikgelände Prora und in den Küstenabschnitt zwischen „Walter-Ulbricht-Heim" (Südkante der Prora-Blöcke) und der Ortschaft Binz, in den Dünen.

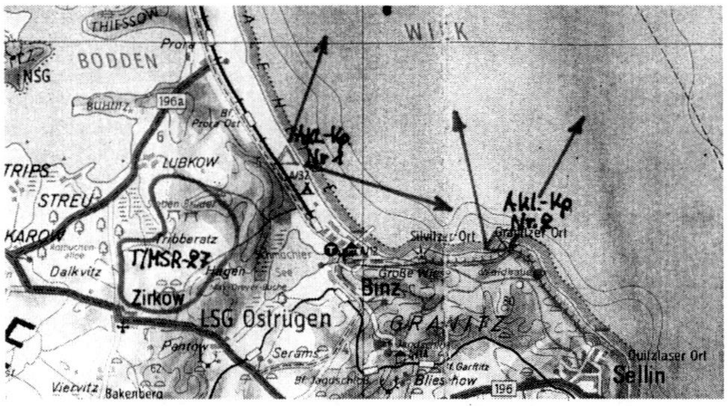

Die zweite Besatzung des 1. Zuges bezog die erste B-Stelle direkt in diesem Abschnitt in den Dünen und beobachtete die Proraer Wiek. Die zweite B-Stelle befand sich 2,2 km östlich von Binz am südostwärtigen Eingang der Proraer Wiek, direkt oberhalb der Steilküste. Die nachfolgende Morgentoilette gab es am Strand der Ostsee.

Die Aufklärungskompanie verlegte nach Ende der Übung wieder im Landmarsch zurück.

1959 im Mai handelte der 1. Zug mit drei SPW-40 beim Geländespiel der Gewerblichen Berufsschule Grevesmühlen, in der Horst Edem und Rainer Paskowsky noch bis vor einem Jahr im 3. Lehrjahr zweimal die Woche zum Unterricht gingen. Ein SPW transportierte 19 Mädchen, die man nacheinander einsammelte, was eigentlich nicht zulässig war. Das Geländespiel endete auf dem Gelände der Sportschule Hamberge auf dem Iserberg. Alle Soldaten und Unteroffiziere waren von so einer Übung begeistert.

Am Ende des Winterhalbjahres 1959 führte die Aufklärungskompanie ihren traditionsgemäßen Kompanieabend in Schwerin im „Reichshof" (später „Polonia"), schräg gegenüber dem Hauptbahnhof in der Wismarschen Straße durch.

c: Oberleutnant Fritz Heidrich, Leutnant Lothar Radtke, Leutnant Werner Freitag, Hauptmann Achim Kühnel, Oberleutnant Karl Kanthak, Hauptfeldwebel Günter Gutus; dahinter Hauptmann Schumann, Oberoffizier Aufklärung des Regiments

d-e: Damit auch getanzt werden konnte, hatte man sich zum Kompanieabend eine Mädchenklasse aus dem Internat der Deutschen Post eingeladen.

1959, vom 15. Juni bis 27. Juli, fand, geführt durch die Abteilung Aufklärung/den Leiter Aufklärung der Division, das Sommerlager des Aufklärungsbataillons 8 mit den Aufklärungskompanien der Regimenter im Raum südlich Mirow bei der Ortschaft Diemitz am Rochow-See und Wumm-See statt. Die Unterbringung in den 5 x 5 m Zelten hatte ein Vorkommando schon vorbereitet. Vor der Abfahrt erfolgte eine Exerzierbesichtigung durch den Stabchef des Regimentes.

1959 Sommerfeldlager vom 15. Juni bis 28. Juli bei Diemitz am Vilzsee, ca. 10 km südlich von Mirow.

a: Nach der Arbeit an der Technik: Funker Gefr. Hecht, Soldat Jähn, Gefr. Lehmann und Gefr. Hoppe

c-d.: Waffenreinigen; re. Gefr. Lehmann

e: in einer Basis des 3. Zuges: Gefr. Siegfried Heppner und Gefr. Franz Johne

f: Gefr. Hoppe und Soldat Schmidt bei der Reinigung des SPW im See, heute undenkbar, damals kein Problem

g: Der 2. Zug mit dem Kompanietrupp

Die Ausbildung war sehr abwechslungsreich. Höhepunkte bildeten ein 35-km-Marsch in voller Ausrüstung bei ca. 30° C und eine Topografieausbildung bei Nacht mit Durchschwimmen des Vilzsees. Bekleidung und Ausrüstung kam per Schlauchboot transportiert nach, das die SPW-Fahrer führten, die auch die Sicherung übernahmen. Danach musste die Besatzung einzeln einen Abschnitt des Kanals, der den Zotzensee mit dem Mirower-See bei Hohe Brücke verbindet, mit Hilfe eines aufgeblasenen Autoschlauches und der grünen Schutzplane, nach der Einlage „Brücke zerstört", überwinden.

Im Morgengrauen wertete der Kompaniechef Hauptmann Kühnel die Ausbildung am Endpunkt in der Nähe der „zerstörten" Brücke aus. Ein Soldat, der im ersten Glied der angetretenen Kompanie stand, fiel vor Müdigkeit nach vorn um.

Zum Baden und für die Schwimmausbildung ging es zum Wumm-See. Die verschmutzte Technik kam zum Waschen in den Rochow-See.

a: Im Feldlager vor dem Zelt der Soldaten: Kutwin, Heppner und Klaus Becker

b: vor dem Zelt der Kommandanten: Feldwebel Josef Schmelzer, Unteroffizier Albrecht Oldenburg, Unteroffizier Rainer Paskowsky, Stabsgefreiter Rolf Meyer: davor Unteroffizier Wolfgang Bartel, Oberfeldwebel Anton Federsel; unten Unteroffizier Horst Rudolf

Zum Abschluss des Sommerlagers gab es noch eine Kompanieübung mit gleichzeitiger Gegnerdarstellung für die Bataillonsübung des Aufklärungsbataillons 8 im Raum Wittstock, zwischen Schweinrich und Flecken Zechlin.

Im Anschluss an diese Übung ging es beim Sportfest in Sewekow bei Parchim dann vergnüglicher zu.

1959 im zweiten Abschnitt des Sommerhalbjahres erhält die Kompanie die ersten Panzerbüchsen RPG-2. Jede Besatzung des 1. und 2. Zuges bekommt so zur allgemeinen Bewaffnung je eine Panzerbüchse dazu. Die günstigste Schussentfernung lag bei 100 bis 150 Metern. Eine Schießübung mit dieser Waffe mussten der Kommandant der Besatzung und der Panzerbüchsenschütze, der gleichzeitig MPi-Schütze war, absolvieren.

Beim ersten Schießen mit dieser neuen Waffe schossen die Kommandanten und die Panzerbüchsenschützen der Kompanie gleich alle geforderten Schießübungen an einem Tag und in der folgenden Nacht. Die Panzerscheiben beleuchtete man bei Nacht mit angezündeten alten Autoreifen und das Mündungsfeuer der gegnerischen Panzer stellten Taschenlampen dar. Die Panzerbüchse war so treffsicher, dass nur die Noten 1 und 2 als Ergebnis standen. Die Praxis mit den brennenden Autoreifen für die Beleuchtung der Zieldarstellung bei Nacht wandte man auch teilweise beim Schießen mit der MPi und dem MG an. Durch die vielen Abschüsse mit der Panzerbüchse an einem Tag hatten mehrere Schützen noch Tage danach ein Pfeifen in den Ohren, denn zu dieser Zeit gab es noch keinrn Gehörschutz. Beim Schießen im Folgejahr schoss man zum Schutz mit aufgesetzter Panzerhaube. Diese neu in den SPW-Besatzungen eingesetzte panzerbrechende Waffe erhöhte die Kampfkraft ganz wesentlich.

Freizeitbeschäftigung in den 50er und 60er Jahren.

Wenn es um die Verschönerung und Pflege des Umfeldes der Unterkunft ging, nahmen viele Spaten und Harke gern in die Hand.

Beim Kameradschaftsabend des 3. Zuges
g: Mertens, Bockisch, Oldenburg, Heppner, Johne, Wichert, Schmelzer

Ausgänger, Angler und „Himmelfahrer“:

a: Zu dieser Zeit gab es noch die Uniform aus dickem Stoff. Die Uniformjacke war hoch geschlossen zu tragen, mit Knopf und extra Haken/Öse, im warmen Sommerwetter nicht gerade angenehm. Vorgesetzte nahmen unter extremen Bedinungen hin, den Kragen offen zu tragen. Die Militärstreife im Ausgang sah das meistens als Disziplinverstoß.

b: Achim Kühnel in der Sommerdienstuniform, hat einen „dicken Fisch“ an Land gezogen.

c-e: „Himmelfahrt“ war auch für die Offiziere der Aufklärungskompanie Grund genug, sich mal vom Dienst zu lösen.

Die Angehörigen der Aufklärungskompanie erhielten wie die anderen Einheiten des Regiments auch, mit Ausnahme des Panzerbataillons, einen zweiteiligen Kampfanzug mit Kapuze im Flecktarndruck mit vier Farben. Dazu gehörte ein Sturmgepäck in zwei Teilen mit einem Tragegestell und dazu gehörigem Gurtkoppel. Bis dahin gab es für Sommer- und Winterbedingungen nur die normalen Uniformstücke (im Sommer aus dünnerem Stoff), teilweise Sonderbekleidung für einen geringen Personalbestand mit alten Watteanzügen und Arbeitskombinationen sowie den helleren Fleckentarnanzug aus dünnerem Stoff für die Aufklärer. Auf alle Fälle entsprachen die Uniformen nur im unzureichendem Maße wechselnden Jahresbedingungen. Mit den neuen Fleckentarnanzügen änderte sich daran nicht viel. Im Sommer kam man leicht ins Schwitzen und im Winter ins Frieren. Der Stoff erwies sich auch als etwas steif.

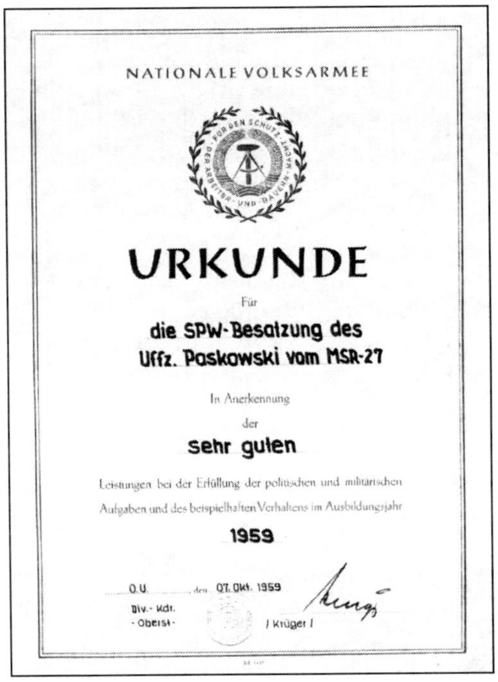

NATIONALE VOLKSARMEE

URKUNDE

Für

die SPW-Besatzung des
Uffz. Paskowski vom MSR-27

In Anerkennung

der

sehr guten

Leistungen bei der Erfüllung der politischen und militärischen Aufgaben und des beispielhaften Verhaltens im Ausbildungsjahr

1959

O.U., den 07. Okt. 1959

Div.-Kdr.
- Oberst -

/ Krüger /

1959 am 7. Oktober wird die SPW-Besatzung des Unteroffiziers Paskowsky vom Divisionskommandeur Oberst Krüger als „Beste Besatzung" in der Division ausgezeichnet. Zur Besatzung gehörten neben Rainer Paskowsky, Gefreiter Dieter Kutwin, Gefreiter Bodo Hühning, Gefreiter Horst Edem und Gefreiter Burkhard Wolf.

1959 im Dezember kommt es zu Personalveränderung in der Kompanie:

1. Oberleutnant Karl Kanthak erhielt seine Versetzung in die Reserve;
2. Unteroffizier Rainer Paskowsky wird mit der Führung des 2. Zuges beauftragt;
3. Unteroffizier Willi Lange übernimmt von Unteroffizier Paskowsky die 2. Besatzung des 1. Zuges;
4. Oberfeldwebel Anton Federsel wird in die Reserve versetzt;
5. Unteroffizier Gerhard Mertens wird auf dem Panzer von Oberfeldwebel Federsel als Kommandant eingesetzt.

c-d: Bei der Weihnachtsfeier des 3. Zuges. Über Weihnachten bekamen vorrangig Verheiratete Urlaub. Die anderen „durften" in der Kaserne bleiben.

1960 vom 4. bis 18. Februar war der erste Höhepunkt im begonnen Ausbildungsjahr das Winterlager der Aufklärungskompanie südlich von Teterow, Nossentiner Hütte und der Region Ostufer des Plauer Sees.

Wie gewöhnlich zu Beginn solch einer Maßnahme belud man die Technik mit allerlei zusätzlichen Dingen. Auch eine Kontrolle von Personal und Technik stand dabei immer an. Das Winterlager der Kompanie begann mit der Verladung auf dem Schweriner Güterbahnhof und dem Eisenbahntransport (ohne Schwimmpanzer). In Teterow erfolgte die Entladung und der Marsch zur ersten Basis.

Durch die bewegliche Form dieses Winterlagers mussten mehrere Basen für die Besatzungen ausgebaut werden. Die erste Basis befand sich ca. 10 km südlich von Teterow bei Carlshof. Die weitere Bewegungsrichtung ging nach Südwest in Richtung Schwinzer Heide, der Ortschaft Nossentiner Hütte (5 km nördlich von Malchow) zum Nordostrand des Plauer Sees und weiter am Ostufer des Plauer Sees entlang. Schnee und Frost erschwerten den Ausbau der Basen. An einer Basis war die SPW-Stellung voll auszubauen (also Eingraben der Technik) und zu tarnen. Die Taktikausbildung ergänzte man mit Schutzausbildung zur Ausbildung der Nichtstrukturmäßigen Gruppe Kernstrahlungs- und Chemische Aufklärung (NGKCA). Später kam noch die biologische Kampfmittelaufklärung hinzu sowie das Üben von Elementen des Ortskampfes und der Topografieausbildung bei Tag und Nacht.

a: Unteroffiziere Lange und Bartel bei der Einrichtung einer Aufklärerbasis

b: Teile des 1. Zuges beim Stellungsbau

c: Fotopause

d: Zugführer Oberleutnant Radtke

e: Besatzung von Unteroffizier Lange

f-g: Abmarsch vom Technikpark des Winterfeldlagers Klein Wangelin nach Stern Buchholz

Bei der letzten Ausbildung sollten die Ortschaften Lenz und Zislow am Plauer See nachts durch den Aufklärungstrupp (AT) aufgeklärt werden. Bei Mondschein ohne Licht und mit gedrosseltem Motor der SPW's sowie durch lautlose Bewegungen der abgesessenen Aufklärer geschah das fast unbemerkt. Zum Abschluss des Winterlagers verlegte die Kompanie im Landmarsch über Karow nach Klein Wangelin, 12 km südöstlich von Goldberg und 3 km südlich des Damerower Sees. In Klein Wangelin gab es für die Kompanie das übliche abschließende Ortsbiwak. Die Technik der Kompanie wurde auf einem verlassenen Gehöft abgestellt und durch eine Wache gesichert. Der Personalbestand übernachtete aufgeteilt auf Familien des Dorfes. Die Wache durfte sich nur im Wechsel bei Familien warm waschen und ihre Wäsche wechseln. Ein Fest der Kompanie gemeinsam mit der Dorfbevölkerung zum Tanz, der „Manöverball", beschloss den Abend. Am folgenden Tag verlegte die Kompanie per Landmarsch ca. 62 km nach Stern Buchholz.

1960, Besetzung der Offiziers- und der Unteroffiziersplanstellen der Aufklärungskompanie:

Führung:

KC:	Hauptmann Achim Kühnel
StKCPA:	Hptm. Friedrich Pietsch 1958-60 (re.)
StKCTA:	Oberleutnant Werner Freitag
Hauptfeldwebel bleibt	Günter Gutus
Zugführer 1. Zug:	Oberleutnant Lothar Radtke
Kommandant 2. Besatzung:	Unteroffizier Wolfgang Bartel
Kommandant 3.Besatzung:	Unteroffizier Willi Lange
Zugführer 2. Zug:	Unteroffizier Rainer Paskowsky
Kommandant 2.Besatzung:	Unteroffizier Horst Rudolf
Kommandant 3.Besatzung:	Stabsgefreiter Burkhard Wolf
Zugführer 3. Zug:	Oberleutnant Speckin
Kommandanten (erster Kdt. war jeweils der Zugführer) 2.Besatzung:	Feldwebel Gerhard Mertens
3. Besatzung:	Feldwebel Josef Schmelzer
Schwimmpanzerfahrer:	
1. Besatzung:	Unteroffizier Albrecht Oldenburg
2. Besatzung:	Gefreiter Franz Johne
3. Besatzung:	Unteroffizier Harry Bockisch

Ab März 1960 werden in der NVA neue Klassifizierungsabzeichen in den Klassen I, II, III für Fahrer von Panzern, Schützenpanzerwagen, Kraftfahrzeugen, für Funker und andere Dienststellungen eingeführt, damit auch für einige Aufklärer.

b-e: Im April 1960 feierte die Kompanie ihren traditionellen Kameradschaftsabend im „Reichshof"

1960 bei der Parade zum 1. Mai in Berlin hatte das MSR-27 unter Führung seines Regimentskommandeurs einen Block SPW-152 mit „Aufsitzern" zu stellen. Dafür trainierte die Aufklärungskompanie für zwei SPW-Besatzungen mit je drei Unteroffizieren und neun Soldaten als „Aufsitzer" auf dem Exerzierplatz des Regiments, jedoch nur als Reserve. Dieser Reserveeinsatz wurde dann nicht benötigt.

Im Mai ging für einige der Kompanieangehörigen die Dienstzeit zu Ende. Der Schreiber der Kompanie, Gefreiter Helge Sawal wird zum Unteroffizier befördert. Nach seiner Dienstzeit unterrichtete er als Lehrer an einer EOS in der Nähe von Berlin. SPW-Kommandant Gefreiter Hubert Meyer wird zum Unteroffizier befördert, studiert nach seiner Dienstzeit Medizin und wird Arzt im Krankenhaus Neu Kalliß (vier km nördlich von Dömitz). Gefreiter Erwin Kosak wird zum Unteroffizier befördert und geht im Anschluss seiner Dienstzeit zum Zoll. Im Weiteren wurden die Gefreiten Retzlaff, Schiering, Schmidt und Schenk entlassen.

1960 in der Zeit vom 9. Juni bis zum 22. Juli führte die Aufklärungskompanie zusammen mit allen Einheiten des MSR-27 auf dem Truppenübungsplatz Lübtheen das Sommerlager durch. Der Unterbringungsraum der Aufklärungskompanie befand sich hinter dem Technikpark des Regiments, 500 m östlich vom Probst-Jesarer-See und 100 m südlich des Hauptweges von Probst Jesar nach Quast. Die Unterbringung war für jede Besatzung, auch für den Kompaniechef, eine Erdaushebung von 4,0 m x 3,0 m und 1,0 m Tiefe, überdeckt mit einer SPW-Plane. Das Regiment hatte eine große Sanitärzone mit einem Waschplatz mit fließendem Wasser und einem Toilettentrakt. Einige Ausbildungen erfolgten im Randstreifen des Truppenübungsplatzes. Das Thema „Der Aufklärungstrupp (AT) auf dem Marsch" (AT=Aufklärungstrupp in Zugstärke, im Gegensatz zur AA=Aufklärungsabteilung in Kompaniestärke) führte der 2. Zug auf der Strecke vom Lager über die nordöstliche Umgehung von Lübtheen, dann nach Westen in Richtung der Ortschaft Neuhaus/Elbe über Brömsenberg, Garlitz, Rosien nach Neuhaus und von dort nach Nord-Nordwest über Dellin, Praten, Besitz nach Kuhlenfeld. Das Vertrauen des Kompaniechefs in Unteroffizier Paskowsky war wohl sehr groß, denn dieser führte mit seinem 2. Zug, im Bestand von drei SPW-40 mit je einer Kiste Einsatzmunition (über 1000 Schuss), am Rande der 5-Km-Grenzzone, die Ausbildung als Verantwortlicher durch.

a-c: Der 2. und 3. Zug „ bei einer Pause im Verlauf der Aufklärung südlich des TÜP Lübtheen."

d: Unteroffizier Paskowsky meldet nach Erreichen eines befohlenen Abschnittes die Aufklärungsergebnisse an „Adler" (Deckname des KC)

e: Pause des 2. Zuges, ZF Unteroffizier Paskowsky bei der Ausbildung zum Thema: „Aufklärung von Ortschaften"

f-g: Leutnant Radtke führt mit den Kommandanten der Kompanie und dem Trupp des Kompaniechefs Topografieausbildung durch.

Die Aufklärungskompanie mit dem MSR 27 im Sommerfeldlager auf dem TÜP Lübtheen.

Immer wichtig: Mittagessen und dienstfreie Zeit.

Beim Zug-Gefechtsschießen verteilten sich die drei SPW-Besatzungen auf breiter Front des TÜP. Ohne Sichtverbindung führte sie der Kompaniechef über Funk zur Bekämpfung der Ziele nach aufeinander folgenden farbigen Linien, die auf der topografische Karte bei allen gleichermaßen verzeichnet waren. Es mussten Ziele mit der MPi, dem MG und der RPG-2 bekämpft werden. Der Ausgangsraum für das Zug-Gefechtsschießen lag im Kastenwald auf der ersten größeren Anhöhe des TÜP. Nach dem Kommando „Vorwärts" vom Kompaniechef über Funk für alle 3 SPW- Besatzungen mit deren Tarnbezeichnung „Adler" 1-3, schaltete sich der Engländer aus der Lüneburger Heide auf unsere Frequenz und störte unsere Funkgespräche ganz laut auf Englisch, so dass wir sofort nach dem Kennwort von der Funkstelle des Kompaniechefs auf eine Festfrequenz mit Quarzen umschalten mussten. Das Schießergebnis erhielt trotz der Störung das Ergebnis sehr gut.

Ein unliebsamer Zwischenfall sorgte im Regiment bei den Offizieren zur Verärgerung und bei den Unteroffizieren und Soldaten teils auch zur Erheiterung. Beim Thema: „Aufklären einer Ortschaft" fuhren die drei SPW`s des 2. Zuges innerhalb der Ortschaften rechts und links der Straße. Je nach Schussfeld und dem Verlauf der Straße nach, fuhr man so weit wie möglich rechts und links. Bei den kurzen Halten versuchten die SPW-Fahrer, ihre Fahrzeuge hinter einem Busch oder Baum möglichst getarnt abzustellen. So kam es vor, dass ein SPW im Sommerweg, einem unbefestigten Weg neben der befestigten Straße, und direkt neben einem Milchbock zum Halten kam. Die Bauern der Dörfer fuhren im Wechsel die Milch der Kühe aller Bauern eines Dorfes zur Molkerei. Nach der Rückfahrt, auf der sie die Magermilch und die Butter mitbrachten, legten sie die Butter in die eingelassenen Deckel der Milchkannen. Da die Bauern ja arbeiteten und sich zeitweilig auf den Feldern befanden, holten sie die Kannen erst mittags bzw. am Abend ins Haus. Unsere Verpflegung im Sommerlager war leider nicht so besonders, das rechtfertigte jedoch nicht eine Entwendung von Lebensmitteln. Ein Unteroffizier hatte sich bei der AT-Ausbildung des 2. Zuges, als er bei einem kurzen Halt neben so einem Milchbock stand und in einem Milchkannendeckel ein halbes Kilo Butter sah, selbst bedient. Den großzügigen Umgang mit der Butter beim Abendessen bemerkte dann ein Offizier. Im Ergebnis befahl der Kompaniechef den Unteroffizier zu sich, wo er ihn über die Herkunft der zusätzlichen Butter befragte. Er gestand sein Fehlverhalten ein. Der Befehl des Kompaniechefs lautete nun, unter Aufsicht eines Offiziers mit dem B-Krad der Kompanie zu dem geschädigten Bauern zu fahren, sich zu entschuldigen und die Butter zu bezahlen, was er dann auch tat. Den Bauern erstaunte das plötzliche Auftauchen des Offiziers mit dem Unteroffizier. Er zeigte sich aber über den Vorfall mehr erstaunt als verärgert.

1960 im August fuhr die Kompanie zum Ernteeinsatz in die Ortschaft Pokrent bei Lützow. Soldaten und Unteroffiziere brachte man im Schulgebäude unter, Offiziere in den Gästezimmern der Gaststätte. Die Kompanie unterstützte die Landbevölkerung bei der Einbringung der Getreideernte in den Ortschaften Pokrent und Neuendorf. Dieser Ernteeinsatz war eine interessante Abwechslung im Soldatenleben.

Im August 1960 übernimmt Oberleutnant Horst Thiel von Unteroffizier Rainer Paskowsky den 2. Zug der Aufklärungskompanie. Er führt ihn bis 1961. Horst Thiel und Rainer Paskowsky werden später beide Kompaniechef im III. MSB des MSR-27, Hauptmann Horst Thiel in der 7. MSK und Oberleutnant Rainer Paskowsky in der 8. MSK.

Im September 1960 fand eine Truppenübung des MSR-27 auf dem TÜP Lübtheen und südöstlich davon in Richtung Perleberg statt. Die Aufgaben der Aufklärungstrupps (AT) auf dem TÜP Lübtheen bestanden darin, vor dem ersten Graben des Regiments auf den „Schwarzen Bergen" die Angriffsrichtung, den Zeitpunkt und die Stärke des Angriff des „Gegners" aufzuklären, was auch gelang. Nach der Abschlagung des gegnerischen Angriffs ging das MSR-27 zum Gegenangriff und beim Rückzug des „Gegners" zur Verfolgung über. Für die Aufklärungstrupps der Aufklärungskompanie stand jetzt die Aufgabe, unwegsame Marschstraßen und neu besetzte Abschnitte des „Gegners" aufzuklären. Als „Gegner" handelten Teile des III. MSB/MSR-28 aus Rostock, Bataillonskommandeur Rudi Dollas. Durch eine unvorsichtige Annäherung an einen durch den „Gegner" neu besetzten Abschnitt wird der Zugführer des 2. Zuges mit seiner Besatzung von einem AT des Gegners „gefangengenommen". Unteroffizier Paskowsky kann sich mit seiner Besatzung absetzen und den Vorfall per Funk an den Kompaniechef melden. Als Unteroffizier Paskowsky im Auftrag der Schiedsrichter der Übung diese Besatzung mit dem Zugführer vom „Gegner" abholte, fand er sie beim Kartoffelschälen an der gegnerischen Feldküche vor.

Die Rückverlegung des Regiments erfolgte im Eisenbahntransport. Fritz Heidrich erinnert sich daran: *„Beim Rücktransport der Aufklärungskompanie mit anderen Einheiten des Regiments wurde ich als Verlade-Offizier eingesetzt. Als der Regimentskommandeur, Oberstleutnant Wollmann, zur Kontrolle mit seinem Stellvertreter Rückwärtige Dienste (RD) und anderen Offizieren erscheint, mache ich Meldung über den Stand der Verladung. Inzwischen gibt der Stellvertreter RD hinter meinem Rücken an einige Soldaten bzw. Unteroffiziere Anweisungen. Daraufhin begebe ich mich zum Stellvertreter RD und sage: „Genosse Hauptmann, Verladeoffizier bin ich hier. Es wird nur meinen Anweisungen Folge geleistet. Der Hauptmann drehte sich Hilfe suchend zum Regimentskommandeur um, der aber zuckte nur mit den Schultern."*

1960 im Oktober versetzte man den Kompaniechef der Aufklärungskompanie, Hauptmann Achim Kühnel, als Oberoffizier Aufklärung in den Stab des MSR-27. Leutnant Ihrke übernahm als Kompaniechef die Aufklärungskompanie.

Im Dezember 1960 erfolgte die Versetzung von Unteroffizier Rainer Paskowsky zur Offiziersschule (Infanterieschule I) nach Plauen im Vogtland. Im Oktober 1961 erhält er seine Ernennung zum Unterleutnant und kommt als 1. Zugführer in die neu aufgestellte 7. MSK des III. MSB/MSR-27.

Soldat Werner Brust kommandierte man in den Lehrzug des Aufklärungsbataillons 8. Am Ende des Ausbildungsjahres erfolgte seine Beförderung zum Unteroffizier und man versetzte ihn in den neu gebildeten Aufklärungszug, der aus der aufgelösten Aufklärungskompanie des Regiments hervorging. Die weitere Geschichte der Aufklärungskompanie sollte viele Jahre mit ihm eng verbunden sein.

1961 im Januar stattete man die Aufklärungskompanie mit der neuen MPi KMS (mit ausklappbarer Schulterstütze) aus. Die günstigste Schussentfernung gegenüber der MPi-41 verdoppelte sich.

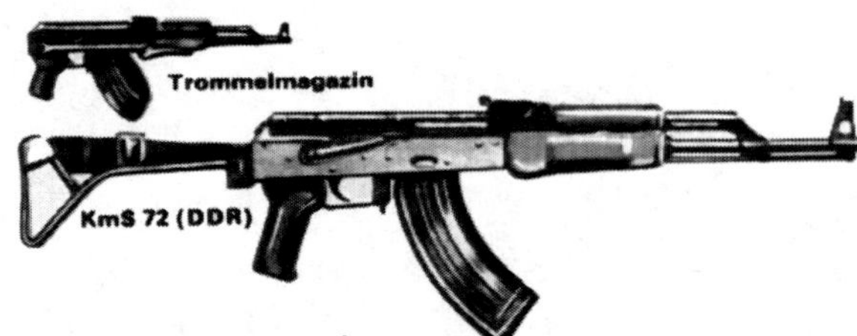

Das gemeinsame Winterlager aller Aufklärer der Division (AB-8 und Aufklärungskompanien der Regimenter) begann im Februar 1961 im Wald in der Nähe des Ortes Kiekindiemark mit sehr viel Schnee und wandelte sich alsbald zum Eisregen. Die Unterbringung erfolgte wie üblich in Zelten, die in ausgehobenen Gruben standen oder einfach mit der SPW-Plane überdeckt waren.

An zwei aufeinanderfolgenden Tagen mit Eis und Wasser von oben, nahmen auch die Angehörigen der Aufklärungskompanie am erstmaligen „Mut- bzw. Gewöhnungssprengen" teil, was für sie sicherlich zu einem besonderen Erlebnis wurde.

b: Zugführer 2. Zug, Uffz Rainer Paskowsky;

c: PT-76-Fahrer Uffz Albrecht Oldenburg, Kp-Funktruppführer Uffz Alexander Dembowski, PT-76-Kdt. Unteroffizier Gerhard Mertens

d: Unteroffizier Wolfgang Bartel (als Soldat)

In der Zeit vom 23. bis 30 Mai 1961 fand in den Räumen Osterburg, Tangerhütte, Genthin, Burg, Haldensleben, Gardelegen und dem Truppenübungsplatz Letzlinger Heide, unter der Leitung des Oberkommandierenden der Vereinten Streitkräfte des WV, Marschall der Sowjetunion A. A. Gretschko, mit den Stäben der NVA und der GSSD eine Kommandostabsübung statt. Ab 25. Mai weitete man die KSÜ zu einer Truppenübung mit dem Bestand der 1. und 8. MSD aus. Im Verlauf übten die beteiligten Truppenteile und Verbände auch Mobilmachungsmaßnahmen. Die Aufklärungskompanie erfüllte die ihr gestellten Aufgaben während der Übung mit gut und sehr gut.

Ab September 1961 gab es in der NVA erhebliche Umgliederungen in der Struktur, die auch die Aufklärungseinheiten betraf. Die Aufklärungsbataillone der Divisionen löste man auf. Dafür gab es nun eine selbstständige Aufklärungskompanie. Aus den Aufklärungskompanien der MSR/PR bildete man selbstständige Aufklärungszüge.

Zum 1. Oktober 1961 kam es somit zur Auflösung der Aufklärungskompanie des MSR-27. Es entstand ein selbstständiger Aufklärungszug mit vier SPW- und drei PT-76- (Schwimmpanzer) Besatzungen. Als Zugführer dieses Zuges fungiert Oberleutnant Lothar Radtke.

Personalbestand:

je SPW-Besatzung 5 Mann

- Kommandant
- Fahrer
- MG-Schütze
- 2 Aufklärer

SPW-Kommandanten:

Unterfeldwebel Bartel, Unteroffizier Brust, Unteroffizier Hahn

je Schwimmpanzer:

- Kommandant
- Ladeschütze
- Fahrer

Schwimmpanzerkommandanten: Feldwebel Mertens, Unteroffizier Lange, (3. nicht überliefert)

Dem selbstständigen Aufklärungszug wies man eine Unterkunft im zweiten Stock des linken Einganges im großen Block hinter dem Stabsgebäude zu, gemeinsam mit dem Regulierungs- und Chemischen Zug auf einem Flur.

1961/1962 im ersten Ausbildungshalbjahr (Winterhalbjahr Dezember 1961 bis April 1962) musste der selbstständige Aufklärungszug seine Rolle und seinen Platz im Regiment erst finden. Auch wenn sich der Zug aus dem guten personellen Kern der Aufklärungskompanie rekrutierte, erwies sich die Führung dieses Zuges, dem an Personalstärke und Technik nur ein SPW-Zug und die Kompanieführung fehlte, sehr schwer. Feldwebel Gerhard Mertens wird vom Zugführer zum Verantwortlichen für die Technik bestimmt.

Höhepunkte in diesem Ausbildungsjahr bildete für den Aufklärungszug neben der ersten Zuführung von wehrpflichtigen Soldaten die Einführung neuer Kampftechnik. Im Februar 1962 erhielt der Zug vier neue SPW-40P (schwimmfähig). Die Zuführung erfolgte für alle Aufklärungseinheiten der 8. MSD mit einem Eisenbahntransport auf dem Anschlussgleis des Technikparks des MSR-27. Nun kam auf die SPW-Besatzungen die notwendige Aufgabe zu, sich schnell mit ihrer neuen Technik vertraut zu machen, um diese in kürzester Zeit vollständig zu beherrschen. Besonders die Fahrer und Kommandanten mussten sich verstärkt in der technischen Ausbildung theoretische Kenntnisse, bei der Fahrausbildung praktische Fertigkeiten sowie alle Wartungsformen und Umstellungen der Technik auf die Sommer/Winternutzungsperiode aneignen. Mit dem Auswechseln der SPW-40 durch schwimmfähige SPW-40P war der Zug nun in der Lage, mit allen Fahrzeugen Gewässer zu überqueren. Dafür konnte der Fahrer vorn ein Schwallblech hochkurbeln und hinten

den Wasserstrahlantrieb zuschalten.

Personalbestand gesamt: 1 Offizier, 8 Unteroffiziere, 20 Soldaten
je SPW-Besatzung 5 Mann: Kommandant, Fahrer, MG-Schütze, 2 Aufklärer
je Schwimmpanzer-Besatzung 3 Mann: Kommandant, Fahrer, Ladeschütze

1962 gab es im Moat Februar unter der Leitung eines Offiziers vom Kommando des Militärbezirkes V (MB V) die erste zentral organisierte Wasserfahrschule mit den neu zugeführten SPW-40P. Als Leiter dieser Ausbildung fungierte Hauptmann Siegmund Wachlin aus der Abteilung Aufklärung des Militärbezirkes V. Er gehörte von 1954 bis 1960 dem AB-8 an. Zur Fahrschulausbildung ging es für vier Tage zum Schweriner Außensee am Ostufer im Raum Retgendorf-Flessenow. Sie sollte bewusst in unruhigen Gewässern erfolgen, was in diesem Abschnitt gesichert war. Am Ende der Wasserfahrschule hatte jeder Fahrer eine Prüfung auf der vorgegebenen Strecke abzulegen. Nach dessen Erfolg erhielt er die Fahrberechtigung für einen Schwimm-SPW.

Im Sommerhalbjahr 1962 erhielten viele Aufklärer wieder eine nicht alltägliche Ausbildung im Rahmen der Pionierausbildung. Sie absolvierten die so genannte Mutsprengung, eigentlich als „Gewöhnungssprengen" bezeichnet.

Nach theoretischen und praktischen Vorbereitungen zündete jeder Aufklärer 70 Gramm TNT auf dem vorderen Rand einer ausgebauten Grabenstellung und hatte die Sprengung, abgeduckt im Graben, abzuwarten. Im Verlauf der weiteren Sprengausbildung kam es auch zum Aussprengen von Stellungen und dem Fällen von Bäumen mittels der Sprengschnur. Diesmal konnten die im Sommer 1961 vom Pionieroffizier des Aufklärungsbataillons 8 ausgebildeten Sprengberechtigten die Ausbildung durchführen.

1962 im November übergab Oberleutnant Lothar Radtke den Aufklärungszug an Oberleutnant Speckin, der schon 1960/61 den Schwimmpanzerzug in der Aufklärungskompanie des MSR-27 führte. Oberleutnant Lothar Radtke übernahm als Kompaniechef die 5. MSK des II. MSB im gleichen Aufgang des Blockes, in dem auch der Aufklärungszug seine Unterkunft hatte. Unterleutnant Rainer Paskowsky setzte man im ersten Ausbildungshalbjahr in der 5. MSK als ersten Zugführer ein (Ausbildung von Unteroffizierschülern). Im zweiten Ausbildungshalbjahr erhielt er die Versetzung als Kompaniechef der 8. MSK in das III. MSB.

1963 am 6. Januar gab es ohne Vorbereitung für die 8. MSD Alarm. Aus den Objekten heraus beginnend und unter harten Winterbedingungen (nachts bis minus 20 Grad), nahm auch das MSR-27 an der Divisionsübung der 8. MSD mit der 1. MSD teil. Der Aufklärungszug des Regiments führte bei dieser Übung die Aufklärung auf dem Marsch, im Verlauf des Begegnungsgefechtes und bei der Entwicklung des Angriffs in die Tiefe der gegnerischen Verteidigung. Die Übung lief bis zum 10. Januar.

Als ein weiterer Höhepunkt im Ausbildungshalbjahr erwies sich die Inspektion der 8. MSD durch das MfNV der DDR, bei der man erhebliche Mängel feststellte. Das MSR-27 erfüllte aber seine Aufgaben, wobei der Aufklärungszug gute Ergebnisse erreichte.

Im September 1963 zur Regimentsübung gehörte u. a. das Überschießen der Aufklärer, Mot.-Schützen und Panzer durch die Artillerie und Granatwerfer unter komplizierten Bedingungen. Erfolgreich geleitet hatte die Übung der Regimentskommandeur Oberstleutnant Harald Franke.

Vom 20. September bis 17. Oktober 1963 verlegte der Aufklärungszug mit anderen Einheiten des Regiments zur Unterstützung von Landwirtschaftlichen Produktionsgenossenschaften (LPG) bei der Hackfruchternte wie hier im Raum Plate-Banzkow.

1963 Der erste Höhepunkt für den Aufklärungszug im Jahr bildete die Teilnahme an der Kommandostabsübung des MSR-27 und des PR-8 in der Zeit vom 21. bis 23. Januar.

1964 im April erhält der Aufklärungszug beim Schießen der 6. Übung für die Schwimmpanzer-Besatzungen mit dem PT-76 die Note 1. Die Durchführung des Schießens vom Wasser mit der KWK auf Landziele erfolgte auf dem zum TÜP Klietz gehörenden Trittsee, der am „Steckelsdorfer Dreieck", 5 km westlich von Rathenow liegt.

Vom 6. - 7. Juli 1964, brachte die Überprüfung der Gefechtsbereitschaft der 8. MSD durch den Minister für Nationale Verteidigung eine böse Überraschung. Nach der Alarmierung und dem Herstellen der vollen Gefechtsbereitschaft im Wechselkonzentrierungsraum (WKR) durch das Regiment sowie die Division erfolgte die Organisation und Durchführung eines kombinierten Marsches in einen Konzentrierungsraum (KR) in der Nähe der Staatsgrenze. Der Aufklärungszug klärte die Strecke für den Landmarsch und den neuen Konzentrierungsraum auf. In diesem Raum gab es eine Überprüfung der Gefechtsausbildung des Regimentes. Der Zug erreichte bei der Überprüfung gute Ergebnisse. Die Division hingegen erfüllte ihre Aufgaben nicht, weil die Hauptstoßkraft der Division, das PR-8, seine Aufgaben nicht erfüllte. In der folgenden Divisionsübung der 8. MSD sollte dann die Abstellung der Mängel unter Beweis gestellt werden. Diese Übung verlief in einem unbekannten Gelände auf den TÜP Letzlinger Heide und Altengrabow unter erschwerten Bedingungen beim Forcieren der Elbe (niedriger Wasserstand, versumpfte Ufer) sowie unter ungünstigen Witterungs- und Geländebedingungen (Hitze, Staubentwicklung, Brandgefahr). Neben allen Anstrengungen ergaben sich besonders für die SPW-Fahrer des Aufklärungszuges beim Forcieren der Elbe erhöhte Anforderungen beim Überwinden der Uferzone. Der Zug verzeichnete keine Ausfälle und erfüllte die Aufgaben im vollen Bestand.

Bei der Nachinspektion auf Befehl des Ministers vom 7.- 9. September unter der Leitung von Generalmajor Horst Stechbarth erfüllte der Aufklärungszug seine Aufgaben mit „gut".

In der Zeit vom 25. bis 30. März 1964 nahm auch das MSR-27 an der Divisionsübung der 8. MSD in den Räumen Neubrandenburg, Goldberg, Gardelegen und Nauen teil. Der Aufklärungszug erhielt eine gute Einschätzung.

Im Oktober 1964 rüstete man die Angehörigen des Aufklärungszuges mit dem neuen Felddienstanzug (Kampfanzug-64) aus. Der Sprachgebrauch der Soldaten bezeichnete ihn bald als „Ein-Strich-Kein-Strich".

1965 in der Zeit vom 2 - 9. März kam auch der Aufklärungszug mit anderen Einheiten des Regiments auf Grund starker Schneeverwehungen beim Freiräumen von Straßen zum Einsatz.

1966 vom 8.-12. März nahm der Aufklärungszug mit dem Regiment an der Divisionsübung der 8. MSD und der 16. Gardepanzerdivision (Neustrelitz) sowie der 2. Gardepanzerarmee (Fürstenberg) im Raum Templin, Wittstock, Meyenburg und Goldberg teil. Bei der erstmals während einer Truppenübung real durchgeführten Mobilmachung führte man den Einheiten des Regiments Reservisten zu, die auch an der Übung teilnahmen.

1966 im Mai erhielt der Aufklärungszug wie alle Einheiten des Regiments die Ausstattung mit einheitlicher Sportbekleidung. Was gehörte dazu? An Stelle der schwarzen Turnhosen gab es rote und für die weißen kamen gelbe Turnhemden. Die grauen Trainingsanzüge wichen braunen

mit schwarz-rot-goldenen Ärmelstreifen. Schwarze Turnschuhe kamen dazu und soweit erinnerlich, gab es statt der leinenen Dreiecksbadehosen nun gewirkte in Form enger Boxershorts.

1966: Vom Juni bis zum 22. September hatte sich die 8. MSD erneut einer Inspektion des Ministerium für Nationale Verteidigung der DDR unter der Leitung des Chefs der Verwaltung Inspektion, Generalmajor Martin Bleck, zu unterziehen. Der Aufklärungszug erfüllte seine Aufgaben mit gut und sehr gut.

Oberleutnant Alfred Goebel löst Oberleutnant Speckin als Zugführer des selbstständigen Aufklärungszuges ab.

Werner Brust (rechts 1. von links), der 1961 seinen Dienst in der Aufklärungskompanie begann, durchlief alle Stationen als Soldat und Unteroffizier. Er zeichnete sich ohne Unterbrechung im Dienst aus. So wurde er folgrichtig später auch Offizier in der Kompanie.

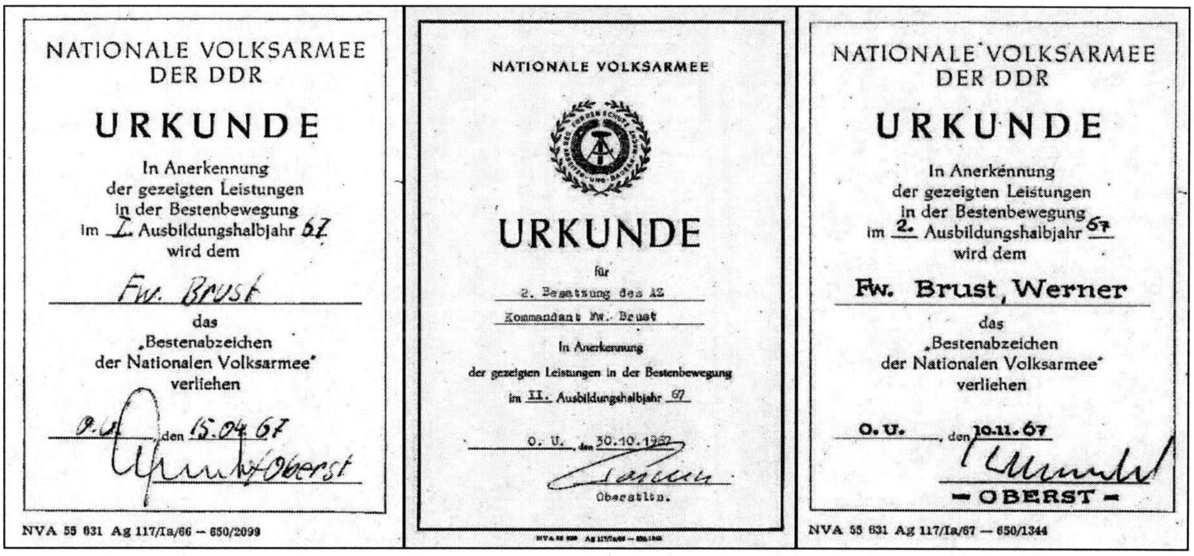

NATIONALE VOLKSARMEE DER DDR

URKUNDE

In Anerkennung der gezeigten Leistungen in der Bestenbewegung im I. Ausbildungshalbjahr 67 wird dem

Fw. Brust

das „Bestenabzeichen der Nationalen Volksarmee" verliehen

O.U., den 15.04.67

Oberst

NVA 55 631 Ag 117/Ia/66 – 650/2099

NATIONALE VOLKSARMEE

URKUNDE

für

2. Besatzung des AZ

Kommandant Fw. Brust

In Anerkennung der gezeigten Leistungen in der Bestenbewegung im II. Ausbildungshalbjahr 67

O. U., den 30.10.1967

Oberstltn.

NATIONALE VOLKSARMEE DER DDR

URKUNDE

In Anerkennung der gezeigten Leistungen in der Bestenbewegung im 2. Ausbildungshalbjahr 67 wird dem

Fw. Brust, Werner

das „Bestenabzeichen der Nationalen Volksarmee" verliehen

O. U., den 10.11.67

– OBERST –

NVA 55 631 Ag 117/Ia/67 – 650/1344

Der 1. Zug der 5. MSK, Zgf. Oltn. Reinhard Zabel, war 1961-1967 als nichtstrukturmäßiger Aufklärungszug eingesetzt und ausgebildet.

1967, ab dem 1. November, erfolgte wieder die Neuaufstellung der Aufklärungskompanie des MSR-27, unter der Führung des neuen Kompaniechefs Oberleutnant Alfred Goebel, zuvor Zugführer des selbstständigen Aufklärungszuges.

Als Zugführer setzte man ein:

1. Zug: Feldwebel Werner Brust 2. Zug: Leutnant Kast 3. Zug: Leutnant Bodo Hilke

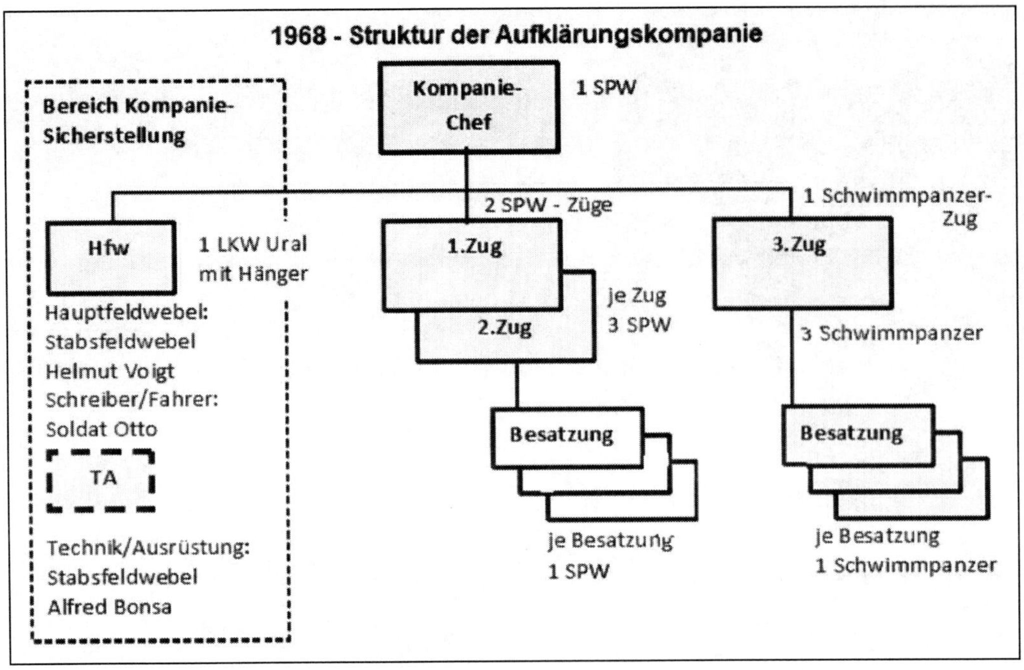

Technik:	7 SPW 40-P, jeweils mit Funkstation R-113; 3 PT 76 (Schwimmpanzer), jeweils mit Funkstation R-113; 1 LKW Ural mit Anhänger; 1 Krad MZ.
Bewaffnung:	je SPW ein MG 7,62 mm; je Schwimmpanzer KWK 76 mm und ein MG 7,62 mm; Handfeuerwaffen MPi-K und KMS; Handfeuerwaffen im Schwimmpanzer Pistolen Makarow.
Besatzung: SPW (5 Mann:	Kommandant, Fahrer, MG-Schütze, 2 Aufklärer); Schwimmpanzer (3 Mann: Kommandant, Fahrer, Ladeschütze).

Personalbestand der Kompanie gesamt: 47 Mann.

1967 am 1. Dezember begann das Ausbildungsjahr 1967/68 für die Kompanie im neuen Bestand. In der Einzel-, Besatzungs- und Zugausbildung trainierten alle die erforderlichen Elemente für ein organisiertes Zusammenwirken innerhalb einer Aufklärungsgruppe (AG).

1968 im Juni erhielt die Aufklärungskompanie eine Zuführung neuer SPW 40-P2 (schwimmfähig). In Vorbereitung auf diese neue Technik hatte der Zug die bisherigen sieben SPW-40P zur Übergabe vorbereitet und sie nach dem Empfang der neuen SPW abgegeben.

Immer mal gab es kuriose Dinge zu vermelden. So berichtete Alfred Goebel:

„In Vorbereitung einer Komplexausbildung von 10 Tagen spreche ich mit dem StKRD des Regiment`s, Oberstleutnant A., und äußere die Bitte um einen zusätzlichen Sack Zwiebeln für die Verpflegung bei dieser Ausbildung. Er bewilligte meinen Wunsch. Am Folgetag, dem Tag der Verlegung in den Raum der Komplexausbildung, empfängt der Schreiber und gleichzeitig Kraftfahrer des Kompanie-Urals (LKW), Soldat Otto, den Sack Zwiebeln im Verpflegungslager. Auf dem Weg zur Kompanie trifft er zufällig auf Osl A., der gerade zum Dienst kommt und jetzt glaubt, der Soldat hätte den Zwiebelsack gestohlen. Er lässt den Soldaten sofort in den Arrest einsperren. Der Unteroffizier vom Dienst (UvD) der Kompanie informierte mich über diesen Vorfall. Da die Kompanie in Kürze lt.

Marschbefehl die Verlegung beginnen sollte, der Kraftfahrer/Schreiber, der den LKW fahren sollte, aber fehlte, war meine Initiative gefragt. Ich begab mich sofort zu Oberstleutnant A., der leider keine Einsicht zeigte. Daraufhin drohte ich an, mit diesem Fall beim Stabschef des Regiments, Oberstleutnant Lorenz, vorstellig zu werden, was ich dann auch tat. Nach dem Vortragen meines Anliegens beim SC veranlasste dieser sofort die Entlassung unseres Schreibers aus dem Arrest. Der Abmarsch konnte so noch pünktlich beginnen."

1968, in der Zeit vom 11. bis zum 14. Januar, wirkte die Aufklärungskompanie bei der Beseitigung der schweren Folgen von orkanartigen Schneestürmen und Verwehungen auf dem Bahnhof Bad Kleinen mit. Im gesamten Norden der DDR handelten in dieser Lage besonders Einheiten der 8. MSD.

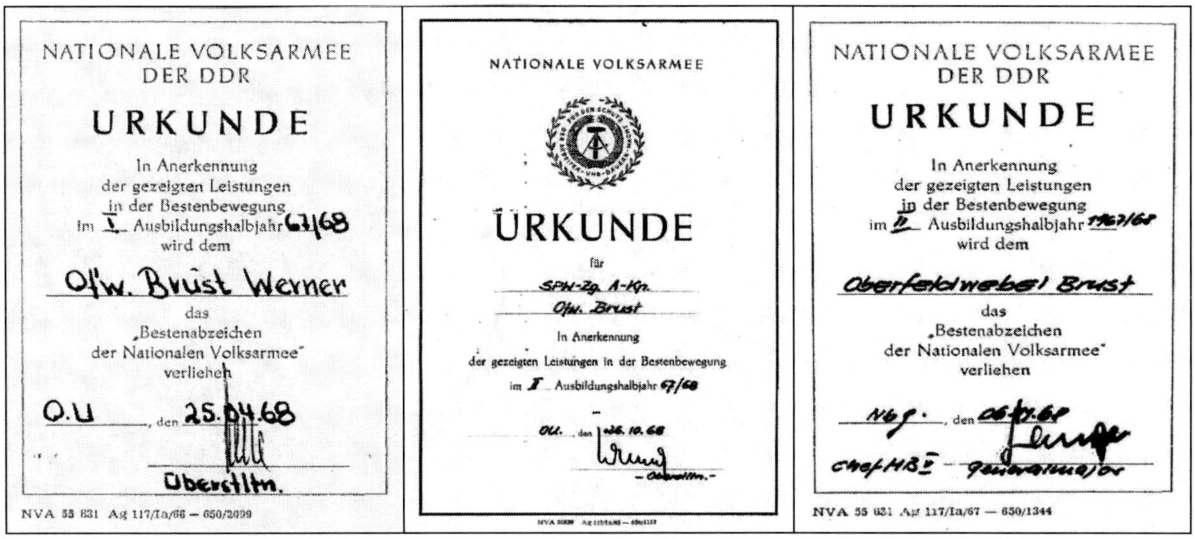
NATIONALE VOLKSARMEE DER DDR
URKUNDE
In Anerkennung der gezeigten Leistungen in der Bestenbewegung im I. Ausbildungshalbjahr 67/68 wird dem
Ofw. Brust Werner
das „Bestenabzeichen der Nationalen Volksarmee" verliehen
O.U, den 25.04.68
Oberstltn.
NVA 55 831 Ag 117/Ia/66 – 650/2099

NATIONALE VOLKSARMEE
URKUNDE
für
SPW-Zg. A-Kp.
Ofw. Brust
In Anerkennung der gezeigten Leistungen in der Bestenbewegung im II. Ausbildungshalbjahr 67/68
OU., den 26.10.68
– Oberstltn. –

NATIONALE VOLKSARMEE DER DDR
URKUNDE
In Anerkennung der gezeigten Leistungen in der Bestenbewegung im II. Ausbildungshalbjahr 1967/68 wird dem
Oberfeldwebel Brust
das „Bestenabzeichen der Nationalen Volksarmee" verliehen
Nbg., den
Chef MB V – Generalmajor
NVA 55 831 Ag 117/Ia/67 – 650/1344

Werner Brust zeichnete sich weiter in der Aufklärungskompanie aus. Beförderungen und Auszeichnungen folgten.

Am 31. Juli lösten 1968 die Vorgesetzten für die 8. MSD um 18:00 Uhr und somit auch für das MSR-27 Alarm aus. Die Aufklärungskompanie erfüllte ihre vorgesehenen Zeiten bis zum Erreichen des Sammelraumes. Auch die Aufklärung der Marschstraße und des Konzentrierungsraumes, den das Regiment auf dem Truppenübungsplatz Lübtheen zu beziehen hatte, verlief ohne Zwischenfälle.

Im Zusammenhang mit den Ereignissen in der CSSR kam in der Nacht des 21. August 1968 für die gesamte NVA der Befehl, die „Erhöhte Gefechtsbereitschaft" auszulösen. Das bedeutete für alle Angehörigen der Aufklärungskompanie wie für das gesamte Regiment, dass der gesamte Personalbestand, einschließlich der Offiziere, sich im Objekt aufzuhalten hatte und eine Urlaubs- und Ausgangssperre begann. Die Ausbildung hatte nur im Objekt bzw. in seiner unmittelbaren Nähe zu erfolgen. Nach gut drei Wochen beendete der Befehl des Ministers diese Maßnahme.

1969 Ende August, Anfang September im Verlauf der Inspektion erreichte die Kompanie gute Ergebnisse. Danach bereitete sich die Kompanie mit dem Regiment und der Division auf das Manöver „Oder-Neisse-69" vor. Der Manöverraum lag auf dem Territorium der Volksrepublik Polen, hinweg über die TÜP Swieboczow und Bidrusko sowie an der polnischen Ostseeküste, im Rahmen der Seelandegruppierung der Vereinten Ostseeflotten. Teil nahmen Verbände der Sowjetarmee, der Polnischen Armee, der Tschechoslowakischen Volksarmee und der NVA. Es bildete bis dahin das größte Manöver der Vereinten Streitkräfte der WV, der Warschauer Vertragsstaaten.

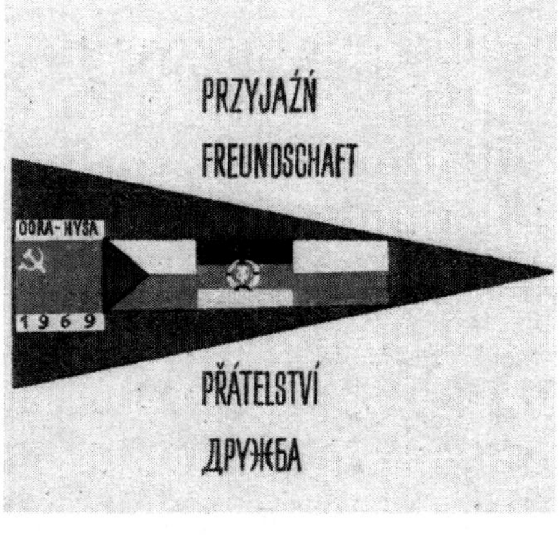

Das Manöver lief vom 21. bis 28. September. Am 21. September verlegte die Aufklärungskompanie mit dem Regiment und der ganzen Division auf 54 Transportzügen in den Übungsraum des westlichen Teils der VR Polen. Alle Manöverhandlungen fanden unter kriegsnahen Bedingungen statt. Den Schwimmpanzer-Zug trennte man von der Kompanie ab und setzte ihn zur Lösung besonderer Aufgaben ein. Die SPW-Züge übernahmen die Sicherung von Stäben. Alle Manöverhandlungen verlangten den Kompanieangehörigen weitaus höhere Leistungen ab als je zuvor. Die Teilnahme an diesem Manöver war für den gesamten Personalbestand der Aufklärungskompanie ein besonderer Höhepunkt in ihrer Dienstzeit. Zum Abschluss schätzte man die Handlungen der Truppen mit der Note gut ein.

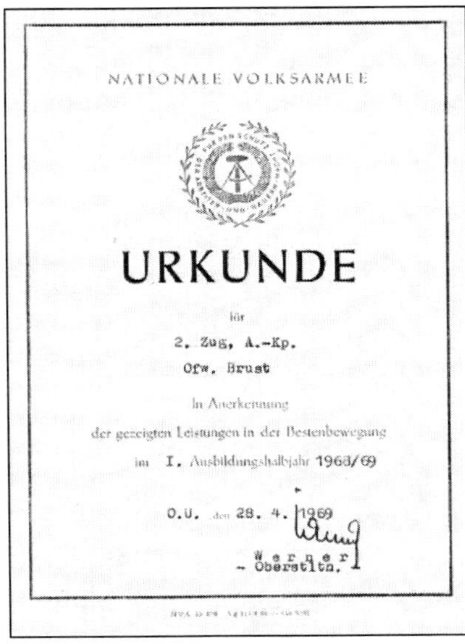

NATIONALE VOLKSARMEE

URKUNDE

für

2. Zug, A.-Kp.

Ofw. Brust

In Anerkennung

der gezeigten Leistungen in der Bestenbewegung

im I. Ausbildungshalbjahr 1968/69

O.U. den 28. 4. 1969

Werner
– Oberstltn.

NATIONALE VOLKSARMEE

Für gute Leistungen

WIRD

der 2SPW-Zug/A-Kp Zugfhr. Ofw. Brust

ALS

VORBILDLICHER

Zug in der Bestenbewegung

AUSGEZEICHNET

O. U. den 05.10.69

Kommandeur
/Werner/
– Oberstltn –

Weiterhin zeichnete sich Werner Brust in der Aufklärungskompanie mit hohen Leistungen aus.

1970 im Januar und Februar handelte die Aufklärungskompanie wieder einmal gemeinsam mit anderen Einheiten des Regiments und der Division sowie der GSSD zur Überwindung lebensbedrohlicher Folgen durch extreme Witterungsbedingungen im Norden der DDR.

Zwischen dem 23. Februar 1970, dem Jahrestag der Gründung der Sowjetarmee und dem 1. März, dem Tag der Nationalen Volksarmee, gab es wie üblicherweise die Woche der Waffenbrüderschaft, verbunden mit gemeinsamen Maßnahmen mit dem Regiment der Sowjetarmee nebenan. Daran nahm auch die Aufklärungskompanie teil. Erfahrungsaustausche, militärische und sportliche Wettkämpfe bildeten die Hauptinhalte der Begegnungen.

1970 bestimmte eine neue Hauptaufgabe das Leben des MSR-27. Die Aufgabe bestand in der Mitarbeit bei den Arbeiten zum Aufbau einer Musterausbildungsbasis für ein MSR, laut Befehl des Ministers für Nationale Verteidigung der DDR. Diese Arbeiten hatten aber bei gleichzeitiger Beibehaltung der Gefechtsbereitschaft zu erfolgen. In diesem Zusammenhang verschonte man das ganze Regiment vor Überprüfungen, Übungen und Inspektionen. Der Ausbau dieser Basis betraf drei Abschnitte. Der erste Abschnitt mit allen Schießplätzen, Schießtrainingsplätzen sowie dem Wippengebäude, auf dem auch die Aufklärungskompanie mit ihrer Technik trainierte und schoss, befand sich westlich der Straße nach Ludwigslust gegenüber dem Abschnitt zwei, der an der südlichen Grenze des Objektzaunes begann. Nach Westen hin begrenzte ihn ein ca. 100 m breiter Waldstreifen im ersten Teil und ein ca. 400 m breiter Waldabschnitt im Weiteren. Die Ausdehnung in Richtung Süden betrug ca. 1,5 km. In diesem Bereich befanden sich die Flamm- und Brandmittelbahn sowie der Entaktivierungs- und Entgiftungsplatz (Platz für Spezialbehandlung). Dem schloss sich der Platz für die Pz.-Nahbekämpfung an sowie die Plätze für die Sprengausbildung und das Beobachten und Melden. Gegenüber lag das Häuserkampfobjekt und das Taktikgelände. Hinter dem Taktikgelände befanden sich die Fahrschulstrecken für Kfz und Kettenfahrzeuge sowie Schießtrainingsplätze für die Bekämpfung von Luftzielen. Der dritte Abschnitt lag innerhalb des Objektes. Im südlichen Teil am Objektzaun befanden sich die Sturmbahn, der Kraftkreis und der Exerzierplatz.

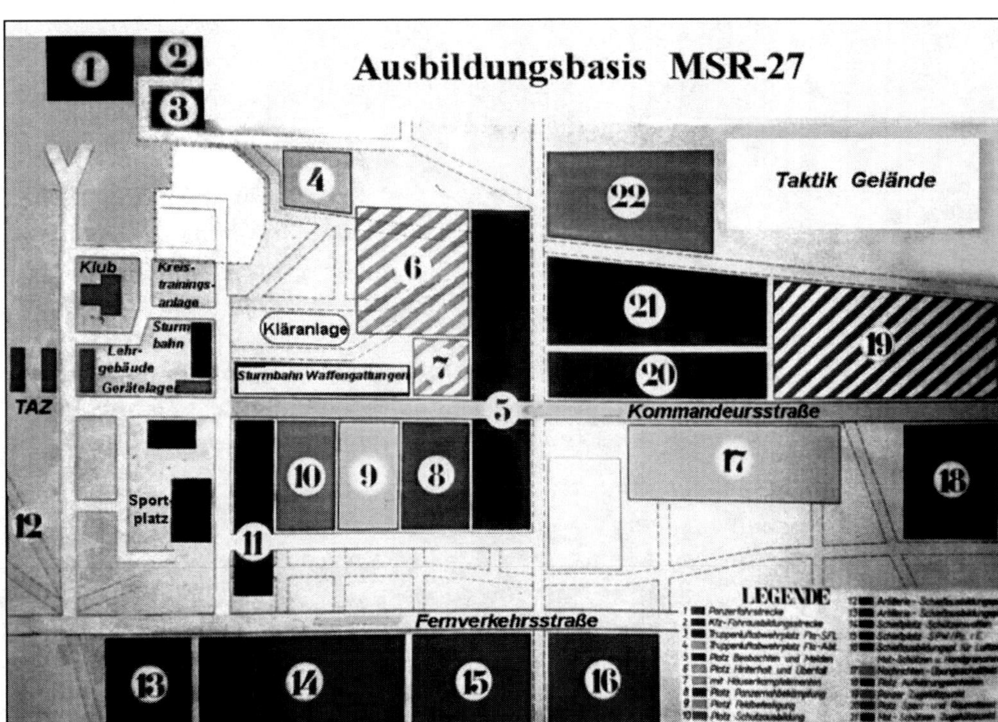

1	Panzerfahrstrecke	9	Platz Feldbefestigung	17	Na-Übungsschaltfeld
2	KFZ-Fahrausbildungsstrecke	10	Platz Schutzausbildung	18	Pl. Aufklärungseinheiten
3	Truppenluftabwehrpl. Fla-SFL	11	Pl. Brandmittelbekämpfung	19	Pz-Zug-Stützpunkt
4	Truppenluftabwehrpl. Fla-Abtg	12	Artl.-Schiesausb-Gel. KK	20	Pl. Sperr- u. Räumdienst
5	Platz Beobachten u. Melden	13	Artl.- Schießausbildungplatz	21	Mot-Sch-Zugstützpunkt
6	Pl. Hinterhalt u. Überfall	14	Schießplatz Schützenwaffen	22	Platz Sprengen
7	Mit Häuserkampfelementen	15	Schießplatz SPW/Pz ...		
8	Pl. Panzernahbekämpfung	16	Schießausb-gel. Luftzielbek. f. Mot.-Sch. und Handgranatenwerfen		

Die Lehrklassen für die Waffengattungen, Dienste sowie die Panzer- bzw. Mot.-Schützen hatten ihren Platz in den Bereichen der Einheiten.

Der Aufklärungskompanie übertrug man die Verantwortung für den Platz Beobachten und Melden, den Platz Pz.-Nahbekämpfung und die Darstellung eines Startstellungsraumes des Taktischen Raketensystems „Honest John".

Als Zugführer des ersten Zuges der Aufklärungskompanie fungierte Werner Brust, von Beruf Möbeltischler. Er baute mit seinem Zug unter anderem die Elemente der Startstellung „Honest John" mit unterstützenden Materialien vom Schießplatz Lübtheen (z. B. flexibles Metallnetz) naturgetreu nach. Aus einer Entfernung von 400 bis 450 m hielt man so diese Attrappe für reale Technik.

Hauptmann Alfred Goebel erinnert sich dazu: „*Zu Beginn der Baumaßnahmen wurde ich plötzlich zum Regimentskommandeur Oberst Werner befohlen. Im Dienstzimmer des Regimentskommandeurs befand sich außer ihm auch Generalleutnant (GL) Horst Stechbarth mit einigen seiner Generale und Offiziere vom Kommando Landstreitkräfte. Ich erhielt vom Regimentskommandeur die Aufgabe, den Pz.-Nahbekämpfungsplatz zu gestalten, wozu auch die Darstellung von zwei NATO-Panzern gehörte, einem Leopard A1 und einem Chieftain. GL Horst Stechbarth stelle mir dafür zwei T-34/85 aus der Ministerreserve als Ausgangsform zur Verfügung und fragte, ob ich mir die Erfüllung dieser Aufgabe zutraue und welches Material dafür benötigt wird. Als er hörte, dass ich als Grundberuf E-Schweißer gelernt habe, merkte man die Erleichterung in den Gesichtern, besonders beim Regimentskommandeur. Ich forderte jetzt Bleche für die Formveränderung und für die Schürzen des Laufwerkes sowie Material für die Verlängerung der Kanonen. Die Sicherstellung des Materials hatte der Kommandeur des MSR zu gewährleisten.*

Als die beiden Panzer durch die Aufklärungskompanie in ihre neue Form gebracht waren, erschien GL Horst Stechbarth zur Abnahme auf dem Park des Regiments. Nach der Begutachtung und der guten Einschätzung fuhr GL Horst Stechbart in seinem UAZ (Geländewagen) vorneweg sowie die beiden umgebauten T-34 aus eigener Kraft zum Platz Pz.-Nahbekämpfung hinterher. Auf diesem Ausbildungsplatz stellte man beide Panzer ab, durch Kräfte der Instandsetzungskompanie. lt. einer Vorschrift für Schießen und Fahren funktionsuntüchtig gemacht. Einige Aggregate wurden ausgebaut und kleinere Schweißarbeiten durchgeführt. Die Aufklärungskompanie hatte ihre Aufgabe sehr gut gelöst."

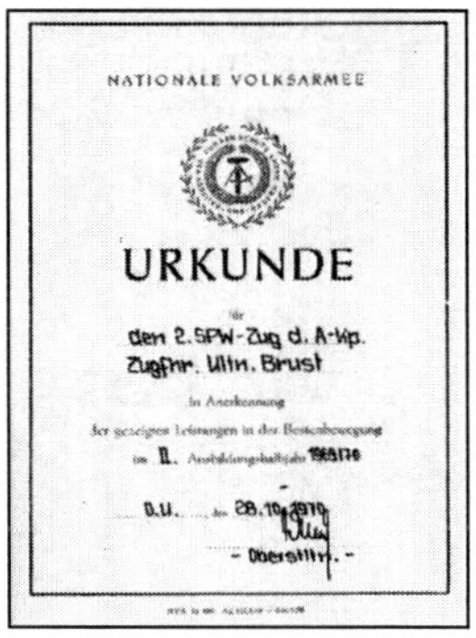
NATIONALE VOLKSARMEE

URKUNDE

für

den 2. SPW-Zug d. A-Kp.
Zugführer Ultn. Brust

in Anerkennung
der gezeigten Leistungen in der Bestenbewegung
im II. Ausbildungshalbjahr 1969/70

O.U., den 28.10.1970

- Oberstltn. -

Auch im Jahr 1970 gehörte Werner Brust, nun als Unterleutnant Zugführer in der Aufklärungskompanie, zu den Besten.

1970/1971 im gesamten ersten Ausbildungshalbjahr wird die Aufklärungskompanie wie die meisten Einheiten des Regiments bis einschließlich des ersten Monats im zweiten Ausbildungshalbjahr beim weiteren Ausbau und der Fertigstellung der Musterbasis des MSR-27 für die Nationale Volksarmee eingesetzt.

1971 im Juli erfolgte die Demonstration der neuen Ausbildungsbasis vor der Ausbildungsgruppe des Ministeriums für Nationale Verteidigung der DDR. Zuvor gab es bei der Generalprobe eine Einweisung an der neuen Musterbasis für die Kommandeure und Stäbe bis zur Ebene Bataillon des MB V.

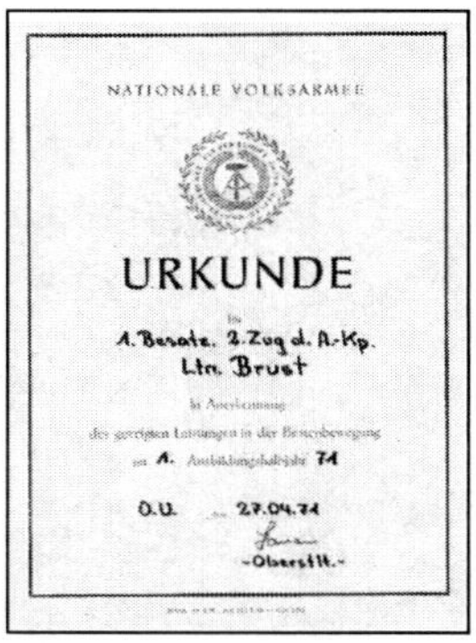
NATIONALE VOLKSARMEE

URKUNDE

für

1. Besatz. 2. Zug d. A-Kp.
Ltn. Brust

in Anerkennung
der gezeigten Leistungen in der Bestenbewegung
im I. Ausbildungshalbjahr 71

O.U. 27.04.71

- Oberstltn. -

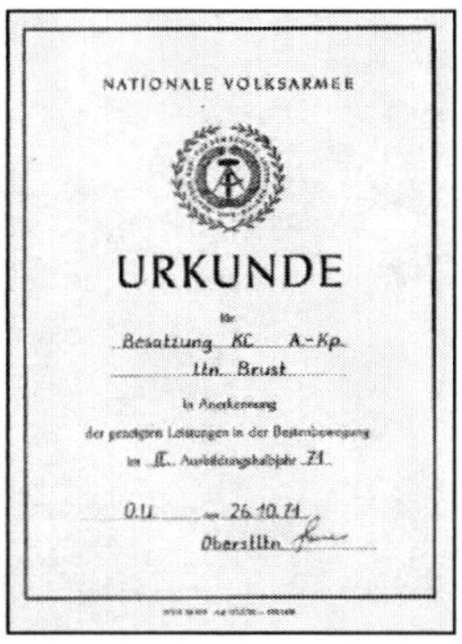
NATIONALE VOLKSARMEE

URKUNDE

für

Besatzung KC A-Kp.
Ltn. Brust

in Anerkennung
der gezeigten Leistungen in der Bestenbewegung
im II. Ausbildungshalbjahr 71

O.U. am 26.10.71

Oberstltn.

Im ersten Ausbildungshalbjahr 1971 erhielt Leutnant Werner Brust eine Kommandierung zum Kompaniecheflehrgang für Aufklärer an der Offiziersschule „Ernst Thälmann" in Löbau.

Am 31. August übernimmt er nach erfolgreichem Abschluss von Hauptmann Alfred Goebel die Geschäfte des Kompaniechefs der Aufklärungskompanie des Regiments.

Alfred Goebel erhält die Versetzung zum Studium an der Frunse-Akademie nach Moskau.

Vom 13. bis 18. September 1971 lief die Divisionsübung der 8. MSD, im Zusammenwirken mit der 35. GMSD „Krasnogradskaja" (Krampnitz/Potsdam) im Raum Halbe und Jüterbog und unter der Beteiligung von Teilen der polnischen Armee. Vor dem Beginn der Übung unterzog man die Angehörigen unserer Division, auch die des Regiments und seiner Aufklärungskompanie, einer harten physischen Belastungsprobe bei einem 20-km-Fußmarsch, davon fünf km unter der Schutzmaske.

Laut Befehl des MfNV 170/71 wird im MSR-27, dem ersten Regiment in der Nationalen Volksarmee, die Ausrüstung mit dem modernen Schützenpanzer BMP aus der UdSSR begonnen. Der BMP-1, ein geschlossenes, gepanzertes und schwimmfähiges Vollkettenfahrzeug, ist nun das Gefechtsfahrzeug der Mot.-Schützengruppe. Seine Bewaffnung ist eine automatische Kanone, Kaliber 73 mm, ein MG 7,62 mm, eine Startvorrichtung für PALR mit einem Kampfsatz von 4 Raketen, einem Fahrbereich von 650 km und einer Besatzung bis 11 Mann.

Die Aufklärungskompanie erhielt später zusätzlich zu ihren Schwimmpanzern drei Schützenpanzer BMP zur Erprobung, um deren Einsatzmöglichkeiten für die Aufklärung im Vergleich zu den PT-76 zu ermitteln.

Im Ergebnis stellten die Aufklärer fest:

- eine größere Beweglichkeit,
- eine weiter reichende Waffenwirkung (Panzerabwehrlenkrakete),
- ein größerer Aktionsradius,
- eine geringere Geräuschentwicklung und
- mehr Platz zur Aufnahme von Aufklärern.

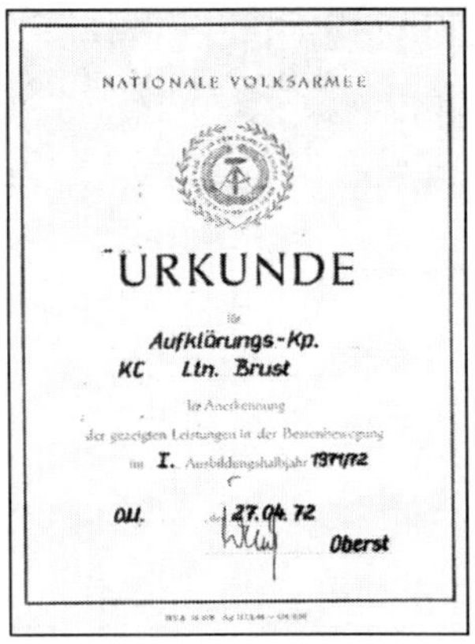

NATIONALE VOLKSARMEE

URKUNDE

für

Aufklärungs-Kp.
KC Ltn. Brust

in Anerkennung
der gezeigten Leistungen in der Bestenbewegung
im I. Ausbildungshalbjahr 1971/72

O.U. 27.04.72

Oberst

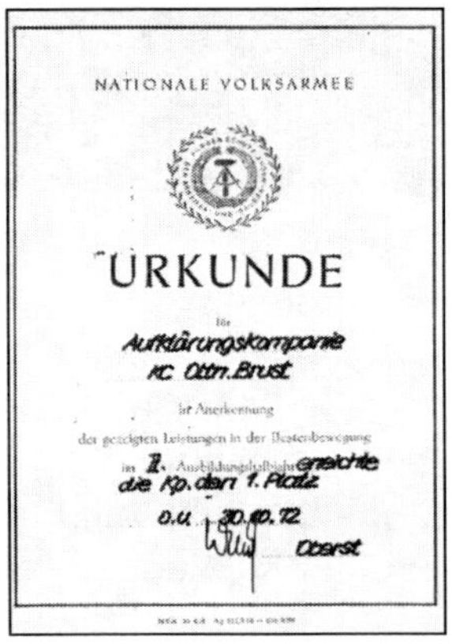

NATIONALE VOLKSARMEE

URKUNDE

für

Aufklärungskompanie
KC Oltn. Brust

in Anerkennung
der gezeigten Leistungen in der Bestenbewegung
im II. Ausbildungshalbjahr erreichte
die Kp. den 1. Platz

O.U. 30.10.72

Oberst

Auch als Kompaniechef, inzwischen bereits Oberleutnant, bleibt Werner Brust ein vorbildlicher Leistungsträger und führt die Aufklärungskompanie zu weiteren Erfolgen.

1971/1972: Das Ausbildungsjahr begann im Dezember 1971 mit der Vorführung der Musterausbildungsbasis für eine Militärdelegation aus dem Irak, der Anfang Januar 1972 gleich die nächste folgte.

Am 7. Januar 1972 schaute sich der Erste Sekretär des ZK der SED und Vorsitzende des Nationalen Verteidigungsrates der DDR, Erich Honecker, mit Mitgliedern des Politbüros Vorführungen auf der Ausbildungsbasis an. An den zugewiesenen Plätzen zeigten die Angehörigen der Aufklärungskompanie ihr Können.

1972 am 28. Februar wird aus Anlass des Jahrestages der NVA der Kaserne des MSR-27 in Schwerin-Stern Buchholz der Ehrenname „Hans Kahle" verliehen. Das war für alle Angehörigen des Regiments ein unvergessliches, feierliches Zeremoniell.

1971/1972: Den Höhepunkt für die Aufklärungskompanie im 2. Ausbildungshalbjahr bildete die Teilnahme an der Taktischen Übung des MSR-27, als Lehrvorführung zum Thema: „Das verstärkte MSR beim Angriff in der Verzögerungszone des Gegners und der Durchbruch einer vorbereiteten Verteidigung mit Gefechtsschießen (mit voller Munitionsnorm), das Forcieren eines mittleren Wasserhindernisses mit Besetzen eines Abschnitts zur Abwehr eines Angriffs operativer Reserven des Gegners". Als Beobachter der Lehrvorführung/Übung erschienen die Stellvertreter des Ministers für Nationale Verteidigung der DDR, Generale und Offiziere der Militärakademie und die Kommandeure der Verbände der NVA.

Die Lehrvorführung erhielt die Note sehr gut, die Taktische Übung gut. Auch die Aufklärungskompanie konnte bei dieser Maßnahme alle Aufgaben vorbildlich lösen.

Die neue Direktive des MfNV Nr. 10/72 über die Gefechtsbereitschaft der NVA vom 22. September 1972 verband sich auch für die Angehörigen der Aufklärungskompanie mit Einschränkungen beim Urlaub und Ausgang. Diese Direktive verlangte als Hauptforderung die Verfügbarkeit von 85 % des Personals und einen über 90 % liegenden „Koeffizienten der technischen Einsatzbereitschaft" (KTE).

Für das neue Ausbildungsjahr erhielt die Aufklärungskompanie, wie alle anderen Einheiten des MSR-27, neue Ausbildungsprogramme zur Erprobung, sowie Methodiken und Normenkataloge für die Gefechtsausbildung. Das Ziel war die Übernahme von Erfahrungen der Sowjetarmee in der Organisation der Gestaltung des Ausbildungssystems, besonders der Gefechtsausbildung. Diese neuen Ausbildungsdokumente verlangten von allen Vorgesetzten der Aufklärungskompanie viel Selbststudium und methodische Ausbildung, um sie im Ausbildungsjahr umzusetzen. In diesem Ausbildungsjahr wurden einige Maßnahmen mit der Aufklärungskompanie des Patenregiments, des 286. GMSR der Sowjetarmee, durchgeführt.

FÜR AUSGEZEICHNETE SCHIESSERGEBNISSE

Dem

Oltn. Brust

DANK UND ANERKENNUNG

Für seine hervorragenden Leistungen bei der Inspektion 1973

3. SÜ MPi

Name, Dienstgrad

O. U., den 26.09.73

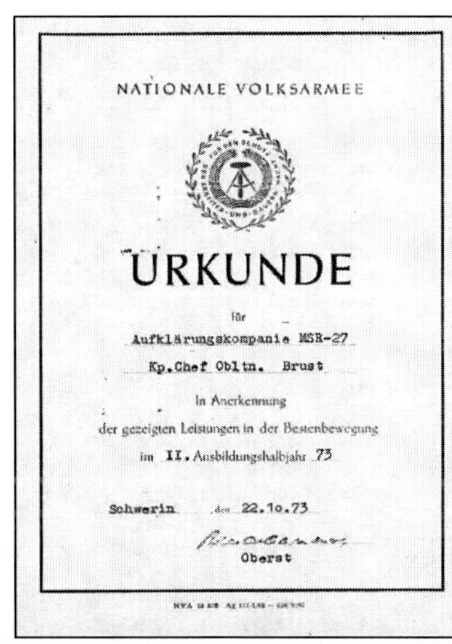
NATIONALE VOLKSARMEE

URKUNDE

für

Aufklärungskompanie MSR-27

Kp.Chef Obltn. Brust

In Anerkennung

der gezeigten Leistungen in der Bestenbewegung

im II. Ausbildungshalbjahr 73

Schwerin, den 22.10.73

Oberst

1973 *a-b: Am 05. Oktober wird anlässlich des 23. Jahrestages der DDR die Hans-Kahle-Gedenkstätte eingeweiht, mit einer Büste, geschaffen vom Bildhauer Karl August Hoffmann.*

1974 *d: war auch das Jahr der vielen Vorführungen der Musterausbildungsbasis. Die Aufklärungskompanie hatte noch zusätzlich die Demonstration des Trainings an der Sturmbahn zu übernehmen.*

Am 19. Februar 1974 begann die erste Vorführung vor dem ersten Sekretär der Bezirksleitung Schwerin. Am 21. Februar 1974 unmittelbar danach kamen Delegationen des ersten Sekretärs des Zentralrates der FDJ, des Sekretariats des Zentralrates der FDJ, die ersten Sekretäre der Bezirksleitung der FDJ und das Sekretariat des Zentralvorstandes der GST. In dem Zusammenhang wurden an das MSR-27 und das GMSR-Brandenburg für vorbildliche Aktivitäten in der Waffenbrüderschaft Ehrenbanner übergeben.

1974 am 26. April besuchte der Verteidigungsminister der Mongolischen Volksrepublik, Armeegeneral Batin Dorsch, das MSR-27.

Weitere Militärdelegationen im Verlaufe des Ausbildungsjahres folgten: von der Vietnamesischen Volksarmee, der Bulgarischen Volksarmee, der Rumänischen Volksarmee, der Polnischen Armee, vom Oberkommando der Gruppe der Sowjetischen Streitkräfte in Deutschland, der Tschechischen Volksarmee sowie der Ägyptischen Streitkräfte, unter Leitung des Chefs Ausbildung.

Er verlieh dem MSR-27 die Auszeichnung „Blauer Orden des großen Nils".

Am 20. November 1974 besuchte die militärisch höchste Delegation, der Militärrat der Streitkräfte des Warschauer Vertrages unter der Leitung von Marschall der Sowjetunion Jakubowski, mit weiteren zwei Marschällen sowie 54 Generalen und Admiralen das MSR-27 und besichtigte die neue Ausbildungsbasis.

Zum Jahresende 1974 löste man die Schwimmpanzer PT-76 aus der Struktur der Aufklärungskompanie. Sie wurden abverfügt. An ihre Stelle kamen nun die bereits zur Erprobung zuvor gelieferten Schützenpanzer BMP.

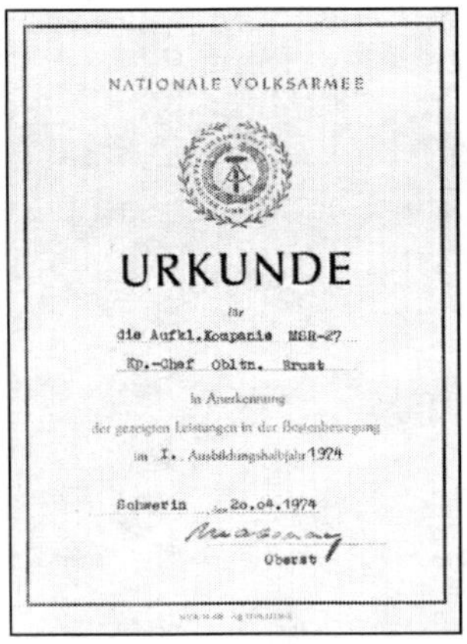
NATIONALE VOLKSARMEE

URKUNDE

für

die Aufkl.Kompanie MSR-27

Kp.-Chef Oltn. Brust

in Anerkennung

der gezeigten Leistungen in der Bestenbewegung

im I. Ausbildungshalbjahr 1974

Schwerin den 20.04.1974

Oberst

NATIONALE VOLKSARMEE

URKUNDE

für

die Kompaniechef-Besatzung, AKp

Oltn. Brust, Werner

in Anerkennung

der gezeigten Leistungen in der Bestenbewegung

im 2. Ausbildungshalbjahr 74

O.U. den 28.10.74

/OSL

1974 – Sowohl am Ende des I. wie des II. Ausbildungshalbjahres zeigte sich die Aufklärungskompanie unter ihrem Kompaniechef Oberleutnant Werner Brust nach wie vor mit hohen Leistungen.

Horst Nörenberg, derzeit Oberoffizier Aufklärung, erinnert sich an damalige Aufgaben und deren Erfüllung durch die Aufklärungskompanie:

1975 vom 11.-12. Februar erfolgte im MSR-27 eine Überprüfung der Gefechtsausbildung durch den Stab der 8. MSD. Die Aufklärungskompanie erreichte bei der 1. Schulübung MPi und ebenso beim MG-Schießen die Note eins.

In der Zeit vom 09.-14. 1975 März fand die Truppenübung der 8. MSD „Zyklon 75" statt. Für das MSR-27 und seine Aufklärungskompanie verband sich damit die Überprüfung der Gefechtsbereitschaft, die Aufklärung auf dem Marsch, dem Angriff auf einem TÜP, dem Forcieren der Havel und Elbe. Die Verlegung erfolgte teilweise im Eisenbahntransport.

In der Zeit vom 31. Juli bis 16. August 1975 nahm die Aufklärungskompanie am Feldlager der Aufklärungseinheiten der 8. MSD im Bereich des Truppenübungsplatzes Klietz teil, verbunden mit der Wasserfahrtausbildung an der Havel. Es folgte die Taktische Übung des MSR-27 mit Gefechtsschießen, der Handlung als AG-1/MSR-27. Bei der Erprobungsübung im Schießen vom Trittsee erhielt die Aufklärungskompanie die Note gut

Gegen Ende des zweiten Ausbildungshalbjahres lief vom 29. September bis 4. Oktober 1975 die Abschlussüberprüfung durch den übergeordneten Stab. Die Aufklärungskompanie erreichte folgende Ergebnisse: Taktische Übung (TÜ) Note 3; Schutzausbildung Note 2; Schießen der Übung 3a mit Granate (BMP) Note 2; 1. Schulübung MPi Note 2; Militärische Körperertüchtigung (MKE) Note 2; Zustand der Kampftechnik Note eins.

1976 vom 24. Januar bis 10. Februar ging es in das Feldlager der Aufklärungseinheiten der 8. MSD. Es bildete gleich zu Beginn des Jahres den ersten Höhepunkt. Die Komplexausbildung verlangte allen viel ab. Im Leistungsvergleich der Aufklärungseinheiten erzielte die Aufklärungskompanie des MSR-27 den ersten Platz. Es erfüllte die Aufklärer des MSR-27 natürlich mit besonderem Stolz, an der Spitze zu stehen.

Es ging bald darauf weiter mit den Anforderungen an die Aufklärer. Vom 16.-17. Februar 1976 lief die Taktische Übung ohne Gefechtsschießen. Diesmal gelang es nicht, an die vorigen Spitzenleistungen anzuknüpfen. Beim Schießen mit der 14,4 mm Turmbewaffnung gab es für die 1. Schulübung nur die Note 5, bei der 2. Schulübung erst wieder eine gute Note 2.

Vom 9.-11. März und vom 26.-29. Juli 1976 standen mit der Komplexausbildung wiederum große Anstrengungen vor den Angehörigen der Aufklärungskompanie.

Das Schießen der BMP am 12. August 1976 mit Granate brachte ausgezeichnete Ergebnisse: die Note 1.

In der Zeit vom 11.-15. Oktober 1976 überprüfte der Stab der 8. MSD die Aufklärungskompanie im Rahmen der Abschlussüberprüfung. Die Kompanie erzielte durchgängig gute Ergebnisse: Taktik Note 2, Schießen Note 2, Schutzausbildung Note 2, MKE Note 2.

1977 vom 10.-14. Januar und vom 7.-11. Februar führte die Aufklärungskompanie ihre Komplexausbildung durch.

Vom 19.-22. Januar 1977 erfolgte das Schießen mit der 14,4 mm Turmbewaffnung.

1977 am 31. August übergibt Werner Brust die Führung der Aufklärungskompanie an Hauptmann Klose. Ab dem 1. September 1977 übernimmt er die Funktion der Oberoffiziers Panzerbewaffnung im MSR-27.

Seit dem 10. Oktober 1960 durchlief Werner Brust vom Soldaten und Aufklärer bis zum Hauptmann und Kompaniechef eine bemerkenswerte Entwicklung in der Aufklärungskompanie des MSR-27.

1977 erhält Hauptmann Werner Brust die Kommandierung zum Speziallehrgang „Wystrel" bei Moskau, zur Ausbildung als „Fahrer-Mechaniker 3. Klasse" am Schützenpanzer BMP.

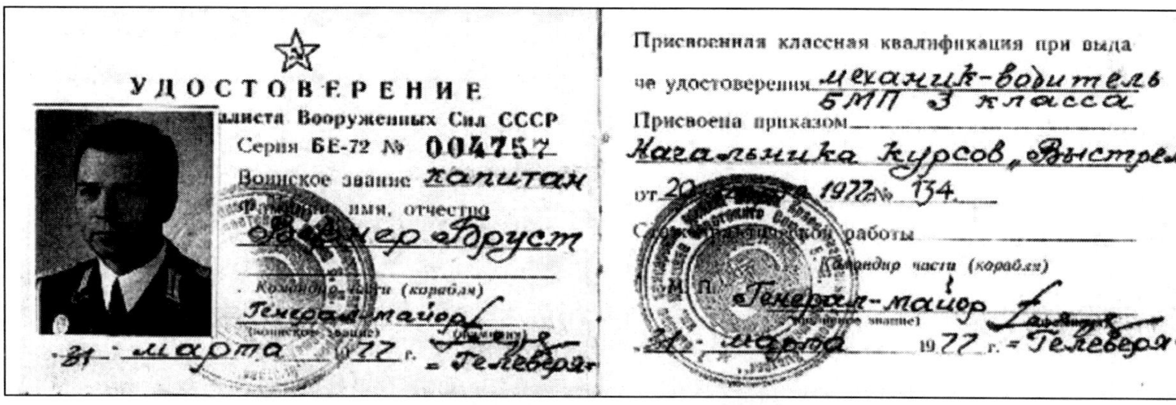

УДОСТОВЕРЕНИЕ
...алиста Вооруженных Сил СССР
Серия БЕ-72 № 004757
Воинское звание капитан
Фамилия, имя, отчество Вернер Бруст
Командир части (корабля)
Генерал-майор
(воинское звание)
31 марта 1977 г.

Присвоенная классная квалификация при выдаче удостоверения механик-водитель БМП 3 класса
Присвоена приказом Начальника курсов „Выстрел"
от 20 ... 1977 № 134
Командир части (корабля)
М. П. Генерал-майор
(воинское звание)
31 марта 1977 г.

Im Verlauf der Taktischen Übung mit Gefechtsschießen vom 31. März.-3. April 1977 handelte die Aufklärungskompanie im Zusammenwirken mit dem II. MSB. Als Ergebnisse konnten notiert werden: Schießen Note 1, Taktik Note 2.

Vom 1.-4. September 1977 verlegte die Aufklärungskompanie auf den Truppenübungsplatz Klietz zur Taktischen Übung ohne Gefechtsschießen. Beim Schießen mit der 14,4 mm Turmbewaffnung gab es die Note 2.

Vom 12.-17. September 1977 handelte die Aufklärungskompanie im Rahmen der Taktischen Übung des MSR-27 und erfüllte unterschiedlichste Aufklärungsaufgaben.

1980 im September nahm das MSR-27 am Manöver „Waffenbrüderschaft-80" teil. Die Aufklärungskompanie erfüllte wie stets die den Aufklärern übertragenen Aufgaben.

1980-1984 führt Hauptmann Herm die Aufklärungskompanie.

1982 im März erfolgte die Teilnahme am Manöver „Drushba/Freund-schaft-82" in der Volksrepublik Polen. Das MSR-27 handelte allein als Vertreter der 8. MSD, unter Leitung einer operativen Führungsgruppe des Divisionsstabes.

Объединены в братстве по оружию, сильные единством – на страже мира и социализма

In Waffenbrüderschaft verbunden, stark in der Einheit – auf Wacht für Frieden und Sozialismus

Złączeni braterstwem broni, silni jednością – na straży pokoju i socjalizmu

PRZYJAŹŃ '82

ПОЛЕВАЯ ГАЗЕТА | FELDZEITUNG | GAZETA POLOWA | Nr 3

1984 gab es wieder eine Inspektion durch das Ministerium für Nationale Verteidigung der DDR. Verbunden war damit die Taktische Übung „Taxwert-84". Mit dem Regiment hatte sich auch die Aufklärungskompanie den strengen Überprüfungsaufgaben zu stellen.

Am 7. Oktober 1984 erhielt das MSR-27 eine Auszeichnung mit der Ehrenschleife der antifaschistischen Widerstandskämpfer der DDR für die Truppenfahne des Regiments.

Von 1984-I/1987 handelt Hauptmann Krete als Kompaniechef der Aufklärungskompanie. Stabsfeldwebel Trabant, StKCTA der Aufklärungskompanie bis 1984, übergab seine Dienststellung an Hauptmann Frank Seifert, der diese Funktion von 1984 bis zum Ende im Jahr 1990 ausübte.

1985: Ende März, also zum Ende des I. AHJ, wurde die große Mobilmachungsübung ein besonderes Ereignis für einige Ausbilder der Aufklärungskompanie.

Nach der Alarmierung/Benachrichtigung der Reservisten und der Betriebe, die Transport- sowie Spezialfahrzeuge bei einer Mobilmachung im Bereich Schwerin zu stellen hatten, wurde der Personalbestand und die Technik über Sammelpunkte in der Stadt den Truppenteilen und Einheiten im Objekt Stern Buchholz zugeführt. Auf den nach der Alarmierung eingerichteten Empfangs- und Moblilmachungspunkten (EMP) erfolgte die Registrierung, Einkleidung und Ausrüstung des Personalbestandes. Die Technik erhielt NVA-Nummernschilder. Nach dem Abschluss dieser Maßnahmen wurden die Reservisten und die Technik lt. dem STAN in die Einheiten eingegliedert.

Den Höhepunkt dieser Mobilmachung bildete dann die Verlegung des MSR-27 und somit auch für die Aufklärungskompanie, im Landmarsch zum Truppenübungsplatz Lübtheen. Nach der Überprüfung der Einsatzbereitschaft der Einheiten im Konzentrierungsraum begann die Rückverlegung in das Objekt Stern Buchholz. Dort begann die Auskleidung, die Abgabe der Ausrüstung und der Umtausch der Nummernschilder an der Technik. Den Abschluss bildete die Verlegung des Personalbestandes und der Technik wieder nach Schwerin. Diese Übung dauerte 3-4 Tage.

Vom 1. bis 4. April 1985 kontrollierte das Kommando des Militärbezirkes V den Stand der Gefechtsbereitschaft in der 8. MSD. Im Anschluss an diese Überprüfung handelte vom 8. bis 14. April die Aufklärungskompanie im Bestand des MSR-27 bei der Taktischen Übung „Zyklon-85", die über die Truppenübungsplätze Wittstock und Klietz sowie die Übersetzstellen an der Havel bei Göttlin und der Elbe in den Abschnitten Storkau, Sandau verlief.

Am 1. Oktober 1985 war die Aufklärungskompanie in eine große Lehrvorführung eingebunden. Das MSR-27 hatte vor dem Chef Landstreitkräfte, Generaloberst Stechbarth, mit seinen Offizieren sowie der Führung des Kommandos des Militärbezirkes V, den Kommandeuren, Stabschefs und Stellvertretern Technik und Bewaffnung der Verbände, Truppenteile und Einheiten des MB-V, die „Führung der Handlungen eines Truppenteils bei der Herstellung höherer Stufen der Gefechtsbereitschaft im Objekt, insbesondere auf dem Park und beim Verlassen des Objektes ..." zu demonstrieren.

1985 erfolgte die Verleihung von zwei Ehrenschleifen zum Roten Ehrenbanner an das MSR-27 durch die PHV.

Am 7. Oktober 1985 erhält das MSR-27 die Auszeichnung als „Bester Truppenteil" durch den Minister für Nationale Verteidigung der DDR. Angehörige der Aufklärungskompanie hatten ihren Anteil an den Leistungen des Regiments.

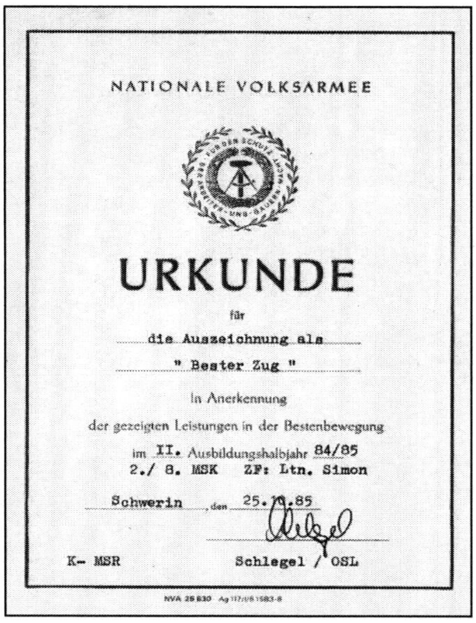

NATIONALE VOLKSARMEE

URKUNDE

für

die Auszeichnung als

" Bester Zug "

In Anerkennung

der gezeigten Leistungen in der Bestenbewegung

im II. Ausbildungshalbjahr 84/85

2./ 8. MSK ZF: Ltn. Simon

Schwerin, den 25.10.85

K- MSR Schlegel / OSL

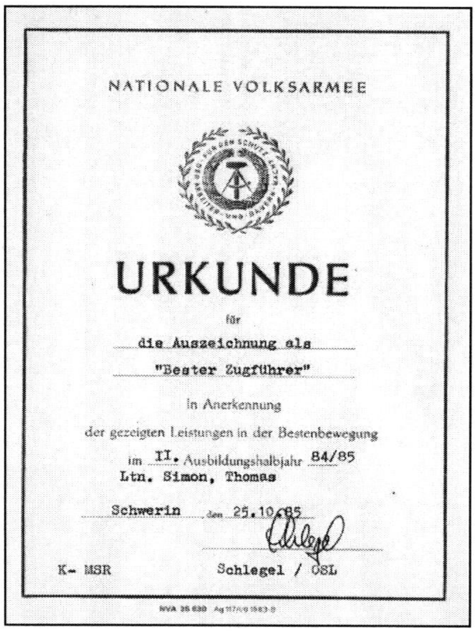

NATIONALE VOLKSARMEE

URKUNDE

für

die Auszeichnung als

"Bester Zugführer"

In Anerkennung

der gezeigten Leistungen in der Bestenbewegung

im II. Ausbildungshalbjahr 84/85

Ltn. Simon, Thomas

Schwerin, den 25.10.85

K- MSR Schlegel / OSL

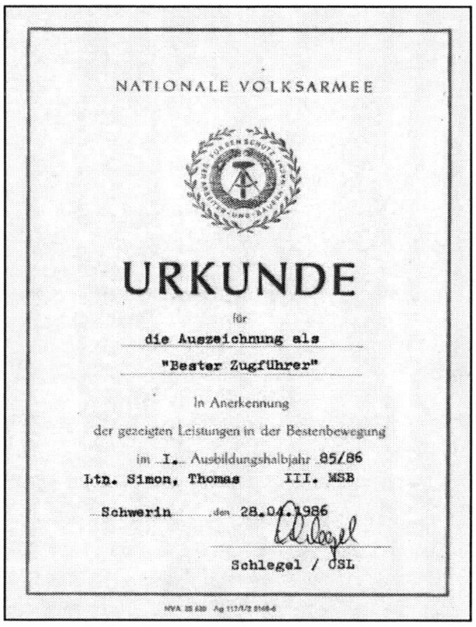

NATIONALE VOLKSARMEE

URKUNDE

für

die Auszeichnung als

"Bester Zugführer"

In Anerkennung

der gezeigten Leistungen in der Bestenbewegung

im I. Ausbildungshalbjahr 85/86

Ltn. Simon, Thomas III. MSB

Schwerin, den 28.04.1986

Schlegel / OSL

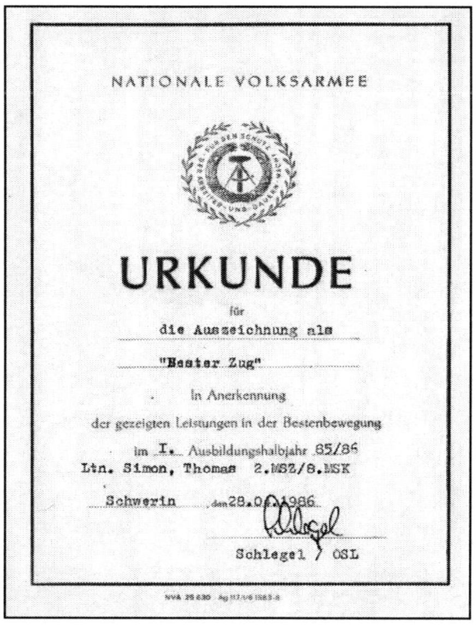

NATIONALE VOLKSARMEE

URKUNDE

für

die Auszeichnung als

"Bester Zug"

In Anerkennung

der gezeigten Leistungen in der Bestenbewegung

im I. Ausbildungshalbjahr 85/86

Ltn. Simon, Thomas 2.MSZ/8.MSK

Schwerin, den 28.0 .1986

Schlegel / OSL

1986 von Januar bis April ist das MSR-27 in die Übungen „Buchdruck I bis II" einbezogen, was wiederum mit großen Belastungen und Anstrengungen verbunden war.

Am 7. Oktober 1986 zeichnet der Minister das MSR-27 erneut mit dem Titel „Bester Truppenteil" aus. Wegen seiner Leistungen versetzte man Ltn. Simon in die Aufklärungskompanie.

1986/87 hatte das Regiment nach Einführung des STAN-90 große Anstrengungen zu unternehmen, um mit umfangreichen Trainings der Elemente der Gefechtsbereitschaft die ständige Handlungsbereitschaft aufrechtzuerhalten.

1987 vom 25. Januar bis 27. März setzte man auch Teile des MSR-27 infolge der extremen Witterungsbedingungen zur Unterstützung der Arbeiten in der Braunkohle ein.

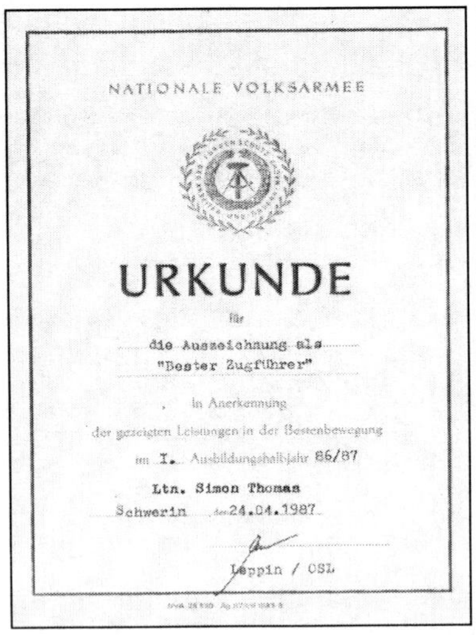

NATIONALE VOLKSARMEE

URKUNDE

für

die Auszeichnung als
"Bester Zugführer"

in Anerkennung

der gezeigten Leistungen in der Bestenbewegung

im I. Ausbildungshalbjahr 86/87

Ltn. Simon Thomas

Schwerin, den 24.04.1987

Leppin / OSL

URKUNDE

In Anerkennung und Würdigung
ausgezeichneter Leistungen
wird

Ltn. Simon,Thomas

die Ehrenmedaille der FDJ
„Bekenntnis und Tat
zum Schutz des Sozialismus"
verliehen.

BERLIN, DEN 08.05.1987

ZENTRALRAT DER FDJ

1. SEKRETÄR

Die Angehörigen der Aufklärungskompanie erfüllten unter allen, oft auch erschwerten Bedingungen im Dienst, ihre Aufgaben nach den Forderungen der Regierung zum Schutz der DDR und dem Soldateneid entsprechend.

1987 übergibt Major Krete die Aufklärungskompanie an Oberleutnant Thomas Simon, der bis dahin einen Zug in der Aufklärungskompanie führte. Er übernimmt zu Beginn 1987 die Kompanie und führt sie bis Oktober 1987. Danach wird er Oberoffizier Aufklärung des MSR-27. Von 1987 bis zum Ende im Jahr 1990 führt die Aufklärungskompanie Hauptmann Eichel.

1987 im II. AHJ setzte eine Welle von Übungen ein, an der auch die Aufklärer des MSR-27 mitwirkten. Es begann mit der Kommandostabsübung „Räderwerk-87 vom 30 Juni bis 7. Juli, wo das MSR-27 gemeinsam mit seinem sowjetischen Partnerregiment „Uman-Berlin" handelte und wo erstmals Beobachter der KZSE zugegen waren.

Dieser Übung folgte die Taktische Übung der Division „Zyklon-87" vom 31. August bis 5. September.

1988, nach wenigen Wochen Gefechtsausbildung, ging es für das Regiment los mit der Taktischen Übung „Kassenbestand I" (ab 14. März, Handlungen des MSR im Deckungsabschnitt) und setzte sich fort mit „Kassenbestand II" (1. bis 6. August) und „Kassenbestand III" (12.-17. September im Rahmen der Inspektion vom 12. bis 24. September), die das Beziehen der Verteidigung nach der neuen Militärdoktrin umfassten.

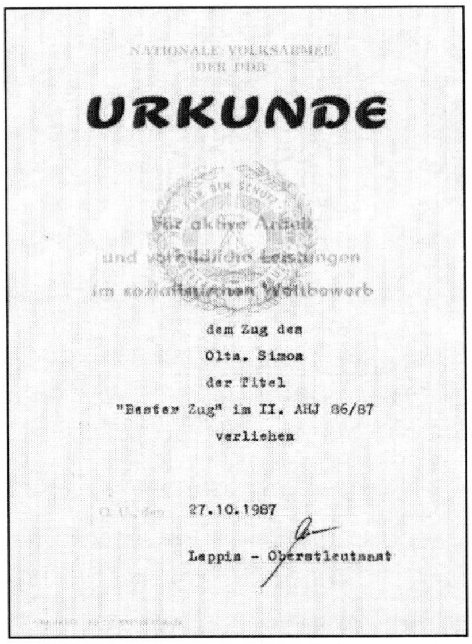

NATIONALE VOLKSARMEE
DER DDR

URKUNDE

Für aktive Arbeit
und vorbildliche Leistungen
im sozialistischen Wettbewerb

dem Zug des
Olts. Simon
der Titel
"Bester Zug" im II. AHJ 86/87
verliehen

O. U., den 27.10.1987

Leppin - Oberstleutnant

Am 1. Dezember 1988 begann das neue Ausbildungsjahr 1988/89 noch „normal". Mit der Ankündigung von Erich Honecker zu Abrüstungsmaßnahmen setzte bereits der Prozess der Auflösung in der NVA ein. Vieles an Entscheidungen ging über die Köpfe der Soldaten hinweg.

Wen wunderte es, dass damit auch ein Teil der Verbindung von Regierung und Soldaten zerbrach.

1989, am 1. März, gestaltete sich der Tag der Nationale Volksarmee zum letzen Feiertag dieser Art.

Am 3. April 1989 begann die letzte Taktische Übung der 8. Motorisierten Schützendivision, an der auch das MSR-27 mit seiner Aufklärungskompanie teilnahm.

Im August 1989 befanden sich die Aufklärungseinheiten der 8.MSD unter Leitung der UA Aufklärung der Division vier Wochen im Feldlager auf dem Truppenübungsplatz Lübtheen. Daran nahmen alle Aufklärungskompanien der Regimenter und Teile des AB-8 teil. In enger Kooperation mit dem Kommandeur des AB-8, Oberstleutnant Baethke, wurden alle notwendigen Absprachen vorab geführt und die zu dieser Zeit zu führenden Ausbildungsmaßnahmen intensiv mit kurzen Wegen zu den Ausbildungsstätten erfolgreich absolviert. Insoweit schien alles wie stets geordnet zu verlaufen. Doch einiges lief bereits anders.

Günter Lenz, Leiter Aufklärung der 8. MSD und zu dem Zeitpunkt Leiter des Feldlagers, erinnert sich:

„Die politische Arbeit und sämtliche Freizeitaktivitäten koordinierte der Stellvertreter des Kommandeurs für Politische Arbeit des AB-8, Hauptmann Busenthür, mit seiner Arbeitsgruppe für Politische Arbeit. Das soll hier ausdrücklich Erwähnung finden, weil die damaligen Ereignisse: die Flüchtlingswelle von DDR-Bürgern über Ungarn und die CSSR sowie die Sprachlosigkeit unserer politischen Führung uns mit voller Wucht trafen. So mussten wir gemeinsam Antworten suchen und finden, wo wir sonst alles „vorgekaut" bekamen. Und alle bemühten sich ehrlich um Haltung. Ich nahm an etlichen Parteiversammlungen und Informationsveranstaltungen in den Kompanien teil. Die Armeeangehörigen stellten naturgemäß berechtigte kritische Fragen. Das Klima war offen, kritisch aber (noch) nicht ablehnend. Nie zuvor habe ich in meiner 15-jährigen Dienstzeit und in meiner SED-Zugehörigkeit solch lebendige Mitgliederversammlungen erlebt. Bestellte Diskussionsbeiträge und vom Blatt abgelesene Referate gab es da nicht. Die jungen SED-Mitglieder im Soldaten- und Unteroffiziers-Dienstgrad meldeten sich genau so zu Wort wie die älteren und erfahrenen Mitglieder.

Die Aufklärungskompanie des MSR-27 zeigte auch hier im Sommerlager gegenüber den Aufklärungskompanien der anderen Regimenter den besten Ausbildungsstand.

Das Sommerausbildungshalbjahr 1989 beendete die Aufklärungskompanie des MSR-27 laut der Planung für das Halbjahr. Die Zuführung der Neueinstellung von Soldaten sowie der Unteroffiziere von den Unteroffiziersschulen erfolgte im geordneten Zustand."

Oberleutnant Thomas Simon (OOAkl des MSR-27) berichtet weiter dazu:

„Im Ausbildungsjahr 1989/1990 verfügte die Aufklärungskompanie im Wesentlichen das ganze Jahr über ihren vollen Personalbestand. Von Januar bis zum 3.Oktober 1990 wurde nach den planmäßigen Entlassungen und den Neueinstellungen im Mai trotz persönlicher Unsicherheiten für die berufliche Entwicklung der Berufsunteroffiziere und Offiziere sowie der fehlenden Motivation der Soldaten der organisierte Dienstbetrieb in der Aufklärungskompanie aufrechterhalten. Bis auf die reduzierte Schießausbildung waren alle Ausbildungszweige Inhalt des laufenden Ausbildungsprozesses, welches sich auch nach der Neueinkleidung in Bundeswehruniform bis Ende 1990 fortsetzte.

Vom 02. zum 03. Oktober 1990 wurde ich als OvD des Rgt`s eingesetzt. Um 0:00 Uhr des 3. Oktobers fuhr ein Bus mit ca. 15 Offizieren der Bundeswehr vor, angeführt von OTL Detlefsen (Kommandeur eines Sanitäts-Btl`s), um das MSR-27 durch die BW zu übernehmen."

Der Leser wird es sicherlich schon lange bemerkt haben: Die stärksten Erinnerungen an die Dienstzeit in Wort und Bild kamen von den Aufklärern, die eine lange Dienstzeit mit der Truppenaufklärung verband und letztlich ein wesentlicher und prägender Teil ihres Lebens bildete. Einige davon sind seit längerem Rentner, die oft in der Nähe ihres ehemaligen Standortes wohnhaft geblieben sind. Darüber hinaus gibt es viele Freundschaften zu solchen ehemaligen Mitstreitern, die auch weiter weg wohnen.

Die ehemals jüngeren Truppenaufklärer, so auch von der Aufklärungskompanie des MSR-27, hatten zum Zeitpunkt der Wende und danach, als der neue Staat für sie keine Verwendung mehr hatte, verständlicherweise die größten existenziellen Sorgen, was Arbeit und Familie betraf. Dem hatte sich alles unterzuordnen. Das führte sie oft weit weg von ihrer einstigen Garnisonsstadt. Und all das besteht für viele noch bis zum heutigen Tag fort. So rissen zwangläufig Verbindungen untereinander ab. Das ist auch ein wesentlicher Grund dafür, dass insbesondere für den letzten Abschnitt der Aufklärungskompanie des MSR-27 nur wenige Angaben ermittelt werden konnten. Dafür bitten wir um Verständnis.

Darum hoffen wir, dass mit der Herausgabe dieses Buches vielleicht auch jene ehemaligen Truppenaufklärer (natürlich nicht nur sie) davon Kenntnis erhalten:

Sie sind nicht vergessen!

Mit dem Prozess der Auflösung der NVA kamen auch auf die Angehörigen des MSR-27 und seiner Aufklärungskompanie alle die damit einher gehenden negativen Probleme zu.

b: Vorbereitung der neuen Vereidigung im MSR-27 im Oktober 1990

Die NVA übernahm man also zunächst in die Bundeswehr. Man ließ die Soldaten noch schnell das Gelöbnis auf die neue Bundesrepublik schwören und nannte es „Armee der Einheit", bevor man fast alle, vor allem die Berufssoldaten „abwickelte". Alle materiellen Mittel, die Liegenschaften und was noch von Wert war, behielt man selbstverständlich, verscherbelte den größten Teil und etwas an Hightech, benötigte nun keine Spionagekosten mehr.

Im Buch von Siegfried Wenzel „Was war die DDR wert? Und wo ist dieser Wert geblieben?" ist zu lesen:

(4. Auflage 2003/2000, Das Neue Berlin Verlagsgesellschaft mbH - Seite. 174/175)

„– Ein besonderes Kapitel ist das Vermögen der Nationalen Volksarmee der DDR und seine Verwertung. Übereinstimmend wird davon ausgegangen, dass es sich um eine moderne, hoch ausgerüstete Armee gehandelt hat, deren Ausrüstungen und Liegenschaften in nicht unbeträchtlichem Ausmaß verwertbar waren und von der Bundesregierung auch verwertet wurden. Dafür gibt es zwei Anhaltspunkte.

Erstens: In der sog. Kategorie I (moderne Ausrüstungen, die für die Bundeswehr nutzbar sind) wurde folgendes aufgeführt:

24 Kampfflugzeuge MIG-29, 3 Aufkl.-Leitstation-Startrampen 1S 91 M2 (KUB) (SA-6, 3 Start/ Leitstat. OSA-AK (SA-8, 75 Abschussvorrichtungen IGLA, 2 komplette Fla- Raketen-Komplexe SA-5 einschl. 132 Raketen und 24 Rampen, 892 Schützenpanzer BMP-1, 87 Transporthubschrauber Mi-8, 6 Transporthubschrauber Mi-8S, 25 Transporthubschrauber Mi-2, 8 Transporthubschrauber Mi-, 4 Transportflugzeuge L-419 S, 12 Transportflugzeuge AN-26, 2 Transportflugzeuge TU-154, 3 Transportflugzeuge IL-62, 1.890 tragbare Fla-Raketen STRELA-2, 347 MP SORPION (7.65 mm),

Zweitens: Bekannterweise wurden von 1991 bis 1993 an Indonesien verkauft:

16 UAW-Schiffe, 12 MSR-Schiffe des Typs 98., 9 MSR-Schiffe des Typs 98.1, 8 Landungsschiffe mit Werfern, 4 Landungsschiffe ohne Werfer, 2 Gefechtsversorger.

Zu übernommenen Liegenschaften der Armee, lt. Antwort der Bundesregierung auf eine kleine parlamentarische Anfrage im Jahr 1997, heißt es: >> Die Bundeswehr hat am 3. Oktober 1990 insgesamt 2.100 ehemalige NVA-Liegenschaften übernommen. Hiervon nutzt sie nur noch 382 Liegenschaften. 1321 Liegenschaften wurden restituiert oder anderen Gebietskörperschaften zugeordnet. Der Rest wurde dem allgemeinen Grundvermögen bzw. der THA übergeben.>> (70. Deutscher Bundestag; Drucksache 13/9357 vom 2.12. 1997).

Insgesamt ermittelten Insider einen Wert des Sachvermögens der NVA in Höhe von 200 Milliarden DM. Dabei sind Hafenanlagen der Volksmarine, Flugplätze, Werkstätten – die durch die Volksmarine übernommen wurden – sowie stationäre Nachrichtenanlagen, stationäre Medizintechnik u. a. nicht enthalten.

Alles in allem handelt es sich bei diesen nicht oder nicht vollständig erfassten Vermögenskomplexen um einen Wert von etwa einer dreiviertel Billion D-Mark, der zum Territorium der neuen Länder gehört, der von den Menschen hier erarbeitet worden ist. Nur zur Verdeutlichung: Das ist etwa das Doppelte der bisher für den sog. „Erblastenfond" genannten Summe.

Allein diese Positionen haben einen größeren Umfang als die Nettogröße aller bisherigen Transferleistungen. Daher erübrigt sich wohl die Antwort auf die Frage, wie die Treuhandgesellschaft ein ehemaliges Vermögen von 300-600 Milliarden, zu Schulden von 264 Milliarden (S.169 S. Wenzel) machen konnte und dies offiziell und wiederholt als verdienstvolles Wirken gelobt wurde!"

Kommandeure des AB-8

VP-Oberrat Herr/Oltn. Thomas, Konrad	1952
Hptm. Thomas, Konrad	1953-1959 (Major)
Hptm. Müller, Erich	1959-1961
Major Müller, Erich	1965-1972 (OSL)
Major Paskowsky, Rainer m.d.F.b.	1971-1972
Major Betzel, Ulrich m.d.F.b.	1972-1973
Major Kellermann, Klaus	1973-1976
Hptm. Senechal, Hans m.d.F.b.	1975-1976
Major Senechal, Hans	1976-1977
Hptm. Zappe, Hans	1977-1980 (Major)
Major Nikele, Alfred	1980-1981
Major Baetke, Eberhard	1981-1989 (OSL)
Major Freese, Kuno	1989-1990

Schlussbemerkungen

Das Aufklärungsbataillon 8 ist nun genauso wie die Nationale Volksarmee Teil deutscher Militärgeschichte. Ihre Hauptaufgabe mit dafür zu sorgen, dass von deutschem Boden nie wieder ein Krieg ausgeht, haben die Angehörigen durch den oft mit Aufopferung verbundenen Dienst in vollem Umfang erfüllt. Für diesen langjährigen Friedensdienst kann man ihnen nicht genug danken! Leider wollen in der heutigen Zeit viele davon nichts mehr wissen und hören, genau so wenig wie über das durch die Politik verordnete, unehrenhafte Abwickeln der Armee zugunsten der Bundeswehr (oft entgegen dem Verständnis vieler Bundeswehrangehöriger), die so um die international beschlossene Reduzierung ihrer Größe fast komplett herum kam.

Die Nationale Volksarmee wie also auch das Aufklärungsbataillon 8 gehörten zu einer Armee des Volkes. Ihre Angehörigen verstanden sich als Soldaten des Volkes. Sie erfüllten ihren Auftrag entsprechend den Gesetzen, die in der Volkskammer durch die dort tätigen Parteien beschlossen wurden, also dem Parlament sowie den Beschlüssen der Regierung der DDR, bis zum Ende. Die NVA handelte daher nicht als die heute oft diskriminierend bezeichnete Parteiarmee. Sie hatte sich niemals gegen das Volk gestellt und auch keine Partei- oder Militärdiktatur instrumentalisiert. Als die Waffenträger des Staates haben sie im Gegenteil in der Wendezeit trotz vieler Provokationen mit ihrem besonnenen Handeln dafür gesorgt, dass es nicht zum Blutvergießen kam. Wenn das nicht von Verantwortungsbewusstsein und Volksverbundenheit zeugte, was denn dann? Als „Dank" erfuhren viele ehemalige Armeeangehörige den Stoß in das soziale Abseits, Diskriminierung, Diskreditierung und teils Kriminalisierung. Wen soll es dann wundern, wenn der eine oder andere eine Meinung vertritt, die nicht den vorgeschriebenen Leitlinien der von Politik und Medien gemachten „öffentlichen Meinung" entspricht. Wie sagte doch ein Bundeskanzler: „Keinem Bürger wird es schlechter gehen" oder ein Bundespräsident, der sich als „Präsident aller Bürger Deutschland" vorstellte? Implizierte man also von vornherein, wer Bürger ist, bestimmen wir, alle anderen sind …!

Mit diesem Buch über die Truppenaufklärer der 8. Motorisierten Schützendivision der NVA der DDR wollten die Autoren, soweit es die fotografischen und Inhaltlichen Erinnerungen heute zuließen, diesen Teil ihrer Geschichte darstellen und für die Zukunft erhalten. Es soll allen Truppenaufklärern ein ehrendes Andenken dafür bewahren, das sie sich mit ihrem Handeln voll verdient haben. Nach so langer Zeit ist es nicht möglich gewesen, alles umfassend zu behandeln. Uns war von vornherein bewusst, mit der Lücke werden wir leben müssen. Darum zum Abschluss noch einmal ein besonderer Dank an all jene, vor allem aus dem Freundeskreis Truppenaufklärer Schwerin, die dazu beigetragen haben, dieses Buch gestalten zu können. Nach den Wirren der Wende, die sich für viele ehemaligen Truppenaufklärer mit existenziellen Nöten und damit vorrangig mit der Sorge um Arbeit und Familie verband, oft weit weg von Schwerin, fanden sich die ersten Anfang des Jahres 2000 zusammen, um an ihre gemeinsame Zeit zu erinnern. Mit dem ersten Treffen am 1. Juni 2001 formierte sich der „Freundeskreis Truppenaufklärer Schwerin". Als korporative Gruppe ist der Freundeskreis seit dem 1. Oktober 2013 Mitglied im „Verband zur Pflege der Traditionen der NVA und der GT der DDR". Es gibt eine aktive Traditionsarbeit mit unterschiedlichen Veranstaltungen und Zusammenkünften. Den jährlichen Höhepunkt bildet immer das große Aufklärertreffen, das mittlerweile bereits zum 17. Mal stattfand.

Viele der ehemaligen Aufklärer nehmen auch große Anfahrwege auf sich, um dabei zu sein und groß ist stets die Freude beim Wiedersehen. Naht der Abschied, dann immer mit dem Wunsch verbunden, alle erneut und gesund beim nächsten Mal zu treffen.

Es gibt darüber hinaus mancherlei Verbindungen zu anderen Truppenaufklärgemeinschaften. Damit leben die Traditionen der ehemaligen Truppenaufklärer der Nationale Volksarmee fort.

Erklärung zum Datenschutz

Das Einverständnis zur Nutzung der übergebenen Bilder und persönlichen Angaben zur ihrer Zeit bei den Truppenaufklärern liegt von allen relevanten Personen vor.

Bildgeber:

Albrecht, Heinz
Baetke Eberhardt
Betzel, Ulrich
Biewald, Dietrich
Brust, Werner
Bürger, Hugo
Carmon, Joachim
Däbritz, Horst
Freese, Kuno
Gellentin, Klaus-Jürgen
Gleau, Egon
Gloede, Willi
Goebel, Alfred
Hauswald, Hans-Joachim
Heise, Burkhard
Heppner, Siegfried
Hinzpeter, Frank
Hoffmann, Klaus
Kabbert, Dieter
Kellermann, Klaus
Koch, Detlef
Kühnel, Achim
Lenz, Günter
Linke, Eberhard
Marckwardt, Ernst
Mattutat, Winfried
Motschko, Gerhard
Müller, Bernd
Müller, Burkhard
Neumann, Norbert
Nikele, Alfred
Nörenberg, Horst
Nuß, Hans-Jürgen
Ortlieb, Peter
Pantel, Josef
Paskowsky, Rainer
Radtke, Lothar
Rex, Enrico
Riediger, Claus
Schäfer, Kurt
Schenke, Egon
Schlunck, K-Heinz
Schmidt, Erich
Schneidereit, Siegfried
Schumann, Rainer
Schwarz, Toni
Simon, Thomas
Spiller, Winfried
Stein-Edgar
Stolpe, Andreas
Suchy, Eduard
Thieler H.-Georg
Thiel, Horst
Thomas, Werner
Unterdörfel, Hans
Viebranz, Wolfgang
Wachlin, Siegmund
Wehnert, Wolfgang
Winterfeldt, Hartmut
Wrage, Herbert
Zeh, Manfred

Verzeichnis verwendeter Abkürzungen

Kürzel	Bedeutung
AA	Aufklärungsabteilung
AB-8	Aufklärungsbataillon 8
ABC	Atomare, biologische, chemische (Kampfmittel)
AG	Aufklärungsgruppe
AG-Nord	Armeegruppe Nord (NATO)
AK	Aufklärungskompanie
AK WD	Armeekorps Westdeutschland
AK-8	Aufklärungskompanie 8
AKlkp	Aufklärungskompanie
ASÜ	Abschlussprüfung (Halbjahr)
AWACS	Radaraufklärungsflugzeug der NATO
AWZ	Auswertezug
AZ	Aufklärungszug
B/A	Bekleidung und Ausrüstung
BMP	Schützenpanzer (russisch)
BN	Betriebsdienst und Nutzung
BO	Berufsoffizier
BRM-1K	Gepanzertes Akl-Fahrzeug Führung
Btl	Bataillon
BU	Berufsunteroffizier
CAkl	Chef Aufklärung
ChD	Chemischer Dienst
CTLA	Chef Truppenluftabwehr
DDR	Deutsche Demokratische Republik
DHS	Diensthabendes System
DV	Dienstvorschrift
EG	Erhöhte Gefechtsbereitschaft
ESB	Einseitenband-Kurzwellen-Sprechfunk
FA-8	Flakabteilung 8
FAG	Fernaufklärungsgruppe

Kürzel	Bedeutung
FAK	Fernaufklärungskompanie
FAZ	Fernaufklärungszug
FDJ	Freie Deutsch Jugend
FuFuTAK	Funk- und Funktechnische Aufklärungskompanie
FuFuTAkl	Funk- und Funktechnische Aufklärung
FuTAZ	Funktechnischer Aufklärungszug
Fw	Feldwebel
GA	Gefechtsausbildung
GAB	Garde Aufklärungsbataillon
GAT	Gefechtsaufklärungstrupp
GB	Gefechtsbereitschaft
Gfr	Gefreiter
GK/GR-6/GKN	Grenz-Kompanie/Grenzregiment 6/ Grenzkommando Nord
GL	Generalleutnant
GM	Generalmajor
GMSD	Garde Motorisierte Schützendivision
GO	Generaloberst
GSSD	Gruppe der sowjetischen Streitkräfte in Deutschland
GST	Gesellschaft für Sport und Technik
GT	Grenztruppen der DDR
GVS	Geheime Verschlusssache
Hfw	Hauptfeldwebel
Hptm	Hauptmann
HVA	Hauptverwaltung Ausbildung
ID	Infanteriedivision
KC	Kompaniechef
KC-Akl	Kernstrahlung u. Chemische Aufklärung
KChA-8	Kompanie Chemische Abwehr 8
KDL	Kontrolldurchlass (Ein-/Ausgang der Kaserne)
Kdo	Kommando
Kdr	Kommandeur
Kp	Kompanie
KR	Konzentrierungsraum
KSÜ	Kommandostabsübung
KVP	Kasernierte Volkspolizei
KWK	Kampfwagenkanone (Pz-Kanone)
LAkl	Leiter Aufklärung
LaSK	Landstreitkräfte
LMG	Leichtes Maschinengewehr
LPG	Landwirtschaftliche Produktionsgenossenschaft
LUAAkl	Leiter der Unterabteilung Aufklärung
MAK	Militärakademie

Kürzel	Bedeutung
MB-V	Kommandos des Militärbezirkes V
MfAV	Ministerium für Abrüstung und Verteidigung der DDR
MfNV	Ministerium für Nationale Verteidigung der DDR
MfS	Ministerium für Staatssicherheit
MG	Maschinengewehr
Mj	Major
MKE	Militärische Körperertüchtigung =Dienstsport
MPi	Maschinenpistole
MSB	Motorisiertes Schützenbataillon
MSD	Motorisierte Schützendivision
MSK	Motorisierte Schützenkompanie
NL	Niederlande
MSR	Motorisiertes Schützenregiment
NB-8	Nachrichtenbataillon 8
NVA	Nationale Volksarmee
OAT	Offiziersaufklärungstrupp
OFä	Oberfähnrich
OFw	Oberfeldwebel
Oltn	Oberleutnant
OOAkl	Oberoffizier Aufklärung
OO	
FuFutAkl	Oberoffizier Funk- und Funktechnische Aufklärung
OOI	Oberoffizier Information
Osl	Oberstleutnant (DDR)
OTAkl	Offizier taktische Aufklärung
OTL	Oberstleutnant (Bundeswehr)
OvD	Offizier vom Dienst
PD	Panzerdivision
PGD	Panzergrenadierdivision (BRD)
PiB-8	Pionierbataillon 8
PR	Panzerregiment
PS	Parteisekretär
Pz	Panzer
Pzkp	Panzerkompanie
RD	Rückwärtige Dienste
Rgt	Regiment
RPG	Reaktive Panzerbüchse (Pz-Faust)
RPS	Russische Abkürzung für eine Funkaufklärungsstation
RTA	Raketentruppen und Artillerie
RWD	Raketen- und waffentechnischer Dienst der NVA
RWN	Reparaturwerk Neubrandenburg (für Panzertechnik der NVA)
S1	interne KVP-Aufklärer-Bezeichnung

Kürzel	Bedeutung
sAA-8	Selbstständige Artillerieabteilung 8
SAS-Verb.	Gedeckte Nachrichtenverbindung
SAT	Selbstständiger Aufklärungstrupp
SaZ/UaZ	Soldat auf Zeit/Unteroffizier auf Zeit
SBZ	Sowjetisch besetzte Zone
SchwPzZ	Schwimmpanzerzug
SED	Sozialistische Einheitspartei Deutschlands
sMG	Schweres Maschinengewehr
SPW	Schützenpanzerwagen
SPz	Schützenpanzer
STAN	Stellenplan und Ausrüstungsnachweis
StFä	Stabsfähnrich
StFw	Stabsfeldwebel
StGfr	Stabsgefreiter
StKA	Stellvertreter des Kommandeurs für Ausbildung
StKC	Stellvertreter des Kompaniechefs
StKPA	Stellvertreter des Kommandeurs für Politische Arbeit StKPA
StKRD	Stellvertreter des Kommandeurs für Rückwärtige Dienste
StKSC	Stellvertreter des Kommandeurs und Stabschef
StKTA	Stellvertreter des Kommandeurs für Technik und Ausrüstung
StKTB	Stellvertreter des Kommandeurs für Technik und Bewaffnung
TA	Technik und Ausrüstung
Ta AKL	Taktische Aufklärung
TS	Treib- und Schmierstoff
TT/E	Truppenteile und Einheiten
TTW	Täglich Technische Wartung
TÜ	Taktische Übung
TÜP	Truppenübungsplatz
UA	Unterabteilung
Uffz	Unteroffizier
UKA	Unterkunftsabteilung der NVA
Ultn	Unterleutnant
UvD	Unteroffizier vom Dienst
VG	Volle Gefechtsbereitschaft
VLV	Vordere Linie der Verteidigung
VP	Volkspolizei
VPKA	Volkspolizeikreisamt
VS	Verschlusssache
VTNP	Vorbereitung der Technik auf die neue Nutzungsperiode (Halbjahr)
WKK	Wehrkreiskommando der NVA
WKR	Wechselkonzentrierungsraum
ZF	Zugführer

Quellennachweis

Dietrich Biewald:	Pioniere in der 8. Motorisierten Schützendivision der Nationalen Volksarmee der DDR. EDITION digital, Pinnow 2016;
Dietrich Biewald:	Pioniere der 8. Mot.-Schützendivision der NVA im Bild. EDITION digital, Pinnow 2016;
Dietrich Biewald:	Episoden aus dem Leben der Pioniere. EDITION digital, Pinnow 2016;
Dietrich Biewald:	Chronik des AB-8 (Schreibmaschinenkonzept). Schwerin 1990
Dietrich Biewald und Rainer Paskowsky:	Die 8. MSD im Bild. Klaus-Ulrich Keubke, Schwerin 2008;

Zuarbeiten ehemaliger Truppenaufklärer:

Siegfried Wenzel:	Was war die DDR wert? Und wo ist dieser Wert geblieben? 4. Auflage. Das Neue Berlin Verlagsgesellschaft mbH, Berlin 2003;
Klaus Froh:	Zur Geschichte der 8. Mot. Schützendivision 1956-1990. Klaus-Ulrich Keubke, Schwerin 2005;
Klaus Froh/Rüdiger Wenzke:	Die Generale und Admirale der NVA. Links Verlag, Berlin 2007;
Klaus Froh:	Chronik der NVA, der Grenztruppen und der Zivilverteidigung der DDR 1956-1990. Verlag Dr. Köster, Berlin 2010;
Guntram König:	Das große Buch der Nationalen Volksarmee. Das Neue Berlin, Berlin 2008;
Ministerium für Nationale Verteidigung der DDR:	Handbuch für Aufklärer. Militärverlag der DDR, 3. verbesserte Auflage, Berlin 1976

Inhaltsverzeichnis